J Storz

Die Philosophie des hl. Augustinus

J Storz

Die Philosophie des hl. Augustinus

ISBN/EAN: 9783744657617

Hergestellt in Europa, USA, Kanada, Australien, Japan

Cover: Foto ©ninafisch / pixelio.de

Weitere Bücher finden Sie auf **www.hansebooks.com**

Die
Philosophie des hl. Augustinus.

Von

Dr. J. Storz.

———

Mit Approbation des hochw. Herrn Erzbischofs von Freiburg.

———••———

Freiburg im Breisgau.
Herder'sche Verlagshandlung.
1882.
Zweigniederlassungen in Straßburg, München und St. Louis, Mo.

Buchdruckerei der Herder'schen Verlagshandlung in Freiburg.

Vorwort.

Wir besitzen bis jetzt in Deutschland wohl mehrere gute Detail= arbeiten, die sich mit der Philosophie des hl. Augustinus beschäftigen, aber es fehlt uns an einer eingehenderen Gesammtdarstellung dieser Philosophie. Der Verfasser dieses kleinen Werkes hat nun den Versuch gemacht, mit kritischer Benützung der einschlägigen Vorarbeiten die vor= handene Lücke, so viel in seinen Kräften stand, zu ergänzen. Benützt wurden außer der Geschichte der Philosophie von Ritter: Huber, die Philosophie der Kirchenväter; Bindemann, der hl. Augustinus; Gangauf, metaphysische Psychologie des hl. Augustinus; Dorner, Augustinus, sein theologisches System und seine religionsphilosophische Weltanschauung (Berlin 1873); van Endert, der Gottesbeweis in der patristischen Zeit mit besonderer Berücksichtigung Augustins (Freiburg 1869).

Wer die Schwierigkeiten kennt, mit denen das Studium der Werke des hl. Augustinus zu ringen hat, wird vorliegende Schrift mit Nach= sicht beurtheilen.

Neuburg an der Donau, 1882.

Der Verfasser.

Inhalt.

Erster Theil.

Das Princip der Augustinischen Philosophie.

		Seite
§ 1.	Allgemeine Charakteristik	1
§ 2.	Der intellectuelle Entwickelungsgang des hl. Augustinus .	4
§ 3.	Die Grundfragen der Philosophie . .	15
§ 4.	Die Philosophie und das Christenthum .	24

Zweiter Theil.

Die Erkenntnißlehre des hl. Augustinus.

§ 5.	Die Gewißheit des Selbstbewußtseins	30
§ 6.	Die Sinneserkenntniß . . .	40
§ 7.	Der Verstand (ratio) . . .	43
§ 8.	Die intellectuelle Erkenntniß . . .	46
§ 9.	Der Ursprung der intellectuellen Erkenntniß	59
§ 10.	Glauben und Wissen . . .	85

Dritter Theil.

Die Psychologie des hl. Augustinus.

§ 11.	Einleitung	101
§ 12.	Die Immaterialität der Seele .	104
§ 13.	Die Einheit der Seele . .	116
§ 14.	Seele und Leib .	119
§ 15.	Seele und Geist .	125
§ 16.	Die Seelenvermögen . .	129
	a) Das Vorstellungsvermögen .	130
	b) Das Strebungsvermögen .	135
§ 17.	Die Unsterblichkeit der Seele .	147

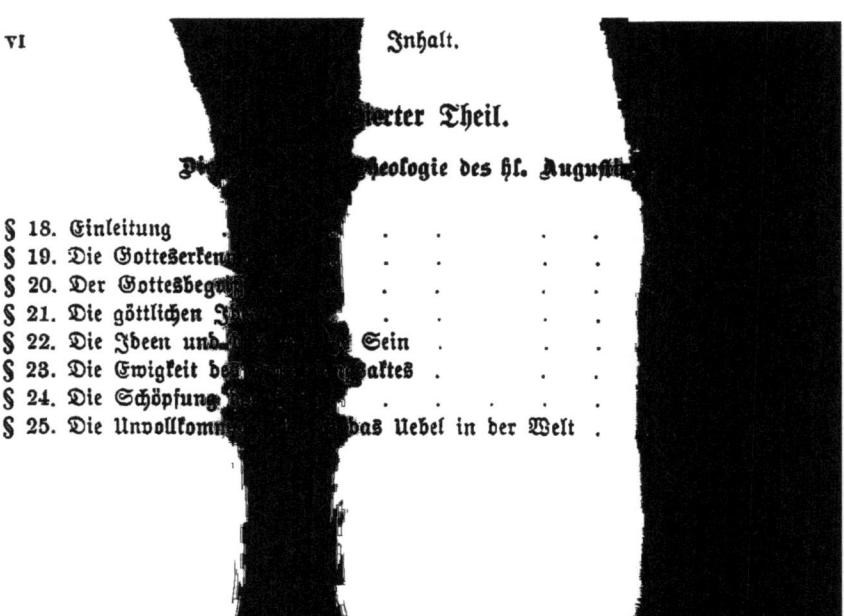

...erter Theil.

Die ... heologie des hl. Augusti...

§ 18. Einleitung . . . . . .
§ 19. Die Gotteserken... . . . .
§ 20. Der Gottesbeg... . . . .
§ 21. Die göttlichen ... .
§ 22. Die Ideen und ... Sein . . .
§ 23. Die Ewigkeit be... ...aktes . . .
§ 24. Die Schöpfung... . . . .
§ 25. Die Unvollkomm... das Uebel in der Welt .

Die Philosophie des hl. Augustinus.

Erster Theil.

Das Princip der Augustinischen Philosophie.

———

§ 1.

Allgemeine Charakteristik.

In Augustinus tritt uns einer der größten Denker aller Zeiten entgegen. Vir sane magnus et ingenii stupendi, sagt von ihm Leibniz. Alle seine sehr zahlreichen Schriften geben Zeugniß von einer großartigen Energie der Forschung, von außerordentlicher dialectischer Schärfe und Tiefe der Gedanken und von einer Idealität der Auffassung, die nur aus dem Inneren eines genialen, tiefsinnigen Geistes und eines tiefsinnigen Gemüthes hervorquellen konnten. Keiner der übrigen Väter übertrifft ihn an Größe der speculativen Geisteskraft und an Tiefe und Innigkeit des Gefühls. Der größte unter allen Kirchenvätern, bemerkt Staudenmaier, wenn wir auf die Tiefe und Kraft des Geistes, auf Innigkeit und Stärke des Gefühls, auf Feuer und Macht des Willens sowie auf das Vermögen der Speculation und Dialectik hinsehen, ist Augustinus. Ihn hat keiner erreicht, wenn auch die meisten etwas und vieles von ihm haben. Er gehört zu jenen Geistern, in welchen hundert andere wohnen.

Er entfaltete eine großartige Wirksamkeit auf dem Gebiete der Theologie, indem er nicht nur die Werke vieler seiner christlichen Vorgänger durchforschte, sondern die christlichen Lehren ebenso selbständig durchdachte und vielseitig ausgestaltete. Und dabei ist es nicht bloß diese oder jene Lehre, durch deren Ausbildung sein Name für die Entwicklung der folgenden Jahrhunderte maßgebend geworden ist; es ist vielmehr sein großartig zusammenfassender Blick, der ihm eigene, alles Wissen seiner Zeit umspannende und verarbeitende Geist, der ihm die Stellung in der Geschichte der kirchlichen Theologie gibt, daß in ihm die Theologie der

abendländischen Väter ihren Höhepunkt erreichte. Aber auch als Philosoph
steht er den größten Denkern der alten wie der neuen Zeit ebenbürtig
zur Seite und hat als solcher auch in der Geschichte der Philosophie
Sitz und Stimme, die ihm, wie Ritter sagt, keiner, der ihn kennt, ver=
weigern wird. Fehlt es bei ihm auch an einem übersichtlichen Zu=
sammenhang und einer systematischen Darstellung seiner Philosophie,
so zeigen seine Schriften doch, daß er nicht nur die griechische Weltweis=
heit, insbesondere die Stoa und die akademische Philosophie genau kannte
und vor Allem die platonische, beziehungsweise neuplatonische Lehre in
sich aufgenommen und verarbeitet hat, sondern daß auch die Universalität
seiner Forschung fast alle die Probleme in ihren Bereich zog, mit denen
die forschenden Denker vor und nach ihm beschäftigt waren; sie zeigen,
wie er zwar an die heidnische Wissenschaft seiner Zeit anknüpfte, aber
dieselbe selbständig in sich aufnahm und in origineller Weise umgestaltete,
um sie zu läutern, mit christlichem Geiste zu durchdringen und zu einer
umfassenden christlichen Weltanschauung auszugestalten. So hat er nicht
nur die patristische Philosophie auf den Höhepunkt ihrer Entwicklung
geführt, sondern auch das Fundament gelegt, auf dem die Philosophie
des Mittelalters sich aufbaute. Allerdings fallen seine eigentlichen philo=
sophischen Schriften zum größten Theil in jene frühere Periode seiner
geistigen Entwicklung, in welcher sich sein Denken erst allmählich dem
beherrschenden Einfluß der antiken Philosophie entwinden mußte, und in
seinem späteren Leben wurde die Behandlung philosophischer Fragen in
den Hintergrund gedrängt, weil jetzt die speciell theologischen Probleme
sein Interesse und seine Kraft in Anspruch nahmen. Allein die zahl=
reichen philosophischen Erörterungen, die hier einfließen, und die ganze
philosophische Haltung, die auch in seinen theologischen Schriften sich
ausprägt, beweisen zur Genüge, daß er mit großer Kraft und Selb=
ständigkeit sich dem Einfluß der alten Philosophie vollständig zu ent=
winden und in der Periode eines mehr gereiften Denkens auf allen
Punkten der Forschung in die rechte Bahn und Richtung einzulenken
wußte. Was man ihm zuweilen zum Vorwurf macht, ist die oft wieder=
kehrende Breite in der Darstellung; allein man muß bedenken, daß er
noch zu sehr im Suchen begriffen war, womit er denn auch selber sich
entschuldigt, wenn er sagt, daß das Suchen mehr rede, als das Finden [1].

---

[1] Confessiones XII, 1: Plerumque in sermone copiosa est egestas humanae intelligentiae, quia plus loquitur inquisitio quam inventio.

Das Charakteristische seiner Speculation ist das Erzeugniß seiner Individualität, die außerordentliche Geisteskraft und tiefsinniges Gemüth in sich vereinigte. Bei keinem Kirchenlehrer sind, wie bei ihm, Intelligenz und Gemüth in gleichem Grade wirksam und harmonisch thätig. Sein Verstand verlor sich nicht in leere Speculation, in falsche Spitzfindigkeit und abstracten Formalismus. Davor bewahrte ihn sein tiefes Gemüth, das ihn auf dem Boden concreter Wirklichkeit festhielt, die Dinge weit inniger als mit dem Auge des Verstandes erfassen ließ und ihn in eine Lebensverbindung, in ein persönliches Verhältniß zu Allem, auch zum absoluten Wesen setzte. Umgekehrt hielt wiederum sein scharfer Verstand das Gemüth von einem unklaren, verschwommenen Mysticismus zurück. Die Kraft des Denkens und die Tiefe des Gefühls finden sich bei ihm nebeneinander und zügeln sich gegenseitig. Wenn daher in der Folgezeit verschiedene Richtungen der christlichen Philosophie sich auf ihn beriefen, sowohl die Scholastik, welche gegen das Ende ihrer Entwicklung immer mehr einer gemüthlosen Dialektik verfiel, als auch die Mystik, welche nicht selten in dunkle Gefühlsanschauungen und in eine Verschwommenheit des Denkens sich verlor, so ist die Berufung beider auf die Augustinische Philosophie allerdings berechtigt; aber was in dieser harmonisch vereinigt war und sich gegenseitig an exclusiver Bethätigung hinderte, das haben Scholastik und Mystik gesondert aus ihr herausgegriffen und mehr einseitig fortgebildet. Aus diesem Grunde sind auch im späteren Mittelalter Männer wie Nicolaus von Cusa u. a., welche durch Vereinigung des scholastischen und mystischen Elementes eine Reform der Philosophie anbahnen wollten, hauptsächlich auf Augustinus zurückgegangen, um sich auf seine Auctorität zu stützen.

Indeß ist jede wahrhafte geistige Größe nicht von Anfang an fertig, sondern sie muß sich erst entwickeln im Contact mit der Außenwelt. Dieß gilt in besonderem Maße von Augustinus. Sein Geist entwickelte sich mitten im Lärm der großen Welt und sein Gemüth warf ihn in die stürmischsten Wogen des Lebens. Wie er auf der Bahn des sittlichen Wachsthums nicht geradeaus fortschritt, sondern auf zahlreiche Abwege gerieth, so hatte auch seine intellectuelle Entwicklung mit vielen Hindernissen zu kämpfen. Aber gerade hier zeigte sich die Größe seines Geistes. Was eine gewöhnliche Natur erdrückt hätte, das reizte nur den Widerstand der seinigen um so kräftiger, so daß ihm jede Wunde zur Stärkung, jede Niederlage zum Siege verhelfen mußte. Wenn die Philosophie, sagt Nourisson, ein Suchen nach Wahrheit ist, so gab es niemals einen phi-

losophischeren Kopf als Augustinus. Seine große Seele fand in allen
Irrungen nur einen um so mächtigeren Anstoß zum Ringen nach Wahr=
heit. Je mehr Irrthum und Sünde ihre Fesseln um ihn warfen, besto
mächtiger arbeitete seine bessere Natur in ihm, und während er daher
auf der Oberfläche zurückzubleiben schien, schritt er immer mehr in der
Tiefe fort. Als er endlich für seine Person den festen Standpunkt der
Wahrheit gefunden hatte, führte er einen langjährigen Kampf gegen die
verschiedenen Irrthümer seiner Zeit und führte ihn mit den geistigen
Waffen, auf die er sich im Ringkampf mit den eigenen Irrthümern auf's
Beste eingeübt hatte, um der Wahrheit, wie in seinem eigenen Innern,
so auch in der großen Außenwelt zum Siege zu verhelfen.

In Folge dieser geistigen Entwicklung gewann sein Geist eine Uni=
versalität der Erfahrung und des Gefühls, welche ihm das Verständniß
für alle Seiten des Daseins erschloß und ihn nicht abstract, sondern aus
dem Leben heraus denken ließ. So wurde seine Weltanschauung nicht
ein Werk des bloßen Verstandes, sondern auch eines vielbewegten Ge=
müthes, in welchem Alles die Farbe und das Leben der Wirklichkeit an
sich trägt. Er lehrt nur, was er in sich erlebt hat. Alle seine wissen=
schaftlichen Untersuchungen haben das Gepräge von innerlich Durchlebtem
und sind der Erguß seiner ganzen Persönlichkeit, was ihnen jenes warme,
tiefergreifende Leben gibt, durch das sie ebenso sehr zu unserem Herzen
als zu unserem Verstande sprechen. Seine Begriffe sind nicht mumien=
hafte Abstractionen, sondern, gewonnen im geistigen Ringkampf, haben
sie Fleisch und Blut, ihre concrete, volle Bedeutung.

Eben deßhalb wird es sich, um das wahre Verständniß seiner Lehre
zu gewinnen, für uns empfehlen, zunächst den Weg einzuschlagen, daß
wir seinen intellectuellen Entwicklungsgang verfolgen; und dieser Weg,
in seine Lehre einzudringen, muß für uns um so einladender sein, als er
selber in seinen Confessionen mit Meisterhand seine geistige Geschichte
dargestellt und ein unübertreffliches Gemälde von dem großen Kampfe
entworfen hat, in welchem er sich aus seinen intellectuellen und sittlichen
Verirrungen zum Besitz der Wahrheit durchgerungen.

§ 2.

Der intellectuelle Entwickelungsgang des hl. Augustinus.

Wir schildern den geistigen Entwicklungsgang des Augustinus in
der Weise, daß wir seine eigenen Reflexionen darüber zusammenstellen
und möglichst zu einem psychologischen Gesammtbilde vereinigen.

Augustinus war von Geburt ein Heide, aber seine fromme Mutter hatte auch einen christlichen Samen in ihn gesäet, weßhalb er von sich sagt, den Namen des Erlösers habe schon sein zartes Herz mit der Muttermilch eingesogen und es habe ihn tief festgehalten. Was immer diesen Namen nicht enthielt, konnte ihn niemals völlig hinreißen, wenn es auch noch so viel Gelehrsamkeit, Feile und Wahrheit offenbaren mochte [1]. Leider fesselte ein auf das Sinnliche gerichtetes Streben seinen jugendlichen Geist, der sich von Gott abwandte und nach außen hin zerstreute [2]. Durch die Hingabe an das Sinnliche wurde sein von Natur aus schon reges Phantasieleben noch gesteigert und verlor jeden Zügel [3]. Jedoch erschlaffte sein energischer Geist nicht. In seinem neunzehnten Lebensjahre machte er Cicero's „Hortensius" zu seiner wiederholten Lectüre und dieß gab seinem Geiste eine andere Richtung. Was ihn anzog, war nicht die Form, sondern der Inhalt dieser Schrift, in welcher der Philosophie hohes Lob gespendet und die Weisung ertheilt wird, beim Studium der Philosophie nur die Wahrheit zum Ziele zu haben und die Wahrheit nicht bloß als eine Sache des Denkens, sondern auch des Lebens aufzufassen, nicht bloß nach Erkenntniß der Wahrheit, sondern auch nach Lebensweisheit zu streben und durch ein Leben, das von der thörichten, auf das Irdische und Vergängliche gerichteten Begierde frei gemacht ist, sich als Jünger und Verehrer der Philosophie, die ja das Streben nach Weisheit ist, zu erweisen. An der Lectüre dieser Schrift entzündete sich seine Liebe zur Weisheit. Eine heiße Sehnsucht, der unvergänglichen Weisheit fortan nachzutrachten, durchdrang ihn jetzt, ein begeistertes Verlangen, sich über die sinnlichen Begierden und ehrgeizigen Bestrebungen, die sein Herz wohl erfüllten, aber nicht ausfüllten und befriedigten, zur wahren Erkenntniß und Weisheit zu erheben [4].

In dieser Geistesstimmung nahm er zunächst die hl. Schrift zur Hand, fand dieselbe aber ungenießbar und unverständlich, weil er ihr mit einem hochmüthigen Verlangen nach Erkenntniß, nicht mit einer Armuth im Geiste nahte [5]. Unwillig von ihr sich abwendend, suchte er für das Bedürfniß nach Wahrheit, das sich so mächtig in ihm regte, Befriedigung bei den Manichäern, welche in einem Gewebe pantheistischer Ideen und phantastischer Dichtungen von sinnlich greifbarer Anschau-

---

[1] Conf. III, 4; VII, 5.

[2] Ibid. II, 1: Frustratim discissus sum, dum ab uno te aversus in multa evanui.

[3] Ibid. II, 2—3.   [4] Ibid. III, 4.   [5] Ibid. c. 5.

lichkeit die großen Fragen des Lebens zu lösen vorgaben. Nicht leicht
konnten die Manichäer für ihre Lockungen eine so große Empfänglichkeit
vorfinden, wie bei Augustinus. Das Wort Wahrheit, dieses Wort, das
den Gegenstand seiner heißesten Sehnsucht bezeichnete, war stets in ihrem
Munde, zusammen mit der von ihnen oft wiederholten Verheißung, daß
sie im Stande seien, die Wahrheit mitzutheilen[1]. Welche Anziehungs=
kraft lag hierin für einen Jüngling, der stolzen Geistes nach der Wahr=
heit fragte! Aber gerade die manichäischen Anschauungen, die ihn mehr
als neun Jahre gefangen hielten, griffen tief in seine geistige Entwicklung
ein, indem sie seinen jugendlichen Geist, dessen rege Phantasiethätigkeit
eines Zügels bedurft hätte, in ein Reich leerer Einbildung hineintrieben.
Er hungerte und dürstete nach der Wahrheit und die Manichäer stellten
ihm zur Nahrung seines Geistes nur Phantasiegebilde vor. Fern von
der Wahrheit, fern von Gott, irrte er in jenen leeren Einbildungen wie
in der Fremde umher und sank immer tiefer, weil er die Wahrheit nicht
mit jenem Erkenntnißvermögen suchte, durch welches sich der Mensch vor
dem Thiere auszeichnet, sondern mit dem niederen leiblichen Sinn, von
dem sein an die Sinnlichkeit hingegebener Geist gefesselt war, weil mit
anderen Worten seine ganze Vorstellungs= und Denkthätigkeit in den
Kreis des sinnlich Wahrnehmbaren festgebannt war.

Diesen Zustand geistiger Verirrung schildert uns Augustinus selbst
mit lebhaften Farben. Da sein leibliches Auge nur bis zum Körperlichen
reichte und sein geistiges nur bis zu sinnlichen Phantasiegebilden, so suchte
er auch Gott nur in solch eiteln Gebilden der Phantasie und war nicht
im Stande, die Geistigkeit des höchsten Wesens zu erkennen; er ver=
mochte es nicht zu fassen, daß Gott etwas Immaterielles, etwas Unaus=
gedehntes und Raumloses sei[2]. Ebenso wenig vermochte er sich zu einer
wahren Vorstellung von der menschlichen Seele zu erheben; eben weil
er sich keine richtige Vorstellung von einer geistigen Substanz machen
konnte. „Ich wandte mich auch zur Natur des Geistes; die falsche An=
sicht aber, welche ich vom Geistigen hatte, ließ mich die Wahrheit nicht
erkennen. Und wenn mir die Wahrheit mit Gewalt in die Augen
springen wollte, so wandte sich mein schwankender Geist von solcher un=
körperlichen Realität wieder zu körperlichen Umrissen, Farben und exten=

---

[1] Conf. III, 6: Et dicebant: veritas et veritas; et multum eam dicebant
mihi. De morib. Manich. I, 17: Magni pollicitatores rationis atque veritatis.
[2] Ibid. III, 6—7.

siven Größen. Und da ich Derartiges in meinem Geist nicht wahrnehmen konnte, so meinte ich, meinen Geist gar nicht wahrnehmen zu können."[1] So in das Aeußere, sinnlich Wahrnehmbare verloren, mußte er ferner den Unterschied zwischen dem göttlichen und dem menschlichen Geist aus dem Auge verlieren und in eitler Selbstüberhebung dem pantheistischen Irrthum verfallen. „In unbegreiflicher Verblendung glaubte ich, natur=wesentlich dasselbe zu sein, was du (Gott) bist; denn weil ich mich als veränderlich erkannte, so wollte ich auch dich lieber für veränderlich halten, als annehmen, daß ich nicht dasselbe sei, was du bist. Deßhalb ward ich zurückgestoßen; du widerstandest meinem Stolze und ich lebte in den Einbildungen körperlicher Formen und schweifte irrend umher in dem, was weder in dir noch in mir noch in dem Körperlichen wahres Sein hat, sondern von meinem Wahn aus dem Körperlichen erträumt wurde."[2] Da ihm endlich auf diese Weise Gott doch niemals als etwas Wahrhaftes und Wesenhaftes, sondern bloß als eine leere Einbildung der Phantasie erschien, so fand er, wenn sein tief religiöses Gemüth sich zu Gott hinwenden wollte, in keiner Weise einen Halt und seine innere Leere drängte sich ihm erschreckend und ängstigend auf. „Alles war mir ein Greuel, selbst das Licht, und Alles erregte mein Mißfallen und meinen Haß, Klagen und Thränen ausgenommen: in diesen allein fand ich einige Ruhe. Sobald aber mein Herz davon abgezogen wurde, so lastete die ganze schwere Bürde wieder auf ihm. Bei dir, o Herr, hätte es Erleichterung und Heilung suchen sollen; ich wußte es, aber ich wollte nicht und vermochte es auch nicht, um so weniger, weil du mir und meinem Denken nichts Wirkliches und nichts Bestimmtes warst. Nicht du warst es ja, sondern ein leeres Gebilde der Einbildungskraft und mein Wahn war mein Gott. Und so oft ich versuchte, ihm in meinem Herzen eine Ruhestätte zu bereiten, versank es wieder in's Leere und stürzte wieder über mich selbst und ich allein blieb übrig als der unselige Ort, wo ich nicht sein und nicht wegkommen konnte."[3] Den Weg zu Gott und zu sich selbst fand sein Denkgeist nicht mehr. „Wo war ich, als ich dich suchen wollte? Du warst vor mir, ich aber war sogar von mir selbst abgeirrt; ich fand mich selbst nicht, um wie viel weniger dich!"[4]

Als Augustinus nach und nach die sich ihm aufdrängende innere

---

[1] Conf. IV, 15.
[2] Ibid.; cf. de morib. Manich. II, 11; de Genes. ad litt. VII, 11.
[3] Conf. IV, 7.   [4] Ibid. V, 2.

Haltlosigkeit der manichäischen Phantasiegebilde immer deutlicher erkannte,
sagte er sich von ihnen los und schaute dann mit Bitterkeit auf diese
Trugbilder zurück, die ihn so lange umgaukelt hatten [1]. Nun war aber
erst der Irrthum erkannt, die Wahrheit dagegen noch nicht gefunden und
Augustinus im bitteren Gefühl großer Enttäuschung nahe daran, an
aller Wahrheit zu verzweifeln. Die natürliche Folge dieser Gemüths=
stimmung war, daß er sich zunächst zur skeptischen Philosophie
der neueren Akademie, welche gegen die ausschweifende Speculation des
Dogmatismus reagirte, hingezogen fühlte. Es kam ihm allmählich der
Gedanke, die sogenannten Akademiker seien gescheidter als die übrigen
Philosophen, weil sie der Ansicht gewesen, man müsse an Allem zweifeln,
und den Satz aufgestellt hatten, der Mensch könne keine Wahrheit finden [2].
Indem er also „nach der den Akademikern zugeschriebenen Weise an Allem
zweifelte und zwischen Allem hin= und herschwankte", entschied er sich da=
hin, daß er jedenfalls die Manichäer verlassen müsse, um so mehr, als er
bereits die Ueberzeugung gewonnen hatte, daß die meisten Philosophen
auch über die sinnlich wahrnehmbare Natur weit glaublichere Ansichten
vortrugen, als die Manichäer [3]. Es ist wohl begreiflich, wenn jetzt
seinen so sehr nach Wahrheit dürstenden Geist Entmuthigung und Ver=
zagtheit ergriff, da er sich dem Zweifel preisgegeben sah. „Ich suchte
dich außer mir und fand nicht den Gott meines Herzens. Ich war bis
auf den Grund des Meeres gesunken und verzagte und verzweifelte, die
Wahrheit zu finden." [4] Ruhelos schwankte er hin und her zwischen
schmerzvollem Verzicht auf eine sichere Erkenntniß der Wahrheit und
tröstlicher Zuversicht, dieses köstliche Besitzthum zu erreichen. Eifrig warf
sich sein Geist auf die Forschung und ruhelos auf die philosophische Er=
örterung [5]; er hielt aber sein Herz von jeder Zustimmung fern, weil er
den Abgrund des Irrthums fürchtete und in dieser Schwebe des Zweifels
erstarb er mehr und mehr [6].

Erwacht aus dem Traume der Phantasievorstellungen, der seinen
Geist mit dem Blendwerk einer wesenlosen Scheinwelt umgaukelt hatte,
konnte er nur schwer dazu gelangen, sich von der Wahrheit einer höheren,
über das Sinnenfällige hinausliegenden Wirklichkeit zu überzeugen.
Mochte er auch der akademischen Skepsis gegenüber an den bestimmtesten
Erfahrungen des alltäglichen Lebens und an den klarsten Aussprüchen

---

[1] Ibid. V, 7.   [2] Ibid. V, 10.   [3] Ibid. V, 14.   [4] Ibid. VI, 1.
[5] Ibid. VI, 3.   [6] Ibid. VI, 4.

des denkenden Bewußtseins festhalten [1], so war er wenigstens über die
höheren und höchsten Fragen des Lebens dem Zweifel preisgegeben, ob
dem Menschen das Geschenk der Wahrheit beschieden sei oder ob sie ihn
wohl nur einlade und all sein Sehnen zu ihm hinrichte, aber ihm nie
gönne, ihre himmlische Gestalt ohne Furcht vor ihrem dämonischen Doppel-
gänger, dem Irrthum, zu umfangen. O ihr großen Männer, ihr Akademiker! nichts Gewisses also, was das Leben bestimmen soll, kann gefunden werden? — so rief er wohl öfter mit Bitterkeit aus [2]. Und
doch wollte er über die Angelegenheiten des höheren Lebens ebenso sichere
Gewißheit haben, wie er sicher war, daß sieben und drei gleich zehn
sind [3]. Das geistige Aufstreben eines Augustinus war zu mächtig, um ihn
an der Klippe des Sensualismus und Skepticismus scheitern zu lassen.
Die Wahrheit war ja die Himmelsluft, nach der sein Geist aufathmete.
Woher hätte er aber einen Antrieb zur Forschung gewinnen können,
wenn er zum Voraus die Hoffnung auf Erfolg aufgegeben hätte? Er
ist darum auch nicht ein eigentlicher Anhänger des akademischen Skepticismus geworden. Dagegen war die Berührung, in die er mit ihr gekommen war, dazu angethan, daß er zunächst, je weniger er in einem
sicheren Wahrheitsbesitz befestigt war, sich um so energischer auf die Bekämpfung der manichäischen Irrthümer warf. Er machte, wie er sagt,
die größten Geistesanstrengungen, ob er die Manichäer vielleicht durch
sichere Beweise des Irrthums überführen könnte. Und es bedurfte in
der That von seiner Seite einer großen Energie des Denkens, um den
Manichäismus zu überwinden, weil die Wurzel des manichäischen Irrthums, das einseitige und ungeregelte Hineinversinken in das sinnliche
Phantasieleben, in seinen Geist hineingewachsen war. „Daß ich, wenn
ich mir Gott denken wollte, mir nichts als eine körperliche Masse vor-
zustellen mußte — denn es schien mir, als gäbe es keine andere Realität außer dieser —, dieß war eben der größte und fast einzige Grund,
daß ich mich meinem Irrthum nicht entwinden konnte." [4] „Wenn ich
mir eine geistige Substanz hätte denken können, so wäre sogleich ihr

---

[1] Ibid. VI, 4: Neque tam insanus eram, ut ne hoc quidem (quod septem et tria decem essent) putarem posse comprehendi.

[2] Ibid. VI, 11.

[3] Ibid. VI, 4: Volebam enim eorum, quae non viderem, ita me certum
fieri, ut certus essem, quod septem et tria decem sint.

[4] Ibid. V, 10.

(der Manichäer) ganzes künstliche Gebäude zerfallen und mein Geist hätte mit ihrem Irrthum gänzlich gebrochen; allein ich vermochte es nicht."[1] Er vermochte als etwas Wesenhaftes nur das zu denken, was man mit den Augen wahrnimmt. Er dachte sich Gott zwar nicht in menschlicher Gestalt, allein wie er anders ihn denken sollte, leuchtete ihm nicht ein.

Endlich that Augustinus einen großen Schritt vorwärts. „Endlich," sagte er, „wagte ich es, mir eine Vorstellung von dir zu bilden, und hielt dich aus voller innerer Ueberzeugung für unvergänglich, unverletzbar und unveränderlich. Denn ohne zu wissen, weßhalb und wie, sah ich doch klar ein, daß das Vergängliche geringer sei als das Unvergängliche; unbedenklich zog ich das Unverletzbare dem Verletzbaren vor, und was keine Veränderung erleidet, hielt ich für besser, als was dem Wandel unterliegt." Indem Augustinus diese Ueberzeugung gewann, war er einen großen Schritt vorwärts gekommen, weil mit ihr der manichäische Irrthum über den Ursprung der Sünde, ihre Lehre von der Bekämpfung des guten Princips und der Mischung seiner Theile mit der bösen Materie im Princip überwunden war. Allein es war nur erst ein Schritt vorwärts. Immer noch war sein geistiger Fortschritt gehemmt in Folge seines einseitigen Hineinversinkens in das sinnliche Phantasieleben. „Heftig erhob sich mein Inneres," sagte er, „gegen meine (manichäischen) Phantasiebilder und ich versuchte mit einem Schlage ihre, das geistige Auge umflatternde und seine Lauterkeit trübende Schaar zu verbannen. Aber kaum einen Augenblick entfernt, war sie in dichtem Gedränge wieder da, warf sich auf meinen Blick und umdüsterte ihn, so daß ich selbst jenes Unwandelbare und Unvergängliche, wenn auch nicht unter einer Menschengestalt, so doch als etwas Körperliches, Raumerfüllendes und die Welt Durchdringendes oder auch außerhalb der Welt in's Unendliche Ausgedehntes denken mußte. Denn wo ich mir solche Räume wegdachte, schien mir ein Nichts zu bleiben und zwar ein völliges Nichts, nicht bloß eine Leere. Ich hielt dafür, daß alles, was nicht durch Räume sich ausdehne oder Raum befasse, überhaupt gar nicht sei. Denn den Formen, in denen mein leibliches Auge sich erging, entsprachen die Bilder, in welchen mein Inneres sich bewegte, und ich erkannte nicht, wie eben die Kraft (die Seele), mit welcher ich jene sinnlichen Bilder in meinem Inneren formte, nichts Körper-

---

[1] Ibid. V. 14.

liches sei und daß sie doch etwas Großes sein müsse, wenn sie solche
Bilder ausgestalte.   So dachte ich dich, Leben meines Lebens! weit aus=
gedehnt in endlosen Räumen, überall die ganze Materie der Welt durch=
bringend und außerhalb derselben überall in Unermeßlichkeit grenzenlos
ausgegossen, so daß Erde und Himmel und Alles von dir erfüllt sei und
in dir seine Grenze finde, du aber nirgends.   Wie aber die Luft über
der Erde dem Lichte der Sonne nicht wehrt, daß es durch sie hindurch=
strahlt, sie durchbringend, so, glaubte ich, sei nicht nur die Körperlichkeit
des Himmels, der Luft und des Meeres, sondern auch die der Erde für
dich durchbringbar und durch alle ihre größten und kleinsten Theile gehst
du hindurch, — um in solcher Weise deine Allgegenwart zu begreifen." [1]
    Augustinus vermochte es noch nicht, Gott als etwas Imma=
terielles zu denken.   Indeß, war er nur einmal zur Ueberzeugung
gelangt, daß Gott unversehrbar, über jedes Verderbniß erhaben sei, im
Gegensatz zum Manichäismus, dessen Phantasieen von einer Vermischung
der Lichtmaterie mit der bösen Materie ein thatsächliches Verderbniß
Gottes involvirten: so mußte ihn sofort die Frage beschäftigen, woher
das Böse stamme, und diese Frage machte ihm schwere Pein, ohne daß
er aus sich selbst zur klaren Lösung derselben gelangt wäre [2].   In dieser
Gährung, in diesem Ringen seines Geistes, sich aus dem Bann der sinn=
lichen Vorstellungen zu einer geistigen Auffassung Gottes und seiner eigenen
Seele zu erschwingen, hörte er in Mailand den hl. Ambrosius, dessen
Predigten er um ihrer rhetorischen Vollendung willen besuchte.   Von der
Form richtete er jedoch bald seine Aufmerksamkeit auf den Inhalt, fand
sich immer mehr zum Christenthum hingezogen und schloß sich endlich
den Katechumenen an.   Aber nur allmählich und durch viele Vermitte=
lungen hindurch konnte sein stolzer, wenn gleich durch innere Kämpfe
geprüfter und gedemüthigter Geist die volle christliche Ueberzeugung ge=
winnen.   Eine mächtige Einwirkung erfuhr er in dieser Hinsicht von
Seiten der platonischen, beziehungsweise neuplatonischen Philo=
sophie.   Diese gab ihm den Begriff des Immateriellen, die Vorstellung
vom Unsichtbaren und Uebersinnlichen und weckte in ihm das Bedürf=
niß für das Ideale.   Sie förderte ihn in seinem Aufstreben zu geistiger
Anschauung, setzte die Ueberwindung des Manichäismus in ihm fort
und erhob ihn zu einer optimistischen Weltanschauung.
    Die platonischen Schriften entzündeten in ihm ein unglaubliches

---

[1] Ibid. VII, 1.   [2] Ibid. VII, 3—7.

Feuer; denn sie forderten ihn auf, die Wahrheit außerhalb der
Körperwelt zu suchen[1], und richteten seinen Blick in sein eigenes
Innere. „Hierdurch gemahnt," sagt er, „in mich selbst zurückzukehren,
drang ich in mein Innerstes ein. Hier schaute ich mit dem Auge meiner
Seele, wie beschaffen es auch sein mochte, über diesem Auge meiner
Seele, über meinem Geiste, das unwandelbare Licht Gottes, nicht dieses
gewöhnliche, dem sinnlichen Auge sichtbare Licht; nein, es war ein ganz
anderes, von diesem weit verschiedenes Licht. Auch stand es nicht so
über meinem Geiste, wie etwa das Oel über dem Wasser oder wie der
Himmel über der Erde (nicht räumlich), sondern es war höherer Natur,
weil es mich erschuf, und ich niedriger, weil ich sein Geschöpf bin. Wer
die Wahrheit kennt, kennt es."[2] „Da erfaßte ich in geistiger (in=
telligibler) Weise das Unsichtbare an dir aus den erschaffenen Dingen
und es ward mir klar, daß du unendlich und gleichwohl nicht durch
endliche oder unendliche Räume ausgedehnt seiest, daß du wahrhaftes
Sein habest, weil dein Sein immer dasselbe ist, in keinem Theile und
in keiner Bewegung bald so bald anders, und daß alles Uebrige durch
dich bestehe."[3] „So erwachte ich in dir und schaute dich in anderer
Unendlichkeit. Und ich kehrte meinen Blick von dir ab und sah, daß
Alles dir sein Sein verdankt und daß Alles in dir begrenzt ist, aber in
anderer Weise, nicht wie im Raume, sondern weil du Alles in deiner
Hand trägst, in der Wahrheit."[4]

In geistiger, intelligibler Weise erkannte jetzt Augustinus das un=
sichtbare, geistige Wesen Gottes, nämlich durch das höchste Erkenntniß=
vermögen des menschlichen Geistes, durch die Vernunft (intellectus,
intelligentia). Er beschreibt uns auch den Weg dieser Verinnerung,
dieser Rückkehr in sich selbst, und die Stufen, die er durchschritten, um
über sein Inneres hinaus sich zur unwandelbaren Wahrheit, zu Gott zu
erheben. Ich schritt in einer Stufenfolge aufwärts von dem Körper zu
der durch den Körper wahrnehmenden Seele und von da zu jenem inneren
Vermögen derselben, welchem die körperlichen Sinne die äußeren Er=
scheinungen vermitteln (dem inneren Sinn), und von hier wieder zum
Denkvermögen, dem es zusteht, aus den sinnlichen Wahrnehmungen Ur=
theile zu bilden. Da aber auch dieses Vermögen sich in mir als ver=
änderlich erkannte, erhob es sich bis zu seiner Intelligenz und entzog

---

[1] Contr. Acad. II, 2; Conf. VII, 20.   [2] Conf. VII, 10.
[3] L. c. c. 20.   [4] L. c. c. 14—15.

sich den widersprechenden Schaaren von Trugbildern, um zu finden, kraft
welchen Lichtes es ohne den mindesten Zweifel behaupte, dem Unver=
änderlichen gebühre der Vorzug vor dem Veränderlichen, und wodurch
es das Unveränderliche selbst kenne, das es ja dem Veränderlichen keines=
wegs mit Gewißheit vorziehen würde, wenn es dasselbe nicht irgendwie
kännte. Und es gelangte zu dem, das ist (zu Gott), in einem Augen=
blick zitternder Anschauung. Da nun erkannte und schaute ich, was
unsichtbar ist an dir, durch die geschaffenen Dinge." [1]

Diese Erhebung des Geistes zu Gott auf Grund jener Rückkehr,
jener Vertiefung in sich selbst, bezeichnet den entscheidenden Wendepunkt
in der Richtung seines Denkens; er schritt über das Gebiet des Sinnen=
fälligen hinüber in das Gebiet des geistig Erkennbaren, in das Gebiet
der ideellen, intelligibeln Erkenntniß. Man muß sich die ganze Entwicke=
lung des Augustinus, sein langjähriges Denken in körperlichen Vorstel=
lungen, seine vielen und schmerzlichen Erfahrungen von der Unzulänglichkeit
derselben, seine Sehnsucht nach der Erkenntniß des in unendlichen Räumen
umsonst gesuchten göttlichen Wesens vergegenwärtigen, um seine Beschrei=
bung zu verstehen, wie er sich stufenweise zum Gedanken Gottes zu er=
heben strebte, und sich einen Begriff zu machen von dem Wonneschauer,
in dem er Gottes geistige Allgegenwart und die ewige, in den eigenen
Geist einstrahlende Ideenwelt zuerst zu betrachten wagte. Auf dieser
Höhe, sagt Bindemann, sah sich sein Geist, der bisher nur das sinnlich
Vorstellbare als etwas Reales hatte festhalten können, gleichsam von
einem höheren Lichte umstrahlt; ein neues Reich, das Reich des Intelli=
gibeln und Geistigen, eröffnete sich seinem Blick, und aus der geistigen
Erfassung Gottes als der ewigen, unwandelbaren Wahrheit, als des den
menschlichen Geist erleuchtenden Lichtes, fühlte er wahre Befriedigung des
Herzens quellen. Hier fand er jetzt die Ruhe seines Geistes, nach wel=
cher er umsonst in endlosen Räumen gesucht hatte. Ueber dem physischen
Lebensprincip, der empfindenden Seele, erblickte er jetzt die Lebensstufe
des denkenden Bewußtseins, des forschenden und beurtheilenden Geistes,
von jedem körperlichen Wesen, auch von dem lichtesten Aetherhauch ver=
schieden, des Geistes, der, in sich selbst zurückgekehrt, mit dem Auge seiner
vernünftigen Intelligenz das ewige Wesen Gottes als die innere, alles
Leben spendende Sonne schaut, durch deren erleuchtende Ideen ihm ein
von der Sinnenwelt entferntes Heiligthum der Wahrheit erschlossen und

---

[1] L. c. c. 17.

sogar aus dem schwankenden Spiegel der Sinnenwelt die ewigen Ge=
danken Gottes zu entnehmen gegeben ist. Auch die lichteste Materie
erschien ihm jetzt in tiefster Unterordnung unter die Einheit des unkörper=
lichen Wesens, seines Geistes, dessen Urgrund er bebenden Aufblicks in
geistiger Unendlichkeit in sich schaute.

Durch solche innere geistige Erfahrungen wurde Augustinus gegen
seine früheren Zweifel im zuversichtlichen Vertrauen bestärkt, daß ein
ernstes Streben nach Wahrheit nicht vergeblich sein könne. Diese Ueber=
zeugung war zudem aus seinem unterdessen wiederkehrenden religiösen
Glauben gekräftigt worden und allmählich zur Reife gelangt. Zwar
fand er auch in den platonischen Schriften, wie bei den Akademikern,
die Polemik gegen eine Denkweise, welche aus bloßen Sinneseindrücken
Wissenschaft construiren wollte, aber die auflösende Dialectik diente in
diesen Schriften als Vorbereitung, um der geistig=speculativen Entwicke=
lung der Wahrheit den Weg zu bahnen. Und indem er sich dieser Denk=
richtung anschloß, glaubte er auch den verborgenen Zweck der aka=
demischen Skepsis zu erfüllen. Er huldigte jetzt der von Alters her
geäußerten Ansicht, daß die Stifter der neueren Akademie, als sie sahen,
wie sich aus dem Stoicismus ein unphilosophisches Denken in äußerlichen
Reflexionen entwickle und breit mache, die ächte platonische Speculation
hätten verhüllen und dem wiedererwachenden Trieb nach geistiger Er=
kenntniß vorbehalten wollen [1].

Indem sich Augustinus ferner durch wiederholte Rückkehr in sich
selbst tiefer in die Grundideen des Platonismus hineinlebte und mehr
und mehr im Geist und in der Wahrheit den Gott erkannte, der Allem
Sein und Odem gegeben habe und dessen ewige Herrlichkeit in der Offen=
barung des Weltalls abglänze, fand er endlich auch die beruhigende
Lösung des Räthsels, das ihn so lange beunruhigt hatte, als er von
den pantheistischen Vorstellungen des Manichäismus beherrscht war. Er
erkannte jetzt, daß Gott, das absolute, seinem Wesen nach unwandelbare
Sein, das unbedingt Gute sei, durch das alles andere Sein bedingt
ist. Diese Erkenntniß gab ihm Aufschluß sowohl über die Vergänglich=
keit des irdischen Daseins, als auch über die, vom Begriff der selbst=
bewußten, vernünftigen Wesen unzertrennliche Möglichkeit, sich durch
Selbstbestimmung von Gott abzuwenden und so das ihnen von
Gott verliehene Sein zu verringern. Auf diese Weise, erkannte jetzt

---

[1] Contr. Acad. III, 17—18.

Augustin, lasse sich der Ursprung des Bösen ergründen. So trat er in den vollsten Gegensatz gegen die manichäische Auffassung des Bösen [1].

Vermittelst der platonischen Philosophie hatte Augustinus Ueberzeugungen gewonnen, welche in ihm schwere Kämpfe zum Abschluß brachten und ihm eine helle Aussicht auf das Reich der Wahrheit eröffneten. Aus diesem Grunde, und weil sodann die mannigfachen Anklänge platonischer, beziehungsweise neuplatonischer Lehren an christliche ihm den völligen Fortschritt zu diesem bahnten [2], bewahrte er dieser Philosophie eine dankbare Erinnerung. Er läßt sie ihren Ausgangspunkt in Sokrates nehmen, zählt zu ihr außer Plato den Aristoteles und die Neuplatoniker und spendet ihr großes Lob. Keine Philosophenschule, sagt er, kam dem Christenthum näher, als die platonische, weßhalb ihre Lehren allen anderen außerchristlichen, religiösen und philosophischen Meinungen vorzuziehen sind [3].

§ 3.
Die Grundfragen der Philosophie.

Wir haben im Bisherigen den intellectuellen Entwickelungsgang des hl. Augustinus dargestellt, der in der Tiefe der manichäischen Phantasiewelt begann und auf der Höhe der religiös-geistigen, christlichen Weltanschauung endigte. Als natürliche Folge desselben ergibt sich das Princip seiner Speculation, wie der weitere Verlauf unserer Darstellung zeigen soll.

Was zunächst die methodische und erkenntniß-theoretische Seite anlangt, so war es die manichäisch-gnostische Denkweise auf der einen und die skeptische Denkrichtung auf der anderen Seite, welche seine ganze geistige Kraft herausforderten, wollte er durch diese Irrthümer zur Wahrheit durchbringen. Als letzteres ihm gelungen war, strebte er die Ruhe und den Frieden, den er selbst im Besitze der Wahrheit gefunden hatte, durch Bekämpfung und Vernichtung jener Irrthümer auch in seine Zeit einzuführen. Die Waffen zu diesem Kampfe hatte er in eigener Lebenserfahrung erprobt und darum wiederholt sich in demselben nur das Schauspiel seines langjährigen inneren Kampfes; hatte er selber den richtigen Weg gefunden, der zwischen den Klippen des Gnosticismus und Skepticismus hindurchführt, so rückte er jetzt das, was er durch eigene

---

[1] Conf. VII, 11—13.   [2] Ibid. VII, 9; VIII, 2.
[3] De civit. Dei VIII, 3—12.

Erfahrung als das wahre Heilmittel erkannt hatte, als Grundgedanken seiner Lehre in den Vordergrund.

Gegenüber einer Speculation, wie der manichäischen, welche jeden Boden der Wirklichkeit verlassen und sich in das Traumgebiet der Phantasie verirrt hatte, einer Speculation, welche den Denkgeist an die bloße Realität des Sinnenfälligen überlieferte und für den Fall der Enttäuschung sein unbefriedigtes und betrogenes Streben nach Wahrheit zur Skepsis, zur Verzweiflung an aller Wahrheit versuchte, galt es, nach Anweisung der platonischen Philosophie, den Geist des Menschen in sein Inneres einzuführen, ihn auf die Betrachtung der inneren geistigen Erfahrungswelt hinzuweisen und ihm hier den Blick in eine Welt zu eröffnen, die nicht als ein erträumtes Reich der Phantasie, sondern als ein wahrhaft Reales ein sicheres Fundament für die Wissenschaft bietet. Auf dieselbe geistige Innenwelt mußte er auch zum Schutze gegen die Skepsis hingewiesen werden, damit er in dem unerschütterlichen Grunde des Selbstbewußtseins wieder festen Fuß fasse; auf dem Wege der Vertiefung in sich selbst sollte der Denkgeist sich in seiner selbsteigenen Thätigkeit erfassen lernen, um in ein Erkenntnißgebiet einzudringen, das sich zwar der sinnlichen Wahrnehmung entzieht, das aber darum nicht minder wahre Realität hat, dessen Realität uns vielmehr unmittelbar gewiß und über jeden Zweifel erhaben ist und das außerdem das sichere Fundament bildet, von wo aus sich der menschliche Geist zu dem über ihm stehenden göttlichen Wesen erheben kann. Darum fordert Augustinus, daß der Denkgeist von der sinnlichen Erkenntniß abstrahire, sich in sich selbst vertiefe und auf sich selbst, auf sein eigenes Innere reflectire, um da den sicheren Grund zu finden, auf dem die wahre Wissenschaft, die wahre Philosophie aufgebaut werden kann.

Daher sagt Augustinus: Zuerst muß der Mensch sich selbst zurückgegeben werden, damit er hier gleichsam erst festen Fuß fasse, um dann von hier aus sich zu Gott zu erheben[1]. Gehe also nicht nach außen, kehre in dich selbst zurück; im Innern des Menschen wohnt die Wahrheit; und wenn du deine Natur veränderlich findest, so gehe auch über dich selbst hinaus[2]. Zur Erkenntniß der Wahrheit gelangen diejenigen

---

[1] Retract. I, 8: Prius sibi ipse homo reddendus est, ut illic quasi gradu facto inde surgat atque attollatur ad Deum.

[2] De vera relig. c. 39: Noli foras ire, in te ipsum redi, in interiore homine habitat veritas; et si tuam naturam mutabilem inveneris, transcende et te ipsum.

in keiner Weise, welche sie draußen suchen[1]. Die Wahrheit im Innern des Geistes suchen, das heißt den Verstand als Führer zur Erkenntniß Gottes gebrauchen, wozu allerdings nur ein kleiner Theil der Menschen im Stande ist, weil es jeden schwer ankommt, aus der Veräußerung in die Geschäfte der Sinne in sich selbst zurückzukehren[2]. Augustinus spricht es selbst aus, daß dieser Gedanke von der Rückkehr des Geistes in sich selbst der Grundgedanke seiner Speculation sei[3]. Daher sehen wir denn auch gleich in den ersten Schriften, die er bald nach seiner Bekehrung verfaßte, wie seine Forschung vorherrschend nach innen gerichtet und der Betrachtung des geistigen Innenlebens zugewandt war. Nachdem er zunächst (in den Büchern contra Academicos) gegen die akademische Skepsis nachgewiesen, daß der Mensch im Stande sei, Wahres zu erkennen, beschäftigte er sich in seinen weiteren Schriften mit Forschungen über das Wesen der Seele und suchte in der Selbsterkenntniß den Weg zur Wahrheit nicht nur gegen die akademische Philosophie, sondern auch gegen den Manichäismus nachzuweisen. Sowohl in den Soliloquien, wie in der Schrift über die Unsterblichkeit der Seele ist er bemüht, in den inneren Spiegel der Selbsterkenntniß zu schauen, und was in letzterer Schrift im Keime enthalten ist, das hat er in der Schrift „über die Größe der Seele" weiter und tiefer entwickelt.

Hieraus ist sofort zu ersehen, welches die Hauptprobleme und welches das Endziel des philosophischen Denkens nach Augustinus sei.

Das Endziel der philosophischen Speculation ist für ihn die wahre Erkenntniß Gottes[4]. Die Frage nach dem Dasein und Wesen Gottes tritt, wie wir gesehen, in dem Ringkampfe seines großen, tiefbegabten Geistes mit den Irrthümern seiner Zeit als die erste und bedeutendste Frage in den Vordergrund; er suchte die Wahrheit und die Wahrheit im höchsten Sinne ist ihm Gott. Dieses Suchen nach der Wahrheit,

---

[1] Ibid. c. 49: Omnis palma cognitioni datur et artificio et comprehensioni veritatis, ad quam nullo modo perveniunt, qui foris eam quaerunt. Epist. 115 ad Nebrid.: Confer et ad tuum animum et illum in Deum leva, quantum potes.

[2] De ordine II, 11: Ratio est mentis motio, — qua duce uti ad Deum intelligendum vel ipsam animam, rarissimum omnino genus hominum potest: non ob aliud, nisi quia in istorum sensuum negotia progresso redire in semet-ipsum cuique difficile est.

[3] De quant. anim. c. 28: Libenter in eo sermone demoror, quo admonetur anima, ne se ultra quam necessitas cogit, refundat in sensus, sed ab his potius ad se ipsum colligat et repuerascat Deo.

[4] Conf. X, 1.

nach Gott, entsprungen aus dem unabweislichen Bedürfniß seines großen
Geistes wie seines tiefsinnigen Gemüthes, spricht er in seinem bekannten
Worte aus: „Für dich haſt du uns geſchaffen und unruhig iſt unſer
Herz, bis es ruht in dir."[1] Dieſes Gottſuchen iſt für ihn das Grund=
thema der ganzen Philoſophie, ſofern dieſe überhaupt ein Suchen nach
Wahrheit iſt. Zwar kennt er wohl die Eintheilung der alten Philo=
ſophie in Phyſik, Logik und Ethik, aber er folgt nicht dem Gange, den
ſie vorſchreibt; er iſt vielmehr der Anſicht, daß diejenigen Philoſophen
die platoniſche Dreitheilung der Philoſophie am beſten und richtigſten
verſtanden haben, welche die Anſicht von Gott hatten, daß in ihm die
Urſache alles Seins, der Grund aller Erkenntniß und die Ordnung alles
Lebens ſich finde, daß er ſei der Urheber der geſchaffenen Dinge, das
Licht aller Erkenntniß und das Endziel alles Thuns, das höchſte Gut,
daß der Philoſoph ſomit Gott ſuchen müſſe[2]. Seine Forſchung hat
einen durchaus theologiſchen Charakter. Bei ihm ſind alle Lehren
durch die Gotteslehre beſtimmt, alle ſtehen mit dieſer in Verbindung;
Alles betrachtet er in ihrem Lichte; den Werth von Allem bemißt er nach
ſeinem Verhältniß zu Gott. Mit einem Worte: ſeine Philoſophie iſt
eine religiös = philoſophiſche Weltanſchauung, weßhalb er ſich gegen
die Erforſchung der Naturdinge als ſolcher gleichgültiger verhält und auch
auf die Pſychologie ſeinen wiſſenſchaftlichen Blick weſentlich nur in theo=
logiſchem Intereſſe richtet.

Iſt nun die Erkenntniß Gottes das Endziel der philoſophiſchen For=
ſchung, macht alſo das Streben nach dieſer Erkenntniß das wahre Weſen
der Philoſophie aus, ſo beſtimmt ſich hiernach der Begriff der Philo=
ſophie. Betrachten wir nämlich das Wort Philoſophie ſelbſt, ſo bezeich=
net es etwas Großes und überaus Begehrenswerthes, inſofern die Philo=
ſophie Liebe zur Weisheit oder Streben nach Weisheit iſt. Was aber
iſt die Weisheit? Die Philoſophen definirten dieſelbe als Wiſſenſchaft
von den göttlichen und menſchlichen Dingen. Allein dieſe Definition iſt
zu weit; ſie iſt ſo zu theilen, daß die Wiſſenſchaft von den göttlichen
Dingen im eigentlichen Sinne Weisheit, die von den menſchlichen Dingen
dagegen Wiſſenſchaft im engeren Sinne genannt wird. Von den menſch=
lichen und überhaupt von den irdiſchen Dingen kann man Vieles erkennen,

---

[1] Ibid. I, 1: Fecisti nos ad te et inquietum est cor nostrum, donec re-
quiescat in te. Vgl. ibid. IV, 7; 10—12.

[2] De civit. Dei VIII. 4; 9—10; XI, 25.

aber das Meiste davon ist eitles und überflüssiges Wissen oder dient sogar zur Befriedigung schädlicher Neugierde [1]. Wer bloß solche Dinge gelernt hat, kann wohl als Gelehrter gelten, aber weise kann er nicht sein [2]. Eitelkeit ist es sogar, sich laut zu den irdischen Wissenschaften zu bekennen und sie zu lehren, auch wenn man sie wirklich kennt [3]. Wir müssen alle Erkenntniß des Irdischen zu Gott in Beziehung setzen, durch die Erkenntniß des Zeitlichen und Sichtbaren zur Erkenntniß des Ewigen und Unsichtbaren aufsteigen und uns hüten, daß wir nicht den äußeren Dingen allein unsere Gedanken zuwenden, sondern in unser eigenes Innere schauen und durch die Erkenntniß unserer selbst, die besser ist als die Erkenntniß aller äußeren Dinge, zu Gott emporsteigen [4]. Alle Wissenschaft von den irdischen Dingen, also der Theil der Philosophie, welcher Physik genannt wird, hat somit nur insofern wahren Werth, als sie uns zur Erkenntniß der göttlichen Dinge verhilft, und nach Weisheit strebt der Mensch nur in dem Grade, als er sich von der Erkenntniß der sichtbaren Dinge zur Erkenntniß der göttlichen erhebt, von dem empirisch Gegebenen zu seinen Principien, den göttlichen Ideen, und von diesen zu Gott, dem Urprincip aller Dinge, aufsteigt [5].

Das ist eben, würden wir sagen, der Philosophie eigen, daß sie nicht bei dem empirisch Gegebenen stehen bleibt, sondern alles Erkennbare aus Einem höchsten Princip zu erkennen und zu begreifen sucht. Allein nach Augustinus ist die Erkenntniß Gottes als des höchsten Princips aller Dinge, nicht eigentlich Selbstzweck, sondern wir sollen Gott er= kennen, um ihn zu lieben, in Liebe ihn zu genießen und in diesem Ge= nusse unsere Glückseligkeit zu finden. Das Streben nach Weisheit soll nicht bloß ein theoretisches, sondern auch ein praktisches Endziel

---

[1] De trinit. XIII, 1: Disputantes de sapientia, definierunt eam dicentes: Sapientia est rerum humanarum divinarumque scientia. — Verum secundum hanc distinctionem, qua dixit apostolus: Alii datur sermo sapientiae, alii sermo scientiae, ista definitio dividenda est, ut rerum divinarum scientia proprie sapientia nuncupetur, humanarum autem proprie scientiae nomen obtineat. De qua volumine XII. disputavi, non utique quidquid sciri ab homine potest in rebus humanis, ubi plurimum supervacuae vanitatis et noxiae curiositatis est, hinc scientiae tribuens.

[2] De doctrin. christ. II, 38.   [3] Conf. V, 5.   [4] De trinit. V, 1.

[5] De ordine II, 16: Quibus si quisque non cesserit et omnia, quae per tot disciplinas late varieque diffusa sunt, ad unum quoddam verum certumque redegerit, eruditi nomine dignissimus, non temere jam quaerit illa divina, non jam credenda solum, verum etiam contemplanda, intelligenda atque retinenda.

haben, indem es, wenn jedes natürliche Streben auf ein Gut und durch
dieses auf Glückseligkeit abzielt, nach dem höchsten Gute strebt und in
diesem seine wahre, höchste Glückseligkeit ersehnt. Daher ist Gott selbst
die Weisheit, nach der die wahre Philosophie strebt, und der wahre
Philosoph ein Liebhaber Gottes. Das höchste Gut, sagt Plato, ist Gott,
und deßhalb will er, daß der Philosoph ein Liebhaber Gottes sei, damit,
weil die Philosophie auf das glückselige Leben abzielt, im Genusse Gottes
glückselig sei, wer Gott liebt[1]. Denn das Herz ist der Mensch und
deßhalb ist die wahre Erkenntniß mit Liebe verbunden und liegt in der
wahren Erkenntniß Gottes für den Menschen zugleich die Quelle der
Glückseligkeit, die denn in der That auch das eigentliche Ziel und der
Endzweck der Thätigkeit aller Philosophen war[2]. Wer zur wahren Erkenntniß Gottes gelangt, besitzt die Wahrheit, in welcher das höchste
Gut erkannt und festgehalten wird, das Gut, dessen Besitz uns beseligt[3].
Diesen Sinn hat jenes Wort: Du hast uns, o Gott, für dich geschaffen
und unser Herz ruht nicht, bis es ruht in dir. Die Erkenntniß der
irdischen Dinge und die Liebe zu diesen kann die menschliche Seele nicht
befriedigen; nur in der Erkenntniß Gottes und der durch diese vermittelten
Liebe Gottes, in der sie Gott genießt, findet sie die wahre Ruhe und
Glückseligkeit ihres Herzens.

Eben in dieser Hinsicht erscheinen die physischen Kenntnisse im Vergleich mit der Gotterkenntniß als unnöthig[4], ja sogar als unnütz, und
wir sollten einsehen, daß die Unwissenheit in Dingen, welche zu unserer
Seligkeit nicht nothwendig sind, nicht immer ein Uebel, sondern zuweilen
sogar nützlich ist, ganz abgesehen davon, daß in Folge der Schwierigkeiten, mit denen die Forschungen der Physik verbunden sind, von dem,

---

[1] De civit. Dei VIII, c. 1.

[2] Ibid. VIII, 3; XIX, 1; retract. I, 2.

[3] De lib. arb. II, 9: Num aliam putas esse sapientiam nisi veritatem
in qua cernitur et tenetur summum bonum? Ibid. II, 16: Quid igitur aliud
agimus, cum studemus esse sapientes, nisi ut quanta possumus alacritate ad
id, quod mente contingimus, totam animam nostram quodammodo colligamus et
ponamus ibi atque stabiliter infigamus, ut jam non privato suo gaudeat, quod
implicavit rebus transeuntibus, sed exuta omnibus temporum et locorum
affectionibus apprehendat id quod unum atque idem semper est. Sicut enim
tota vita corporis est anima, sic beata vita animae Deus est. De mor. eccl.
I, 17: Nam si sapientia et veritas non totis animi viribus concupiscatur, inveniri nullo modo potest. — Amore petitur, amore quaeritur, amore pulsatur,
amore revelatur.

[4] Enchirid. III. 9; V, 16.

was die Neugier der Menschen sich rühmt, entdeckt zu haben, viel mehr in den Bereich des bloßen Meinens als des wirklichen Wissens gehört [1]. „Unglücklich ist vielmehr der Mensch, der jenes (das Endliche und Sicht= bare) kennt, dich (Gott) aber nicht kennt. Glückselig dagegen, wer dich kennt, auch wenn er von jenem nichts weiß. Wer aber dich und auch jenes weiß, ist wegen des letzteren nicht glücklicher, sondern beinetwegen allein ist er glücklich, wenn er dich erkennt. Denn gleichwie derjenige besser daran ist, welcher sich im Besitz eines Baumes weiß, weiß er auch nicht, wie viele Ellen er hoch ist und wie weit er sich in der Breite ausdehnt, als derjenige, der ihn ausmißt nnd alle seine Zweige zählt, aber ihn weder besitzt, noch den Schöpfer desselben kennt und liebt: so ist es mit dem gläubigen (im Glauben Gott erkennenden) Menschen, dem eine ganze Welt von Reichthümern gehört und der, ob er auch sonst nichts besitzt, doch Alles besitzt, indem er an dir, dem Alles unterthan ist, festhält, kennt er auch nicht einmal das Kreisen des großen Bären. Thorheit wäre es, zu zweifeln, daß er besser daran ist, als der, welcher den Himmel ausmißt, die Gestirne zählt und die Elemente wägt, aber dich hintansetzt, der du Alles nach Maß, Zahl und Gewicht geordnet hast." [2] Deßhalb ist Sokrates zu loben, der zuerst der gesammten Phi= losophie die Richtung auf die moralischen Fragen gab, bei denen es sich um das höchste Gut handelte, durch welches der Mensch glückselig wer= den kann, während seine Vorgänger auf dem Gebiet der Philosophie ihre hauptsächlichste Mühe auf die Erforschung der physischen Dinge ver= wendeten. Sei es, daß Sokrates aus Ueberdruß an der dunkeln und ungewissen Erkenntniß der physischen Dinge darauf hinarbeitete, etwas Klares und Bestimmtes zu finden, was zum glückseligen Leben noth= wendig wäre, sei es, daß ein anderes Motiv ihn leitete: jedenfalls drang er auf Reinigung des Lebens durch gute Sitten, damit der von den niederbrückenden Leidenschaften entlastete Geist mit der von Natur aus ihm eigenen Schwungkraft zum Ewigen sich erhebe und die Natur des unkörperlichen und unveränderlichen Wesens, in welchem die Ursachen aller Dinge sind, in lauterer Erkenntniß schaue und dasselbe als das höchste Gut erkenne, durch das der Mensch glückselig werden kann [3]. Aus demselben Grunde sind die Platoniker allen übrigen Philosophen vorzuziehen, weil sie Gott und in ihm den Ursprung alles Seins, das Licht aller Erkenntniß und die Quelle aller Glückseligkeit erkann=

---

[1] Enchirid. c. 9.   [2] Conf. V, 4.   [3] De civit. Dei VIII, 3.

ten [1]. Ein Weiſer, ſagt Plato, ſei ein Nachahmer, Erkenner und Liebhaber
Gottes und er werde dadurch glückſelig, daß er deſſelben theilhaftig
werde [2]. Das höchſte und letzte Gut beſtehe darin, der Tugend gemäß
zu leben; dieß könne aber nur demjenigen zu Theil werden, welcher Gott
erkennt und nachahmt, und nur beßhalb ſei er glückſelig. Daher ſteht
er nicht an zu behaupten, philoſophiren ſei nichts Anderes, als Gott
lieben und in dieſer Liebe ihn genießen. Daraus folgt, daß derjenige,
der nach Weisheit ſtrebt, der Philoſoph, dann glücklich ſein wird, wenn
er Gott liebt und genießt [3].

Die Beziehung, in welche Auguſtinus die Philoſophie zur Gottes=
erkenntniß und durch dieſe zur Glückſeligkeit ſetzt, zeigt uns, daß er, wie
Huber ſagt, die Philoſophie weſentlich vom religiös=praktiſchen Stand=
punkt aus auffaßt, weßhalb er denn auch geradezu ſagt, die Frömmig=
keit ſei Weisheit [4]. Dieſe Auffaſſung entſpricht ganz ſeinem geiſtigen
Entwicklungsgang. Lange genug hatte er ja in der Hingabe an das
Sinnliche vergeblich Glückſeligkeit geſucht; er fand nur Qual und Gei=
ſtesplage. Sein Geiſt verlangte nach Wahrheit; aber vergebens ſuchte
er ſie bei den Manichäern, und groß war die Bitterkeit ſeiner Seele, als
er ſich von den Manichäern getäuſcht ſah. Die platoniſchen Schriften
dagegen entzündeten in ihm ein unglaubliches Feuer, weil ſie ihn zur
Erkenntniß des unſichtbaren Gottes führten. Der unſichtbare Gott war
es, nach deſſen Erkenntniß ſein tief angelegter Geiſt ſtrebte, und das
religiöſe Bedürfniß ſeines tiefſinnigen Gemüthes ſuchte in Gott ſeine Be=
friedigung, ſeine Ruhe und Seligkeit. Die Erkenntniß Gottes aber iſt
das Mittel, das zu dieſer Glückſeligkeit führt; denn wenn man Gott
nicht kennt, ſo kann man ihn nicht lieben, um ihn in dieſer Liebe zu ge=
nießen. Daher acceptirte er mit vollſter Ueberzeugung von den Alten
jene Zweckbeſtimmung der Philoſophie, die ſo trefflich mit ſeinen inneren,
geiſtigen Erlebniſſen harmonirte. Die Philoſophie iſt ihm Streben nach
Glückſeligkeit, d. h. Streben nach Gott oder durch Erkenntniß vermittelte
Liebe zu Gott und der Philoſoph ein Liebhaber Gottes, der in Liebe
Gott genießt und in dieſem Genuſſe ſeine Glückſeligkeit findet. Dem=
gemäß finden wir, daß er gleich in ſeinen früheſten Schriften dieſe Zweck=
beſtimmung der Philoſophie hervorhebt, indem er ſagt, daß das Stubium

---

[1] Ibid. VIII, 4.   [2] Ibid. VIII, 5.   [3] Ibid. VIII, 8
[4] Conf. V, 5: Ecce pietas est sapientia. De trinit. XIV, 1: Loquemur
de hominis sapientia, vera tamen, quae secundum Deum est et verus ac prae-
cipuus cultus ejus est.

der Philosophie sich nur auf jene Dinge erstrecke, welche in Beziehung stehen zu einem glückseligen Leben, und daß letzteres in der wahren und vollkommenen Erkenntniß Gottes bestehe[1]. Sein ganzes Buch über das glückselige Leben hat, wie er selbst sagt, die Tendenz, zu zeigen, daß es kein glückseliges Leben gebe außer in der vollkommenen Erkenntniß Gottes[2].

Ist nun aber die Gotteserkenntniß das Endziel der philosophischen Forschung, die Frage nach dem Dasein und Wesen Gottes das Hauptproblem der Philosophie, so ist der rechte Weg, der zu dieser Erkenntniß, zur Lösung dieses Hauptproblems führt, kein anderer, als die Selbsterkenntniß; denn nur in dem Innern seiner geistigen Seele vermag der Mensch den wahren Gott, das Urbild aller endlichen Geister, zu erkennen. Gott und die Seele waren also die Hauptobjecte, denen Augustinus seine Forschung zuwandte, und er gibt selber diesem seinem philosophischen Streben Ausdruck in den wenigen, aber inhaltschweren Worten: Deum et animam scire cupio. Nihilne plus? Nihil omnino[3]. Deus semper idem, noverim me, noverim te![4] „Schenke mir dein Licht," so fleht er, „rufe mich zurück von meinen Irrthümern! Unter deiner Führung laß mich zu mir zurückkehren und zu dir."[5] Sonach gibt es „zwei Probleme der Philosophie, die Seele und Gott. Das erste führt uns zur Erkenntniß unser selbst, das zweite zur Erkenntniß unseres Ursprungs". Die Lösung des einen führt zur Lösung des anderen. „Das eine ist angenehmer, das andere um so wichtiger. Das eine macht uns des glückseligen Lebens würdig, das andere macht uns glückselig. Das erste ist das Problem des Lernenden, das andere das des Gelehrten." Dieß ist die richtige Ordnung des Studiums der Weisheit, durch die wir befähigt werden, die Ordnung der Dinge, d. h. die beiden Welten, die intelligible und die sinnenfällige, sowie den Vater des Universums selbst zu erkennen[6]. Von der körperlichen Außenwelt

---

[1] Contr. Acad. I, 8: Sapientiam rerum humanarum divinarumque scientiam dicemus, sed earum, quae ad beatam vitam pertinent. De beat. vita c. 3: Haec est beata vita pie perfecteque cognoscere, a quo inducaris in veritatem, quo veritate perfruaris, per quid connectaris summo bono.

[2] Retract. I, 2: In quo libro constitit inter nos, non esse beatam vitam nisi perfectam cognitionem Dei.

[3] Soliloq. I, 2.   [4] Ibid. II, 1.   [5] Ibid. II, 6.

[6] De ord. II, 18: Philosophiae duplex quaestio est: una de anima, altera de Deo. Prima efficit, ut nosmetipsos noverimus, altera ut originem nostram. Illa nobis dulcior, ista charior: illa nos dignos beata vita, beatos haec facit.

soll das philosophische Denken in die innerste Welt des menschlichen
Geistes eindringen und dann über diese Innenwelt hinaus zu Gott emporsteigen, um aus der geistigen Innenwelt Gott zu erkennen und aus
Gott, als dem wahren Urgrund aller Dinge, das Dasein, die Beschaffenheit und Ordnung der Welt-Dinge zu begreifen. In specieller Beziehung
auf die Seele kann man auch sagen, es seien drei eng mit einander ver-
knüpfte Fragen, nach deren Lösung die Philosophie strebt, die Bedeutung
der Seele im Körper, ihre Bedeutung in sich selbst und ihre Bedeutung
in Beziehung auf Gott [1].

In Folge dessen, daß Augustinus den Weg der Selbsterkenntniß
geht, um zur Erkenntniß Gottes zu gelangen, charakterisirt sich seine
Philosophie durch eine vorherrschend psychologische Richtung. Und
hierdurch ist sie epochemachend geworden. Augustinus gab zuerst durch-
greifend der philosophischen Forschung eine psychologische Richtung, indem
er den Standpunkt des wissenschaftlichen Nachdenkens in das geistige
Leben verlegte. Im Mittelalter hat, nur einseitiger als Augustinus, der
Mysticismus diese Richtung des Denkens verfolgt. Auch die Systeme
der neueren Zeit ruhen im Wesentlichen auf derselben Grundlage; in
ihnen aber hat die psychologische Richtung des Denkens in Subjectivis-
mus ausgeartet.

§ 4.
Die Philosophie und das Christenthum.

Wenn Augustinus, wie wir gesehen, die Philosophie im Wesentlichen
vom religiös-praktischen Standpunkt aus auffaßt und sie deßhalb in so
innige Beziehung zur Religion stellt, daß er ihr Gottsuchen in den Dienst
des religiösen Strebens des menschlichen Herzens stellt, das seinen Gott
sucht, um ihn zu lieben, zu genießen und in diesem Genusse seine Glückseligkeit zu finden: so haben wir im Besonderen ihr Verhältniß zu der
Religion in's Auge zu fassen, welche er, nach Ueberwindung seiner Irrthümer, als die schlechthin wahre und vollkommene Religion erkannt
hatte, nämlich zur christlichen. Dieses Verhältniß aber gestaltet sich so,
daß die philosophische Forschung nicht nur dem Interesse der christlichen

---

Prima est illa discentibus, ista jam doctis. Hic est ordo studiorum sapientiae,
per quem fit quisque idoneus ad intelligendum ordinem rerum, id est, ad
dignoscendos duos mundos (sc. intelligibilem et sensibilem) et ipsum parentem
universitatis.

[1] De quant. anim. c. 33.

Religion zu dienen hat, sondern von ihr auch geläutert und geleitet werden muß, um ihr eigenes Endziel wahrhaft und vollkommen erreichen zu können.

Durch die platonische Philosophie gelangte Augustinus, wie er selbst sagt, wohl zur Erkenntniß des unsichtbaren Gottes, aber nicht zum wirklichen Genusse Gottes, als des höchsten Gutes[1], zu dem Genusse, in dem ja die von der Philosophie angestrebte Glückseligkeit besteht. Dieser Genuß ist eben bedingt durch die Liebe zu Gott, die in der Frömmigkeit, der Gottseligkeit, in der Religion wurzelt. Die philosophische Wissenschaft nützt daher nur, wenn Liebe dabei ist; sonst bläht sie nur auf. Sie nützt nur, wenn der Mensch sein Herz verdemüthigt und der Liebe öffnet, dem Stolze aber verschließt, der in einseitiger Neigung zur Wissenschaft seine Befriedigung sucht. Deßhalb war Augustinus in seinem philosophischen Selbstdünkel lange Zeit nicht im Stande, Gott zu genießen; es fehlte ihm an der Demuth, an den Thränen eines reumüthigen Bekenntnisses, an der heiligen Liebe zu Gott, überhaupt an den Mitteln, welche die christliche Religion für das Heil der Seele darbietet. Die Philosophie für sich verschmäht es, von Christus zu lernen, der sanftmüthig ist und demüthig von Herzen. Allein es ist etwas Anderes, zwar das Ziel zu sehen, nach welchem man streben muß, aber den Weg, der dahin führt, nicht zu sehen, den Weg, der zu jenem glückseligen Vaterland führt, das man nicht nur kennen, sondern einstens auch bewohnen soll; und etwas Anderes, diesen Weg zu kennen. Es ist nicht genug, den unsichtbaren Gott zu erkennen und ihn gleichsam aus der Ferne zu sehen, sondern man muß auch den Weg wandeln, auf dem man zu ihm kommen, ihn schauen und als höchstes Gut festhalten kann. Etwas Anderes ist es, von waldiger Höhe die Heimath des Friedens zu schauen, aber den Weg zu ihr nicht zu finden und vergebens auf unwegsamen Pfaden sich abzumühen und etwas Anderes, den Weg einzuhalten, der dorthin führt[2]. Die Philosophie sucht wohl die Wahrheit, aber ohne den christlichen Glauben, und darum sieht sie wohl von ferne und mit geblendetem Auge das Ziel, nach dem man streben muß, um weise und glückselig zu werden; aber den Weg, der dahin führt, sieht sie nicht[3]. Diesen Weg hat uns der menschgewordene Logos, Jesus Christus, im

---

[1] Conf. VII, 20.   [2] Ibid. VII, 21.

[3] De civit. Dei X, 29: Itaque videtis utcumque, etsi de longinquo, etsi acie caligante, patriam, in qua manendum est, sed viam, qua eundum est, non videtis.

demüthigen Glauben an seine Offenbarung gewiesen. Ja, er ist dieser
Weg selbst. Denn die Philosophie hat für sich nicht die Kraft, den
Menschen zum wahren Genusse Gottes zu führen; diese Kraft ist erst in
der von Irrthum und Sünde erlösenden und heiligenden Gnade Jesu
Christi vollkommen offenbar geworden. Plato sagt allerdings mit Recht,
die vernünftige Seele werde nur dadurch wahrhaft weise und glückselig,
daß sie an der höchsten Weisheit Gottes theilnehme; allein nichts An=
deres als diese höchste Weisheit ist, wie Gott selbst bezeugt, der göttliche
Logos, Jesus Christus, durch den wir weise und glückselig werden.
Kurz, was alle wahre Philosophie anstrebt, Weisheit und Glückseligkeit,
das finden wir in Wirklichkeit erst im lebendigen Glauben an Christus.
Die Weisheit in diesem Leben besteht in der christlich frommen und liebe=
vollen Verehrung Gottes, um ihn jenseits sicher und vollkommen zu ge=
nießen. Die Weisheit des Menschen ist, wie das ganze Buch „Enchi=
ridion ad Laurentium" zeigt, die Frömmigkeit, die sich kundgibt im
lebendigen Glauben an Gott, das höchste Gut, in der aus dem Glauben
hervorgehenden Hoffnung, der sicheren Erwartung der zukünftigen Güter,
und in der Liebe zu Gott, durch welche der Glaube wirksam ist. Durch
den Glauben im Dießeits gelangt der Christ zur vollkommenen An=
schauung Gottes im Jenseits, in welcher er seine wahre, ewige Glück=
seligkeit findet [1].

Die Philosophie ist also nach Augustinus nicht im Stande, aus sich
allein den Menschen zum höchsten Gipfel der Weisheit und Glückseligkeit
zu führen; hierzu bedarf es der christlichen Religion. Ja, sie bedarf
dieser sogar als Leitstern, um auch nur zur wahren Erkenntniß
Gottes, zur richtigen und vollständigen Lösung der metaphysischen Fragen

---

[1] Epist. 222 ad Consent.: Nam quidam etiam minimi, et tamen in via
fidei perseverantissime gradientes, ad illam beatissimam contemplationem perveniunt, quidam vero, quid sit natura invisibilis, incommutabilis, incorporea,
utcunque jam scientes, et viam, quae ducit ad tantae beatitudinis mansionem,
quoniam stulta illis videtur, quod est Christus crucifixus, tenere recusantes,
ad quietis ipsius penetrale, cujus jam luce mens eorum velut in longinqua
radiante perstringitur, pervenire non possunt. De morib. eccl. c. 18: Christia-
nam fidem, quae ad summum apicem sapientiae veritatisque perducit, qua
perfrui nihil est aliud nisi beate vivere. Enchirid. c. 5: Cum autem initio
fidei quae per dilectionem operatur, imbuta mens fuerit, tendit bene vivendo
etiam ad speciem pervenire, ubi est sanctis et perfectis cordibus nota ineffabilis pulchritudo, cujus plena visio est summa felicitas. Hoc est minirum
quod requiris, quid primum, quid ultimum teneatur: inchoari fide, perfici
specie.

zu gelangen. Auch in dieser Hinsicht soll sie ihre Unzulänglichkeit ein=
gestehen. Augustinus gibt zu, daß die heidnische Philosophie die Wahr=
heit bis auf einen gewissen Grad, wie durch eine Beschattung gesehen
und das Ziel erblickt habe, wohin die Philosophie streben soll [1]. Wäh=
rend er sich in früheren Schriften entschieden dahin ausgesprochen hatte,
daß Plato durch die Bücher der Propheten belehrt worden sei, so findet
er später diese Annahme zwar zulässig, gibt aber zu, daß solche Er=
kenntnisse, wie wir sie bei Plato finden, auch aus der natürlichen Offen=
barung Gottes geschöpft werden können und daher die Wahrheit auch
den Heiden nicht gänzlich verborgen war [2]. Dem steht aber gegenüber,
daß die Philosophie überhaupt nur wenige Menschen und selbst diese nur
wenig belehren kann, wie es denn bloß wenigen, geistig hochbegabten
Männern bei reichlicher Muße und durch die höchste Wissenschaft belehrt,
gelungen ist, durch menschliche Beweise auch nur zur Erkenntniß der Un=
sterblichkeit der Seele zu gelangen. Sodann geräth die Philosophie für
sich allein auf Abwege und verfällt großen Irrthümern [3]. Wenn sie
aus sich einige Wahrheiten gefunden hat, so beruht dieß in seinem tief=
sten Grunde darauf, daß allen Menschen die unwandelbare Kraft Gottes,
der göttliche Logos, innewohnt, und daß diese Kraft, das Licht, das jeden
Menschen erleuchtet, der in diese Welt kommt, die göttliche Quelle aller
Wahrheit, jede vernünftige Seele belehrt, so weit als sie zu fassen ver=
mag, je nach dem Maß ihres eigenen guten oder bösen Willens. In=
sofern hat Gott durch seinen Logos den Menschen von Anfang an die
Wahrheit verkündet, wenn auch seine Offenbarungen nur dunkel und ver=
hüllt waren [4]. So weit der göttliche Logos durch sein Licht und seine
Gnade den Menschen zu Hilfe kam, vermochten sie die Wahrheit zu
finden. Daß ihnen keine höhere Erleuchtung zu Theil wurde, daran
trug ihre durch die Sünde verderbte Natur die Schuld und eben durch
diese wurden sie auch in den Irrthum geführt, besonders weil die gött=
liche Vorsehung zur gerechten Strafe sich ihrem Stolze widersetzte und
durch ihr Beispiel auf den Weg der Frömmigkeit, der aus der Niedrigkeit
zur Höhe aufsteigt, hinweisen wollte [5]. Daher macht es Augustinus den

---

[1] De civit. Dei X, 29 : Videtis tamen qualitercunque et quasi per quaedam tenuis imaginationis umbracula, quo nitendum sit.

[2] Ibid. VIII, 11—12.   [3] Ibid. VIII, 1 sqq.   [4] Ibid. XVIII, 47.

[5] Ibid. II, 7: Et quidam eorum quaedam magna, quantum divinitus ad-
juti sunt, invenerunt; quantum autem humanitus impediti sunt, erraverunt,
maxime cum eorum superbiae juste providentia divina resisteret, ut viam

Philosophen zum ernsten Vorwurf, daß sie ihren Wissensstolz nicht ab=
legen und sich nicht in frommer Demuth dem christlichen Glauben unter=
werfen. Die Platoniker, sagt er, welche die Demuth verschmähen und
sich schämen, Schüler Christi zu werden, lieben nicht die wahre Weisheit,
sondern machen an sich das Wort des Propheten wahr: Perdam sapientiam sapientium et prudentiam prudentium reprobabo [1]. Durch
die Sünde ist das Herz des Menschen verderbt und seine Vernunft ge=
trübt, so daß er aus sich nicht mehr im Stande ist, die Wahrheit irr=
thumslos zu erkennen. Hierzu bedarf er der Erleuchtung durch den
menschgewordenen Logos, Jesus Christus. Die Philosophie für sich ist
unzulänglich, zur reinen Wahrheit zu führen, die nur im christlichen
Glauben unverfälscht und vollständig erkannt wird.

Diese Ansicht über die Philosophie, von deren Wahrheit und Rich=
tigkeit Augustinus aus eigener Erfahrung überzeugt war, da er die pla=
tonische Philosophie nur als Mittel und Durchgangspunkt benützte, um
sich zur Höhe der beseligenden christlichen Weltanschauung emporzuschwin=
gen, — führte ihn nothwendig dazu, daß er das philosophische Denken
durch die Norm des christlichen Glaubens will geleitet und gezügelt
wissen, indem er fürchtet, daß die zu große Freiheit der Philosophie zur
Verwirrung und zum Irrthum führen würde [2]. Ihre Freiheit soll durch
die Lehrauctorität der Kirche eingeschränkt sein. Er selbst hat diesen
Grundsatz treu befolgt. Schon in seiner Schrift gegen die Akademiker
nennt er die christliche Lehre die wahre philosophische Disciplin und sagt,
daß er, um die Wahrheit zu finden, der platonischen Philosophie nur
insoweit folge, als sie dem christlichen Glauben nicht widerspreche [3]. In=

---

pietatis ab humilitate in superna surgentem etiam istorum comparatione mon-
straret.

[1] Ibid. X, 27—29.

[2] Ibid. X, 23: Liberis enim verbis loquuntur philosophi nec in rebus
ad intelligendum difficillimis offensionem religiosarum aurium pertimescunt.
Nobis autem ad certam regulam loqui fas est, ne verborum licentia etiam de
rebus, quae his significantur, impiam gignat opinionem.

[3] Contr. Acad. III, 19: Eliquata est, ut opinor, una verissimae philosophiae disciplina. Non enim est ista hujus mundi philosophia, quam sacra
nostra meritissime detestantur, sed alterius intelligibilis. Ibid. c. 20: Mihi
autem certum est nusquam prorsus a Christi auctoritate discedere: non enim
reperio valentiorem. Quod autem subtilissima ratione persequendum est, —
ita enim jam sum affectus, ut quid sit verum non credendo solum, sed etiam
intelligendo apprehendere impatienter desiderem, — apud Platonicos me interim,
quod sacris nostris non repugnet, reperturum esse confido.

seinen späteren Schriften spricht er denselben Grundsatz nur noch ent=
schiedener aus. Gegenüber der Uneinigkeit und der Zweifelsucht der
Philosophie rühmt er die Eintracht im Gottesstaate und die Gewißheit
und Festigkeit des christlichen Glaubens [1] und erklärt sich dahin, daß
man es überhaupt nicht wagen soll, einer außerhalb der Kirche geübten
Wissenschaft ohne Besorgniß für Erreichung des ewigen Lebens zu folgen,
daß man also eine solche Wissenschaft nüchtern und sorgsam prüfen müsse [2].
Wohl aber kann dem, der sich zur Höhe der christlichen Weisheit empor=
geschwungen hat, die außerkirchliche Wissenschaft, insbesondere die heidnische
Philosophie dazu dienen, daß er ihre Erkenntnisse im Dienste der christ=
lichen Wissenschaft verwerthet. Was die Philosophen und hauptsächlich
die Platoniker Wahres sagten, sollen wir nicht fürchten, sondern für un=
seren Gebrauch in Anspruch nehmen. Gleichwie die Juden sich auf Gottes
Befehl hin die Schätze der Aegypter angeeignet, deren Götzenbilder aber
verabscheut haben, so müssen wir zwar die Fabeln der Heiden ver=
abscheuen, ihre freien, für die Erkenntniß nützlichen Wissenschaften aber
und namentlich die Wahrheiten, welche sie in Beziehung auf Moral und
Gottesverehrung erkannten, für uns nehmen und zum rechten Gebrauch,
zur Verkündigung des Evangeliums verwenden [3]. Nur so weit ihre
Kenntnisse sich hierzu benützen lassen, nur so weit sie geeignet sind, den heil=
bringenden christlichen Glauben, der zur wahren Glückseligkeit führt, zu
erzeugen, zu nähren, zu vertheidigen und zu kräftigen, haben sie einen
wirklichen Werth [4], ähnlich wie alle Erkenntniß der irdischen Dinge nur
insofern wahren Werth hat, als sie uns zur Erkenntniß des Ewigen und
Göttlichen verhilft.

---

[1] De civit. Dei X, 30—31; XIX, 18.
[2] De doctr. christ. II, 40.
[3] Ibid. II, 41.   [4] De trinit. XIV, 1.

Zweiter Theil.
Die Erkenntnißlehre des hl. Augustinus.

---

§ 5.
Die Gewißheit des Selbstbewußtseins.

Gehen wir nun zur Darstellung der Augustinischen Philosophie im Einzelnen über, so wissen wir bereits, daß er der Speculation den Weg von der Außenwelt in die Innenwelt und von dieser zu Gott vorgezeichnet hat. Auf diesem Weg will er eine sichere Erkenntniß der menschlichen Seele und auf Grund dieser eine richtige Erkenntniß von Gott gewinnen.

Hieraus ergeben sich zunächst seine erkenntniß-theoretischen Grundsätze und vor Allem handelt es sich um einen festen Ausgangspunkt für die Speculation, um ein sicheres Fundament, auf dem die wahre philosophische Wissenschaft aufgebaut werden kann.

Das Wissen gehört nach Augustinus nicht bloß zum Leben des menschlichen Geistes, sondern schließt das höhere, vollkommene Leben desselben in sich. Sucht ja doch der Philosoph durch das Erkennen und Wissen zur Weisheit und Glückseligkeit zu gelangen[1]. Deßhalb ist jeder Irrthum ein Uebel. Denn das Wissen im strengen Sinn des Wortes schließt alles Irren und Schwanken aus und kann selber nicht falsch sein: ist es falsch, so ist es eben kein Wissen[2]. Wer könnte es also als kein Uebel ansehen, Falsches als wahr anzunehmen oder Wahres als falsch zu verwerfen, Ungewisses für gewiß oder Gewisses für ungewiß zu halten?[3] Weiß dagegen der Geist, daß etwas falsch ist, so ist doch sein Wissen als solches wahr[4].

---

[1] De lib. arb. I, 7: An forte intelligis, superiorem quandam et sinceriorem vitam esse scientiam, quam scire nemo potest, nisi qui intelligit? Intelligere autem quid est, nisi ipsa luce mentis illustrius perfectiusque vivere? De util. cred. c. 11: Intelligere magna et honesta vel etiam divina, beatissimum est.

[2] Contr. Academ. I, 7: Scientiam non appello, in qua ille, qui eam profitetur, aliquando fallitur.

[3] Enchirid. c. 19.   [4] De trinit. XV, 10.

Gerade die Möglichkeit eines ſolchen Wiſſens beſtritt die akademiſche
Skepſis, und wir haben geſehen, wie Auguſtinus ſelber in ſeinem in=
tellectuellen Entwickelungsgang durch den Skepticismus hindurch zur Er=
kenntniß der Wahrheit ſich durchgerungen. Je länger aber der Zweifel
ihn beunruhigte und an der Erkenntniß und dem Beſitz der Wahrheit
hinderte, um ſo nothwendiger erſchien es ihm gleich Anfangs, denſelben
zu widerlegen. Mit Rückſicht hierauf ſchrieb er, wie er ſelbſt ſagt, drei
Bücher gegen die Akademiker, damit für ihn das kein Hinderniß wäre,
was ihm gleichſam ſchon an der Schwelle den Weg zu verſperren drohte.
Der Zweifel, die Wahrheit zu finden, der in der Dialectik der Akade=
miker eine Stütze zu haben ſchien, mußte vor Allem überwunden werden [1].
Und nicht bloß die drei Bücher gegen die Akademiker, die erſten, die er
nach ſeiner Bekehrung ſchrieb, beſchäftigen ſich mit der Widerlegung des
Skepticismus, ſondern er kommt auch in ſeinen ſpäteren Schriften zu
wiederholten Malen auf dieſen Punkt zurück.

Wie für Auguſtinus ſelber der Skepticismus nur ein Durchgangs=
punkt war, als er von den gnoſtiſchen Irrthümern des Manichäismus
zur Erkenntniß der Wahrheit durchzubringen ſuchte, ſo hielt er fortan
an dem Grundſatz feſt, daß die Skepſis wohl berechtigt ſei gegenüber
den Irrthümern des Dogmatismus, daß ſie aber nicht ſo weit gehen
dürfe, alle Möglichkeit des Wiſſens zu läugnen und den Menſchen der
Hoffnung auf den Erwerb wahrer Erkenntniſſe zu berauben. Der
Zweifel der Akademiker war geeignet, große Irrthümer auszurotten, und
inſofern zu ſeiner Zeit, da es galt, ſich nicht von dieſer oder jener dog=
matiſtiſchen Schulmeinung in Irrthum führen zu laſſen, ganz an ſeiner
Stelle. Er war berechtigt, ſofern er ſich kritiſch verhielt gegen die bloßen
Einbildungen und phantaſtiſchen Vorſtellungen, in welchen große Irr=
thümer, wie die manichäiſchen, ihren Urſprung haben. Denn Einbil=
dungen der Phantaſie (phantasmata) für Erkenntniſſe halten, iſt der
größte Irrthum. Es folgen aber manche dieſer Einbildungen ſo vor=
ſchnell, daß dieß allein den Stoff mancherlei falſchen Meinungen liefert.
Aus dieſer Wurzel entſpringt, wie wir bereits geſehen haben, insbeſondere
der Irrthum in Bezug auf das Weſen der menſchlichen Seele, wie der
Irrthum in Beziehung auf das Weſen Gottes, dieſe beiden Hauptobjecte

---

[1] Enchirid. c. 20: Unde tria confeci volumina in initio conversionis meae,
ne impedimento nobis essent, quae tanquam in ostio contradicebant. Et utique fuerat removenda inveniendae desperatio veritatis, quae illorum videtur
argumentationibus roborari.

der philosophischen Forschung; beide Irrthümer haben dieselbe Quelle,
hängen sehr innig mit einander zusammen und der eine zieht mit noth=
wendiger Consequenz den anderen nach sich. Deßhalb muß man gegen
solche Einbildungen ankämpfen und darf der Geist sich von ihnen nicht
so beeinflussen lassen, daß er meint, mit dem Verstand zu erkennen,
während sein Denken sich nur in solchen leeren Einbildungen bewegt [1].
Insofern also ist der kritische Zweifel nothwendig. Andererseits aber
darf der Zweifel nicht principiell werden, von der Erforschung der Wahr=
heit nicht abschrecken und das aufkeimende Wissen nicht ersticken. Soweit
er dieß beabsichtigt, muß er bekämpft und beseitigt werden [2].

Es ist für den bereits dargelegten Standpunkt des Augustinus,
wonach er die philosophische Forschung in innige Beziehung zur Glück=
seligkeit setzt, bezeichnend, daß er bei der Bekämpfung der akademischen
Skepsis zunächst nicht auf den Ursprung und die Bedingungen wahrer
Erkenntniß reflectirt, sondern von der Frage ausgeht, ob der Besitz der
Wahrheit für uns Bedürfniß sei oder ob auch ohne denselben Glückselig=
keit bestehen könne. Die Akademiker läugnen jede Gewißheit der Er=
kenntniß und halten nur eine Wahrscheinlichkeit derselben für erreichbar.
Allein abgesehen davon, daß eine solche Wahrscheinlichkeit ohne das Wahre
sich gar nicht gewinnen läßt, da das Wahrscheinliche als das dem Wahren
Aehnliche an diesem gemessen werden muß, so würde eine solche Wahr=
scheinlichkeit allein für unsere Glückseligkeit keineswegs ausreichen, obgleich
die Akademiker dieß behaupten [3]. Denn die bloße Wahrscheinlichkeit schließt
den Irrthum, der ein Uebel ist, nicht aus und sichert somit den Besitz
der Wahrheit nicht. Niemand aber kann glücklich sein, wenn er das
nicht besitzt, was er zu besitzen wünscht. Wer also die Wahrheit sucht,

---

[1] De vera relig. c. 10; de trinit. XII, 9: Ita formis et motibus corporalibus delectata, quia intus eas secum non habet, cum eorum imaginibus,
quas memoriae fixit, involvitur et phantastica fornicatione turpiter inquinatur,
omnia officia sua ad eos fines referens, quibus curiose corporalia ac temporalia
lia per corporis sensus quaerit, aut tumido fastu aliis animis corporeis sensibus deditis esse affectat excelsior aut coenoso gurgite carnalis voluptatis
immergitur.

[2] Epist. 213 ad Hermog.: Reducendi mihi videntur homines, si quos
Academicorum perversorum ingenium a rerum comprehensione deterruissent,
in spem reperiendae veritatis, ne id, quod eradicandis altissimis erroribus pro
tempore accommodatum fuit, jam incipiat inserendae scientiae impedimento
esse. Tantum enim tum variarum sectarum studia flagitabant, ut nihil metuen-
dum esset, nisi falsi approbatio.

[3] Contr. Acad. II, 7.

ohne sie zu finden, hat nicht, was er zu haben wünscht und ist folglich nicht glücklich. Ist er aber nicht glücklich, so ist er auch nicht weise, da der Weise als solcher glücklich sein muß. Oder umgekehrt: Niemand kann weise sein ohne den Besitz der Weisheit. Jede Definition aber, welche das Wissen aus dem Begriff der Weisheit ausschließt und sie in das bloße Bekenntniß des Nichtwissens und in die Enthaltung von jeder Zustimmung setzt, würde sie mit dem Nichts oder mit dem Falschen identificiren, wäre somit unhaltbar. Schließt aber die Weisheit das sichere Wissen in sich, so bedürfen wir des letzteren zur Glückselig= keit, weil der Unweise nicht glückselig sein kann. Das Spiel mit dem Namen des Weisen ohne den Besitz wahrer Erkenntniß lockt nur bedauernswerthe Anhänger herbei, welche, weil sie immer suchen und nie finden, allmählich veröden und, weil ihr Geist von keinem Lebens= hauch erquickt wird, schließlich ihre irreleitenden Führer verwünschen müssen.

Uebrigens ist die Forderung der Akademiker, sich jeder Zustimmung zu enthalten, nichts für gewiß zu halten, an sich schon völlig unberech= tigt, weil die angebliche Unfähigkeit des Menschen, zu wahrer Erkenntniß zu gelangen, nicht besteht. Schon die Thatsache, daß der menschliche Geist so eifrig nach Erkenntniß strebt, so scharfsinnig und gründlich unter= sucht und forscht, gibt uns die Ueberzeugung, daß es für ihn möglich sein muß, die Wahrheit wirklich zu finden. Beweist sie doch jedenfalls dieß, daß dem menschlichen Geist eine Empfänglichkeit für die Wahrheit und eine Liebe zur Wahrheit, ein Streben nach wahrer Erkenntniß von Natur aus innewohnt, durch dessen Befriedigung er zur Weisheit und Glückseligkeit gelangen will [1]. Denn niemand sucht, der nicht finden will; wer dagegen einsieht, daß er die Wahrheit nicht finden könne, muß davon abstehen, sie zu suchen. Das natürliche Streben des Menschen nach Wahrheit kann aber nicht schlechthin nutzlos und vergeblich sein. Vielmehr besteht immer ein Wissen, wie der Skeptiker selbst zugeben muß. Denn nicht nur derjenige, der mit Wahrheit von sich sagt, daß er wisse, muß wissen, was Wissen sei, sondern auch derjenige, welcher sagt, daß er nicht wisse, und dieß getreu und wahr sagt,

---

[1] De morib. eccl. I, 17: Amore petitur sc. sapientia, amore quaeritur, amore pulsatur. De civit. Dei XXII, 24: Ratio et intelligentia in infante sopita est quodammodo, quasi nulla sit, excitanda scilicet atque exserenda aetatis accessu, qua sit scientiae capax atque doctrinae et habilis perceptioni veritatis et amoris boni, qua capacitate hauriat sapientiam.

weiß doch, was Wissen ist, weil er das Nichtwissen vom Wissen unterscheidet [1].

Um die Wahrheit wirklich zu finden, handelt es sich nur um den
richtigen Weg der Forschung [2]. Augustinus hat diesen Weg aus-
findig gemacht und ein Fundament der Gewißheit gewonnen, das keine
Skepsis zu erschüttern vermag und auf das sich ein ganzes System des
sicheren, von allem Irrthum freien und über allen schwankenden Zweifel
erhabenen Wissens aufbauen läßt. Die Akademiker stützten ihre Skepsis
insbesondere auf die Voraussetzung, daß die Sinneswahrnehmungen durchaus trügerisch seien. Allein abgesehen davon, daß diese Voraussetzung,
wie wir sehen werden, unrichtig ist, so lag die wirksamste Bekämpfung
der Skepsis darin, daß Augustinus ihr den Grundsatz entgegenstellte:
Gehe nicht nach Außen, im Inneren des Menschen wohnt die Wahrheit.
Er geht vom Offenbarsten und Sichersten aus [3]; er führt nämlich den
Geist, der an jeder Gewißheit zweifeln zu müssen glaubt, in sich selbst
hinein, läßt ihn in sich selbst sich vertiefen, um ihm in der Thatsache
des Bewußtseins seiner inneren Akte eine über jeden Zweifel erhabene Gewißheit zu zeigen. Er nimmt zum Ausgangspunkt das tiefste
Fundament aller Gewißheit, die unmittelbare Gewißheit des Selbstbewußtseins, auf der in letzter Instanz auch die Gewißheit der äußeren
Erfahrung beruht. Diese erkenntniß-theoretische Bedeutung des Selbstbewußtseins hat Augustinus zuerst erkannt und damit einen Gedanken
ausgesprochen, den allerdings erst die neuere Philosophie in seiner vollen
principiellen Wichtigkeit aufgegriffen, aber subjectivistisch verwerthet hat.

In den Soliloquien macht sich Augustinus seinen eigenen Verstand

---

[1] De trinit. X, 1: Non solum enim qui dicit: scio, et verum dicit, necesse est, ut, quid sit scire sciat; sed etiam qui dicit: nescio idque fidenter et
verum dicit et scit verum se dicere, scit utique, quid sit scire: quia et dis-
cernit ab sciente nescientem, cum veraciter se intuens dicit: nescio, et cum
ipse scit se verum dicere, unde sciret, si quid sit scire, nesciret?

[2] De util. cred. c. 8: Saepe mihi videbatur verum non posse inveniri
magnique fluctus cogitationum mearum in Academicorum suffragium fereban-
tur. Saepe rursus intuens, quantum poteram, mentem humanam tam vivacem,
tam sagacem, tam perspicacem, non putabam latere veritatem, nisi quod in ea
quaerendi modus lateret.

[3] De lib. arb. II, 3: Quare prius abs te quaero, ut de manifestissimis
capiamus exordium, utrum tu ipse sis; an tu fortasse metuis, ut in hac interrogatione fallaris, cum utique, si non esses, falli omnino non posses? — Ergo
quoniam manifestum est esse te, nec tibi aliter manifestum esset, nisi viveres,
id quoque manifestum est et te vivere. Intelligisne ista duo esse verissima?

objectiv und geht mit ihm in ein Gespräch ein, das in meisterhafter
Weise die Reflexion des Geistes über sich selbst und seine eigenen Ge=
danken zur Darstellung bringt. Hier spricht er den für die Speculation
höchst bedeutungsvollen Satz aus: „Du, der du dich erkennen willst,
weißt du, daß du bist? — Ich weiß es. — Woher weißt du es? —
Das weiß ich nicht. — Fühlst du dich als etwas Einfaches oder als
etwas Vielfaches? — Ich weiß es nicht. — Weißt du, daß du denkst?
— Das weiß ich. — Also ist es wahr, daß du denkst."[1] Es ist dir
auch gewiß, daß du bist, da du nicht einmal getäuscht werden könntest,
wenn du nicht wärest. Dann muß dir aber auch gewiß sein, daß
du lebst, da dir dein Dasein nicht feststehen könnte, wenn du nicht
leben würdest. Und endlich ist es dir dann auch gewiß, daß du erkennst;
denn du mußt dich erkennen, um deines Daseins und Lebens gewiß zu
sein[2]. Hier stehen wir auf einem unerschütterlichen Grund der Gewiß=
heit. Denn wir können dem Zweifler zum wenigsten das Geständniß
der Gewißheit seines eigenen Denkens und eben damit der Gewißheit
seines eigenen Daseins, Lebens und Erkennens abnöthigen, weil diese
Gewißheit mit dem Zweifel selbst gegeben ist; wir können den Zweifel
dadurch fesseln, daß wir ihn, sofern er ein Denken und zwar ein selbst=
bewußtes Denken ist, als unumstößliche Thatsache des Bewußtseins nach=
weisen. Was das eigene Wesen des menschlichen Geistes sei, ob die Kraft
des Lebens, des Bewußtseins, des Erkennens, Wollens, Verstellens und
Urtheilens der Luft oder dem Feuer oder der Gehirnsubstanz oder dem
Blute oder den Atomen oder außer den bekannten vier Elementen irgend
einem fünften Körper eigne, oder ob die Zusammensetzung und Mischung
der körperlichen Substanz dieß hervorzubringen vermöge, darüber waren
die Ansichten verschieden und zweifelhaft und der Eine hat diese, der
Andere jene Ansicht getheilt. Keiner aber wird darüber zweifelhaft
sein können, daß er lebt, Bewußtsein hat, erkennt, will, denkt, weiß und

---

[1] Soliloqu. II, 1: R. Tu qui vis te nosse, scis esse te? A. Scio. R. Unde
scis? A. Nescio. R. Simplicem te sentis, an ne multiplicem? A. Nescio.
R. Moveri te scis? A. Nescio. R. Cogitare te scis? A. Scio. R. Ergo verum
est cogitare te. A. Verum.

[2] De lib. arb. II, 3: An tu fortasse metuis, ne in hac interrogatione
fallaris, cum utique si non esses, falli omnino non posses? Ev. Perge potius
ad cetera. Aug. Ergo quoniam manifestum est esse te, nec tibi aliter manifestum essset, nisi viveres, id quoque manifestum est et te vivere. Intelligisne
ista duo esse verissima? Ev. Prorsus intelligo. Aug. Ergo etiam hoc tertium
manifestum est, hoc est intelligere te. Ev. Manifestum.

urtheilt. Denn auch der, welcher zweifelt, denkt; wer zweifelt, ob er zweifle, hat ein Bewußtsein; wer zweifelt, erkennt, daß er zweifelt; wer zweifelt, will Gewißheit haben; wer zweifelt, weiß, daß er nicht weiß; wer zweifelt, urtheilt, daß er nicht auf's Gerathewohl seine Zustimmung geben dürfe. Wer daher an irgend etwas zweifelt, darf wenigstens an all dem Genannten nicht zweifeln, weil es ja nothwendig vorausgesetzt ist, wenn man an irgend etwas soll zweifeln können[1]. Niemand bleibt im Ungewissen über sein Dasein. Denn wenn er nicht ist, so kann er nicht einmal etwas nicht wissen; nicht bloß das Wissen, sondern auch das Nichtwissen setzt das Sein voraus. Die Skeptiker meinen freilich dadurch, daß sie nicht einmal ihr Sein als gewiß annehmen, dem Irr= thum aus dem Wege zu gehen, während sie doch durch den vermeintlichen Irrthum selber von ihrem Sein überwiesen werden, da ja derjenige, der nicht ist, auch nicht irren kann. Unser Sein ist somit nicht bloß eine wahre, sondern auch eine gewisse Thatsache[2]. In der Erkenntniß, daß wir sind und um unser Sein wissen, kann uns kein den Schein der Wahrheit annehmender Irrthum täuschen und deßhalb auch in der Gewiß= heit dessen kein Einwand der Skepsis irre machen. „In diesen Wahr= heiten fürchte ich kein Argument der Akademiker, wenn sie sagen: vielleicht täuschest du dich; denn wer nicht ist, kann auch keineswegs sich täuschen, und darum bin ich, wenn ich mich täusche. Bin ich aber, wenn ich mich täusche, wie sollte ich mich dann über mein Dasein täuschen, wenn mein Dasein selbst dann gewiß ist, wenn ich mich täusche? Da ich somit,

---

[1] De trinit. X, 10: Utrum enim aëris sit vis vivendi, reminiscendi, in-telligendi, volendi, cogitandi, sciendi, judicandi, an ignis an cerebri, an sangui-nis an atomorum, an praeter usitata quatuor elementa quinti nescio cujus corporis, an ipsius carnis nostrae compago vel temperamentum haec efficere valeat, dubitaverunt homines et alius hoc, alius aliud affirmare conatus est. Vivere se tamen et meminisse et intelligere et velle et cogitare et scire et judicare, quis dubitet? Quandoquidem etiamsi dubitat, vivit; si dubitat, unde dubitet, meminit; si dubitat, dubitare se intelligit; si dubitat, certus esse vult; si dubitat, cogitat; si dubitat, scit se nescire; si dubitat, judicat se non temere consentire oportere. Quisquis igitur aliunde dubitat, de his omnibus dubitare non debet, quae si non essent, de ulla re dubitare non posset.

[2] Enchir. c. 20: Nescire se dicunt, quod nescire non possunt. Neque enim quisquam sinitur nescire se vivere, quandoquidem si non vivit, non potest aliquid scire vel nescire: quoniam non solum scire, verum etiam ne-scire non nisi viventis est. Sed videlicet non assentiendo, quod vivant, cavere sibi videntur errorem, cum etiam errando convincantur vivere: quoniam non potest, qui non vivit, errare. Sicut ergo nos vivere non solum verum, sed etiam certum est, ita vera et certa sunt multa.

wenn ich mich täuschte, einer sein würde, der sich täuscht, so täusche ich mich ohne Zweifel nicht in dem Bewußtsein, daß ich bin. Daraus folgt dann weiter, daß ich auch darin nicht irre, daß ich dieses meines Be= wußtseins mir bewußt bin; denn wenn ich mir bewußt bin, daß ich bin, so bin ich auch eben dieses meines Bewußtseins mir bewußt." [1] „Nicht einmal das kann hier der Akademiker einwenden: Vielleicht schläfst du, ohne es zu wissen, und siehst ein Traumgebild; die Gesichte eines Träumenden sind ja den Gesichten eines Wachenden oft täuschend ähn= lich. Einem Solchen würden wir erwidern: Wer über das Bewußtsein seines Lebens gewiß ist, sagt damit nicht: ich weiß, daß ich wache, sondern: ich weiß, daß ich lebe. Mag er also schlafen oder wachen, jedenfalls lebt er. Und in diesem Bewußtsein kann er nicht der Täu= schung des Traumes unterliegen, weil auch Schlafen und Träumen Leben voraussetzt. Mögen tausend Arten täuschender Gesichte dem entgegen= gehalten werden, der sagt: ich weiß, daß ich lebe — keinen Einwand wird er fürchten, weil auch der, welcher getäuscht wird, lebt." [2]

Wenn endlich die Akademiker ihre Skepsis so gern durch die That= sache, daß es sogen. Sinnestäuschungen gibt, begründen wollen, so bildet auch dieß keine Instanz gegen die Gewißheit des Selbstbewußtseins. Man kann ihnen zugestehen, daß die Vorstellungen, welche wir uns von den Außendingen bilden, uns täuschen können, daß bei den Eindrücken der äußeren Sinne eine Täuschung durch bloße Wahrscheinlichkeit möglich sei. Allein, was sie nicht beachten, ist der wesentliche Unterschied zwischen äußerer und innerer Wahrnehmung. Die Wahrheit dessen, was der menschliche Geist in sich selbst erkennt, ist frei von jeder Täuschung und hat eine unumstößliche Gewißheit, weil hier ein unmittelbares Er= fassen des selbsteigenen Lebens stattfindet, wo das Erkennende und das Erkannte identisch sind, während das Erfassen der sinnenfälligen Dinge nicht ein unmittelbares, sondern ein durch die leiblichen Organe ver= mitteltes und insofern allerdings der Täuschung zugänglich ist. Wir sind, wir wissen, daß wir sind, und lieben dieses Sein und Wissen. In diesen drei Dingen täuscht uns deßhalb kein mit dem Schein der Wahrheit bekleideter Irrthum, weil wir dieß nicht erfassen wie die Außen= welt, durch irgend einen leiblichen Sinn, sondern ohne die Möglichkeit einer trügerischen Einbildung der Phantasie oder der Sinnesbilder es uns schlechthin gewiß ist, daß wir sind und daß wir dieses Sein er=

---

[1] De civit. Dei XI, 26.   [2] De trinit. XV, 12.

kennen und lieben[1]. Dieſer drei Dinge ſind wir gewiß, da wir ſie
nicht etwa auf das Zeugniß Anderer hin glauben, ſondern unmittel=
bar ſelber wahrnehmen und mit innerem, wahrhaftigſtem Auge an=
ſchauen[2]. Das Bewußtſein, daß wir ſind und leben, iſt unſer inner=
ſtes Wiſſen[3]. Was ſollten wir aber überhaupt wiſſen, wenn wir das,
was in unſerem Geiſte iſt, nicht wiſſen, da wir alles, was wir wiſſen,
nur durch unſeren Geiſt wiſſen?[4] Was wird demnach ſo innerlich
gewußt und nimmt ſo ſein eigenes Daſein wahr, als das, wodurch auch
das Uebrige wahrgenommen wird, d. i. die Seele ſelbſt?[5] Denn nichts
erkennt der Geiſt ſo, wie das, was ihm gegenwärtig iſt; nichts aber iſt
ihm ſo gegenwärtig, wie er ſich ſelbſt[6]. Daß ich lebe, kann ich ſomit
ſagen, muß ich naturnothwendig wiſſen[7].

So hat Auguſtinus aus der inneren Erfahrung die Nichtigkeit der
Skepſis dargethan, indem er auf unſer innerſtes Bewußtſein zurückging,
das uns die Gewißheit unſeres Daſeins, unſeres Lebens und Erkennens
unabweislich aufbrängt. Von dem ſo gewonnenen Standpunkt aus er=
ſcheint ihm der akademiſche Zweifel, ſtatt als Weisheit, als Wahnwitz[8],
als eine jämmerliche, verabſcheuungswürdige Thorheit[9] und thöricht ins=
beſondere deßhalb, weil er ſich auf die Thatſache der Sinnestäuſchung
ſtützen will, während im Selbſtbewußtſein die menſchliche Seele ſich ſelbſt
ohne alle Beihilfe der Sinne mit vollſter Gewißheit erfaßt. Die Selbſt=
gewißheit des Geiſtes aber beweiſt nicht nur die Nichtigkeit der Skepſis,
ſondern bildet zugleich auch den Ausgangspunkt, von dem aus die Specu=
lation zu weiteren Erkenntniſſen fortſchreitet, wobei man feſthält, daß
nur die Erkenntniſſe der inneren Erfahrung unmittelbare Evidenz haben
und die Bedingung und Vorausſetzung bilden, auf der die Gewißheit

---

[1] De civit. Dei XI, 26: Sine ulla phantasiarum vel phantasmatum imagi-
natione ludificatoria mihi esse me idque nosse et amare certissimum est.

[2] Ibid. XI, 28.

[3] De trinit. XV, 12: Intima scientia est, qua nos vivere scimus.

[4] Ibid. XIV, 5: Quid enim scimus, si quod est in nostra mente nescimus,
cum omnia, quae scimus, nonnisi mente scire possimus?

[5] Ibid. VIII, 6: Quid enim tam intime scitur seque ipsum esse sentit,
quam id, quo etiam cetera sentiuntur, id est, ipse animus?

[6] Ibid. XIV, 4: Nihil enim tam novit mens, quam id, quod sibi praesto
est; nec menti magis quidquam praesto est, quam ipsa sibi.

[7] De anim. et ej. orig. IV, 10: Nihil mihi legis, ut me vivere sciam
habet enim natura, ut hoc nescire non possim.

[8] Enchir. c. 20.

[9] De civit. Dei XIX, 18.

der äußeren Erfahrung beruht, indem wir den Inhalt der äußeren Er=
fahrung nach den Normen unseres Selbstbewußtseins beurtheilen[1].

Gibt es nun aber, sagt Augustinus, überhaupt irgend eine gewisse
Erkenntniß, so gibt es auch eine Wahrheit, welche bereits an sich besteht,
ehe sie gefunden wird. Diese Wahrheit ist das Ziel des menschlichen
Denkens und zu ihr gelangt derjenige, der seinen Verstand richtig gebraucht.
Wahr aber ist einerseits alles, was ist oder existirt, und andererseits die
getreue Darstellung des objectiv Wirklichen im menschlichen Bewußtsein[2].
Dieß ist die Wahrheit, welche wiederum die Skepsis selber nicht negiren
kann, da der Zweifel dieselbe voraussetzt; denn jeder, der sich bewußt
ist, daß er zweifelt, erkennt eben damit Wahres. „Wenn du nicht ein=
sehen solltest, was ich sage, und daran zweifelst, ob es wahr sei, so
untersuche wenigstens, ob du daran nicht zweifelst, daß du zweifelst, und
wenn es dir gewiß ist, daß du zweifelst, so forsche nach, wodurch es dir
gewiß sei. — Jeder, der erkennt, daß er zweifelt, erkennt Wahres und
ist dessen gewiß. Des Wahren also ist er gewiß. Jeder, der an der
Existenz der Wahrheit zweifelt, hat demnach in sich selbst das Wahre,
woran er nicht zweifeln kann; und wahr ist nichts außer durch die
Wahrheit. Derjenige darf daher nicht an der Wahrheit zweifeln, der je
an irgend etwas zweifeln konnte."[3] So ergibt sich für Augustinus aus
der Erkenntniß der Wahrheit zugleich auch der Begriff der Wahrheit und
aus der Gewißheit wahrer Erkenntniß auch die Gewißheit einer W a h r =
h e i t a n s i ch, durch die Alles w a h r ist und auf deren Erkenntniß
das natürliche Streben des rastlos forschenden Denkgeistes abzielt.

---

[1] De trinit. VIII, 6: Nam et motus corporum, quibus praeter nos alios
vivere sentimus, ex nostra similitudine agnoscimus: quia et nos ita movemus
corpus vivendo, sicut illa corpora moveri advertimus. Neque enim cum
corpus vivum movetur, aperitur ulla via oculis nostris ad videndum animum,
rem scilicet, quae oculis videre non potest. Sed illi moli aliquid inesse sentimus, quale nobis inest ad movendum similiter molem nostram, quod est vita
et anima.

[2] Soliloq. II, 5: Verum est, quod ita se habet, ut cognitori videtur, si
velit possitque agnoscere. — Quidquid est, verum est.

[3] De vera relig. c. 39: Aut si non cernis, quae dico, et an vera sint
dubitas, cerne saltem, utrum te de iis dubitare non dubites, et si certum est
te esse dubitantem, quaere, unde sit certum. — Omnis, qui se dubitantem
intelligit, verum intelligit, et de hac re, quam intelligit, certus est. De vero
igitur certus est. Omnis igitur, qui, utrum sit veritas, dubitat, in se ipso
habet verum, unde non dubitet, nec ullum verum nisi veritate verum est.
Non itaque oportet eum de veritate dubitare, qui potuit undecunque dubitare.

§ 6.
Die Sinneserkenntniß.

Wir haben in unserer synthetischen Darstellung dem wirklichen Ent= wickelungsgang der Augustinischen Speculation bereits um etwas vor= gegriffen. Wie bemerkt, berief sich die akademische Skepsis namentlich auch auf die sogen. Sinnestäuschungen. Daher ging der Kampf, den Augustinus gegen sie führte, von Anfang darauf aus, nicht bloß ein unerschütterliches Fundament der Gewißheit zu gewinnen, sondern auch die Wahrheit der Sinneswahrnehmungen, sowie der von den Sinnes= wahrnehmungen unabhängigen Gedanken des Verstandes nachzuweisen. Was nun zunächst die Sinneswahrnehmungen anlangt, so ist Augustinus, so sehr er den Satz betont, daß der Denkgeist, um die Wahrheit zu er= kennen, von der Außenwelt in das eigene Innere sich zurückwenden soll, doch weit entfernt, einem einseitigen, falschen Idealismus zu huldigen, sondern er verbindet mit der Speculation strenge Empirie. Jede Er= kenntniß ist nach ihm das Product zweier Factoren, des Erkennenden und des Erkannten [1], ein geistiges Innewerden der Dinge, wobei der Denk= geist weder bloß passiv ist, sondern sich selbstthätig die Vorstellung des Objectes bildet, noch rein productiv, da das Erkennbare der Erkenntniß vorausgeht [2].

Durch die leiblichen Sinne treten wir in Verbindung mit der Außen= welt. Jeder der fünf Sinne hat sein specifisches Wahrnehmungsgebiet, obgleich es auch gewisse Objecte gibt, welche, wie z. B. die Figur, allen oder mehreren Sinnen gemeinsam sind. Der höchste Sinn ist das Gesicht, dessen Wahrnehmungen dem geistigen Erkennen am ähnlichsten sind [3]. Durch die Thätigkeit der Sinne entstehen zwar nicht die sinnenfälligen Dinge selbst, wohl aber erzeugen letztere Abbilder oder Gegenbilder ihrer selbst in den Sinnen, aus denen die Seele die Sinnesvorstellungen bildet [4]. Es haben nun zwar die Akademiker viel geschwatzt gegen das Zeugniß

---

[1] De trinit. IX, 12: Unde liquido tenendum est, quod omnis res quam-cunque cognoscimus, congenerat in nobis notitiam sui. Ab utroque enim notitia paritur, a cognoscente et cognito.

[2] Ibid. XIV, 10: In omnium istarum temporalium rerum scientia quae-dam cognoscibilia cognitionem interpositione temporis antecedunt.

[3] Ibid. XI, 1.

[4] Ibid. XI, 2: Non possumus quidem dicere, quod sensum gignat res visi-bilis, gignit tamen formam velut similitudinem suam, quae fit in sensu, cum aliquid videndo sentimus.

der leiblichen Sinne; allein wir dürfen an der Wahrheit dessen, was
wir durch dieselben erfahren, nicht zweifeln; wir lernen durch sie den
Himmel und die Erde und alles, was in diesen uns bekannt ist, kennen [1].
Wohl hat die Erkenntniß der Außenwelt keine unmittelbare Gewiß=
heit, wie die über jeden Zweifel erhabene Erkenntniß der selbsteigenen
geistigen Innenwelt. Allein die Akademiker können bloß Beweisgründe
dafür anführen, daß etwas anders sein könne, als es scheine; dagegen
müssen sie zugestehen, daß überhaupt etwas erscheine; und zwar nicht
bloß im Allgemeinen, sondern auch im Einzelnen, da Jeder sich dessen
bewußt ist und auch der Akademiker zugeben muß, nicht bloß daß etwas
erscheine, sondern daß in Folge der Sinnesaffection immer auch eine be=
stimmte Erscheinung gegeben sei [2]. Würde die akademische Skepsis auch
die Erscheinung der Außendinge läugnen, so würde daraus folgen, daß
gar kein Irrthum möglich sei, da der Irrthum eben darin besteht, daß
man dem, was scheint, voreilig seine Zustimmung gibt. Somit setzt die
Skepsis selbst die sinnliche Erscheinung voraus und steht daher die Wahr=
heit derselben vollkommen sicher. Mit der Wahrheit der sinnlichen Er=
scheinung aber ist auch das Dasein und die Wahrheit der Außenwelt
festgestellt, da wir eben die Mannigfaltigkeit der sinnlichen Erscheinungen,
von denen wir uns bewußt sind, daß sie in beständigem Wechsel vor
das Auge unseres Geistes treten, Außenwelt nennen. Nun sagen freilich
die Akademiker, mit der Wahrheit der sinnlichen Erscheinung sei noch
nicht gegeben, daß dieselbe auch wahre Erkenntniß vermittle, und berufen
sich gegen sie auf die sogen. Sinnestäuschungen. Wir müssen anerkennen,
daß eine Sinneswahrnehmung an sich allerdings trügerisch sein kann,
allein wir dürfen nicht übersehen, daß uns im urtheilenden Verstand die
Möglichkeit gegeben ist, den Sinnenschein als solchen zu beurtheilen, zu
erklären und nach seiner Ursache zu ergründen. Wir haben keinen Grund,
die Sinne anzuklagen, weil die Geisteskranken trügerische Einbildungen
haben und weil der Träumende Sinnestäuschungen unterliegt, wenn nur
die Sinne des Wachenden und Gesunden Wahres berichten. Diese aber

---

[1] Ibid. XV, 12: Multa illi philosophi garrierunt contra corporis sensus,
sed absit a nobis, ut ea, quae per sensus corporis didicimus, vera esse dubi-
temus; per eos quippe didicimus coelum et terram et ea, quae in eis nota
sunt nobis. Ibid. XI, 1: Nemini dubium est, sicut interiorem hominem intelligentia, sic exteriorem sensu corporis praeditum.

[2] Contr. Acad. III, 11: Nunquam rationes vestrae ita vim sensuum re-
fellere potuerunt, ut convinceretis nobis nihil videri; sed posse aliud esse ac
videtur, vehementer suadere incubuistis.

geben uns keinen Grund zur Klage, wenn wir nur nicht so unverständig sind, von ihnen mehr zu verlangen, als sie leisten sollen. Was die Augen sehen, das sehen sie immer richtig. Wenn das Ruder im Wasser gebrochen erscheint, so ist hier keineswegs eine falsche Sinneswahrnehmung. Es tritt bloß eine Ursache als Veranlassung dieses Scheines hinzu, und mit größerem Recht könnte man die Augen eines falschen Berichtes zeihen, wenn sie das untergetauchte Ruder gerade erscheinen ließen; denn sie würden dann nicht sehen, was beim Vorhandensein einer solchen Ursache erscheinen muß. Man darf nur die sinnliche Erscheinung nicht ohne Weiteres zum Maßstab des Dinges selbst machen, sondern bloß behaupten, daß uns dieses in dieser bestimmten Weise erscheine; dann ist jede Täuschung unmöglich. Die Augen täuschen nicht, weil sie der Seele in Allem nur Meldung thun, wie sie afficirt werden. Wenn dasselbe bei allen übrigen Sinnen stattfindet, so sieht man nicht ein, was man von ihnen mehr verlangen soll. Nicht in das Auge, sondern in die Seele fällt der Irrthum und die Täuschung, weil diese auf verkehrte Weise urtheilt und zwischen dem Ding und seiner sinnlichen Erscheinung nicht unterscheidet. Nicht durch die Sinne werden wir getäuscht, sondern wir täuschen uns selbst durch unser Urtheil über die Sinneserscheinung [1].

An einzelnen Stellen spricht sich Augustinus allerdings dahin aus, daß es gerathen sei, sich von der Sinnenwelt wegzuwenden und auf die Wahrheit, die mit dem Innern des Geistes erfaßt werde, mit voller Energie seine Aufmerksamkeit hinzurichten; denn das Sinnenfällige, das in unaufhaltsam fließendem Wechsel begriffen sei, lasse sich nicht ergreifen und wissend umfassen, alles Sinnenfällige gehöre somit nur in das Gebiet der Meinung. Auch seien unsere sinnlichen Vorstellungen, z. B. im Traume und im Wahnsinn, subjectiven Täuschungen unterworfen, während die Wahrheit unveränderlich sei und niemals trüge [2]. Wir

---

[1] Contr. Academ. III, 11: Noli plus assentiri, quam ut ita tibi apparere persuadeas, et nulla deceptio est. De vera relig. c. 33: Sed ne ipsi quidem oculi fallunt; non enim renuntiare possunt animo nisi affectionem suam. Quod si non solum ipsi, sed etiam omnes corporis sensus ita renuntiant, ut afficiuntur, quid ab eis amplius exigere debeamus, ignoro. Tolle igitur vanitantes et nulla erit vanitas.

[2] Contr. Academ. III, 11: Quidquid enim contra sensus ab eis disputatur, non contra omnes philosophos valet. Sunt enim, qui ista omnia, quae corporis sensu accipit animus, opinionem posse gignere confitentur, scientiam vero negant; quam tamen volunt intelligentia contineri remotamque a sensibus in mente vivere. Et forte in eorum numero est sapiens ille, quem quaerimus.

haben in solchen Aussprüchen zunächst den Einfluß zu erkennen, den in seiner früheren Periode platonische Anschauungen auf ihn ausgeübt haben, und dieser Einfluß kann uns nicht befremden, wenn wir bedenken, daß der Platonismus ihm dazu verhalf, sich von den phantastischen sinnlichen Vorstellungen der Manichäer loszureißen und im geistigen Innern die Quelle wahrer Erkenntniß zu finden. Uebrigens ist er, namentlich in seinen späteren Schriften, weit entfernt, die Bedeutung der Sinneswahrnehmung herabzusetzen; vielmehr bekämpft er derartige Ansichten als thörichten Skepticismus [1], und seine Schriften zeigen, welch ein aufmerksames und scharfes Auge er auch für die Außenwelt hatte und welches Gewicht er auf die Thatsachen der äußeren Erfahrung legte, um von ihnen aus zur Einsicht in das Wesen der Dinge und besonders des Menschen vorzudringen. Was er im Anschluß an die platonische Philosophie und zur Bekämpfung des Skepticismus betonen will, ist einerseits dieß, daß die innere, geistige Erkenntniß den Vorzug habe vor der Sinnenerkenntniß, und andererseits, daß der Sinneseindruck an und für sich noch kein eigentliches Wissen vermittle, sondern daß dazu das höhere Erkenntnißvermögen erforderlich sei.

Dieß führt uns zur Augustinischen Lehre von der geistigen Erkenntniß.

§ 7.
Der Verstand (ratio).

Die leiblichen Sinne sind wohl im Stande, wahre Erkenntniß zu vermitteln, aber ihre Thätigkeit reicht für sich noch nicht hin, diese Erkenntniß auch zu erzeugen. Hierzu müssen vielmehr noch andere, höhere Seelenkräfte mitwirken. Zunächst werden thatsächlich die Empfindungen der einzelnen Sinne miteinander verbunden. Schon dieß ist nicht Sache der einzelnen Sinne, sondern es ist ein innerer Gemeinsinn (sensus interior) erforderlich, welcher das von den einzelnen Sinnen Empfundene in sich vereinigt und zugleich die Thätigkeit der leiblichen Sinne wahrnimmt. Der äußere Sinn ist vorzüglicher als sein Object, denn er urtheilt gewissermaßen über die körperlichen Objecte, insofern sie

---

De div. qu. 83 qu. 9: Omne quod corporeus sensus attingit, quo et sensibile dicitur, sine ulla intermissione temporis commutatur. Comprehendi autem non potest, quod sine intermissione mutatur. Non est igitur exspectanda sinceritas veritatis a sensibus corporis.

[1] De civit. Dei XIX, 18.

ihn bald angenehm, bald unangenehm afficiren, je nachdem sie ihn in
entsprechender oder in zu heftiger Weise berühren; eine angemessene Af=
ficirung nimmt er an, eine gegentheilige verwirft er. So urtheilt der
Gesichtssinn über den Mangel oder das genügende Maß in den Farben,
das Gehör urtheilt in Bezug auf den Ton, ob er angenehm in dasselbe
einbringt oder dasselbe heftig erschüttert, und ähnlich bei den anderen
Sinnen. Wie nun die einzelnen leiblichen Sinne über die ihnen ent=
sprechenden körperlichen Objecte, so urtheilt wiederum der Gemeinsinn
über die einzelnen Sinne, die weder sich selbst noch ihr Empfinden wahr=
nehmen. Er nimmt ihr angemessenes oder unangemessenes Verhalten
wahr, erkennt ihre vollständige Wirksamkeit an oder veranlaßt sie zur
Vervollständigung des Mangelhaften. Diesen Gemeinsinn hat, wie die
äußeren Sinne, der Mensch mit dem Thiere gemein. Die Fähigkeit des
Thieres aber reicht nur bis hier; es vermag durch den äußeren Sinn
ein körperliches Object wahrzunehmen und durch seinen inneren Sinn
diese seine Wahrnehmung zu erfassen und dadurch zum Erstreben des
Objectes oder zum Widerstreben gegen dasselbe angeregt zu werden [1].

Wenn in solcher Weise der innere Sinn sich über die Einzelsinne
erhebt, so steht über ihm noch, als eine höhere, geistige Seelenkraft,
das eigentliche Urtheilsvermögen, der Verstand (ratio), durch den sich
der Mensch vom Thiere unterscheidet. Der Verstand ist das Vermögen,
vermittelst dessen wir über den Sinn überhaupt urtheilen; er unterscheidet
die Sinne, seine Diener, und die Empfindungen, welche sie ihm ver=
mitteln, sowie die äußeren Sinne und den Gemeinsinn von einander;
durch ihn urtheilt der Mensch, daß der äußere Sinn vor seinem Object,

---

[1] De lib. arb. II, 3: Intelligis ergo et quaedam singulos sensus habere
propria, de quibus renuntient, et quaedam quosdam habere communia. —
Quid igitur ad quemque sensum pertineat et quid inter se vel omnes vel
quidam eorum communiter habeant, num possumus ullo eorum sensu di-
judicare? — Nullo modo. — Magis nos arbitror ratione comprehendere esse
interiorem quendam sensum, ad quem ab istis quinque notissimis sensibus
cuncta referuntur. Namque aliud est, quo videt bestia, aliud quo ea, quae
videndo sentit, vel vitat vel appetit. Ibid. c. 4: Manifesta sunt, sensu corporis sentiri corporalia, eundem autem sensum hoc eodem sensu non posse
sentiri; sensu autem interiore et corporalia sensu corporis sentiri et ipsum
corporis sensum. Ibid. c. 5: Sicut ille interior, quid desit vel satis sit oculorum sensui judicat, sic ipse sensus oculorum, quid desit vel satis sit colori-
bus, judicat. — Ita scilicet sensum illum interiorem de istis corporis sensibus
judicare, cum eorum et integritatem probat et debitum flagitat, quemadmodum
et ipsi corporis sensus de corporibus judicant, assumentes in eis lenem tactum
rejicientesque contrarium.

der innere Sinn vor den einzelnen äußeren Sinnen den Vorzug habe und daß er selbst sie alle überrage [1]. Indem sodann der innere Sinn dem Verstand seinen Inhalt überliefert, bleiben wir nicht bei der sinnlichen Wahrnehmung stehen, sondern erfassen das Object auch wissend. Der Verstand befähigt den Menschen, im Unterschied vom Thiere, zum eigent= lichen Wissen, während die Sinneswahrnehmung für sich bloß ein Empfinden ist und nur als ein mattes Abbild der geistigen Thätigkeit des. Wissens bezeichnet werden kann [2]. Der Verstand ist sozusagen das geistige Auge des Menschen [3] und durch ihn entsteht alles Wissen, nicht bloß das Wissen von der Außenwelt, sondern auch das Wissen des Geistes von sich selbst, insofern mittelst des Verstandes die Seele sich selbst im Selbstbewußtsein erfaßt, und das Wissen von den Objecten der gesammten geistigen Innenwelt. Durch den leiblichen Sinn also wird das Körperliche, durch den inneren Sinn sowohl das Körperliche als auch die Wahrnehmung des Körpers wahrgenommen, während der Ver= stand es ist, der sowohl dieses Alles, als. auch sich selbst erkennt und wissend umfaßt [4].

Das Wissen oder das wissenschaftliche Erkennen ist die Form des eigentlichen geistigen Erkennens (nosse, intelligere), des Erkennens, dessen der menschliche Geist im Unterschied vom Thiere fähig ist. Dem Verstande aber, dem selbstbewußten Denken, das diese Art des Erkennens

---

[1] De vera relig. c. 29: Non solum autem rationalis vita de sensibilibus, sed de ipsis quoque sensibus judicat, cur in aqua remum infractum oporteat apparere, cum rectus sit, et cur ita per oculos sentire necesse sit: nam ipse aspectus oculorum renuntiare id potest, judicare autem nullo modo. Quare manifestum est, ut sensualem vitam corpori, ita rationalem utrique praestare.

[2] De lib. arb. II, 3: Agnosco istud, quidquid est, et eum interiorem sen- sum appellare non dubito. Sed nisi et istum transeat, quod ad nos refertur a sensibus corporis, pervenire ad scientiam non potest. Quidquid enim scimus, id ratione comprehensum tenemus. Retract. I, 14: Proprie quippe cum lo- quimur, id solum scire dicimur, quod mentis firma ratione comprehendimus. De quant. anim. c. 29: Omne, quod scimus, ratione scimus. Ibid. c. 28: To- tamque illam velut imaginem scientiae vim esse sentiendi. De civit. Dei XI, 27: Inest sensibus irrationalium animantium, etsi scientia nullo modo, at certa quaedam scientiae similitudo.

[3] Soliloq. I, 1: Ego ratio ita sum in mentibus, ut in oculis est aspectus. Non enim hoc est habere oculos, quod aspicere (videre).

[4] De trinit. IX, 3: Mens ergo ipsa sicut corporearum rerum notitias per sensus corporis colligit, sic incorporearum rerum per semetipsam. Ergo et semetipsam per se ipsam novit, quoniam est incorporea. Ibid. XV, 12: Cum enim duo sint genera rerum, quae sciuntur, unum earum, quas per sensus corporis percepit animus, alterum earum, quas per se ipsum. . . .

erzeugt, überliefert nicht nur der äußere, beziehungsweise der innere Sinn
einen erkennbaren Inhalt, sondern der Denkgeist schöpft aus seinem
eigenen Innern gewisse höhere Erkenntnisse; er hat nicht bloß ein sinn=
liches, sondern auch ein höheres geistiges Wahrnehmungsvermögen, eine
Vernunft (intellectus), wodurch er rein in sich selbst, ohne Vermitt=
lung des leiblichen Sinnes, Wahres erkennt. „Alles, was wir betrachten
oder durch den Gedanken ergreifen, erfassen wir entweder durch den
Sinn oder durch den Intellect."[1] Es gibt somit zwei Arten von Er=
kenntnißobjecten: der leibliche Sinn vermittelt uns das Sinnenfällige, die
Vernunft dagegen das Uebersinnliche; jenes nennen wir sensibel, dieses
intelligibel[2]. Zwischen zwei Gebiete des Erkennbaren, des Sinnen=
fälligen und des Intelligibeln, hineingestellt, ist der Mensch für beide
mit entsprechendem Wahrnehmungsvermögen begabt und gewinnt aus
beiden den Inhalt seines denkenden Bewußtseins.

§ 8.
Die intellectuelle Erkenntniß.

Durch den Platonismus, dessen Bedeutung darin liegt, daß er das
Gebiet des Sinnlichen und des Intelligibeln scharf von einander abgrenzte,
zur Rückkehr in sich selbst angeregt, schaute Augustinus in seinem gei=
stigen Innern die Welt des Intelligibeln. Diese, sagt er von den Pla=
tonikern, welche wir mit Recht den übrigen vorziehen, unterscheiden das,
was geistig geschaut wird, von dem, was mit den Sinnen erfaßt wird[3].
Eben diesen wesentlichen Unterschied zwischen sinnlicher und geistiger Er=
kenntniß will er feststellen, wenn er so oft und so nachdrücklich zur gei=
stigen Ein= und Rückkehr ermahnt, und gegenüber den Sensualisten be=
tonen, daß dieselben Unrecht haben, wenn sie behaupten, der denkende
Verstand müsse sich mit dem Denkinhalt begnügen, den ihm die leiblichen
Sinne mittelst des Gemeinsinns zuführen, oder wenn sie gar alle Vor=
stellungen des Menschen auf Einwirkungen von Außen zurückführen, daß
wir vielmehr zwischen sinnlichen, durch leibliche Organe vermittelten, und
nichtsinnlichen, ohne diese Vermittlung innerlich im Geiste erzeugten Vor=
stellungen zu unterscheiden haben. Sodann aber kam es Augustinus von
Anfang an auch darauf an, der akademischen Skepsis gegenüber nicht

---

[1] De immortal. animae c. 6: Nam omne, quod contemplamur sive cogitatione capimus, aut sensu aut intellectu capimus.
[2] De civit. Dei VIII, 6.   [3] Ibid. VIII, 7.

nur die Wahrheit der Sinneserkenntniß zu retten, sondern auch eine höhere Wahrheit, als die sinnliche ist, zu suchen und nachzuweisen. Daher gibt er, anknüpfend an die platonische Philosophie, in seinen frühesten Schriften dem, was als geistige Erscheinung aufgefaßt wird, eine weit höhere Bedeutung als dem, was uns durch die Sinne übermittelt wird, und bezeichnet, wie schon bemerkt wurde, letzteres sogar als etwas, was man streng genommen gar nicht fassen, nicht wissenschaftlich erkennen und begreifen könne, weil es einer fortwährenden Veränderung unterliege. Daß es nicht die Wahrheit selbst sei, folge daraus, daß es vergänglich sei, während die Wahrheit für ewig und unvergänglich gehalten werden müsse [1]. Etwas Anderes sei die Sinnesempfindung und etwas Anderes die wissenschaftliche Erkenntniß; letztere müsse somit ihre Quelle im höheren, vernünftigen Erkenntnißvermögen des Menschen haben [2]. Gibt es aber solche höhere, von den Sinnen unabhängige Erkenntnisse, so gelten für sie die Zweifelsgründe der Akademiker nicht und Augustinus selbst sagt, er habe sich auch damals, als er vom Skepticismus inficirt war, in Betreff der Wahrheit gewisser höherer Erkenntnisse nicht beirren lassen [3], weil er den Inhalt derselben als etwas erfunden habe, das sich, im Unterschied von dem stets veränderlichen Sinnlichen, wissenschaftlich wohl erfassen und begreifen lasse. Die intelligible Erkenntniß ist nicht nur die höhere Quelle der Wahrheit, sondern unterliegt auch keiner Täuschung, wie solche bei der Sinneserkenntniß möglich ist. Entweder erkennt der Intellect und dann ist wahr und unzweifelhaft, was er er= kennt, wie z. B. die Begriffe und Gesetze der Zahlen, oder wenn etwas nicht wahr ist, so ist es nicht Gegenstand der intellectuellen Erkenntniß [4].

Auf diese Quelle des Wissens, die im Innern des menschlichen Geistes liegt, weist schon der Umstand hin, daß derselbe überhaupt nach Wissen und Wahrheit strebt. Dieses Suchen und Streben beweist, daß ihm die Idee der Wahrheit und des Wissens innewohnt, sammt allen den besonderen Wahrheiten, welche diese Idee in sich schließt; denn wer das Wissen liebend erstrebt, der muß es kennen, weil man ganz Un=

---

[1] Soliloq. II, 4; 15.

[2] De ord. II, 2: Aliud enim est sentire, aliud nosse. Quare si quid novimus, solo intellectu contineri puto et eo solo posse comprehendi.

[3] Conf. VI, 4: Neque tam insanus eram, ut ne hoc quidem — quod septem et tria decem essent — putarem posse comprehendi.

[4] De Genes. ad lit. XII, 25: In illis intellectualibus visis non fallitur: aut enim intelligit, et verum est, aut si verum non est, non intelligit; unde aliud est in his errare, quae videt, aliud ideo errare, quia non videt.

bekanntes nicht lieben und erstreben kann [1]. Wir wissen aus unserer
inneren Erfahrung mit unmittelbarer Gewißheit, daß dieses Streben uns
innewohnt, und sind überzeugt, daß dieß bei allen Menschen der Fall ist,
da alle eine Lust und Freude an der Wahrheit haben. Wir würden
aber diese Liebe zur Wahrheit und zum Wissen nicht haben, wenn wir
nicht eine entsprechende Idee davon in unserem geistigen Bewußtsein hätten [2].
In diesem Hinweis des Augustinus auf die dem menschlichen Geiste in=
härirende Idee der Wahrheit und des Wissens haben wir die tiefste Be=
gründung der Lehre von einem höheren, übersinnlichen Wissen zu erkennen.

Intelligibel ist nun zunächst alles Erkennbare, das nicht sinnlich
wahrnehmbar ist und nicht als Object der Sinne in diesen ein Abbild
seiner selbst erzeugt, also alles Unkörperliche [3], vor Allem die menschliche
Seele selbst mit ihren geistigen Innenzuständen [4]. Vorzugsweise aber
sind es gewisse intelligible Begriffe, Ideen, welche der Geist aus seinem
eigenen Intellect, aus seiner Vernunft schöpft und welche die höch=
sten Principien seines verstandesmäßigen Urtheilens, Erkennens und Wis=
sens bilden. Es sind gewisse Wahrheiten, Grundsätze, die der mensch=
liche Geist aus sich selbst schöpft, weil er mit Vernunft (intellectus)
begabt, ein intellectuelles Wesen ist, und nach diesen Grundsätzen urtheilt

---

[1] De trinit. X, 1: Quamobrem omnis amor studentis animi, hoc est vo-
lentis scire, quod nescit, non est amor ejus rei, quam nescit, sed ejus, quam
scit, propter quam vult scire, quod nescit. — Illud enim fieri potest, ut amet
quisque scire incognita, ut autem amet incognita, non potest. Non enim frustra
ibi est positum scire, quoniam qui scire amat incognita, non ipsa incognita,
sed ipsum scire amat. Quod nisi haberet cognitum, neque scire se quisquam
posset fidenter dicere neque nescire.

[2] Conf. X, 23: Nec amarent, nisi esset aliqua notitia ejus scil. veritatis
in memoria eorum.

[3] De trinit. XII, 6: Res quippe incorporea intellecta conspicitur et intelligendo cognoscitur. De Genes. ad lit. XII, 6: Tertium vero illud (genus
visionum), quo dilectio intellecta conspicitur, eas res continet, quae non habent
imagines sui similes, quae non sunt quod ipsae.

[4] De mor. eccl. c. 12: Animus res quaedam est intelligibilis, id est, quae
tantum intelligendo innotescit, alia creatura est omne sensibile, id est, quod
per oculos vel aures vel olfactum vel gustum vel tactum quasi quandam
notitiam sui praebeat. Epist. 112 ad Paulin.: Ita videas mentis intuitu, ut
vides vitam, voluntatem, cogitationem, memoriam, cognitionem, intelligentiam,
scientiam, fidem tuam. Epist. 218 ad Nebrid.: Veniat in mentem illud, quod
intelligere appellamus, duobus modis in nobis fieri: aut ipsa per se mente
atque ratione intrinsecus, ut cum intelligimus, esse ipsum intellectum, aut ad-
monitione a sensibus, ut id, quod jam dictum est, cum intelligimus, esse
corpus.

das geiftige Urtheilsvermögen, der Verftand[1]. Weil er diese Ideen,
diese Wahrheiten aus sich selbst schöpft, drängen sie sich ihm auch
unwillkürlich auf; er fühlt sich in seinem Innersten genöthigt, ihre
Wahrheit anzuerkennen, und darum ist diese auch über allen Zweifel
erhaben.

Reflectiren wir nämlich auf unser Inneres, so finden wir ein Ge=
biet von Vorstellungen, deren Grund nicht in der auf die leiblichen
Sinne einwirkenden Außenwelt liegen kann, weil sie sich wesentlich unter=
scheiden von Allem, was wir durch die Sinne wahrnehmen und nichts
irgendwie körperlich Beschaffenes vorstellen. Hierher gehören nicht nur
alle diejenigen Vorstellungen, in welchen der Denkgeist sich, sein inneres
Dasein und Leben erfaßt, sondern noch andere Vorstellungen, die gleich=
falls nichts Sinnenfälliges, nichts Körperliches repräsentiren, die in=
telligibeln Vorstellugen. Wie die Seele die sinnlichen Vorstellungen,
welche zwar nicht körperlich, aber doch Gleichbilder von körperlichen Din=
gen sind, durch die Sinne gewinnt, so erfaßt sie durch die Vernunft das
Intelligible, das weder etwas Farbiges, noch etwas Tönendes, noch
etwas Hartes, noch sonst eine ähnliche körperliche Qualität darstellt.
Durch die platonische Philosophie zur Rückkehr in sich selbst angeregt,
spürte Auguftinus gleich in seinen frühesten Schriften diesen intelligibeln
Vorstellungen und Grundsätzen nach und constatirte zunächst, daß es auf
dem Gebiete der Ethik gewisse Wahrheiten gebe, die nicht auf sinnlicher
Wahrnehmung beruhen. Ferner führt uns die Dialektik zu einer Reihe
übersinnlicher Erkenntnisse. So kann z. B. Niemand daran zweifeln,
daß aus der Annahme des Vorderjatzes eines hypothetischen Urtheils auch
die Annahme des Nachsatzes folgt, oder daß durch die Verneinung aller
Glieder im disjunctiven Urtheile bis auf eines die Bejahung dieses einen
Gliedes gegeben ist. Solche Sätze beruhen auf unerschütterlichen Grund=
sätzen der Dialektik und sind, unabhängig vom Zeugniß der Sinne, in
sich selbst wahr. Und wie ihnen, so muß man allen übrigen Sätzen der
Dialektik eine nothwendige Wahrheit zuschreiben[2]. Man sieht aber auf
den ersten Anblick, daß diese dialectischen Wahrheiten ganz anderer Art
sind als das, was uns die Sinne über die Dinge der Außenwelt kund

---

[1] De trinit. XII, 2: Sed sublimioris rationis est judicare de istis corporalibus secundum rationes incorporales et sempiternas.

[2] Contr. Acad. III, 13: Haec et alia multa quae commemorare longissi-
mum est, per istam sc. dialecticam didici vera esse, quoquomodo se habeant
sensus nostri, in se.

thun. Die Dialectik, die uns lehrt, zu lehren und zu lernen, weiß zu wissen; also offenbart sich in ihr das höhere Vermögen des Verstandes, insofern dieser das Wissen erzeugt, und gibt kund, was er ist und will [1]. Die intelligibeln Grundsätze nämlich, nach denen der Verstand urtheilt, schließen eine Reihe allgemeiner Wahrheiten in sich, welche alle ver=nünftigen Geister gemeinsam erfassen, welche allen vorschweben und im Besitz aller sind, wie z. B. Licht und Schall gemeinsam von allen sinn=begabten Wesen wahrgenommen werden, weßhalb Augustinus sagt, daß unter unseren Erkenntnissen Einiges gleichsam Privateigenthum sei, weil es nur von Einzelnen aufgefaßt werde, Anderes dagegen als Gemeingut angesehen werden müsse, weil es von allen in gleicher Weise erkannt werde [2]. Das Intelligible ist ferner das Unveränderliche, während das, was jeder außer sich oder auch jeweilig in seinem Innenleben findet und Anderen mittheilt, etwas Zeitliches und Veränderliches ist [3]. Das Intelligible wird daher endlich auch nicht aus der äußeren oder inneren Erfahrung geschöpft, sondern stammt aus dem Intellect selbst und ist das, wonach die stets wechselnden Vorgänge der Außen= und Innenwelt beurtheilt werden müssen. Wohl kommt das Intelligible auch in der Sinnenwelt zur Erscheinung, aber nicht rein an sich, sondern im Me=dium der Körperlichkeit und in den Formen von Zeit und Raum. Daher kann der Geist wohl das Sinnenfällige nach den Normen des Intelli=gibeln beurtheilen, aber nicht das Intelligible selbst aus dem Sinnen=fälligen erkennen [4].

Zu den intelligibeln Wahrheiten gehören nun vor Allem die rein mathematischen Vorstellungen, wie die Vorstellung des mathematischen

---

[1] De ord. II, 13: Haec docet docere, haec docet discere; in hac se ipsa ratio demonstrat atque aperit, quae sit, quid velit, quid valeat; scit scire.

[2] De lib. arb. II, 7: Proprium ergo et quasi privatum intelligendum est, quod unicuique nostrum soli est, et quod in se solus sentit, quod ad suam naturam proprie pertinet. Commune autem et quasi publicum, quod ab omnibus sentientibus nulla sui corruptione atque commutatione sentitur.

[3] De trinit. IX, 6: Sed cum se ipsam novit humana mens et amat se ipsam, non aliquid incommutabile novit et amat, aliterque unusquisque homo loquendo enuntiat mentem suam, quid in se ipso agatur attendens, aliter autem humanam mentem speciali aut generali cognitione definit. — Unde manifestum est, aliud unumquemque videre in se, quod sibi alius dicenti credat, non tamen videat, aliud autem in ipsa veritate, quod alius quoque possit intueri, quorum alterum mutari per tempora, alterum incommutabili aeternitate consistere.

[4] De quant. anim. c. 6; de ord. II, 15.

Punktes, der mathematischen Linie, sodann, wie schon bemerkt wurde, die
dialectischen (logischen) Vorstellungen und Grundsätze, wie das Gesetz
der Gleichheit und Aehnlichkeit, das Gesetz des ausgeschlossenen Dritten,
sodann das Gesetz der Causalität; denn die verschiedenen Ursachen der
Dinge sind unseren Sinnen zwar durchaus verborgen, aber das ist unserem Geiste bekannt, daß nichts ohne Ursache geschieht [1]. Ebenso sucht
der Denkgeist überall Einheit und wo die Vielheit sie nicht finden
läßt, da fühlt er seine Qual [2]. Die Einheit aber ist das Princip und
die nothwendige Voraussetzung jeder Zahl. Wenn es sich daher nach-
weisen läßt, daß die Vorstellung der Einheit uns nicht durch die leiblichen Sinne zugeführt werden kann, so ist damit zugleich erwiesen, daß
überhaupt keine Zahl ihren Ursprung den sinnlichen Wahrnehmungen
verdankt, daß wir nicht, wie die Sensualisten behaupten, die Zahlen aus
der sinnlichen Erfahrung abstrahiren, daß vielmehr die Idee und Wahrheit der Zahlen (ratio veritasque numerorum) etwas allen vernünftigen Geistern vor aller sinnlichen Erfahrung Gemeinsames ist. Es
genügt nun aber, die wahre Vorstellung des Einen zu haben, um sofort
die Einsicht zu gewinnen, daß es durch die Sinne nicht wahrgenommen
werden kann. Denn Alles, was durch die Sinne erfaßt wird, ist nicht
Eines, sondern Vieles, weil das Object der Sinne immer etwas Körperliches ist, das Körperliche aber unzählige Theile hat. Auch im kleinsten
Körper müssen wir noch einen rechten und linken, einen oberen und un-
teren Theil unterscheiden und deßhalb ist kein Körper eine reine, wahre
Einheit, sondern eine Vielheit, welche die wahre Einheit bloß nachahmt.
Es wäre aber unmöglich, in einem Körper eine Vielheit von Theilen zu
zählen, wenn sie nicht auf Grund der Erkenntniß des Einen unterschieden
würden. Denn wenn ich die Einheit im Körper suche und nicht zweifle,
sie in ihm zu finden, so muß ich doch dessen bewußt sein, was ich dort
suche. Wo ich also erkenne, daß ein Körper nur Eins sei, da habe ich
erkannt, was das Eine ist. Wo immer ich aber das Eine erkannt haben
mag, ist sicher, daß ich es nicht durch einen leiblichen Sinn erfaßte, da
ich durch den leiblichen Sinn nur Körperliches erkenne, das nicht wahrhaft und lauter Eins ist. Der Geist muß also die Idee der Einheit,

---

[1] De ord. I, 4: Latent ista sensus nostros, penitus latent; illud tamen
— nescio quomodo animum non latet, nihil fieri sine causa.

[2] Ibid. c. 2: Sic animus a se ipso fusus immensitate quadam diverbera-
tur et vera mendicitate conteritur, cum eum natura sua cogit ubique unum
quaerere, et multitudo invenire non sinit.

nach welcher er urtheilt, durch sich selbst erblicken[1]. Die Zahlen sind nicht etwa Bilder des Sichtbaren, die der sinnlichen Wahrnehmung entnommen wären, so wenig als die rein mathematischen Begriffe und Gesetze vom Raume; vielmehr sind die Zahlen, womit wir zählen (quibus numeramus), die reinen Zahlen, etwas ganz Anderes, als die sinnenfälligen Objecte, welche wir zählen (quos numeramus); sie sind etwas wahrhaft für sich Seiendes[2].

Gesetzt aber auch, die Zahlen selber seien dem Geiste nicht ex aliqua sua natura, sondern aus den sinnlich wahrnehmbaren Dingen eingeprägt, gleichsam Bilder von den sichtbaren Dingen, so könnte doch die Norm und das Maß für die Trennung und Verbindung der Zahlen, nach denen wir jede Rechnung nach ihrer Richtigkeit und Falschheit beurtheilen, nicht durch die sinnliche Wahrnehmung erfaßt werden. Es gibt nämlich ein unwandelbares Zahlenverhältniß, ein festes, unvergängliches Gesetz, nach welchem die Zahlen zu einander geordnet sind, das auch für eine in's Unzählbare sich ausdehnende Zahlenreihe gilt und das giltig ist, mögen nun die Zahlen an sich betrachtet oder auf die Gesetze der geometrischen Figuren, der Töne und Bewegungen angewendet werden[3]. Wo haben wir ein solches, auch für eine unendliche Reihe giltiges Gesetz erfaßt? Gewiß hat doch keiner mit irgend einem Sinne die ganze Zahlenreihe umfaßt. Woraus erkennen wir also, daß dieses Gesetz für alle Zahlen gelte? Welche sinnliche Vorstellung sollte uns eine so unumstößliche, einleuchtende Wahrheit geben? Wie wir ferner eine Zahlenreihe in's Unendliche ausdehnen können, vermögen wir auch etwas Zählbares wie den Körper in's Unendliche uns theilbar zu denken und setzen in Gedanken diese Theilung fort, auch wenn wir uns keine Vorstellung mehr von einem unendlich kleinen Körpertheilchen machen können[4]. Die Wahrheit der Zahlen muß daher in einem innerlichen Lichte erfaßt werden, welches der leibliche Sinn nicht kennt, und hiernach muß man zugeben, daß die Idee und Wahrheit der Zahl nicht in den Bereich sinnlicher Wahrnehmung fällt, daß sie vor aller Sinneswahrnehmung un-

---

[1] De lib. II, 8. De vera relig. c. 32: Nunc vero cum dicit corporibus: vos quidem nisi aliqua unitas contineret, nihil esset, et rursus si vos essetis ipsa unitas, corpora non essetis, recte illi dicitur: Unde illam nosti unitatem, secundum quam judicas corpora, quam nisi videres, judicare non posses, quod eam non impleant. Si autem his corporeis oculis eam videres, non vere diceres, quamquam ejus vestigio teneantur, longe tamen ab ea distare; nam istis oculis corporeis non nisi corporalia vides; mente igitur eam videmus.

[2] Conf. X, 12.   [3] De doctr. christ. II, 39.   [4] De trinit. XI, 10.

umstößlich und sicher feststeht und dem geistigen Blicke aller vernünftigen Wesen gemeinsam vorschwebt [1].

Aehnlich verhält es sich mit der Idee des Schönen, die mit der Idee der Zahl insofern verwandt ist, als harmonische Einheit das Gepräge alles Schönen ausmacht. Wenn wir in dem, was in der Körperwelt unser Wohlgefallen erregt und durch die leiblichen Sinne uns entzückt, Harmonie und Schönheit erkennen, so beruht dieß, wie die Erkenntniß der Zahlenverhältnisse, auf einem Urtheil aus Vernunftgründen und nicht auf einem bloß sinnlichen, unmittelbaren Wohlgefallen. Jenes Vernunfturtheil ist das höhere, das über die sinnlichen Empfindungen in letzter Instanz zu entscheiden hat. Der vernünftige Geist vermag sich über das, was in diesen das Anziehende sei, Rechenschaft zu geben, und sieht ein, daß das Anziehende auf der Ordnung und Symmetrie beruht; er erblickt die wesentliche Bedingung der Schönheit und Anmuth in den mannigfaltigen metrischen Verbindungen. In uns selbst zurückgekehrt, erkennen wir somit, daß wir das, was wir mit den körperlichen Sinnen erfassen, nicht nach Werth oder Unwerth schätzen könnten, wenn wir nicht in uns selbst gewisse Gesetze der Schönheit trügen, nach denen wir alles Schöne werthschätzen, das wir in der Außenwelt wahrnehmen [2].

Auch in allen Künsten ist es das harmonische Zusammenstimmen, das ihren Produkten Schönheit verleiht und Wohlgefallen erweckt. Es muß also einen geistigen Besitz geben, der sowohl Antheil des Künstlers selbst ist, als auch der Antheil dessen, der, ohne selbst Kunst zu üben, ihre Werke zu beurtheilen versteht. Denn jenes harmonische Zusammenstimmen erfordert Gleichmaß und Einheit entweder durch die Symmetrie gleicher Theile oder durch eine geordnete Abstufung ungleicher Theile.

---

[1] De lib. arb. II, 8: His et talibus multis documentis coguntur fateri, quibus disputantibus Deus donavit ingenium et pertinacia caliginem non obducit, rationem veritatemque numerorum et ad sensus corporis non pertinere et inconvertibilem sinceramque consistere et omnibus ratiocinantibus ad videndum esse communem.

[2] Ibid. II, 16: Quoquo enim te verteris, vestigiis quibusdam, quae operibus suis impressit, loquitur tibi et te in exteriora relabentem ipsis exteriorum formis intro revocat, ut quidquid te delectat in corpore et per corporeos illicit sensus, videas esse numerosum et quaeras, unde sit, et in te ipsum redeas atque intelligas te id, quod attingis sensibus corporis, probare aut improbare non posse, nisi apud te habeas quasdam pulchritudinis leges, ad quas referas, quaeque pulchra sentis exterius. De trinit. IX, 6: Aliis omnino regulis supra mentem nostram immutabiliter manentibus vel approbare vel improbare convincimur, cum recte aliquid approbamus vel improbamus.

Das höchste Gleich= und Ebenmaß wird man nun, ebenso wie das wahr=
haft Eine, im Körperlichen vergebens suchen, weil kein Körper wahrhaft
und schlechthin Einer ist, da alle Körper von Form zu Form und von
Art zu Art übergehend sich verändern und aus einzelnen, ihren Platz
behauptenden Theilen bestehen, vermöge dessen sie sich nothwendig in ver=
schiedene Raumtheile ausdehnen. Eben deßhalb wird wahres Ebenmaß
und wahre Proportionalität nicht mit dem leiblichen Auge, überhaupt
nicht auf sinnliche Weise, sondern durch einen geistigen Blick erkannt.
Oder wie sollten wir im Körperlichen jenes volle Gleichmaß ersehen und
wie sollte sich uns der Gedanke aufdrängen, daß sie jenes vollkommene
Gleichmaß bei weitem nicht erreichen, wenn nicht das vollkommene Gleich=
maß von uns geistig erkannt würde? [1]

Vielen bleibt allerdings diese intellectuelle Erkenntniß verschlossen,
aber nur deßhalb, weil ihr Zweck bei der Wahrnehmung des Sinnen=
fälligen das bloße Ergötzen ist, weil sie in ihrer Erkenntniß nicht nach
Höherem streben wollen und gar nicht darnach fragen oder darüber ur=
theilen, warum das Sichtbare Gefallen errege. Wenn ich etwa einen
Baukünstler, der eben einen Bogen aufgeführt hat, frage, weßhalb er
einen zweiten, entsprechenden auf der entgegengesetzten Seite aufführe,
wird er wohl antworten, dieß geschehe, damit die Theile des Gebäudes
sich symmetrisch entsprechen. Wenn ich fortfahre zu fragen: warum
denn dieß? so wird er wohl sagen, es sei das schön, es gefalle dem
Auge des Betrachtenden. Höher wird er sich nicht versteigen, denn er
ist in die Sinne versenkt, sein Erkennen reicht nicht weiter als sein Auge,
er sieht nicht ein, wovon er bei einem solchen Urtheile abhängig und ge=
getragen ist. Aber ich werde dann diesen Mann, der auch ein inneres
Auge hat und sehen kann, was nicht äußerlich sichtbar ist, nicht aufhören
mit der Frage zu drängen, warum denn jene Dinge Wohlgefallen er=
regen, damit er ein Urtheil wage über das menschliche Wohlgefallen am
Schönen. Denn so wird er über dasselbe erhoben und bleibt nicht bloß

---

[1] De vera relig. c. 30: Cum in omnibus artibus convenientia placeat,
qua una salva et pulchra sunt omnia, ipsa vero convenientia aequalitatem
unitatemque appetat, vel similitudine parium partium vel gradatione disparium,
quis est, qui summam aequalitatem vel similitudinem in corporibus inveniat
audeatque dicere, cum diligenter consideraverit quodlibet corpus, vere ac
simpliciter unum esse, cum omnia vel de specie in speciem vel de loco in
locum transeundo mutentur et partibus constent sua loca obtinentibus, per
quae in spatia diversa dividuntur? Porro ipsa vera et prima unitas non oculis carneis neque ullo tali sensu, sed mente intellecta conspicitur.

schlechthin von ihm gefesselt, indem er nicht bloß nach diesem Wohl=
gefallen urtheilt, sondern dieses Wohlgefallen selbst beurtheilt. Und ich
werde zuerst fragen, ob die Dinge deßhalb schön seien, weil sie gefallen,
oder ob sie deßhalb gefallen, weil sie schön sind. Ich werde dann weiter
fragen: weßhalb sind sie schön? und wenn er hier unsicher zögern würde,
seine Ansicht auszusprechen, würde ich ihm nahelegen, ob vielleicht nicht
deßhalb, weil die einzelnen Theile einander entsprechen und in einer be=
stimmten Verbindung zu einem einheitlichen Zusammenstimmen geordnet
sind. Wenn er dieß begreift, werde ich ihn fragen, ob die Dinge eben
diese Einheit, nach welcher ihr Streben gerichtet ist, in höchster Weise
bilden oder ob sie dieselbe gewissermaßen nur erlügen. Wenn er letzteres
zugibt — und wer sollte, darauf hingewiesen, es nicht erfassen, daß
zwar jede schöne Form, daß überhaupt jeder Körper eine Spur der
Einheit an sich trage, daß aber gleichwohl auch der schönste Körper,
weil er vermöge seiner Ausdehnung den einen Theil hier, den anderen
dort hat, die Einheit, die er erstrebt, nicht erreichen könne, — wenn also
dieß der Fall ist, so werde ich fragen: wo oder woraus erfassest du
diese Einheit? Diese muß man doch erfassen; woher wäre sonst die
Erkenntniß, daß die Form der Körper der Einheit nachstrebt, ohne sie
vollständig zu erreichen? Würdest du sie nicht erfassen, so würdest du
nicht urtheilen können, daß die Körper sie nicht völlig erreichen. Mit
dem leiblichen Auge aber kannst du sie nicht erfassen, denn dann könntest
du wahrlich nicht sagen, daß kein Körperliches, über das doch dein leib=
liches Auge nicht hinausreicht, die Einheit erreiche. Wir erfassen also
diese wahre Einheit mit dem Geiste [1].

Mit der Zahl bringt die heilige Schrift [2] auch die Weisheit in
Verbindung, wenn sie sagt, daß Gott in seiner Weisheit alles nach Maß
und Zahl geordnet habe. Aber was ist Weisheit? Die Bestrebungen,
in welchen die Menschen sich weise dünken, sind mannigfaltig und ver=
schieden, ganz abgesehen von der großen Verschiedenheit der Meinungen,
welche wir hierüber bei den Philosophen finden. Aber trotz dieser Ver=
schiedenheit der Anschauungen und Bestrebungen der Menschen liegt doch
in allen diesen etwas Gemeinsames; es ist Eines, das alle treibt und
bewegt: alle streben nach dem Gut und fliehen das Uebel, alle also
streben nach dem höchsten Gut oder nach der Glückseligkeit, die
im Genuß des wahren und höchsten Gutes gefunden wird. Darum

---

[1] Ibid. c. 32; c. 39.   [2] Eccl. 7, 16.

können wir die wahre Weisheit bezeichnen als die Erkenntniß der Wahr=
heit, in der das höchste Gut erkannt und festgehalten wird (veritas, in
qua cernitur et tenetur summum bonum). Das Streben nach Glück=
seligkeit ist als solches niemals im Irrthum. Wessen Streben aber auf
etwas gerichtet ist, das nicht das wahre Gut ist, der würde nicht darnach
streben, wenn nicht der Schein des Guten ihn blendete und in die Irre
führte. Nur insofern kann der Mensch irren, als er, durch den Schein
des Guten geblendet, einen Lebensweg einschlägt, der nicht zur wahren
Glückseligkeit führt, während er auf diesem Weg sein wahres Glück zu
erreichen glaubt. Jeder darum, der nach Glückseligkeit strebt, wird den
Irrthum in Bezug auf die Richtung des Lebens ebenso sehr zu meiden
und zu fliehen suchen, als er wahres Glück anstrebt, er wird daher die
Wahrheit, die ihn über den wahren Lebensweg orientirt, oder die
Weisheit nicht weniger anstreben als die Glückseligkeit, weil der Irr=
thum in Bezug auf den richtigen Lebensweg Unglückseligkeit nach sich
zieht. Wie es daher feststeht, daß wir glücklich sein wollen, so steht auch
fest, daß wir weise sein wollen, weil ohne Weisheit niemand glückselig
sein kann. Denn niemand ist glückselig als durch das höchste Gut, das
in jener Wahrheit, die wir Weisheit nennen, erkannt und festgehalten
wird. Bevor wir nun wahrhaft glückselig sind, muß unserem Geiste eine
Idee der Glückseligkeit (notio beatitatis) eingeprägt sein; denn
nur auf Grund einer solchen Idee können wir wissen und zweifellos
aussprechen, daß wir glückselig sein wollen. Da aber der Mensch nur
glückselig wird durch das wahre und höchste Gut, so muß er mit der
Idee der Glückseligkeit auch die Idee des wahren, höchsten Gutes
in sich tragen; da endlich nur die Weisheit es ist, in der das höchste
Gut erkannt wird, und insofern sie allein es ist, die zur wahren Glück=
seligkeit führt, so müssen wir, bevor wir weise sind, auch eine Idee
der Weisheit in unserem Geiste tragen, der zufolge jeder die Frage,
ob er weise sein wolle, ohne das Dunkel des Zweifels bejaht[1]. Die

---

[1] De lib. arb. II. 9: Num aliam putas esse sapientiam nisi veritatem, in
qua cernitur et tenetur summum bonum? Nam illi omnes, quos commemorasti,
diversa sectantes, bonum appetunt et malum fugiunt; sed propterea diversa
sectantur, quod aliud alii videtur bonum. Quisquis ergo appetit, quod appe-
tendum non erat, tametsi id, non appeteret, nisi ei videretur bonum, errat
tamen. Errare autem neque ille potest, qui nihil appetit, neque ille, qui hoc
appetit, quod debet appetere: in quantum igitur omnes homines appetunt
vitam beatam, non errant. In quantum autem quisque non eam tenet vitae
viam, quae ducit ad beatitudinem, cum se fateatur et profiteatur nolle nisi

Weisheit, die nach Glückseligkeit strebt, ist also etwas, was allen ver=
nünftigen Geistern gemeinsam vorschwebt (praesto est). Oder woher
anders erkennen wir, daß es eine Weisheit gibt und daß alle glückselig
und deßhalb auch weise sein wollen? Erkennen wir dieß etwa in solcher
Weise, daß wir einander unsere Gedanken in dieser Hinsicht kundgeben
müssen, um andere an der Erkenntniß-Theil nehmen zu lassen, oder ist
nicht vielmehr der eigentliche Charakter dieser Erkenntniß, daß wir keinen
Augenblick darüber zweifelhaft sind, daß eben diese Wahrheit ohne eine
Mittheilung von unserer Seite in derselben Weise von anderen wie von
uns erfaßt werden könne? So wahr und unveränderlich also, wie die
Regeln der Zahl, liegt die Weisheit und liegen alle Grundsätze, welche
die Weisheit in sich schließt, vor dem geistigen Blicke aller Menschen [1].

Die Grundsätze der wahren Weisheit aber beziehen sich auf das
gerechte und tugendhafte Leben; denn die wahre Weisheit lehrt,
daß man auf dem Wege der Tugend und Gerechtigkeit zur wahren Glück=
seligkeit gelange. Sie sind jenes Gesetz, das eingeschrieben ist in die
Herzen der Menschen und das selbst deren Bosheit nicht auslöschen kann [2].
Oder wo ist ein vernünftiger Geist, der nicht das Bewußtsein jener Wahr=
heit hätte, daß man gerecht leben, jedem das Seine zutheilen, Recht und
Billigkeit achten müsse, daß das Unvergängliche dem Vergänglichen, das
Ewige dem Zeitlichen vorzuziehen sei? Diese Wahrheiten, welche unver=

---

ad beatitudinem pervenire, in tantum errat. — Et quanto magis in via vitae
quis errat, tanto minus sapit. Tanto enim magis longe est a viritate, in qua
cernitur et tenetur summum bonum. Summo autem bono assecuto et adepto
beatus quisque fit, quod omnes sine controversia volumus. Ut ergo constat,
nos beatos esse velle, ita nos constat velle esse sapientes, quia nemo sine sapientia beatus est. Nemo enim beatus est nisi summo bono, quod in ea veritate, quam sapientiam vocamus, cernitur et tenetur. Sicut ergo antequam
beati simus, mentibus tamen nostris impressa est notio beatitatis: per hanc
enim scimus fidenterque et sine ulla dubitatione dicimus beatos nos esse, velle
ita etiam priusquam sapientes simus, sapientiae notionem in mente habemus,
per quam unusquisque nostrum, si interrogetur, velitne esse sapiens, sine ulla
caligine dubitationis se velle respondet. De trinit VIII, 3: Neque in his
omnibus bonis vel quae commemoravi vel quae alia cernuntur sive cogitantur,
diceremus aliud alio melius, cum vere judicamus, nisi esset nobis impressa
notio ipsius boni, secundum quod et probaremus aliquid et aliud alii prae-
poneremus.

[1] Ibid. II, 15: Novit ergo insipiens sapientiam. Non enim certus esses
velle te esse sapientem idque oportere, nisi notio sapientiae menti tibi in-
haereret, sicut earum rerum, de quibus singillatim interrogatus respondisti,
quae ad ipsam sapientiam pertinent.

[2] Conf. II, 4.

gänglich und der Betrachtung aller Menschen zugänglich sind, kann keiner mit Fug sein persönliches Eigenthum nennen, da alles Wahre dieser Art so sehr allen gemeinsam ist, als es wahr ist. Wie die ästhetischen Wahrheiten sind auch die moralischen den Herzen aller Menschen, auch der ungerechten, eingeschrieben, woraus zu folgern ist, daß unserem Geiste die Idee des Guten und Rechten eingeprägt sein muß [1].

Wie wir also durch die leiblichen Sinne die Außenwelt erfassen, so erkennen wir durch die Vernunft das Intelligible, ein System allgemeiner, unwandelbarer Wahrheiten, die Ideen, und Augustinus schreibt den Ideen als Principien der Erkenntniß eine solche Bedeutung zu, daß nach seiner Ansicht niemand weise sein kann, es sei denn, er habe die Ideen erkannt [2]. Die intelligible Erkenntniß ist ihm die höhere Quelle der Wahrheit. Zwar ist in allem, also auch in den sinnenfälligen Dingen, einigermaßen Wahrheit, insofern das, was in ihnen ist und geschieht, den intellectuellen Wahrheiten mehr oder weniger entspricht: aber in der vernünftigen Seele ist die Wahrheit auf vollkommenere, unwandelbare Weise, weil sie das Intelligible, das Unveränderliche, Unwandelbare in sich hat, während das Sinnenfällige, als das stets Veränderliche und Vergängliche, in seinem Sein und Erscheinen das Intelligible so zu sagen nur nachahmt [3].

---

[1] Ibid. II, 10: Hoc item verum et unum esse et omnibus, qui hoc sciunt, ad videndum esse commune, quamvis unusquisque id nec mea nec tua nec cujusquam alterius, sed sua mente conspiciat, cum id, quod conspicitur, omnibus conspicientibus communiter praesto sit, numquid negare poterimus? — Item juste esse vivendum et deteriora melioribus esse subdenda et paria paribus comparanda et propria suis quibusque tribuenda, nonne fateberis esse verissimum et tam mihi quam tibi atque omnibus id videntibus praesto esse communiter? — Quid incorruptum melius esse corrupto, aeternum temporali, inviolabile violabili poteris negare? — Hoc ergo verum potest quisque suum proprium dicere, cum incommutabiliter contemplandum adsit omnibus, qui hoc contemplari valent. Item a corruptione avertendum animum atque ad incorruptionem convertendum esse, id est, non corruptionem, sed incorruptionem diligendam esse, quis negat? — Satis est, quod istas tamquam regulas et quaedam lumina virtutum et vera et incommutabilia et sive singula sive omnia communiter adesse ad contemplandum eis, qui haec valent sua quisque ratione ac mente conspicere, pariter mecum vides certissimumque esse concedis. De trinit. XIV, 15: Nam hinc est, quod etiam impii cogitant aeternitatem et multa recte reprehendunt, recteque laudant in hominum moribus. Quibus ea tandem regulis judicant, nisi in quibus vident, quemadmodum quisque vivere debeat, etiamsi nec ipsi eodem modo vivant?

[2] De div. quaest. 83 qu. 46.

[3] Solil. II, 18—19.

§ 9.
Der Ursprung der intellectuellen Erkenntniß.

Nun erhebt sich aber die schwierige Frage, wie nach der Ansicht des hl. Augustinus die intellectuelle Erkenntniß entstehe, welches der Ursprung derselben sei.

Das Intelligible kommt auch in der Sinnenwelt zur Erscheinung, wird aber nach Augustinischer Anschauung, wie van Endert sagt, nicht aus dem Sinnlichen abstrahirt; diese spätere, aristotelisch-scholastische Auffassung ist Augustinus fremd. Das Sinnliche hat nur eine äußerlich anregende Bedeutung und bildet nur insofern ein Substrat für die Bethätigung des intellectuellen Erkenntnißvermögens, als es von diesem nach den ihm immanenten intelligibeln Normen aufgefaßt und beurtheilt wird, wie aus den zwischen Augustinus und Nebridius gewechselten Briefen hervorgeht, wo Nebridius es als etwas Zugestandenes ausspricht, daß die intellectuelle Seele zur Erkenntniß des Intelligibeln von den äußeren Sinnen mehr nur gemahnt werde, als daß sie durch dieselben einen Erkenntnißinhalt in sich aufnehme [1]. Im Inneren des Menschen wohnt ja die Wahrheit (veritas foris admonet, intus docet), dort ist das Intelligible auf vollkommenere Weise als in der Außenwelt und darum spricht Augustinus von einem Gedächtniß (Bewußtsein) des Menschen, das die Thiere nicht besitzen und in dem die intelligibeln Dinge festgehalten werden, ohne daß diese durch die leiblichen Sinne in dasselbe gekommen wären [2]. Wenn der Intellect auch über das Sinnenfällige urtheilt, so steht er doch als urtheilende Potenz höher als das, worüber er urtheilt, als das Sinnenfällige, und sein Urtheil ist um so selbstständiger und unabhängiger, weil das Sinnenfällige in seinem Sein und Erscheinen das Intelligible bloß nachahmt. Durch die Sinne ist also die Seele wohl der Außenwelt zugewendet, der höhere Theil der Seele aber, gleichsam das Haupt und Auge derselben, ist nach innen, dem Intelligibeln zu gerichtet und erkennt hier die Ideen, nach denen sie das durch Vermittlung der Sinne Aufgenommene beurtheilt. Um daher das Verhältniß der Sinnesvorstellungen zum urtheilenden Geiste und das Verhältniß des urtheilenden Geistes zu den ihn erleuchtenden intelligibeln

---

[1] Epist. 71.
[2] De civit. Dei VIII, 6; de trinit. XV, 23: Memoria hominis et maxime illa, quam pecora non habent, id est, qua res intelligibiles ita continentur, ut non in eam per sensus corporis venerint...

Wahrheiten zu veranschaulichen, vergleicht Augustinus [1] die Stellung des
urtheilenden Intellects mit dem Standpunkt auf einem hohen Berge:
unter dem Blick sind die Wolken (rerum corporalium imagines), über
dem Blick das klare höhere Licht (serenissina lux veritatis).

Wenn nun das Intelligible nicht als Product der intellectuellen
Bethätigung des Geistes an dem sinnlichen Erfahrungsstoff angesehen
werden kann, so muß der Geist mit demselben in unmittelbarer Verbin=
dung stehen. Wie das leibliche Auge von einem körperlichen Lichte er=
leuchtet wird, um das Sinnenfällige wahrzunehmen, so muß er gewisser=
maßen von einem unkörperlichen Lichte erleuchtet werden, um das Intelli=
gible zu erkennen und das Sensible darnach zu beurtheilen [2], so daß der
Intellect als der innerliche, geistige, als der innerste Sinn (sensus
intimus) des Menschen bezeichnet werden kann [3]. Der Geist muß mit
den intelligibeln Dingen auf irgend eine wunderbare, aber jedenfalls un=
körperliche, d. h. nicht räumliche Weise in Verbindung stehen, wie er
durch die leiblichen Sinne mit der räumlichen Außenwelt verbunden ist [4].
Wie ist nun aber dieß näherhin zu verstehen, wenn wir von der bloß
bildlich vergleichenden Darstellung zur begrifflich bestimmten Auffassung
der Sache fortschreiten wollen?

Im Anschluß an den Platonismus unterschied Augustinus in seinen
frühesten Schriften die intelligible und die sensible, die Ideen= und die
Sinnenwelt [5], von denen letztere nach dem Bilde der ersteren gemacht und
dieser als der Welt des Wahren ähnlich sei, und erging sich bei der
Beantwortung der Frage nach dem Ursprung der intellectuellen Erkennt=
niß in Ausdrücken, welche zu verrathen scheinen, daß er zur platonischen
Auffassung hinneigte, wonach die intellectuellen Erkenntnisse von Anfang
an fertig im Geiste ruhen, gleichsam verborgen in ihm schlummernd, und

---

[1] De trinit. IX, 6.   [2] De civit. Dei XI, 27.

[3] De anim. et ej. orig. IV, 23: His verbis satis indicas, quid esse spiritum hominis sentias, id est, rationale nostrum, quo sentit atque intelligit anima,
non sicut sentit corporis sensibus, sed sicut est ille intimus sensus, ex quo
appellata est sententia. Hinc autem pecoribus sine dubitatione praeponimur,
eo quod sunt illa rationis expertia. Non habent itaque spiritum pecora, id
est, intellectum et rationis ac sapientiae sensum, sed animum tantum. Conf.
de civit. Dei XI, 3.

[4] De immort. anim. c. 10.

[5] Contr. Acad. III, 16: Platonem sensisse duos esse mundos, unum intelligibilem, in quo ipsa veritas habitaret, istum autem sensibilem, quem manifestum est nos visu tactuque sentire. Itaque illum verum, hunc verisimilem
et ad illius imaginem factum.

er durch die Sinneswahrnehmung nur daran erinnert werde [1]. Allein
gerade die Lehre, welche im System Plato's die Hauptstütze bildet für
die Lehre von den angebornen Ideen, die Lehre von der Präexistenz der
Seelen, war durch den christlichen Standpunkt, auf den Augustinus sich
stellte, von vornherein ausgeschlossen. Darum mußte sich ihm die Ueberzeugung von der Unhaltbarkeit der platonischen Lehre von den angebornen
Ideen bald aufdrängen. Seine dießbezügliche Auffassung berichtigt er
ausdrücklich in seinen Retractationen. Ebenso nimmt er in seinem Werk
de trinitate [2] Bezug auf das Beispiel des Plato im Menon und macht
darauf aufmerksam, daß, wenn man alle auf dieselbe Weise frage, man
aus allen oder doch fast aus allen dasselbe herausbringen könne, ohne
daß man werde sagen wollen oder können, daß alle in einem früheren
Leben Geometer gewesen seien, da die Geometer keine so häufige Erscheinung unter den Menschen seien. Was man sich von derartigen
Wiedererinnerungen erzähle, sei Träumerei, Schein und Täuschung.
Warum, bemerkt er ferner, bringt man solche richtige Erkenntnisse auf
geschickt gestellte Fragen nur in intelligibeln Dingen heraus und nicht
auch in sinnlichen? warum muß man letztere mit leiblichem Auge gesehen
oder von anderen, die davon Kenntniß haben, auf Glauben hin angenommen haben, da wir sie nach platonischer Lehre doch auch in einem
früheren Leben würden erfahren haben? Mit dieser Frage ist zugleich
angedeutet, daß Augustinus den Bereich des Intelligibeln enger faßt als
Plato seine Welt der Ideen, indem er alle bloßen Allgemeinbegriffe sinnen-
fälliger Dinge von demselben ausschließt, ein Punkt, der, wie wir sehen
werden, wohl zu beachten ist.

Hat nun aber die Seele nicht in einem früheren Leben die Ideen
geschaut, so muß sie in diesem Leben mit ihnen in Verbindung stehen [3].
Wie aber diese Verbindung zu denken sei, ist eine vielfach ventilirte Frage,

---

[1] Soliloq. II, 20: Tales sunt, qui bene disciplinis liberalibus eruditi:
si quidem illas sine dubio in oblivione obrutas eruunt discendo et quodammodo refodiunt. De quant anim. c. 20: Magnam omnino, magnam et qua nescio utrum quidquam majus sit, quaestionem moves, in qua tantum nostrae
sibimet opiniones adversantur, ut tibi anima nullam, mihi contra omnes artes
secum attulisse videatur, nec aliud quidquam esse id, quod dicitur discere,
quam reminisci et recordari.

[2] XII, 15.

[3] De trinit. XII, 2: His (rationibus sempiternis) nisi subjungeretur aliquid nostrum, non secundum eas possemus judicare de corporalibus. Judicamus autem de corporalibus ex ratione dimensionum et figurarum, quam incommutabiliter manere mens novit.

da Vertreter ganz verschiedener Lehrmeinungen in diesem Punkte die Auc=
torität des Augustinus für sich in Anspruch nahmen. In der Stelle
retract. I, 4, wo er die angeführten Worte aus den Soliloquien berichtigt,
sagt er, die Thatsache, daß auch Unkundige auf geschickt gestellte Fragen
richtige Antworten geben, erkläre sich wahrscheinlicher daraus, daß ihnen
das Licht der ewigen Vernunft innewohne, in welchem sie die unwandel=
baren Wahrheiten erkennen [1]. Sodann retract. I, 8, wo er auf die
angeführte Stelle de quantitate animae Bezug nimmt, meint er, man
könne sich die Sache so denken: der menschliche Geist sei intelligibler
Natur oder Wesenheit, stehe als solche Wesenheit in Verbindung mit den
intelligibeln Dingen und sei in der Weise geschaffen, daß er, wenn er
sich denselben zuwende, sie erkenne [2]. In ähnlicher Weise spricht er sich
de trinit. XII, 15 aus: daß man, bemerkt er, dem Geiste Intelligibles
so zum Bewußtsein bringen könne, als hätte er es schon zuvor gewußt,
als wäre sein Lernen nur eine Wiedererinnerung, das erkläre sich eben
aus der Natur des intelligibeln Geistes, zu dem, nach der ursprünglichen
Anordnung des Schöpfers, die intelligibeln Dinge so in Beziehung und
Verbindung stehen, daß er sie mittelst eines über die geistige Welt aus=
gegossenen unkörperlichen Lichtes ebenso schaue, wie das leibliche Auge
mittelst des Lichtes in der Körperwelt, für welches es organisirt sei und
welches zu ihm in natürlicher Beziehung stehe, die körperlichen Dinge
schaue [3].

Hiernach vergleicht Augustinus die intellectuelle Erkenntniß mit der
Sinneserkenntniß und postulirt für jene ein geistiges Licht, für das dem

---

[1] Retract. I, 4: Credibilius est enim, propterea vera respondere de quibusdam disciplinis etiam imperitos earum, quando bene interrogantur, quia
praesens est eis, quantum id capere possunt, lumen rationis aeternae, ubi haec
immutabilia vera conspiciunt, non quia noverant aliquando et obliti sunt, quod
Platoni et talibus visum est.

[2] Retract. I, 8: Non sic accipiendum est, quasi ex hoc approbetur, animam vel hic in alio corpore vel alibi sive in corpore sive extra corpus aliquando vixisse et ea quae interrogata respondet, cum non didicerit, in alia
vita ante didicisse. Fieri enim potest, ut hoc ideo possit, quia natura intelligibilis est et connectitur non solum intelligibilibus, verum etiam immuta-
bilibus rebus, eo ordine facta, ut cum se ad eas movet, quibus connexa est,
vel ad se ipsam, in quantum eas videt, in tantum de his vere respondeat.

[3] De trinit. XII, 15: Potius credendum est mentis intellectualis ita conditam esse naturam, ut rebus intelligibilibus naturali ordine, disponente conditore, subjuncta sic ista videat in quadam luce sui generis incorporea, quemadmodum oculus carnis videt, quae in hac corporea luce circumadjacent,
cujus lucis capax eique congruus est creatus.

menschlichen Intellect die entsprechende Empfänglichkeit angeschaffen ist,
ähnlich wie die sinnliche Erkenntniß durch ein körperliches, das leibliche
Auge afficirendes Licht bedingt ist [1]. Er sagt von diesem Lichte, daß es
auf unsichtbare und unaussprechliche, aber doch intelligible, d. h. für den
Intellect wahrnehmbare Weise den menschlichen Geist erleuchte [2]. Was ist
aber dieß für ein Licht?

Die Platoniker lehrten, sagt Augustinus, es gebe ein Licht der
Geister, in dem alles geschaut wird, nämlich Gott selbst, durch den alles
gemacht ist. Der große Unterschied zwischen der sinnlichen und der in=
tellectuellen Erkenntniß besteht nämlich, wie wir gesehen haben, darin,
daß die Sinne nur Wandelbares, der Intellect dagegen Unwandelbares
erkennt. In den intelligibeln Dingen nun, in diesen unwandelbaren
Wahrheiten offenbart sich Eine unwandelbare Wahrheit, in der
sie alle beschlossen sind, und diese kann nicht dem einen oder anderen
Menschen zugehören, sondern muß das Gemeingut aller sein, die Un=
wandelbares auffassen gleich einem Licht, das auf wunderbare Weise
zugleich geheim ist, weil es im Innersten des Menschen leuchtet, und
zugleich öffentlich, weil es allen gemeinsam ist [3]. Diese ewige, unwandel=
bare Wahrheit aber ist das Licht der ewigen Vernunft oder wie Augu=
stinus, in platonischer Weise den Begriff der Wahrheit an sich hyposta=
sirend, sagt, die Wahrheit, durch die alles wahr ist, die göttliche Wesenheit,
die selber intelligibel ist. Sie ist das alle vernünftigen, intelligibeln
Geister erleuchtende Licht, die Lehrmeisterin im Innern, die den Menschen

---

[1] De civit. Dei XI, 27: Quae vis magna atque mirabilis mortalibus
praeter hominem animantibus nulla est; licet eorum quibusdam ad istam lucem
contuendam multo quam nobis sis acrior sensus oculorum; sed lucem illam
incorpoream contingere nequeunt, qua mens nostra quodammodo irradiatur, ut
de his omnibus recte judicare possimus; nam in quantum eam capimus, in
tantum id possumus.

[2] Epist. 122 ad Consent. Hoc ergo lumen, ubi haec cuncta dijudicantur,
non utique sicut hujus solis et cujusque corporei luminis fulgor per localia
spatia circumquaque diffunditur mentemque nostram quasi visibili candore
illustrat, sed invisibiliter et ineffabiliter, sed tamen intelligibiliter lucet tamque
nobis certum est, quam nobis efficit certa, quae secundum ipsum cuncta
conspicimus.

[3] De lib. arb. II, 12: Quapropter nullo modo negaveris, esse incommutabilem veritatem, haec omnia, quae incommutabiliter vera sunt, continentem,
quam non possis dicere tuam vel meam vel cujusquam hominis, sed omnibus
incommutabilia vera cernentibus, tamquam miris modis secretum et publicum
lumen praesto esse ac se praebere communiter.

das Intelligible erkennen läßt [1]. Wie die Sonne das Licht ist, in wel=
chem das leibliche Auge die sinnenfälligen Dinge schaut, so ist Gott, die
ewige, unwandelbare Wahrheit, das gemeinsame Licht, in dem alle in=
telligibeln Geister erkennen. Wir erkennen in ihm, ähnlich wie wir alles
Irdische im Lichte der Sonne sehen. Der Intellect ist gleichsam das
Auge des Geistes [2]. Die intelligibeln Dinge sind wie das, was wir im
Lichte der Sonne sehen, Gott aber ist die erleuchtende Sonne. Und wie
die Sonne nicht bloß glänzt und sichtbarer ist als alles andere, das in
die Sinne fällt, sondern auch das Licht spendet, wodurch unsere Augen
erleuchtet und die Körper sichtbar werden, also ist Gott in sich selbst
intelligibel und er ist es auch, welcher der Vernunft, dem Auge der
Seele, das Licht spendet, in dem sie erkennt [3]. Gleichwie daher diejenigen,
welche im Lichte der Sonne sehen, sich dieses oder jenes erwählen, um
sich an seinem Anblick zu ergötzen, einige aber, die kräftige Augen haben,
nichts lieber als die Sonne selbst anschauen, welche alles beleuchtet, so
auch richtet sich das geistige Auge, wenn es stark und lebenskräftig ist,
nachdem es vieles Wahre und Unwandelbare mit Gewißheit erkannt hat,
empor zu der Wahrheit selbst, durch die ihm alles gezeigt wird, und in

---

[1] De magistro c. 12: Cum vero de iis agitur, quae mente conspicimus,
id est intellectu atque ratione, ea quidem loquimur, quae praesentia contuemur
in illa interiore luce veritatis, qua ipse, qui dicitur homo interior, illustratur
et fruitur: sed tunc quoque noster auditor, si et ipse illo secreto ac simplici
oculo videt, novit quod dico sua contemplatione, non verbis meis. De lib.
arb. II, 14: Veritas foris admonet, intus docet. De div. quest. 83 qu. 9:
Quam ob rem saluberrime admonemur averti ab hoc mundo, qui profecto
corporeus est et sensibilis, et ad Deum, id est veritatem, quae intellectu et
interiore mente capitur, quae semper manet et ejusdemmodi est, quae non
habet imaginem falsi, a quo discerni non possit, tota alacritate converti.
Epist. 120 ad Honor. c. 3: Sine ulla dubitatione credamus, animam rationalem
non esse naturam Dei, — sed tamen eam posse participando illuminari.
[2] De Genes. ad lit. XII, 7: Dicitur spiritus et ipsa mens rationalis, ubi
est quidam tamquam oculus animae, ad quem pertinet imago et agnitio Dei.
[3] Solil. I, 8: Nunc accipe, quantum praesens tempus exposcit, ex illa
similitudine sensibilium etiam de Deo aliquid nunc me docentem. Intelligibilis nempe Deus est, intelligibilia etiam illa disciplinarum spectamina, tamen
plurimum differunt. — Nam et terra visibilis est et lux, sed terra nisi luce
illustrata videri non potest. Ergo et illa, quae in disciplinis traduntur, quae
quisque intelligit, verissima esse nulla dubitatione concedit, credendum est ea
non posse intelligi nisi ab alio quasi suo sole illustrentur. Ergo quomodo in
hoc sole tria quaedam licet animadvertere, quod est, quod fulget, quod illuminat, ita in illo secretissimo Deo, quem vis intelligere, tria quaedam sunt:
quod est, quod intelligitur et quod cetera facit intelligere. Conf. ibid. c. 13.

ihr haftend, vergißt es das Uebrige und genießt in ihr zugleich alles[1]. Demgemäß ist die platonische Lehre von den angebornen Ideen dahin zu berichtigen, daß es das Licht der ewigen Vernunft ist, in welchem diejenigen, denen man Intelligibles so zum Bewußtsein bringt, als hätten sie es schon zuvor gewußt, die unwandelbaren Wahrheiten schauen. Indem man ihnen das Intelligible durch Unterricht, durch geschickt gestellte Fragen zum Bewußtsein bringt, kommt man ihrer Schwachheit zu Hülfe, da es der am sinnlichen Vorstellungsleben haftenden Seele überhaupt schwer ankommt, sich von den sinnlichen Vorstellungen loszureißen, um mit dem Auge des Geistes im Inneren das Intelligible zu schauen, und es nur wenige gibt, die ein so starkes, lebenskräftiges Geistesauge besitzen, daß sie aus sich selbst sich angetrieben fühlen, sich zum Schauen des Intelligibeln zu erheben und in diesem Schauen längere Zeit zu verweilen[2].

Hiernach scheint es, als habe sich Augustinus die Verbindung des menschlichen Geistes mit dem Intelligibeln im Sinne der Neuplatoniker durch ein geistiges Anschauen der Idealwelt vermittelt gedacht und angenommen, daß der menschliche Intellect Gott und in ihm alles Intelligible unmittelbar anschauend erfasse. Es ist auch ohne Zweifel zuzugeben, daß seine dem Plato und dem Neuplatonismus entnommene Ausdrucksweise, besonders in seinen frühesten Schriften, manches enthält, woraus ein Wilhelm von Paris und Malebranche die ontologistische Lehre ableiten konnten, daß wir alles Intelligible unmittelbar in Gott schauen. Dieß erklärt sich aber wohl, wie van Endert sagt, aus seinem intellectuellen Entwickelungsgang. Der Manichäismus hatte ihn lange genug in dem Wahne festgehalten, das göttliche Wesen lasse sich in einer adäquaten sinnlichen Vorstellung erfassen, demzufolge er sich Gott als ein allverbreitetes materielles Licht dachte. Mittelst der platonischen Philosophie erhob er sich nun allerdings zu der Erkenntniß, daß das göttliche Wesen, das über alles Sinnliche unendlich erhaben ist, nicht durch sinn-

---

[1] De lib. arb. II, 13.

[2] De trinit. XII, 14: Ad quas (intelligibiles incorporalesque rationes) mentis acie pervenire paucorum est, et cum pervenitur, quantum fieri potest, non in eis manet ipse perventor, sed veluti acie ipsa reverberata repellitur et fit rei non transitoriae transitoria cogitatio. Quae tamen cogitatio transiens per disciplinas, quibus eruditur animus, memoriae commendatur, ut sit, quo redire possit, quae cogitur inde transire, quamvis si ad memoriam cogitatio non rediret atque, quod commendaverat, ibi inveniret, velut rudis ad hoc, sicut ducta fuerat, duceretur idque inveniret, ubi primum invenerat, in illa scilicet incorporea veritate, unde rursus quasi descriptum in memoria figeretur.

liches Vorstellen erreicht werden könne. Indeß konnte in ihm die Tendenz
haften bleiben, das göttliche Wesen unter einer adäquaten, aber übersinn=
lichen Vorstellung zu erfassen und diesem Streben kam die neuplatonische
Philosophie entgegen, insofern diese lehrte, daß der menschliche Geist,
wenn er sich vom Sinnlichen zurückziehe, sich in sich selbst vertiefe und
über das Sinnliche hinaus sich zum Intelligibeln emporschwinge, im
Stande sei, ein unendliches geistiges Licht, den Urquell alles Intelligibeln,
die Urwahrheit unmittelbar zu erfassen. Demgemäß ist für Augustinus
Gott zwar kein sinnliches Licht, wohl aber das unendliche, alles durch=
bringende und beherrschende intelligible Licht der Wahrheit, in welchem
wir das Intelligible in ähnlicher Weise erfassen, wie sich im Lichte der
Sonne unserem Auge die sichtbare Welt erschließt. Die dießbezüglichen
Stellen aus seinen früheren Schriften führen zu der Annahme, daß ihm
der unmittelbare Contact mit dem Urgrund alles Intelligibeln als ein
Ziel vorschwebte, das dem speculativen Streben hienieden schon in gewisser
Weise erreichbar sei. Er scheint die Ansicht aussprechen zu wollen, daß
unser Geist mit der intelligibeln göttlichen Wesenheit in geheimnißvoller
Verbindung stehe. Weil der menschliche Geist die intelligibeln, unver=
änderlichen Wahrheiten zu erkennen vermag, scheint ihm darin der zu=
reichende Grund zu liegen zur Annahme, daß derselbe mit der intelligibeln
Wahrheit an sich, durch welche alles wahr ist, in geheimnißvollem Zu=
sammenhang stehe und daß auf Grund dieses Zusammenhanges unser
geistiges Auge sich auch zur Erfassung der Wahrheit an sich erheben
könne und vermöge der unserem Geiste angebornen Tendenz auch zu ihr
sich zu erheben strebe, wenn er nicht von den Fesseln der Sinnlichkeit
zurückgehalten werde. Glaubte er ja doch, in Momenten hoher geistiger
Erhebung habe dieses Licht, allerdings nur wie das Leuchten eines Blitzes
(in ictu trepidantis aspectus), seinen geistigen Blick gestreift [1], und sagt
er ausdrücklich, daß auch die himmlische Creatur durch dasselbe glückselig
werde, durch was wir Menschen es werden, nämlich durch ein gewisses
intelligibles Licht, welches Gott sei und welches sie so erleuchte, daß sie
dadurch verklärt werde, gleich wie nach Plotin auch die Weltseele von
diesem Licht in intelligibler Weise erleuchtet werde, um selber auch auf
intelligible Weise Licht zu sein [2].

Man streitet sich über die richtige Auslegung dieser und ähnlicher
Stellen. Allein das ist zunächst sicher, daß wir bei Augustinus nicht

---

[1] Conf. VII, 17.   [2] De civit. Dei X, 2.

die ontologistische Lehre finden, wonach wir Gott selbst und in ihm die
Dinge unmittelbar schauen. Würden wir Gott unmittelbar schauen, so
wäre seine Erkenntniß nicht etwas, das, wie Augustinus sagt, auf
dialectisch-speculativem Wege anzustreben wäre, und das intelligible Licht
der göttlichen Wesenheit würde nicht bloß in einzelnen Momenten geistiger
Erhebung das Auge des menschlichen Geistes streifen. Der Ausdruck
„intelligibles Licht" beruht überhaupt bloß auf einer Vergleichung mit
dem Sonnenlicht, ist daher nur ein analoger Begriff und gibt uns
als solcher noch keine bestimmte und klare begriffliche Auffassung der
Sache, weßhalb eben, die Augustinische Lehre von diesem Gesichts=
punkt aus betrachtet, verschiedene Auffassungen derselben möglich waren.
Aber daß jener Ausdruck ein bloß analoger sei, gibt uns Augustinus
selbst dadurch zu verstehen, daß er demselben öfters limitirende Bestim=
mungen beifügt, wie z. B. wenn er sagt, daß unser Geist von einem
„gewissen" (quadam) unkörperlichen Lichte „gewissermaßen" (quodammodo) umleuchtet werde [1], daß das Intelligible auf eine ihm entsprechende
Weise erkannt und geschaut werde [2], daß wir „auf irgend welche, was
immer für eine Weise", die jedenfalls von der sinnlichen Anschauung
verschieden sei, das Intelligible erkennen [3]. Wiederholt gebraucht Augu=
stinus das Wort des Apostels, daß wir hienieden nur wie im Spiegel
räthselhaft (per speculum in aenigmate) erkennen und erst jenseits
von Angesicht zu Angesicht, und in seinen späteren Schriften spricht er
sich ganz bestimmt dahin aus, daß wir weder mit dem leiblichen noch
mit dem geistigen Auge Gott zu sehen vermögen [4], daß der vom Körper
gefesselte Geist nur durch eine von Gott bewirkte Loslösung von dem
Körperlichen und durch eine besondere Offenbarung Gottes im Innern
zu jener Anschauung geführt werden könne [5]. Insbesondere tadelt er die
Vermessenheit der Platoniker, welche da meinten, durch eigene Kraft zur
Anschauung Gottes zu gelangen, weil es nämlich einigen von ihnen ge=
lungen war, den Blick des Geistes über alles Geschaffene zu erheben und

---

[1] De civit. Dei XI, 27; de trinit. XII, 15.

[2] Epist. 222 ad Consent.: Invisibilia intellectu conspiciuntur ac per hoc
et ipsa modo quodam sibi congruo videntur.

[3] De Gen. ad lit. XII. 36: Sapientes autem ita sunt in his corporalibus visis, ut quamvis ea praesentiora videantur, certiores tamen sint in illis,
quae praeter speciem praeterque corporis similitudinem intelligendo utcumque
perspiciunt, quamvis ea non valeant ita mente conspicere, ut haec sensu corporis intuentur.

[4] Epist. 6 ad Italic.   [5] De Genes. ad lit. XII, 26—27.

das Licht der unwandelbaren Wahrheit einigermaßen zu erreichen [1]. Könnten sie wirklich jene erhabene und unveränderliche Wesenheit, die sie durch die geschaffenen Dinge erkannten, in ihr selbst erschauen, dann würden sie aus ihr nicht nur die ganze Natur und die in ihr waltenden Gesetze erkennen, sondern auch die Schicksale des Menschengeschlechtes, die vergangenen, gegenwärtigen und zukünftigen erblicken. Nun aber müssen sie sogar die Kenntniß von den verschiedenen Arten der Geschöpfe, ihrem Ursprung, Wachsthum und Untergang durch eigene und fremde Erfahrung allmählich und mühsam suchen [2]. Obgleich die intelligible göttliche Wesenheit an sich unaussprechlich ist und Begriffe, die dem Ge= schaffenen entnommen sind, nur in uneigentlicher Weise auf sie übertragen werden können, so ist sie, die uns geschaffen hat, unserem intelligibeln Geiste doch näher, als vieles, was geschaffen ist; denn in ihr leben wir, bewegen wir uns und sind wir. Das Geschaffene dagegen steht unserem Geiste meistens fern, weil es anderer, körperlicher Natur ist, und dieser Geist ist nicht im Stande, diese Dinge in Gott aus den ewigen Schöpfungsgedanken Gottes zu erkennen. Daher kommt es, daß es mehr Mühe kostet, dieselben aufzufinden, als Gott zu suchen und zu finden, obgleich es einen unvergleichlich höheren Werth hat, die göttliche Wesen= heit auch nur einigermaßen mit frommem Geiste zu erkennen, als das Universum der Dinge wissend zu umfassen [3].

---

[1] De trinit. IV, 15: Sunt autem quidam qui se putant ad contemplan-dum Deum et inhaerendum Deo virtute propria posse purgari, quos ipsa superbia maxime maculat. — Hinc enim purgationem sibi isti virtute propria pollicentur, quia nonnulli eorum potuerunt aciem mentis ultra omnem crea-turam transmittere et lucem incommutabilis veritatis quantalacunque ex parte contingere, quod Christianos multos ex fide interim sola viventes nondum potuisse derident.

[2] Ibid. c. 16: Quasi vero quia praecelsam incommutabilemque substan-tiam per illa, quae facta sunt, intelligere potuerunt, propterea de conversione rerum mutabilium aut de contexto saeculorum ordine consulendi sunt. Num-quid enim quia verissime disputant, aeternis rationibus omnia temporalia fieri, propterea potuerunt in ipsis rationibus perspicere vel ex ipsis colligere, quae sint animalium genera, quae semina singulorum in exordiis, qui modus in in-crementis, qui numeri per conceptus, per ortus, per aetates, per occasus, qui motus in appetendis, quae secundum naturam sunt, fugiendisque contrariis? Nonne ista omnia, non per illam incommutabilem sapientiam, sed per locorum ac temporum historiam quaesierunt et ab aliis experta atque conscripta cre-diderunt? — Nec isti philosophi ceteris meliores in illis summis aeternisque rationibus intellectu talia contemplati sunt. Alioquin non ejusdem generis prae-terita, quae potuerunt, historice inquirerent, sed potius et futura praenoscerent.

[3] De Genes. ad lit. V, 16: Quamvis illa substantia ineffabilis sit nec

Augustinus lehrt nicht eine unmittelbare Anschauung Gottes und aller Dinge in ihm, sondern nur eine Erkenntniß Gottes aus den Dingen und eine unmittelbare Erkenntniß Gottes durch den menschlichen Geist [1], anknüpfend an die Lehre der Platoniker, welche Gott auffaßten als die Ursache alles Seins, als das Licht aller Erkenntniß und als das Ziel alles Thuns [2]. Damit ist zunächst gesagt, daß man im Streben nach Weisheit mit den Platonikern auf Gott als das Urprincip aller Dinge zurückgehen und daß aus ihm, als dem letzten Princip alles Uebrige erkannt und begriffen werden müsse [3]. Sodann aber ist Augustinus von der Ueberzeugung durchdrungen, daß Gott im Menschengeist in anderer Weise erkennbar sei, als in der sichtbaren Natur, indem er hier und dort in wesentlich verschiedener Weise sich offenbare. Während Gott in der sichtbaren Welt sich nur mittelbar offenbart, wie der Geist eines Künstlers in seinem Kunstwerk, kann er im menschlichen Geiste auf unmittelbare Weise erkannt werden. Die äußeren Dinge in ihrem Dasein, in ihrer geordneten Mannigfaltigkeit und Schönheit sind gleichsam nur die Winke der künstlerischen göttlichen Weisheit, durch welche sie uns von außen in uns zurückruft; sie wollen den Geist nur anregen zur Rückkehr in sich selbst, damit er in sich die über ihn erhabene intelligible göttliche Wesenheit erfasse und in seinem Inneren Gott, das Urprincip der Dinge erkenne. Die Gestalt der Welt ist allen Geschöpfen sichtbar; aber sie spricht nicht zu allen in gleicher Weise. Die Thiere sehen sie, aber sie können sie nicht fragen; wohl aber kann dieß der Mensch und so das Unsichtbare in Gott durch den Intellect erkennen.

---

dici utcumque homini per hominem possit, nisi usurpatis quibusdam locorum ac temporum verbis, — tamen propinquior nobis est qui fecit, quam multa quae facta sunt. In illo enim vivimus, movemur et sumus. Istorum autem pleraque remota sunt a mente nostra propter dissimilitudinem sui generis, quoniam corporalia sunt; nec idonea est ipsa mens nostra, in ipsis rationibus, quibus facta sunt, ea videre apud Deum, ut per hoc sciamus, quot et quanta qualiaque sint, etiamsi non ea videamus per corporis sensus. — Ex quo fit, ut major ad illa invenienda sit labor, quam ad illum, a quo facta sunt, cum sit incomparabili felicitate praestantius illum ex quantalacunque particula pia mente sentire, quam illa universa comprehendere.

[1] Solil. I, 7: Deum videre, hoc est Deum intelligere.

[2] De civit. Dei VIII, 9: Quicunque igitur philosophi de Deo summo et vero ista senserunt, quod et rerum creatarum sit effector et lumen cognoscendarum et bonum agendarum, quod ab illo nobis sit et principium naturae et veritas doctrinae et felicitas vitae, — eos ceteris anteponimus eosque nobis propinquiores fatemur.

[3] L. c. c. 10.

Die Schöpfung redet zu allen, aber nur jene verstehen sie, welche das
von außen tönende Wort mit der Wahrheit im Inneren vergleichen
(veritas foris admonet, intus docet). Denn die Wahrheit sagt mir:
nicht der Himmel ist dein Gott, nicht die Erde oder irgend ein Körper.
Schon deine Seele ist besser und belebt die Masse deines Leibes; dein
Gott aber ist wiederum das Leben deines Lebens [1]. Gott, die über alle
Geister erhabene und doch sie innerlich beherrschende und belebende Macht,
könnte den erkennenden Geist des Menschen zu der Wahrheit in den
Dingen hinordnen, weil in ihm die Geister sowohl als die äußeren Dinge
ihren Ursprung haben. Diese Hinordnung des erkennenden Geistes zum
Intelligibeln in den Dingen ist die vorzüglichste Ordnung, diejenige, zu
welcher alle übrigen Ordnungen in der Natur hingerichtet sind; denn die
niedere Ordnung ist hingerichtet zum Dienste der höheren und alle dienen
zuhöchst der geistigen Ordnung. Auf Grund dieser höchsten Ordnung
ist der Geist befähigt, aus den Dingen der sichtbaren Natur das höchste
Intelligible, die göttliche Wesenheit, als das Princip und Endziel des
geordneten Weltganzen zu erkennen. Und soweit andrerseits die vernunft=
lose Natur den Geist zur Erkenntniß Gottes anregt, wird sie im Dienste
des Geistes gehoben und geadelt; obgleich bewußtlos und stumm, wird
sie ein beredtes Lob Gottes, indem sie in dem betrachtenden Geiste des
Menschen den Preis Gottes erzeugt. Der vernünftige Geist verleiht ihrer
stummen Zeichensprache das lebendige Wort und so vereint sich Geist
und Natur zur ewigen Preishymne auf Gott, ihren Schöpfer [2].

In der vernunftlosen Natur offenbart sich Gott mittelbar, insofern
das Sinnenfällige das Intelligible wenigstens nachahmt und somit auch
im Sinnenfälligen der menschliche Intellect das Intelligible zu erschauen
vermag. Im Intelligibeln aber offenbart sich die intelligible Wesenheit
Gottes, also in der Schönheit der Dinge die Schönheit Gottes, in dem
Gutsinn der Dinge die Güte Gottes, in der Ordnung des Weltalls
Gottes Weisheit u. s. w. Unmittelbar und in vollkommener Weise gibt
sich freilich das Intelligible im menschlichen Geiste kund, in den Ideen,
deren sich der intelligible Geist unmittelbar bewußt ist; in ihnen gibt sich

.

---

[1] Conf. X, 6.

[2] Enarr. in Ps. 144: Ista contextio creaturae, ista ordinatissima pulchritudo, ab imis ad summa conscendens, a summis ad ima descendens, nusquam
interrupta, sed dissimilibus temperata tota laudat Deum. Quare ergo tota
laudat Deum? Quia quum eam consideras et pulchram vides, tu in illa
laudas Deum.

uns Gott unmittelbar zu erkennen, in der Idee des Schönen als die Urschönheit, in der Idee des Guten als das Urgute u. s. w. Aber das Intelligible in den Naturdingen, z. B. die Schönheit derselben regt uns zur Rückkehr in unser Inneres an, damit wir in unserem Inneren die Idee des Schönen, in welcher sich die intelligible Wesenheit Gottes offenbart, erfassen und so Gottes Wesen erkennen. In diesem Sinne sagt Augustinus im Anschluß an die platonische Ideenlehre, daß wir in Gott, der ewigen Wahrheit, aus der alles Zeitliche geschaffen ist, die Ideen oder Formen der Dinge schauen [1]. Er faßt das Intelligible, die Ideen, nicht, wie Plato, als selbständig subsistirende Formen, sondern als die intelligibeln Gründe (rationes aeternae) der Dinge in Gott, als die ewigen Schöpfergedanken Gottes. Als ewige Schöpfergedanken aber sind diese intelligibeln Gründe der Dinge in Gott das Wesen Gottes selbst, da Gott schlechthin einfach und darum sein Wesen von den ewigen Gedanken seiner Weisheit nicht verschieden ist [2]; sie sind das Wesen Gottes, insofern es sich als in der Schöpfung nachahmbar und mittheilbar erkennt. Ja sie müssen wegen der schlechthinigen Einfachheit des göttlichen Wesens in Gott ebenfalls als Einheit gedacht werden, als die intelligible Welt (mundus intelligibilis), als der ewige Grund des Alls der Dinge in Gott, d. h. sie sind das Wesen Gottes als Urbild, von dem das Geschaffene ein Abbild ist [3]. Erkennen wir also im Geschaffenen das Intelligible, so erkennen wir in ihm den intelligibeln Urgrund der Dinge und in diesem die intelligible Wesenheit Gottes selbst, insoweit diese im Geschaffenen sich offenbart, und so schauen wir nach den Worten des Apostels das Unsichtbare in Gott aus dem, was geschaffen wurde [4]. Indem wir aber auf diese Weise das Unsichtbare in

---

[1] De trinit. IX, 7: In illa igitur aeterna veritate, ex quo temporalia facta sunt omnia, formam, secundum quam sumus et secundum quam vel in nobis vel in corporibus vera et recta ratione aliquid operamur, visu mentis aspicimus atque inde conceptam rerum veracem notitiam tamquam verbum apud nos habemus.

[2] De civit. Dei XI, 10.

[3] Epist. 151 ad Nebrid : Certe sensibilis mundus nescio cujus intelligibilis imago esse dicitur. Retract. I, 3: Mundum quippe ille (Plato) intelligibilem nuncupavit ipsam rationem sempiternam atque incommutabilem, qua fecit Deus mundum.

[4] De civit. Dei VIII, 10. Augustinus bezeichnet es retract. I, 11 als die Tendenz des lib. VI. de Musica zu zeigen: quomodo a corporalibus et spiritualibus, sed mutabilibus numeris perveniatur ad immutabiles numeros, qui jam sunt in ipsa immutabili veritate et sic invisibilia Dei per ea, quae facta

Gott aus dem schauen, was geschaffen wurde, erkennen wir Gott, wie
wiederum der Apostel sagt, nur wie durch einen Spiegel räthselhaft, weil
die geschaffenen Dinge bloß mehr oder minder vollkommene Abbilder und
Ebenbilder Gottes, ihm in intelligibler Beziehung ähnlich sind[1]. Sofern
sodann Gott der Urgrund und das Urbild alles Intelligibeln in den
geschaffenen Dingen ist, erscheint seine intelligible Wesenheit gleichsam als
die Sonne, die alles Intelligible sichtbar macht, als das Licht, in dem
wir das Intelligible schauen, und so die Dinge auf intellectuelle Weise
erkennen[2]. Dieß ist das Licht, von dem Augustinus sagt, daß wir in
ihm das Intelligible schauen, wie wir im Lichte der Sonne das Sinnenfällige sehen.

Ist aber Gott das Urbild und der Urgrund der Welt, so sind die
geschaffenen Dinge durchaus nicht in gleicher Weise seine Abbilder. Als
höchste intelligible Wesenheit ist er vielmehr im Geschaffenen je nur insoweit abgebildet, als in diesem das Intelligible, die Ideen verwirklicht
sind, wie z. B. die Idee der Einheit oder der Schönheit in den Natur-

---

sunt, intellecta conspiciantur. De Genes. ad lit. IV, 32: Mens itaque humana
cognitione prius haec, quae facta sunt, per sensus corporis experitur eorumque
notitiam pro infirmitatis humanae modulo capit et deinde quaerit eorum causas, si quomodo possit ad eas pervenire principaliter atque incommutabiliter
manentes in verbo Dei ac sic invisibilia ejus per ea, quae facta sunt, intellecta
conspicere.

[1] De trinit. I, 8: Videmus nunc per speculum in aenigmate hoc est in
similitudinibus. Ibid. XV. 8: Incorporalem substantiam scio esse sapientiam,
et lumen esse, in quo videntur, quae oculis carnalibus non videntur; et tamen
vir tantus tamque spiritalis, Videmus nunc, inquit, per speculum in aenigmate, tunc autem facie ad faciem. Quale sit et quod sit hoc speculum, si
quaeramus, profecto illud occurrit, quod in speculo nisi imago non cernitur.
— Speculantes dixit, per speculum videntes. — Ibi quippe speculum, ubi
apparent imagines rerum. Ibid. c. 9: Proinde quantum mihi videtur, sicut
nomine speculi imaginem voluit intelligi, ita nomine aenigmatis quamvis
similitudinem, tamen obscuram et ad perspiciendum difficilem. — Nemo itaque
miretur etiam in isto modo videndi, qui concessus est huic vitae, per speculum
scilicet in aenigmate, laborare nos, ut quomodocunque videamus. Nomen
quippe hoc non sonaret aenigmatis, si esset facilitas visionis. Et hoc est
grandius aenigma, ut non videamus, quae non videre non possumus. Quis
enim non videt cogitationem suam? — et quis eam videt? quandoquidem
cogitatio visio est animi quaedam, sive adsint, quae oculis quoque corporalibus
videantur, — sive nihil eorum, sed ea cogitantur, — quae per disciplinas traduntur liberalesque doctrinas, sive istorum omnium causae superiores atque
rationes in natura immutabili cogitentur.

[2] Soliloq. I, 1: Deus intelligibilis lux, in quo et a quo et per quem
intelligibiliter lucent, quae intelligibiliter lucent omnia.

dingen. Der menschliche Geist dagegen ist selber eine intelligible Wesen=
heit und insofern recht eigentlich nach Gottes Ebenbild geschaffen.
Und eben darin, daß er nach Gottes Ebenbild geschaffen ist, liegt die
Möglichkeit, daß er Gott und das Intelligible überhaupt in sich selbst
erkennt; in ihm gibt sich die intelligible Wesenheit Gottes unmittelbar
kund; mit seinem Intellect schaut er in sich das Intelligible, wie mit
den leiblichen Sinnen das Körperliche[1]. Er kann die Fußtapfen Gottes
aufsuchen, welche in den einen Dingen mehr, in den anderen weniger
eingedrückt sind, je mehr oder je weniger in denselben Intelligibles ver=
wirklicht ist; aber in sich selber, in der intelligibeln Wesenheit seines
Geistes kann er das eigentliche Bild Gottes schauen[2].

Allein da müssen wir fragen, wie erkennt sich der menschliche Geist
in seiner intelligibeln Wesenheit als Ebenbild Gottes und wie erschaut
er in sich, in diesem Ebenbild, das göttliche Urbild?

Augustinus lehrt ein unmittelbares Gottesbewußtsein des Menschen.
Um uns hiervon zu überzeugen, wollen wir den Weg verfolgen, auf dem
er in seinen Bekenntnissen von der Außenwelt in die Innenwelt zurück=
kehrend immer tiefer und tiefer in das Innerste des Menschengeistes ein=
dringt, um zu dem Punkte zu gelangen, wo das Innerste des Menschen=
geistes von dem Lichte des über ihn erhabenen, intelligibeln Wesens
Gottes umleuchtet wird. „Was ist mein Gott? Ich fragte die Erde
und sie sprach: ich bin es nicht; und Alles, was auf ihr ist, bekannte
dasselbe. Ich fragte das Meer und die Abgründe und ihre Bewohner
und sie antworteten mir: wir sind nicht dein Gott; suche über uns.
Ich fragte die wehenden Lüfte, und der ganze Luftraum mit all seinen
Bewohnern antwortete: Anaximenes irrt; ich bin nicht Gott. Und ich
sprach zu all den Dingen, die meine leiblichen Sinne umgeben: ihr sagt

---

[1] De trinit. XII, 14: Manent (immutabilia et aeterna) autem non tamquam in spatiis locorum fixa velut corpora, sed in natura incorporali sic intelligibilia praesto sunt mentis aspectibus, sicut ista in locis visibilia vel con-
trectabilia corporis sensibus. De vera relig. c. 44: Horum alia sic sunt per
ipsam, ut ad ipsam etiam sint, ut omnis rationalis et intellectualis creatura,
in qua homo rectissime dicitur factus ad imaginem et similitudinem Dei; non
enim aliter incommutabilem veritatem posset mente conspicere. Ibid. XIV, 12:
Haec igitur trinitas mentis non propterea Dei est imago, quia sui meminit
mens et intelligit ac diligit se, sed potest etiam meminisse et intelligere et
amare, a quo facta est. Tract. 23 in evang. Joann. c. 5: In ipsa mente factus
est homo ad imaginem Dei. In similitudine sua Deum quaeramus, in imagine
creatorem agnoscamus.

[2] De civit. Dei XI, 28.

mir von meinem Gott, daß ihr es nicht seid, so saget mir etwas von
ihm. Und sie riefen mit lauter Stimme: er hat uns geschaffen. Und
ich wandte mich zu mir selbst und sprach zu mir: du, wer bist du?
und ich antwortete: ein Mensch; und siehe, aus Leib und Seele bestehe
ich: das eine ist äußerlich, das andere innerlich. In welchem von beiden
soll ich meinen Gott suchen? Besser ist, was innerlich ist. Die Seele
ist es ja, der alle leiblichen Sinne Botschaft bringen; sie führt den
Vorsitz und urtheilt über die einzelnen Antworten des Himmels und
der Erde und aller Dinge, welche dieselben in sich befassen und welche
insgesammt sagen: wir sind nicht Gott, sondern er hat uns geschaffen.
Das also, was sie sagen, erkennt der innere Mensch durch den äußeren;
ich, der Geist, erkenne dieß mittelst der Sinne meines Leibes.“ [1] „Was
liebe ich nun, wenn ich meinen Gott liebe? Durch meine Seele selbst
will ich zu ihm aufsteigen. Ich werde vorbeigehen an jener meiner
Kraft, durch welche ich mit dem Leibe verbunden bin und welche ihn mit
Lebenskraft durchdringt. Nicht durch diese Kraft finde ich meinen Gott;
denn sonst würde ihn auch das vernunftlose Thier finden, da auch das
Thier diese, den Leib belebende Kraft besitzt. Durch eine andere Kraft
gebe ich dem Leibe mehr als das Leben, nämlich Wahrnehmung und
Empfindung. Allein diese sind gleichfalls dem Thiere eigen, da auch
dieses durch den Leib empfindet. Auch über diese Kraft meiner Natur
muß ich also hinausschreiten, indem ich stufenweise zu dem aufsteige, der
mich mit jener Kraft erschuf und trete nun ein in die weiten Tiefen
meines Bewußtseins (memoria), wo unzählige Vorstellungsbilder
mir begegnen, die durch die Sinne von den wahrgenommenen Dingen in
uns eingeführt sind.“ [2] Woher sind nun aber „die intelligibeln Vorstellungen in uns? Sie haben nicht, wie die körperlichen Vorstellungen,
welche uns durch die Sinne übermittelt werden, sinnliche Qualitäten;
sie sind darum auch nicht aus der Außenwelt durch die Sinnesorgane in
uns eingeführt. Aber woher sind sie?“ [3] „Groß ist die Kraft meines
Bewußtseins. Aber auch über diese meine Kraft muß ich hinausgehen,
um zu dir zu gelangen, du wonnevolles Licht, um dich zu erfassen, von
wo man dich erfassen kann. Aber wenn ich über mein Bewußtsein hin-
ausschreite, wie soll ich dann dich finden, wahrhafte und sichere Wonne.
Wenn ich außer meinem Bewußtsein dich fände, so wäre
ich ja ohne Bewußtsein von dir. Und wie sollte ich über-

----

[1] Conf. X, 6.   [2] Ibid. X, 8.   [3] Ibid. X, 10.

haupt dich finden können, wenn ich kein Bewußtsein von
dir hätte? Muß man ja doch, wenn man etwas sucht, das Bewußt=
sein von dem, was man sucht, und ein Bild von ihm in sich tragen.
Nur dann vermag man ja das Gefundene als das Gesuchte anzuerken=
nen.“ [1] Unstreitig redet hier Augustinus von einem unmittelbaren Gottes=
bewußtsein als der Bedingung aller reflexiven Gotteserkenntniß; denn er
redet ja von einem Bilde Gottes, das der Menschengeist in sich tragen
müsse, also von einer unmittelbaren Erkenntniß Gottes oder von einem
unmittelbaren Gottesbewußtsein. Er findet aber die unmittelbare Gottes=
idee nirgends anders als im Bewußtsein des Intelligibeln, in welchem
sich die höchste intelligible Wesenheit, die göttliche, als die ewige, un=
wandelbare Wahrheit, unmittelbar kundgibt, gleichsam als stände die
intelligible Wesenheit des Geistes in unmittelbarer Berührung mit Gott
und würde vom göttlichen Lichte erleuchtet. „Aber wo wohnest du
denn in meinem Bewußtsein? Ich drang ein bis zur Wohnstätte, die
mein Geist selbst im Bewußtsein hat. Aber auch hier warst du nicht.
Denn du bist nicht der Geist selbst, sondern der Herr und Gott meines
Geistes.“ [2] „Wo anders fand ich dich, als nur in dir und über mir?
Und nirgends ist hierbei vom Raum die Rede. Du waltest als
Wahrheit über Allem.“ [3] „Wo ich die Wahrheit fand, da fand ich dich,
meinen Gott, die Wahrheit selber.“ [4] „Dein Licht ging mir auf und
immer strahlender leuchtetest du und verscheuchtest meine Blindheit.“ [5]

Daß der Mensch ein Bild von Gott in sich trage, begründet dann
Augustinus weiterhin durch die Thatsache, daß dem menschlichen Geiste
ein religiöses Streben innewohnt. Immer kehrt in seinen Schriften die
Idee der Glückseligkeit wieder oder der Gedanke, daß Gott, die Wahr=
heit, zugleich das höchste Gut ist, in dem wir die wahre Glückseligkeit
finden. Nun streben alle Menschen nach Glückseligkeit; das setzt voraus,
daß sie eine Idee derselben in sich tragen; also muß der vernünftige
Geist auch irgendwie einer unmittelbaren Erkenntniß des höchsten Gutes,
einer unmittelbaren Idee Gottes fähig sein. Augustinus kennt also, wie
wir sagen würden, einen religiösen Trieb des menschlichen Geistes, der
in Gott, als dem höchsten Gute, seine Glückseligkeit sucht, und ein diesem
Trieb entsprechendes religiöses Gefühl, das sich in dem eigenen, tief reli=
giösen Gemüthe des Augustinus selber zuweilen zu hohem religiösem

---

[1] Ibid. X, 17—18.   [2] Ibid. X, 25.   [3] Ibid. X, 26.
[4] Ibid. X, 24.   [5] Ibid. X, 27.

Wonneschauer steigerte. „Wie suche ich dich also, o Herr? Wenn ich dich, meinen Gott, suche, so suche ich seliges Leben. Wie suche ich nun das selige Leben? Oder ist es nicht gerade das selige Leben, wonach alle Menschen verlangen? Wo haben sie es nun kennen gelernt, daß sie danach begehren? Sicherlich haben wir es in uns, ich weiß nicht, durch welche Vorstellung; denn wir könnten es nicht lieben, wenn wir es nicht kennen würden."[1] Dieses glückselige Leben aber finden wir nur in Gott, der ewigen Wahrheit. „Seliges Leben ist Freude an der Wahrheit, und Freude an der Wahrheit ist Freude an dir, der du die Wahrheit bist! Dieses glückselige Leben wollen Alle, Alle wollen die Freude an der Wahrheit. Wo sahen sie also dieses glückselige Leben als da, wo sie auch die Wahrheit sahen? Und da sie das glückselige Leben lieben, was nichts Anderes ist, als die Freude an der Wahrheit, so lieben sie auch die Wahrheit; sie würden sie aber nicht lieben, wenn sie nicht eine Vorstellung von ihr in ihrem Bewußtsein hätten."[2] Hienieden, wo wir noch im Glauben, noch nicht im Schauen wandeln, können wir nur erst mit unserem Gemüthe Gott lieben und in dieser Liebe unsere Glückseligkeit finden; aber wie könnten wir ihn lieben, ohne ihn zu kennen."[3] Durch die Hingabe unseres Herzens an Gott (inhaerendo) und die Liebe zu Gott erkennen wir ihn als unser höchstes, liebenswür= digstes Gut, als den Urquell aller Seligkeit; denn in dieser Hingabe und Liebe wird das Herz beseligt. Allen Menschen ist von Natur aus das religiöse Streben, das Streben nach dem unendlich vollkommenen Gute angeboren, weil alle nach Glückseligkeit streben und diese Glückseligkeit nur dann wirklich finden, wenn das religiöse Bedürfniß ihres Herzens befriedigt wird. Denn unser Herz ist für Gott geschaffen und ruht nicht, bis es ruht in Gott, dem höchsten, intelligibeln Gut, dem I d e a l alles Guten. Im Gemüthe also kann der Mensch Gottes Wesen erfassen und mit ihm in Liebe sich vereinigend es genießen, seiner beseligenden Nähe sich erfreuen und so Gottes inne werden als des höchsten intelli=

---

[1] Ibid. X, 20.   [2] Ibid. X, 23.

[3] De trinit. VIII, 4: Cum enim per fidem adhuc ambulamus, non per speciem, nondum utique videmus Deum facie ad faciem; quem tamen nisi nunc jam diligamus, nunquam videbimus. Sed quis diligit, quod ignorat? Ibid. c. 6: Possunt videre ac dicere, quid sit justus animus. Quod unde esse potuerunt, nisi inhaerendo eidem ipsi formae, quam intuentur? — Et unde inhaeretur illi formae nisi amando? Ibid. XIV, 14: In se, imagine Dei tam potens est (mens), ut ei, cujus imago est, valeat inhaerere.

gibeln Wesens, als des Wahren, des Guten, des Schönen an sich, als des unendlich vollkommenen Wesens [1].

Hier begegnen wir dem mystisch=contemplativen Elemente, das sich in der Augustinischen Philosophie mit dem speculativen verbindet. Wiederholt schildert uns Augustinus in mystischer Weise die Erhebung seines tief religiösen Gemüthes zu Gott, dem intelligibeln Lichte, und den Wonne= schauer seines religiösen Gefühles, das in der, von hingebender Liebe ge= tragenen, mystischen Schauung Gottes beseligt wurde. „Dein Licht ging mir auf und immer strahlender leuchtetest du und verscheuchtest meine Blindheit. Dein Wohlgeruch duftete mir und ich sog ihn ein; ich habe dich geschmeckt und nun hungere ich nach dir. Du hast mich berührt und ich erglühe nach deinem Frieden.“ [2] „Was liebe ich denn, wenn ich dich liebe? Nicht körperliche Wohlgestalt, nicht vergängliche Schönheit, nicht den Glanz des Lichtes, das unseren Augen so lieblich ist; nicht die süßen Melodieen des ganzen Reiches der Töne, nicht den Wohlgeruch von Blumen, Salben und Gewürzen, nicht Manna noch Honig, nicht Glieder, wie sie der fleischlichen Umarmung gefallen. Nicht dieß ist es, was ich liebe, wenn ich meinen Gott liebe, und doch liebe ich ein ge= wisses Licht, eine Stimme, einen Wohlgeruch, eine Speise und eine Um= armung, wenn ich meinen Gott liebe: das Licht, die Stimme, den Wohl= geruch, die Speise und die Umarmung meines inneren Menschen, wo meiner Seele leuchtet, was kein Raum umfaßt, wo ihr ertönt, was die Zeit nicht mit sich fortreißt, wo ihr duftet, was der Wind nicht verweht, wo ihr schmeckt, was keine Eßbegier mindert, und wo vereint bleibt, was kein Ueberdruß auseinander reißt. Und dieß ist es, was ich liebe, wenn ich meinen Gott liebe.“ [3] Gott nicht bloß zu erkennen, sondern ihn auch zu lieben und in dieser Liebe zu genießen, ist ja, wie wir bereits wissen, das Endziel aller wahren philosophischen Thätigkeit. Dieser mystische Zug seiner Philosophie, der vom Neuplatonismus begünstigt wurde, ließ

---

[1] Ibid. VIII, 2: Ecce vide, si potes: Deus veritas est. Hoc enim scrip- tum est: Quoniam Deus lux est, non quomodo isti oculi vident, sed quomodo videt cor, cum audit: Veritas est. Tractat. 18 in evang. Joann. c. 10: Redite ad cor. Quid itis a vobis et peritis a vobis? Redite. Quo? Ad do- minum cito. Primo redi ad cor tuum, exul a te vagaris foris. Te ipsum non nosti et quaeris, a quo factus es. Redi, redi ad cor, tolle te a corpore. Corpus tuum habitatio tua est. Cor tuum sentit etiam per corpus tuum, sed corpus tuum non quod cor tuum. Dimitte corpus tuum, redi ad cor tuum. Vide ibi, quid sentias forte de Deo, quia ibi est imago Dei.

[2] Conf. X, 27.   [3] Ibid. X, 6.

Augustinus darnach ringen, das göttliche Wesen im Innern des gei=
stigen Gemüthes zu erfassen und zu genießen, und aus ihm sind na=
mentlich diejenigen Stellen zu erklären, wo Augustinus von mystischen
Erhebungen des Geistes spricht, in welchen wenigstens momentan das
geistige Auge vom Lichte der göttlichen Wesenheit umstrahlt, von dessen
Seligkeit umflossen und von Wonneschauer erfüllt wird. Wenn das
geistige Innere des Menschen sich gänzlich von der Außenwelt abwendet
und sich zur intelligibeln Welt in sich erhebt, vermag es zu solch be=
seligender mystischer Anschauung zu gelangen. Ist aber schon diese my=
stische Erhebung für sich etwas, was dem gewöhnlichen Menschen schwer
gelingt, so ist es noch um so schwieriger für ihn, die beseligende An=
schauung längere Zeit festzuhalten; es ist ihm nur möglich, gleichsam
einen blitzesschnellen Lichtblick auf das unendliche Wesen Gottes zu
werfen [1]. Leichter ist es, in liebevoller Hingabe seiner selbst den wahren
Gott zu verehren; aber der Genuß Gottes in der Anschauung ist doch
das eigentliche Ziel, nach dem das für Gott geschaffene Herz des Men=
schen strebt. Diese beseligende Anschauung Gottes wird uns in ihrer
Vollendung freilich erst im Jenseits, im Zustand der himmlischen Voll=
endung zu Theil; aber etwas von der contemplatio Dei, deren die
Seligen im Himmel sich erfreuen, können wir hienieden schon gewinnen
in mystischer Beschaulichkeit; in etwas können wir dieses höchsten Gutes,
der Seligkeit, hienieden schon theilhaftig werden [2]. Mit hoher Begeiste=
rung schildert uns Augustinus diesen Aufflug des Geistes zur mystischen
Schauung in seinem Gespräch mit der Mutter vom Himmelreiche [3]. Wir
verloren uns, erzählt er, in gar süße Unterhaltung und befragten uns,

---

[1] De trinit. VIII, 2: Noli quaerere, quid sit veritas; statim enim se
opponent caligines imaginum temporalium et nubila phantasmatum et pertur-
bant serenitatem, quae primo ictu diluxit tibi, cum dicerem: Veritas. Ecce in
ipso primo ictu, quo velut coruscatione perstringeris, cum dicitur: Veritas,
mane, si potes.

[2] De civit. Dei VIII, 8: Nemo beatus est, qui eo, quod amat non fruitur;
nam et ipsi, qui res non amandas amant, non se beatos putant amando, sed
fruendo. De trinit. XV, 4: In ipsis rebus aeternis incorporabilibus et incom-
mutabilibus, in quarum perfecta contemplatione nobis beata, quae nonnisi
aeterna est, vita promittitur, trinitatem agnoscamus. Ibid. I, 8: Quod antequam fiat, videmus nunc per speculum in aenigmate, hoc est in similitudinibus,
tunc autem facie ad faciem. Haec enim nobis contemplatio promittitur actio-
num omnium finis atque aeterna perfectio gaudiorum. — Hoc est enim plenum
gaudium nostrum, quo amplius non est, frui scilicet trinitate Deo.

[3] Conf. IX, 10.

wie wohl das ewige Leben der Heiligen sein würde, das kein Auge ge=
sehen, kein Ohr gehört und das in keines Menschen Herz gedrungen ist.
Dürstend öffneten wir den Mund unseres Herzens nach den himm=
lischen Wassern des göttlichen Lebenquells, auf daß wir, nach unserem
Vermögen damit geletzt, einem so erhabenen Gegenstande nur
irgendwie nachsinnen könnten. Und als unsere Unterredung zu dem Re=
sultate gelangt war, daß jede noch so große Sinnenlust uns vor der
Lieblichkeit jenes Lebens keiner Vergleichung würdig erschien, da erhoben
wir uns mit noch heißerer Sehnsucht zu ihm und durchgingen stufenweise
die ganze sichtbare Welt. Und weiter stiegen wir in unserem Inneren
auf und kamen auf unsere Seelen, aber auch über sie gingen wir hinaus,
so daß wir uns zur Region unversieglicher Fülle erhoben, wo Gott
Israel weidet ewiglich auf der Weide der Wahrheit und wo das Leben
die Weisheit (der Logos) Gottes ist. Und während wir von dieser
redeten und nach ihr lechzten, reichten wir im vollen Aufschwung
des Herzens ein wenig an sie hinan. Wir sprachen: Wenn in
einem Menschen der Sturm des Fleisches schwiege, wenn schwiegen die
Vorstellungen der sinnenfälligen Dinge, wenn die Seele selbst in sich
schwiege und ihrer selbst vergessend, sich über sich erhöbe, wenn ihr Ohr
zu ihrem Schöpfer hingerichtet wäre und dieser dann allein zu ihr redete,
nicht durch die Dinge, sondern durch sich selbst, gleichwie wir uns jetzt
erhoben haben und in reißendem Gedankenfluge bis an die ewige Weis=
heit hinangelangt sind; wenn dann endlich dieser Zustand fortdauerte
und die anderen Vorstellungen zurückgedrängt wären und nur diese eine
den Schauenden fortrisse, verschlänge und in die inneren Freuden ver=
senkte, so daß dieß Alles derart ein ewiges Leben wäre, wie der Augen=
blick geistigen Schauens gewesen, dem wir nachseufzten: wäre dieß
nicht der Zeitpunkt, wo es heißt: Gehe ein in die Freude deines Herrn?[1]

---

[1] Conf. IX, 10: Dicebamus ergo: Si cui silent tumultus carnis, sileant
phantasiae terrae et aquarum et aeris, sileant et poli et ipsa sibi anima sileat
et transeat se non se cogitando, sileant somnia et imaginariae revelationes,
omnis lingua et omne signum et quidquid transeundo fuit, si cui sileat omnino,
quoniam si quis audiat, dicunt haec omnia: Non ipsa nos fecimus, sed fecit
nos, qui manet in aeternum. His dictis si jam taceant, quoniam erexerunt
aurem in eum, qui fecit ea, et loquatur ipse solus, non per ea, sed per ipsum,
ut audiamus verbum ejus, non per linguam carnis, neque per vocem angeli,
neque per sonitum nobis neque per aenigma similitudinis, sed ipsum, quem
in his amamus, ipsum sine his audiamus, sicut nunc extendimus nos et rapida
cogitatione attingimus aeternam sapientiam super omnia manentem, si con-

In dieser mystischen Contemplation, dieser intellectuellen Schauung Gottes, in welcher die intelligible Seele die selige Anschauung Gottes im Jenseits, wenn gleich nur in unvollkommener Weise, anticipirt, erkennt sie Gott nicht mit dem discursiven Verstande, der Eines nach dem Anderen begriffsmäßig erfaßt, sondern mit dem contemplativen Intellect, mit dem wir alles Einzelne in Einem Bilde zu schauen, mit Einem Blicke zu umfassen vermögen, eine Erkenntnißweise, die vollkommener ist, als das discursive Erkennen des Verstandes, weil sie der absoluten Einfachheit des göttlichen Wesens mehr entspricht. Denn Gott, als das schlechthin einfache Wesen, kann nur in Einem Blicke erkannt werden, in der intellectuellen Anschauung, die Alles zugleich in sich aufzunehmen vermag; er, als die absolute Schönheit, kann nur in der intellectuellen Intuition genossen werden, in welcher man Alles in ihm mit Einem Male und zugleich mit Einem Blick zusammen schauen kann[1].

Aus dem Gesagten mag erhellen, daß wir bei Augustinus keine andere Lehre zu suchen haben, als die in christlichem Sinne modificirte Lehre der Neuplatoniker vom Intelligibeln und von der intellectuellen Anschauung. Anknüpfend an die Neuplatoniker stellt er sodann auch das als Bedingung der intellectuellen Anschauung hin, daß die menschliche Seele sich vom Sinnlichen zurückziehe und zum Intelligibeln erhebe, und zwar nicht bloß in intellectueller, sondern auch in moralischer Hin-

---

tinuetur hoc et subtrahantur aliae visiones longe imparis generis et haec una rapiat et absorbeat et recondat in interiora gaudia spectatorem suum, ut talis sit sempiterna vita, quale fuit hoc momentum intelligentiae, cui suspiravimus, nonne hoc est: Intra in gaudium domini tui?

[1] De trinit. VIII, 2: Ecce in ipso primo ictu, quo velut coruscatione perstringeris, cum dicitur veritas, mane si potes. Conf. XII, 13: Sic interim sentio propter illud coelum coeli, coelum intellectuale, ubi est intellectus nosse simul, non ex parte, non in aenigmate, non per speculum, sed ex toto in manifestata facie ad faciem, non modo hoc, modo illud, sed quod dictum est, nosse simul sine ulla vicissitudine temporum. De trinit. XV, 25: Ibi veritatem sine ulla difficultate videbimus eaque clarissima et certissima perfruemur. Nec aliquid quaeremus mente ratiocinante, sed contemplante cernemus. Ibid. XV, 16: Et tunc quidem verbum nostrum non erit falsum, quia neque mentiemur neque fallemur; fortassis etiam volubiles non erunt nostrae cogitationes ab aliis in alia euntes et redeuntes, sed omnem scientiam nostram uno simul conspectu videbimus. De quant. anim. c. 33: Tanta autem in contemplanda veritate voluptas est, quantacunque ex parte eam quisque contemplari potest, tanta puritas, tanta sinceritas, tam indubitata rerum fides, ut neque quidquam praeterea scisse se aliquando aliquis putet, cum sibi scire videbatur.

sicht, weil mit ihrer ethischen Richtung die intellectuelle in der innigsten
Verbindung steht. Die Liebe zum Intelligibeln, zum Göttlichen macht
der Contemplation Raum. Daher muß die Seele von der Liebe und
Hingebung an das Sinnenfällige sich losreißen, das Herz muß geläutert,
gereinigt, geheiligt werden, damit das Auge des intelligibeln Geistes
kräftig genug sei, sich zum Lichte der intelligibeln Sonne zu erheben,
dieses Licht zu ertragen und von ihm umleuchtet zu werden; denn nur
diejenigen, welche reinen Herzens sind, werden, wie die Schrift sagt,
Gott schauen [1]. Gereinigt aber wird das Herz durch den in Liebe thä=
tigen Glauben an Gott, der somit die nothwendige Vorstufe zur con=
templativen Erkenntniß Gottes ist [2]. Je weiter die Seele auf diesem
Wege der Reinigung fortschreitet und je mehr sie sich dadurch zur Auf=
nahme des intelligibeln Lichtes, zur contemplativen Erkenntniß Gottes
befähigt, ein desto vollkommeneres Ebenbild Gottes wird sie [3].

In sieben Stufen läßt Augustinus die Seele zur Höhe der in=
tellectuellen Anschauung gelangen. Die erste Stufe ist ihre vegetative, die
zweite ihre animalische Lebensthätigkeit, die dritte die Bethätigung
ihrer rationalen Kraft, auf der die Ausbildung der Künste und Wissen=
schaften beruht, die vierte ihre ethische Bethätigung in der Reinigung
ihrer selbst durch den Kampf gegen die sinnliche Lust, die fünfte das
Hinstreben der gereinigten Seele zu Gott im Glauben, die sechste die
Befestigung der Seele in diesem sittlichen Hinstreben zu Gott und die
siebente die beseligende intellectuelle Anschauung Gottes [4]. An einer an=

---

[1] De trinit. I, 1: Proinde substantiam Dei sine ulla sui commutatione
mutabilia facientem et sine ullo suo temporali motu temporalia creantem, in=
tueri et plene nosse difficile est; et ideo est necessaria purgatio mentis nostrae,
qua illud ineffabiliter videri possit. Ibid. XV, 27: Quae igitur causa est, cur
acie fixa ipsam (lucem divinam) videre non possis, nisi utique infirmitas? Et
quid tibi eam fecit nisi iniquitas?

[2] Ibid. VIII, 4: Et quid est Deum scire, nisi eum mente conspicere
firmeque perspicere? Non enim corpus est, ut carneis oculis inquiratur. Sed
et priusquam valeamus conspicere atque percipere Deum, sicut conspici et
percipi potest, quod mundi cordibus licet: Beati enim mundi corde, quia ipsi
Deum videbunt, — nisi per fidem diligatur, non poterit cor mundari, quo ad
eum videndum sit aptum et idoneum. Conf. epist. 121 ad Prob. c. 2, Enchir.
c. 5: Cum autem initio fidei, quae per dilectionem operatur, imbuta mens
fuerit, tendit bene vivendo etiam ad speciem pervenire, ubi est sanctis et
perfectis cordibus ineffabilis pulchritudo, cujus plena visio summa est felicitas.

[3] De trinit. XIV, 17: In hac imagine tunc perfecta erit Dei similitudo,
quando Dei perfecta erit visio.

[4] De quant. anim. c. 33: Jam vero in ipsa visione atque contemplatione

deren Stelle unterscheidet Augustinus in dem geistigen Hinstreben zu Gott selber sieben Stufen: Furcht, Frömmigkeit, Wissenschaft, Stärke, Rath, Reinigung des Herzens, Weisheit. Auf der sechsten Stufe, sagt er, reinigt die Seele das Auge selbst, mit dem Gott gesehen werden kann, soweit er nämlich von denen gesehen werden kann, die nach Kräften dieser Welt absterben; denn nur soweit sehen sie ihn, als sie der Welt absterben. Obgleich nun auf dieser Stufe der Glanz des intelligibeln Lichtes schon viel bestimmter, erträglicher und auch angenehmer zu leuchten beginnt, so heißt es doch noch räthselweise und durch einen Spiegel schauen, weil man noch mehr im Glauben als im Anschauen wandelt, so lange man auf Erden pilgert. Von dieser Stufe steigt man zur siebenten und letzten, zur Weisheit empor und genießt sie in voller Seelenruhe [1].

Damit aber die menschliche Seele in sich das Intelligible und in ihm die intelligible göttliche Wesenheit zu erkennen und zu schauen vermöge, muß sie, wie schon bemerkt wurde, auf irgend eine unsichtbare, intelligible Weise mit demselben in Verbindung stehen. Da identificirt nun Augustinus den mundus intelligibilis, die Ideenwelt des Plato mit der Weisheit oder dem Logos Gottes, der einerseits das ewige Ebenbild Gottes ist, und durch den andererseits alle Dinge geschaffen wurden [2]. In letzterer Hinsicht ist der Logos der intelligible Urgrund aller Dinge. So bringt Augustinus die platonische Ideenlehre mit der christlichen Logoslehre in Verbindung.

Als intelligibler, schöpferischer Urgrund der Dinge ist der göttliche Logos der Welt immanent und in ihr wirksam als das Wesen, durch das die Dinge sind, durch das die lebenden Dinge, im Unterschied von den leblosen, leben und durch das die intelligibeln Wesen, im Unterschied von den nichtgeistigen Wesen, erkennen (intelligunt), durch das sie also, wie von einem intelligibeln Lichte, gleichsam erleuchtet werden. Daher sagt Augustinus vom Logos Gottes mit den Worten der Schrift, daß wir in ihm leben, uns bewegen und sind, daß er das Licht sei, das

---

veritatis, qui septimus atque ultimus animae gradus est. neque jam gradus, sed quaedam mansio, quo illis gradibus pervenitur, quae sunt gaudia, quae perfruitio veri et summi boni, cujus serenitatis atque aeternitatis afflatus, quid ego dicam? Dixerunt haec, quantum dicenda esse judicaverunt. magnae quaedam et incomparabiles animae.

[1] De doctr. christ. II, 7.

[2] Retract. I, 3: Mundum quippe intelligibilem ille (Plato) nuncupavit ipsam rationem sempiternam atque incommutabilem. qua fecit Deus mundum.

jeden Menschen erleuchtet, der in diese Welt kommt[1]. Mit ihm also, dem intelligibeln Urgrund der Dinge, der für die intelligibeln Wesen ein intelligibles Licht ist, steht die geistige Seele des Menschen in einer ge= wissen höheren, nicht sichtbaren, sondern intelligibeln Weise in Verbin= dung[2]. Aus dieser Verbindung ist die intellectuelle Erkenntniß des Menschen zu erklären, anstatt sie mit Plato für eine Wiedererinnerung an das, was die Seele in einem vorirdischen Leben geschaut haben soll, anzusehen. Das Wort, der Logos Gottes, der das schöpferische Form= princip aller Dinge ist, ist als Formprincip für die intelligibeln Wesen zugleich das sie erleuchtende Princip ihrer intellectuellen Erkenntniß, das erleuchtend in ihnen wirkt, so lange sie ihr intelligibles Innere dieser erleuchtenden Einwirkung offen halten und mittelst dessen Erleuchtung sie zu ihrer ideenmäßigen Bestimmung und Vollendung gelangen sollen, dessen Erleuchtung sie aber auch ihr Inneres mehr oder weniger ver= schließen können, wenn sie in böser Willensrichtung sich von Gott abwenden[3]. Die intelligibeln Wesen sind somit vom Augenblick ihrer Schöpfung durch den Logos oder das Wort Gottes an der Einwirkung des intelligibeln göttlichen Lichtes unterstellt und sind oder bleiben für die Aufnahme dieses göttlichen Lichtes um so empfänglicher, je mehr sie in der guten, zum Intelligibeln, zu Gott hingerichteten Willensrichtung verharren[4]. Dieß ist das intelligible Licht, das die Gerechten erleuchtet,

---

[1] Epist. 120 ad Hon. c. 4: Verbum Dei erat, per quo facta sunt omnia, et lumen verum, quod illuminat omnem hominem venientem in hunc mundum.

[2] De trinit. XIV, 12: Illa autem ceteris natura praestantior Deus est, et quidem non longe posita ab unoquoque nostrum, sicut apostolus dicit adjungens: In illo enim vivimus, movemur et sumus. Quodsi secundum corpus diceret, etiam de isto corporeo mundo posset intelligi. Nam et in illo secundum corpus vivimus, movemur et sumus. Unde secundum mentem, quae facta est ejus ad imaginem, debet hoc accipi excellentiore quodam eodemque non visibili, sed intelligibili modo. Nam quid non est in ipso, de quo divine scriptum est: Quoniam ex ipso et per ipsum et in ipso sunt omnia.

[3] De Genes. ad litt. I, 5: Principium creaturae intellectualis est aeterna sapientia, quod principium manens in se incommutabiliter, nullo modo cessat occulta inspiratione vocationis loqui ei creaturae, cui principium est, ut convertatur ad id, ex quo est, quod aliter formata ac perfecta esse non posset. Ibid. VIII, 12: Sicut aer praesente lumine non factus est lucidus, sed fit, quia si factus esset, non fieret, sed etiam absente lumine lucidus maneret: sic homo Deo sibi praesente illuminatur, absente autem continuo tenebratur, a quo non locorum intervallis, sed voluntatis aversione disceditur.

[4] Ibid. III, 20: Non fiebat cognitio aliqua verbi Dei in prima creatura, ut post eam cognitionem inferius crearetur, quod in eo verbo creabatur, sed

von deſſen Einwirkung aber, weil ſie vom ſchöpferiſchen Formprincip
ausgeht, auch die Seele des Ungerechten noch berührt wird, ſo daß z. B.
auch der Ungerechte noch weiß, was gerecht iſt und wie man handeln
müſſe; es iſt das Licht, das jeden Menſchen erleuchtet, ſo daß jeder auf
intellectuellem Gebiete, wenn man in geſchickter Weiſe Fragen an ihn
ſtellt, richtige Antworten zu geben weiß, oder daß man ihm durch Fragen
und Unterricht intelligible Grundſätze ſo zum Bewußtſein bringen kann,
daß es ſcheint, ſein Nachdenken über die geſtellten Fragen und ſein Lernen
ſei nur Wiedererinnerung [1]. Daher iſt, wie Auguſtinus ſagt, der in=
telligible Menſchengeiſt zwar nicht ſelbſt göttlicher Natur, aber doch das

---

ipsa primo creabatur lux, in qua fieret cognitio verbi Dei, per quod creabatur, atque ipsa cognitio illi esset ab informitate sua converti ad formantem
Deum, et creari et formari. — Et fecit Deus hominem ad imaginem Dei,
quia et ipsa natura scilicet intellectualis est, sicut et illa lux, et propterea
hoc est ei fieri, quod est agnoscere verbum Dei, per quod fit. Ibid. VIII, 26:
Certissime tenere debemus, Deum aut per suam substantiam loqui aut per
sui subditam creaturam; sed per substantiam suam non loqui nisi ad creandas omnes naturas, ad spiritales vero atque intellectuales non solum creandas,
sed etiam illuminandas, cum jam possunt capere locutionem ejus, qualis
est in verbo ejus, quod in principio erat apud Deum, per quod facta
sunt omnia.

[1] Ibid. I, 17: Cum aeterna illa et incommutabilis, quae non est facta,
sed genita sapientia, in spiritales atque rationales creaturas, sicut in animas
sanctas, se transfert, ut illuminata lucere possint, fit in eis quaedam lucu-
lentae rationis affectio, quae potest accipi facta lux, cum diceret Deus: Fiat
lux. De trinit. XIV, 15: Propter quod ista (mens) in illo et vivit et movetur
et ideo reminisci ejus potest. Non quia hoc recordatur, quod eum noverat in
Adam aut alibi alicubi ante hujus corporis vitam, aut cum primum facta est,
ut insereretur huic corpori. Nihil enim horum omnino reminiscitur. Sed
commemoratur, ut convertatur ad dominum tanquam ad eam lucem, qua jam
cum ab illo averteretur, quodammodo tangebatur. Nam hinc est, quod etiam
impii cogitant aeternitatem et multa recte reprehendunt recteque laudant in
hominum operibus. Quibus ea tandem regulis judicant, nisi in quibus vident,
quemadmodum quisque vivere debeat, etiam si nec ipsi eodem modo vivant?
Ubi eas vident? — Ubi nam sunt istae regulae scriptae, ubi, quid sit justum,
et injustus agnoscit? Ubi ergo scriptae sunt nisi in libro illius, quae veritas
dicitur? unde omnis lex justa describitur et in cor hominis, qui operatur
justitiam non migrando, sed tanquam imprimendo transfertur, sicut imago ex
annulo et in ceram transit et annulum non relinquit. Qui vero non operatur
et tamen videt, quid operandum sit, ipse est, qui ab illa luce avertitur, a qua
tamen tangitur. Qui autem nec videt, quemadmodum sit vivendum, excusa-
bilius quidem peccat, quia est transgressor incognitae legis. Sed etiam
ipse splendore aliquoties ubique praesentis veritatis attingitur, quando admonitus confitetur.

Ebenbild der intelligibeln Wesenheit Gottes, in dem das Urbild geschaut wird, oder, wie er in ächt platonischer Weise sich ausdrückt, die intelligible Seele ist sich nicht selber Licht, sondern wird Licht durch ihre (in der Schöpfung begründete) Theilnahme an dem wahren, göttlichen Licht [1]. Der Logos, Christus, ist das Licht, das den inneren Menschen erleuchtet, weil er die unveränderliche Kraft und ewige Weisheit Gottes ist [2]. Je vollkommener die Seele an diesem Lichte Theil nimmt, ein desto vollkommeneres Ebenbild Gottes wird sie, bis diese Theilnahme ihre Vollendung findet in der seligen Anschauung Gottes im ewigen Leben [3].

§ 10.
Glauben und Wissen.

Das eigentliche Wissen beruht auf der Thätigkeit des Verstandes und dieses Wissen ist ganz sicher, über alle Skepsis erhaben, soweit der Verstand nach den allgemeinen Wahrheiten, den allgemeinen Grundsätzen des Intellects urtheilt [4]. Es gibt aber noch eine andere Form der Erkenntniß, deren Werth und Bedeutung gleichfalls gegenüber der akademischen Skepsis aufrecht erhalten werden muß: und diese Form der Erkenntniß ist der Glaube. Unter Glauben im allgemeinsten Sinne des Wortes versteht man ein Denken mit innerer Zustimmung oder die innere Zustimmung zu einem Gedanken, die ein Akt des Willens ist [5]

---

[1] Ibid. IV, 2: Omnia enim haec vident istam lucem (rationalium mentium): at illa vita lux hominum erat nec longe posita ab unoquoque nostrum; in illa enim vivimus, et movemur et sumus. — Illuminatio quippe nostra participatio verbi est, illius scilicet vitae, quae lux est hominum. Ibid. XIV, 12: Colat Deum non factum, cujus ab eo capax est facta et cujus particeps esse potest, propter quod dictum est: Ecce Dei cultus est sapientia; et non sua luce, sed summae illius lucis participatione sapiens erit.

[2] De magistro c. 11: De universis autem, quae intelligimus, non loquentem, qui personat foris, sed intus ipsi menti praesidentem consulimus veritatem, verbis fortasse, ut consulamus, admoniti. Ille autem qui consulitur, docet, qui in interiore homine habitare dictus est, Christus, id est incommutabilis Dei virtus atque sempiterna sapientia, quam quidem omnis rationalis anima consulit, sed tantum cuique panditur, quantum capere propter propriam sive malam sive bonam voluntatem potest.

[3] De civit. Dei X, 2; de trinit. XIV, 14; enarr. in Ps. 9: Agimus autem speculationem, ut perveniamus ad visionem.

[4] De civit. Dei XIX, 18.

[5] De praedest. sanct. c. 2: Ipsum credere nihil aliud est, quam cum assensione cogitare. Non enim omnis, qui cogitat, credit, cum ideo cogitent

und überall da ihre Berechtigung haben muß, wo kein, oder noch kein
Wissen im strengen Sinn des Wortes möglich ist. Auch um seinetwillen
ist die akademische Skepsis zu verwerfen, die jede innere Zustimmung
und Annahme suspendirt wissen wollte; denn wird die innere Zustim=
mung hinfällig, so wird auch der Glaube hinfällig, weil es keinen
Glauben ohne innere Zustimmung gibt [1].

Die Nothwendigkeit des Glaubens ergibt sich zunächst aus der prak=
tischen Forderung, die das Leben an uns stellt. Wir müssen glauben,
weil wir ohne Glauben zu gar keinem Handeln kommen würden. Gibt
es ja doch viele Dinge, die wir nicht auf unser eigenes Zeugniß hin
wissen können, weil es unseren Sinnen fern liegt; in Betreff ihrer brau=
chen wir, weil wir sie nicht durch unser eigenes Zeugniß wissen, Andere
als Zeugen und glauben ihnen, insofern wir überzeugt sind, daß es
ihren Sinnen nicht fern liege oder nicht fern gelegen sei; wir glauben
denen, die solche Dinge gesehen, gehört oder mit einem anderen Sinn des
Leibes wahrgenommen haben, oder vielmehr wir müssen ihnen glauben,
weil ihr Zeugniß für uns nothwendig ist [2]. Mit Nachdruck hebt Augu=
stinus hervor, wie großentheils auf dem Glauben die menschliche Gemein=
schaft beruhe: der Glaube ist ein Band und eine Basis des menschlichen
Lebens. Auf ihm beruht die Freundschaft, da die Gesinnung des Freun=
des nicht gesehen werden kann und darum geglaubt werden muß. Ohne
ihn würden alle Bande der Ehe, des Blutes und jeder anderen Ver=
wandtschaft gelöst; denn an die gegenseitige Liebe, die ihrer Natur nach
nicht gesehen werden kann, wird geglaubt [3]. In allen Beziehungen müßte
sich die menschliche Gesellschaft auflösen, wenn der Grundsatz zur Gel=
tung käme, nicht mehr zu glauben, als was gewußt werden kann [4].

Der Glaube ist ferner nothwendig auf dem Gebiet der Erkenntniß

---

plerique, ne credant; sed cogitat omnis, qui credit, credendo cogitat et cogitando credit.

[1] Enchirid. c. 20: At si tollatur assensio, et fides tollitur, quia sine
assensione nihil creditur.

[2] Conf. VI, 5. Epist. 112 ad Paulin.: Creduntur illa, quae absunt a sensibus nostris, si videtur idoneum, quod eis testimonium perhibetur. — Constat igitur nostra scientia ex visis rebus et creditis, sed in iis, quae vidimus
vel videmus, nos ipsi testes sumus; in his autem, quae credimus, aliis testi-
bus movemur ad fidem.

[3] De fide rerum, quae non videat. c. 1—2.

[4] De util. cred. c. 12: Multa possunt afferri, quibus ostendatur, nihil
omnino humanae societatis incolume remanere, si nihil credere statuerimus,
quod non possumus tenere perceptum.

der sinnenfälligen und überhaupt der zeitlichen Dinge, bei der es sich nicht um allgemeine Wahrheiten, um unveränderliche Grundsätze der Vernunft handelt. Letztere begreifen wir viel leichter in ihrer Wahrheit und Nothwendigkeit und ihre Erkenntniß ist darum weit sicherer als die Erkenntniß des Sinnenfälligen, die wesentlich auf Glauben beruht. Das, was wir sehen, was wir überhaupt sinnlich wahrnehmen, glauben wir, indem wir der Evidenz der wahrgenommenen Dinge trauen, so daß Jemand wohl sagen kann, er habe etwas gesehen und dem vorhandenen Augenschein geglaubt oder seine innere Zustimmung geschenkt, d. h. er habe das Gesehene für wahr gehalten, und man ihm nicht erwidern kann: du hast gesehen, also hast du nicht geglaubt[1]. Eben die vernünftige Seele muß den zeitlichen Dingen Glauben schenken, weil sie durch die Erkenntniß des Zeitlichen gereinigt werden muß, um sich zur Betrachtung des Ewigen zu erheben[2], und den Wahnwitz der Skepsis einsehend, den leiblichen Sinnen bei Allem, was evident ist, Glauben beimessen. Es ist ein jämmerlicher Irrthum, wenn man meint, daß man den Sinnen niemals glauben dürfe[3].

Noch tiefer aber ist die Nothwendigkeit des Glaubens in dem Umstand begründet, daß der Glaube, als ein mehr auf dem Willen als auf Einsicht beruhendes Fürwahrhalten, bereits die erste Stufe des eigentlichen Erkenntnißprozesses überhaupt bildet. Steht nämlich alles menschliche Wissen schlechthin unter der Bedingung, daß das Object zum Subject in Beziehung tritt, so vollzieht sich das Wissen selbst erst durch den Prozeß des Erkennens und daher wird das Erkannte nicht gleich Anfangs schon gewußt, sondern vorerst geglaubt, mag es nun bald oder erst nach und nach gewußt werden. Erscheint vor unserem leiblichen oder geistigen Auge ein Object, so glauben wir daran, indem wir seine Realität wahrnehmen und anerkennen. So findet Glaube statt auf dem Gebiet der höheren, intellectuellen Wahrheiten, wie auf dem der sinnlichen Wahrnehmung. Was wir erkennen, das glauben wir; aber nicht Alles, was wir glauben, vermögen wir sofort auch zu erkennen[4]. Nur bei den intellectuellen Wahrheiten kann die Erkenntniß unmittelbar auf den Glau-

---

[1] Enchirid. c. 8.

[2] De trinit. IV, 18: Mens autem rationalis sicut purgata contemplationem debet rebus aeternis, sic purganda temporalibus fidem.

[3] De civit. Dei XIX, 18.

[4] De magistro c. 11: Quod intelligo, id etiam credo; at non omne, quod credo, etiam intelligo.

ben folgen [1]. Alles, das gewußt, verstandesmäßig begriffen werden soll, muß vorher geglaubt werden, und wer es nicht zuvor im Glauben er= faßt, wird auch nie zum Wissen des Glaubensinhaltes gelangen [2]. Daher ist der Glaube eine nothwendige Grundlage für das Wissen und wer mit Umgehung des Glaubens ein Wissen verspricht, der besitzt das Wissen in der That nicht [3], wie dieß z. B. bei den Manichäern der Fall ist, welche bei kecker Verheißung des Wissens die Glaubensgeneigtheit ver= höhnen und bennoch so vieles höchst Fabelhafte und Ungereimte, das sich nicht beweisen läßt, zu glauben gebieten [4]. Es ist allerdings der Glaube selber noch kein Wissen und insofern ist ein Unterschied zwischen ihm und dem Wissen [5]; allein er ist auch nicht ohne Wissen, weil er selbst schon auf einem Denkprozesse beruht. Er ist ja selber schon ein Denken mit Zustimmung, beruht also auf einem Denken, weil Keiner etwas glaubt, bevor er gedacht hat, daß er es glauben müsse. Wenn auch der Wille, zu glauben, gewissen Gedanken sogleich nachfolgt, so ist es doch nothwendig, daß Alles, was geglaubt wird, durch ein zu= vorkommendes Denken geglaubt wird [6]. Der Mensch würde niemals

---

[1] De div. quaest. 83 qu. 48: Quae mox ut creduntur, intelliguntur, sicut sunt omnes rationes humanae vel de numeris vel de quibuslibet disciplinis.

[2] De magistro c. 11: Omne quod intelligo, scio; non omne quod credo, scio, nec ideo nescio, quam sit utile credere etiam multa, quae nescio. Ibid. c. 13: In iis etiam, quae mente cernuntur, frustra cernentis loquelas audit. quisquis ea cernere non potest, nisi quia talia, quamdiu ignorantur, utile est credere. Tract. 36 in evang. Joann. n. 7: Ideo bene creditur, quia non cito capitur: nam si cito caperetur, non opus erat, ut crederetur, quia videretur. Ideo credis, quia non capis, sed credendo fis idoneus, ut capias. Nam si non credis, numquam capies, quia minus idoneus remanebis.

[3] De util. cred. c. 1: Enarr. in Ps. 8: Non quod scientiae pollicitatio reprehendenda sit, sed quod gradum saluberrimum et necessarium fidei negli- gendum putant, per quem in aliquid certum, quod esse nisi aeternum non potest, oportet ascendi. Hinc eos apparet nec ipsam scientiam habere, quam contempta fide pollicentur: quia tam utilem ac necessarium gradum ejus ignorant.

[4] Conf. VI, 5.

[5] De lib. arb. II, 2: Nisi enim aliud esset credere et aliud intelligere et primo credendum esset, quod magnum et divinum intelligere cuperemus, frustra propheta dixisset: Nisi credideritis, non intelligetis.

[6] De praedest. sanct. c. 2: Quis enim non videat, prius esse cogitare quam credere. Nullus quippe credit aliquid, nisi prius cogitaverit esse cre- dendum. Quamvis enim raptim, quamvis celerrime credendi voluntatem quae- dam cogitationes antevolent moxque illa ita sequatur, ut quasi conjunctissima comitetur: necesse est tamen, ut omnia quae creduntur, praeveniente cogita- tione credantur.

auch nur glauben können, wenn ihm nicht der Verstand dazu innewohnte,
so daß ohne Zweifel dem Glauben immer ein Theilchen Verstand (quantalacunque ratio) vorausgeht, das zum Glauben überredet [1]. Wohl ist
der Glaube ein Denken mit Zustimmung, aber es ist in jeglichem Wissen
ebenfalls eine Zustimmung enthalten, so daß die Skepsis, welche diese
innere Zustimmung verwirft, nicht bloß das Glauben, sondern auch das
Wissen unmöglich macht; nur insofern ist die Zustimmung des Glaubens
von der Zustimmung des Wissens verschieden, als letztere sich stets auf
die klare Einsicht des Verstandes gründet. Und andererseits hat der
Glaube doch wieder einen gemeinsamen Boden mit dieser Zustimmung,
die im Wissen liegt, insofern er auf einem Ausspruch des innersten
Wahrheitsbewußtseins beruht, das ein unveräußerliches Besitzthum jeder
menschlichen Seele ist. Da dieser nämlich die Idee der Wahrheit von
Natur aus immanent ist, so ist ihr Glaube nicht blind, sondern sie ist
sich im Glauben eines Zweifachen bewußt, nämlich daß etwas, das sie
glaubt, wahr ist, und dann, daß es noch nicht eigentlich erkannt ist [2].
Was so durch den Glauben Inhalt ihres Bewußtseins wird und ihr als
wahr, als glaubwürdig erscheint, das wird dann später durch
fortgesetzten Denkprozeß verstandesmäßig begriffen und im Wissen in
seiner vollen Gewißheit, selbst in seiner Möglichkeit und Nothwendigkeit
erkannt [3]. Sonach geht der Glaube dem Wissen voran als die erste
Stufe im Erkenntnißprozeß und verhält sich zum Wissen, das ein ver=
standesmäßiges Begreifen ist, wie das unmittelbare Erkennen zum ver=
mittelten. Und deßhalb eben kann und soll er auch zum eigentlichen
Wissen fortgebildet werden [4].

---

[1] Epist. 222 ad Cons.: Etiam credere non possemus, nisi rationales animas haberemus. Si igitur rationabile est, ut ad magna quaedam, quae capi
nondum possunt, fides praecedat rationem, procul dubio quantalacunque ratio,
quae hoc persuadet, etiam ipsa antecedat fidem.

[2] Ibid.: Habet namque fides oculos suos, quibus quodammodo videt,
verum esse, quod nondum videt, et quibus certissime videt, nondum se videre,
quod credit.

[3] Solil. I, 8: Responde, quomodo haec acceperis, ut probabilia an ut
vera? Planc ut probabilia, et in spem, quod fatendum est, majorem surrexi.
De vera relig. c. 8: Illa omnia, quae primo credidimus, nihil nisi auctoritatem secuti, partim sic intelliguntur, ut videamus esse certissima, partim sic,
ut videamus fieri posse atque ita fieri potuisse.

[4] De lib. arb. II, 2: Quamquam haec inconcussa fide teneam, tamen
quia cognitione nondum teneo, ita quaeramus, quasi omnia incerta sint. —
Nos id, quod credimus, nosse et intelligere cupimus.

Das Glauben ist wohl zu unterscheiden vom Meinen; es steht seiner Natur nach zwischen diesem und dem Wissen. Ist das eigentliche Wissen stets frei von jedem Fehler, so kann im Glauben, worin dem Geiste das Objective an sich zwar feststeht, aber noch nicht allseitig vermittelt ist, noch ein Fehler mitunterlaufen; das Meinen dagegen ist nie ohne Fehler [1]. Im Meinen bildet der Geist auf subjectiv willkürliche Voraussetzung hin sich ein, zu wissen, was er nicht weiß; im Glauben dagegen stützt er sich auf objective Gründe und weiß, daß er das, was er vorerst noch glaubt, zwar noch nicht weiß, aber zu wissen anstrebt. Deßhalb steht der Glaube in einem ganz anderen Verhältniß zum Wissen als das Meinen. Erscheint der Glaube als nothwendige Vorstufe zum eigentlichen Wissen und nur dann als tadelnswerth, wenn er zur Leichtgläubigkeit wird oder sich in der Sache unwürdigen Vorstellungen ergeht, so ist das Meinen an sich verwerflich, weil es mit der das Wissen nicht anstrebenden Trägheit verbunden ist; es schließt ferner nicht bloß eine Leichtfertigkeit und Unbesonnenheit im Urtheilen in sich, weßhalb es entehrend ist, sondern es ist auch für das eigentliche Wissen hinderlich, indem die Meinung, zu wissen, wo man in Wirklichkeit noch nicht zum Wissen gelangt ist, jeden Fortschritt zum Wissen, wo solches wirklich möglich ist, unmöglich macht [2]. Jeder, der erkennt, glaubt auch, und jeder, der meint, glaubt; nicht jeder, der glaubt, erkennt; aber keiner, der meint, erkennt [3].

---

[1] De util. cred. c. 11.: Qui dicunt nihil esse credendum, nisi quod scimus, id unum cavent nomen opinationis, quod fatendum est turpe ac miserrimum. — Tria sunt item velut finitima sibimet in animis hominum distinctione dignissima, intelligere, credere, opinari. Quae si per se ipsa considerentur, primum semper sine vitio est, secundum aliquando cum vitio, tertium nunquam sine vitio. De mendac. c. 3: Inter credere atque opinari hoc distat, quod aliquando ille, qui credit, sentit se ignorare, quod credit, quamvis de re, quam se ignorare novit, omnino non dubitet; sic enim firme credit; qui autem opinatur, putat se scire, quod nescit.

[2] De util. cred. c. 11: Tria sunt hominum genera, profecto improbanda. Unum est opinantium, id est eorum, qui se arbitrantur scire quod nesciunt. — Credunt studiosi et amatores veritatis. — Credere tunc est culpandum, cum vel de Deo indignum aliquid creditur vel de homine facile creditur. In ceteris vero rebus si quis quid credit, si id nescire intelligat, nulla culpa est. — Opinari autem duas ob res turpissimum est, quod et discere non potest, qui sibi jam se scire persuasit, si modo illud disci potest; et per se ipsa temeritas non bene affecti animi signum est.

[3] Ibid.: Intelligens omnis etiam credit; credit omnis et qui opinatur; non omnis, qui credit, intelligit, nullus qui opinatur, intelligit.

Was nun für die Nothwendigkeit des Glaubens überhaupt spricht, muß auch für den religiösen Glauben gelten. Ist alles menschliche Wissen bedingt durch die subjective An= und Aufnahme einer objectiven Wahr= heit, die zunächst in ihrer Unmittelbarkeit festgehalten und dann nach und nach allseitig für das Bewußtsein vermittelt wird, ist also in allem der Glaube die tiefste Wurzel des Wissens, so kann auch das Wissen in Sachen der Religion nur aus dem religiösen Glauben erwachsen und ist auch in Sachen der Religion der Glaube dieselbe allgemeine Grund= bedingung für das Wissen.

Da, wie wir oben gesehen haben, die beseligende Erkenntniß Gottes das letzte Ziel aller wahren Philosophie ist, so haben wir die Religion als die wahre Weisheit der Seele zu betrachten. Nun ist Gott das höchste Gut, nach dem die Seele von Natur aus strebt; es ist somit die Sehnsucht nach der Erreichung dieses höchsten Gutes in der Seele vor= handen. Hierauf beruht der natürliche Glaube der menschlichen Seele an Gott und ihr Suchen nach der wahren Gotteserkenntniß, Gottes= verehrung, ihr Suchen nach der wahren Religion. Sie erkennt Gott unmittelbar in sich selbst und sucht in der liebevollen Vereinigung mit ihm ihre wahre Glückseligkeit[1]. Der menschliche Geist hat also von Natur soviel Wissen von Gott, daß er ihn zu finden sucht, weßhalb auch den heidnischen Philosophen Glaube und Religion keineswegs abzusprechen, vielmehr anzuerkennen ist, daß die beseligende Erkenntniß Gottes das eigentliche Ziel all ihrer philosophischen Erkenntniß war. Aber eine andere Frage ist die, ob die wahre Religion lediglich auf dem Weg der Vernunfterkenntniß gefunden werden könne. Diese Frage ist, wie die Geschichte der heidnischen Philosophie bezeugt, zu verneinen. Irrthümlicher Weise suchten die meisten heidnischen Philosophen das höchste Gut hienieden, in diesem zeitlichen Leben, weil ihnen der rechte Glaube fehlte, der Glaube, daß wir unsterblich sind und das höchste Gut, nach dem wir streben sollen, in der Zukunft, in der ewigen Glückseligkeit liegt. Dieses Gut aber, das wir noch nicht sehen, müssen wir im rechten Glauben suchen[2]. Wenn ferner einzelne Philosophen, wie die Platoniker, auch wirklich Gott als das höchste Gut erkannten, durch das wir wahrhaft glückselig werden, so bedurften sie wiederum der sicheren Hoffnung, das höchste Gut erreichen zu können; denn der Glaube an künftige Güter,

---

[1] De util. cred. c. 13.
[2] De civit. Dei XIX, 4: Neque bonum nostrum jam videmus, unde oportet, ut credendo quaeramus.

die uns zu Theil werden sollen, ist nichts anderes als die Hoffnung auf
dieselben [1]. Wer die Hoffnung nicht hat, daß er das höchste Gut er=
reichen könne, der kann ihm nicht nachstreben und in diesem Streben so
leben, wie er sollte, um es zu erreichen [2]. Um aber in dieser Hinsicht
eine sichere Hoffnung hegen zu können, müssen wir auch den Weg wissen,
auf dem wir unser höchstes Ziel erreichen können. Nur wenn wir den
Weg sehen, können wir den Muth schöpfen und die Kraft in uns finden,
diesen Weg zu wandeln. Wenn nun die heidnischen Philosophen auch
den Glauben an das wahre höchste Gut hatten, so sahen sie doch den
rechten Weg nicht, es zu erreichen; was nützte es ihnen aber, das Ziel
zu kennen, das sie erreichen sollten, aber nicht den Weg, der zu diesem
Ziele führt? [3]

Augustinus erklärt es uns auch, warum die menschliche Vernunft
aus sich nicht im Stande ist, die wahre Religion zu finden. Ihre Un=
zulänglichkeit hat ihren Grund in der Sünde, durch welche das Auge
des Geistes für das Uebersinnliche getrübt wurde. Es ist dem gefallenen
Menschen eigen, daß er, in die Sinnenwelt verstrickt, das Geistige nicht
mehr rein zu erkennen vermag, daß er sich vom Sinnlichen fesseln läßt
und, wenn er sich über dieses erheben will, immer wieder zu ihm herab=
gezogen wird — ein sicheres Zeichen, daß er von dem höchsten Gute
abgefallen ist, dem er anhangen sollte. Daher finden wir, daß Augu=
stinus von Anfang an, im Anschluß an die Platoniker und im Gegen=
satz zur manichäischen Denkrichtung, den Satz betont, die Erkenntniß der
Wahrheit hänge wesentlich davon ab, daß der menschliche Geist sich nicht
an das Sinnenfällige hingebe und darin sich verliere, also nicht bloß
von einem richtigen Gebrauch des Erkenntnißvermögens, sondern auch
von einer guten Willensrichtung [4]. Um zum letzten Ziel aller Philosophie,

---

[1] Ibid. XIII, 4: Tunc est fides, quando exspectatur in spe, quod in re
nondum videtur. Enchir. c. 8: Cum ergo bona nobis futura esse creduntur,
nihil aliud quam sperantur.

[2] De trinit XIII, 20: Beatos esse velle, omnes in corde suo vident.
Multi vero immortales se esse posse desperant, cum id quod omnes volunt,
nullus aliter possit; volunt tamen etiam immortales esse, si possent, sed non
credendo, quod possint, non ita vivunt, ut possint. Necessaria ergo est fides,
ut beatitudinem consequamur.

[3] De civit. Dei XI, 2: Si inter eum, qui tendit, et illud, quo tendit,
via media est, spes est perveniendi; si autem desit aut ignoretur, qua eundum
sit, quid prodest nosse, quo eundum sit?

[4] Soliloqu. I, 6: Oculus animae mens est ab omni labe corporis pura,

zur beseligenden Erkenntniß Gottes zu gelangen, bedarf es beßhalb einer
Reinigung des Geistes, die eine Art von Pilgerschaft in's ewige Vater=
land ist. Die Seele muß gereinigt und ihr geistiges Auge vom Sinn=
lichen zum Uebersinnlichen emporgerichtet werden, um das Uebersinnliche
zu erkennen, das intelligible Licht Gottes zu schauen. Denn zu Gott,
der überall gegenwärtig ist, bewegen wir uns nicht räumlich, sondern
durch gute Bestrebungen und Sitten [1]. Und gerade beßhalb ist Sokrates
zu loben, weil er zuerst die Philosophie auf die Ethik beschränkte, in der
Ueberzeugung, daß der Geist sich durch gute Sitten reinigen müsse, damit
er, frei von den niederdrückenden Begierden, mit der ihm von Natur
aus eigenen Schwungkraft zum Ewigen sich erhebe und die Natur des
unkörperlichen und unveränderlichen göttlichen Lichtes mit reiner Intelligenz
schaue [2]. In demselben Sinne sagt Plotin: Fliehen muß man zum
theuersten Vaterland, dort ist der Vater, dort Alles. Was ist nun, sagt
er, das Fahrzeug hiefür oder welches der Weg? Gott ähnlich werden.
Je mehr also jemand Gott ähnlich wird, um so näher kommt er zu ihm
und es gibt keine andere Entfernung von ihm, als die Unähnlichkeit mit
ihm. Die Seele des Menschen ist ihm aber um so unähnlicher, je mehr
sie nach den zeitlichen und wandelbaren Dingen verlangt [3]. Insofern
die Philosophie, als Streben nach der beseligenden Erkenntniß Gottes,
auch diesen Weg zur Reinigung zu zeigen hat, auf dem man zur
Erkenntniß der Wahrheit (contemplatio veritatis) emporsteigt, kann
sie eingetheilt werden in eine aktive und eine contemplative, wovon
die aktive auf den Lebenswandel, d. h. auf die Einrichtung der Sitten,
die contemplative aber auf Erkenntniß der eigentlichen Wahrheit sich
bezieht; wie man denn von Sokrates gesagt hat, daß er in der aktiven
Philophie sich ausgezeichnet, von Pythagoras aber, daß er mit allen
Kräften des Geistes mehr auf die contemplative sich verlegt, von Plato
endlich, daß er, beides verbindend, die Philosophie zur Vollkommenheit
gebracht habe [4].

Allein in dieser Hinsicht erwies sich eben die Philosophie für sich
allein als unzulänglich, weil in Wahrheit die dem menschlichen Geiste
von Natur aus eigene Kraft, in Folge der durch die Sünde eingetretenen
Verderbniß der menschlichen Natur, nicht hinreicht, das von der Philo=

---

id est a cupiditatibus rerum mortalium jam remota atque purgata, quia videre
nequit nisi sana.

[1] De doctr. christ. I, 10.   [2] De civit. Dei VIII, 3.   [3] Ibid. IX, 17.
[4] Ibid. VIII, 4; de quant. anim. c. 33.

sophie erstrebte Ziel wirklich zu erreichen. Der menschliche Geist bedarf
hierzu nothwendig der göttlichen Offenbarung, die er sich durch den
Glauben aneignet, sowie der göttlichen Gnade, die ihn reinigt und
heiligt, seine verderbte Natur heilt, und ihn erleuchtet, so daß er „aus
dem Glauben lebt", der die Hoffnung auf die zukünftigen Güter in sich
schließt und in Liebe thätig ist. Er bedarf eines Mittlers, der ihm nicht
nur den Weg zum wahren Vaterland zeigt, sondern auch selbst der Weg
ist, auf dem man zu Gott gelangen kann, der Weg, die Wahrheit und
das Leben. Deßhalb ist der Logos, der den inneren Menschen erleuchtet
und in dieser Weise jeden erleuchtet, der in diese Welt kommt, soweit der
Mensch nach dem Grad der Güte seiner Willensrichtung für die Erleuchtung fähig ist, Mensch geworden, um auch in äußerer, sichtbarer
Gestalt den Menschen zu lehren und zugleich durch seine Gnade das
innere, geistige Auge des Menschen zu heilen, um ihm die durch die
Sünde geschwächte Sehkraft zur Erkenntniß des Ewigen und Göttlichen
in ihrem vollen Maße wieder zu verleihen [1]. Durch seine Gnade mußte
dem Menschen die Liebe zum Ewigen und Göttlichen eingegossen werden,
damit er sich Gott hingebe, um zu ihm zu gelangen; wer Anderes liebt
als Gott, der die Wahrheit selbst ist, ergibt sich dem Schein und Irrthum [2]. Daher wird der Logos das Licht genannt, das in der Finsterniß leuchtet, und die Finsterniß ist die durch die Sünde getrübte und ge-
blendete Vernunft des Menschen. Um ihre Blindheit zu heilen, ist er
Fleisch geworden; aber die Finsterniß hat ihn nicht erkannt; das blöde
Auge der sündigen Seele ist nicht im Stande, sofort sein Licht in sich
aufzunehmen und seiner gnadenvollen Erleuchtung theilhaftig zu werden.
Es muß zu diesem Zweck erst durch den Glauben gereinigt, geläutert,
zur Erkenntniß des Göttlichen emporgehoben werden [3]. „Weil der mensch-

---

[1] Contr. epist. Manich. c. 36: Docet autem unus verus magister, ipsa
incorruptibilis veritas, solus magister interior, qui etiam jam exterior factus
est, ut nos ab exterioribus ad interiora revocaret. De trinit. XIII, 19:
Scientia nostra Christus est; sapientia quoque nostra idem Christus est.
Ipse nobis fidem de rebus intemporalibus inserit, ipse de sempiternis exhibet
veritatem; per ipsum pergimus ad ipsum, tendimus per scientiam ad sapientiam.

[2] De morib. eccl. cath. c. 11.

[3] De trinit. IV, 2: Lux in tenebris lucet et tenebrae eam non com-
prehenderunt. Tenebrae autem sunt stultae mentes hominum, prava cupiditate
atque infidelitate caecatae. — Illuminatio nostra participatio verbi est, illius
scilicet vitae, quae lux est hominum. Huic autem participationi prorsus in-
habiles et minus idonei eramus propter immunditiam peccatorum. Mundandi

liche Geist, dem von Natur aus Verstand und Vernunft innewohnen, durch gewisse verfinsternde und alte Fehler geschwächt ist, so muß er, nicht bloß um dem unwandelbaren Lichte genießend anzuhangen (in Liebe), sondern auch um es nur zu genießen (von ihm erleuchtet zu werden), vorerst durch den Glauben getränkt und gereinigt werden, bis er all= mählich erneuert und geheilt einer so großen Glückseligkeit fähig wird"[1], bis er durch den Glauben zum Schauen gelangt[2].

In Sachen der beseligenden Erkenntniß Gottes, in Sachen der wahren Religion ist somit der menschliche Geist zunächst auf den Glauben angewiesen. Ist aber dieß etwa für ihn eine demüthigende Forderung? Alles, was wir überhaupt lernen, eignen wir uns nicht bloß durch den Verstand an, sondern auch durch eine Auctorität, der wir Glauben schenken müssen. Soweit wir die Wahrheit noch nicht selbst zu erkennen vermögen, ist für uns die Auctorität nothwendig, damit wir zu dieser Erkenntniß befähigt werden[3], wogegen die entgegengesetzte Forderung, zuerst erkennen zu wollen und dann zu glauben, eine Verkehrtheit ist, die eigentlich den Begriff des Glaubens aufhebt; denn was man bereits sieht (erkennt), von dem kann man streng genommen nicht mehr sagen, daß man es glaube. Wenn es nun überhaupt so natürliche Ordnung ist, daß der Mensch alles, was er lernt, von einer überliefernden und erklärenden Auctorität auf= und annehmen muß, so muß gewiß um so mehr in Bezug auf die höheren Wahrheiten, welche die durch Sünde und Irrthum verdunkelte Vernunft aus sich nicht zu erkennen vermag, die Auctorität der menschlichen Schwäche zu Hilfe kommen[4]. Der Anfang

---

ergo eramus, ut ad contemplandum Deum, quod natura non sumus, per eum mundaremur. Ibid. I, 2: Re ipsa experiantur, et esse illud summum bonum, quod purgatissimis mentibus cernitur, et a se propterea cerni comprehendique non posse, quia humanae mentis acies invalida in tam excellenti luce non figitur, nisi per justitiam fidei nutrita vegetetur.

[1] De civit. Dei XI, 2.

[2] De trinit. I, 8: Contemplatio quippe merces est fidei, cui mercedi per fidem corda mundantur.

[3] De ord. II, 9: Quia nullus homo nisi ex imperito peritus fit, nullus autem imperitus novit, qualem se debeat praebere docentibus et quali vita esse docilis possit, evenit, ut omnibus bona et magna et occulta discere cupientibus non aperiat nisi auctoritas januam. De mor. eccl. cath. c. 2: Naturae quidem ordo sic se habet, ut cum aliquid discimus, rationem prae- cedat auctoritas.

[4] De util. cred. c. 16: Verum igitur videre velle, ut animum purges, cum ideo purgetur, ut videas, perversum certe atque praeposterum est.

aller wahren Religion ift daher immer und überall ehrfurchtsvolle Unter=
werfung unter eine Auctorität, und angeſichts der Thatſache, daß die
menſchliche Seele von Natur aus ſich ſo mächtig angetrieben fühlt, Gott
zu ſuchen, kann man zum Voraus nicht daran zweifeln, daß Gott ſelbſt
dieſe Auctorität, der man Glauben ſchenken muß, aufgeſtellt habe [1].
Wenn ſchon im Leben der menſchlichen Geſellſchaft der Glaube nothwendig
iſt, wenn nicht einmal die menſchlichen Dinge ohne Glauben beſtehen
können, um wie viel nothwendiger iſt er dann in göttlichen Dingen,
deren Erkenntniß ſchwieriger iſt! [2]   Wenn wir ſchon hinſichtlich der
ſinnenfälligen Dinge, ſoweit wir ſie nicht ſelber wahrgenommen haben,
denen glauben müſſen, welche ſie wahrgenommen haben, ſo müſſen wir
doch auch in Betreff der unſichtbaren, göttlichen Dinge denjenigen Glauben
ſchenken, welche ſie, von Gott erleuchtet, kennen gelernt haben [3]. Oder
wiſſen wir etwa aus uns ſelbſt etwas über den Anfang, die Zukunft
und das Ende der Dinge, worüber die wahre Religion uns Aufſchluß
gibt? [4] Warum ſollte es bloß denjenigen, bie nach der wahren Religion
ſuchen, zur Pflicht gemacht werden, den Glauben, der ſonſt in den menſch=
lichen Lebensverhältniſſen eine nothwendige Stelle hat, zu verweigern?
Weßhalb ſoll gerade in religiöſen Dingen der Glaube zum Vorwurf
gereichen? Dieſer Vorwurf beruht auf einer Vermiſchung der Begriffe
des Glaubens und der Leichtgläubigkeit; Glaube und Leichtgläubigkeit
aber ſind ſo ſehr verſchieden als Wißbegierde und Neugierde [5]. Geſetzt
auch, es gäbe ſolche, welche lediglich auf dem Wege der Vernunfterkennt=

Homini ergo non valenti verum intueri, ut ad id fiat idoneus purgarique se
sinat, auctoritas praesto est. Ibid. c. 14: Credere ante rationem, cum per-
cipiendae rationi non sis idoneus, et ipsa fide animum excolere excipiendis
seminibus veritatis, non solum saluberrimum judico, sed tale omnino, sine
quo aegris animis salus redire non possit. De morib. eccl. cath. c. 2: Quia
caligantes hominum mentes consuetudine tenebrarum, quibus in nocte peccatorum vitiorumque velantur, perspicuitati sinceritatique rationis aspectum
idoneum intendere nequeunt, saluberrime comparatum est, ut in lucem veritatis aciem titubantem veluti ramis humanitatis opacata inducat auctoritas.
    [1] De vera relig. c. 16: Sin vero et species rerum omnium, quam pro-
fecto ex aliquo verissimae pulchritudinis fonte manare credendum est, et
interiori nescio qua conscientia Deum quaerendum Deoque serviendum meliores
quosque animos quasi publice privatimque hortatur; non est desperandum
ab eodem ipso Deo auctoritatem aliquam constitutam, qua velut gradu certo
innitentes attollamur in Deum. Ibid. c. 9: Vera religio omnino sine quodam
gravi auctoritatis imperio iniri recte nullo pacto potest.
    [2] Ibid. c. 12.   [3] De civit. Dei XI, 3.   [4] De lib. arb. III, 21.
    [5] De util. cred. c. 9.

niß in den Besitz der wahren Religion gelangen könnten, so würden doch
nur wenige eine solche Höhe der geistigen Erkenntniß zu erreichen im
Stande sein. Allein auch diese Annahme kann keineswegs eingeräumt
werden. Wer nicht glaubt, muß überhaupt aufhören, die wahre Religion
zu suchen, zu der keiner gelangt ohne vorläufigen Glauben an das, was
er erst später, wenn er nach den Grundsätzen des wahren Glaubens lebt,
zu begreifen würdig und fähig wird.

Damit ist aber zugleich schon gesagt, daß auch in Sachen der Re=
ligion, wenn gleich der menschliche Verstand sich unter einen auctoritativen
Glauben beugen muß, die Erkenntnißfähigkeit des Menschen nicht ver=
kleinert und das Streben nach Erkenntniß nicht gering geschätzt werden
soll. Eben durch und mittelst des Glaubens soll ja der Mensch zur
Erkenntniß befähigt werden, zur Erkenntniß des Glaubensinhaltes, soweit
dieser für den Menschen erkennbar ist; er soll glauben, um zu erkennen[1].
Man soll allerdings zunächst auch ohne Einsicht in die Sache glauben,
aber nur deßhalb, weil ein solcher Glaube nicht bloß das sicherste Mittel
zur denkenden Erkenntniß ist, sondern zugleich auch am wirksamsten die
Seele zur Aufnahme der Samenkörner der Wahrheit befähigt und aus
diesem Grunde die einzige Bedingung zur Wiedergenesung kranker Seelen
ist; wie denn Augustinus von sich selbst sagt, daß er an Christus ge=
glaubt und sich von der Wahrheit der christlichen Lehre überzeugt habe,
auch unter der Voraussetzung, daß diese durch den Verstand niemals
vollständig erkannt werden könne[2]. Allein der Glaube hat selbst schon
seine Augen, mit denen er gewissermaßen schaut, daß das, was er noch
nicht erkennt, wahr sei, und mit denen er ganz sicher schaut, daß er das,
was er glaubt, noch nicht erkennt. Darum muß die gläubige Unter=
werfung unter eine Auctorität nicht blind sein. Die Auctorität, die den
Glauben verlangt, bereitet den Menschen auf die Erkenntniß vor, die
ihn dann zum Verständniß und zur Einsicht führt. Auch ist der Ver=
stand von der Auctorität nicht völlig getrennt, da man erwägt und
überlegt, wem man glauben müsse, und so der Auctoritätsglaube sich

---

[1] De ord. II, 5: Duplex enim est via, quam sequimur, cum rerum nos
obscuritas movet, aut rationem aut certe auctoritatem. Philosophia rationem
promittit et vix paucissimos liberat: quos tamen non modo non contemnere
illa mysteria, sed sola intelligere, ut intelligenda sunt, cogit. De lib. arb. II, 2:
Deinde jam credentibus dicit: Quaerite et invenietis; nam neque inventum
dici potest, quod incognitum creditur, neque quisquam inveniendo Deo fit
idoneus, nisi antea crediderit, quod est postea cogniturus.

[2] De util. cred. c. 14.

wieder auf schon anerkannte Wahrheiten stützt[1]. Der Glaube braucht daher nicht anders vorhanden zu sein, als im Anschluß an die Kriterien des denkenden Verstandes, aus denen die Wirklichkeit einer von Gott ge= setzten Auctorität erhellt, so daß auf dem Standpunkt des Glaubens der Inhalt der Glaubenslehren, wenn auch noch nicht als Wahrheit begriffen, doch unmittelbar als Wahrheit erkannt und erfahren wird. Da somit der Glaube für sich selbst schon das verstandesmäßige Denken voraus= setzt, so ist es nichts anderes als eine vernunftgemäße Forderung, daß der Glaube dem Verstande vorangehe, wenn es sich um die Auffassung gewisser hoher Dinge handelt, die noch nicht begriffen werden können[2]. Nur der Zeit nach aber ist die Auctorität, der man Glauben schenken muß, früher als der Verstand, weil das durch Sünde und Irrthum ge= schwächte Erkenntnißvermögen des Menschen durch den Glauben gehoben und geläutert werden muß; der Sache nach ist der Verstand vor dem Glauben[3].

Hiegegen darf man nicht einwenden, daß an den für den Glauben geoffenbarten Wahrheiten nicht festgehalten werden könnte, wenn das Ur= theil des Verstandes maßgebend sein sollte, d. h. man darf das Erkennen nicht als gefährlich und verderblich beargwöhnen. Ein solcher Einwand schlösse die unwahre Behauptung in sich, daß zwischen Glauben und Ver= stand ein Zwiespalt bestehe, der entweder Verachtung des Glaubens oder Verachtung des Verstandes zur Folge haben müßte. Es gibt allerdings auch ein falsches Denken, das einen solchen Zwiespalt hervortreten läßt; allein so wenig man das Reden überhaupt deßhalb meiden muß, weil es auch eine falsche Rede gibt, ebenso wenig muß man das Denken über= haupt meiden, weil es ein falsches Denken gibt. Letzterem ist freilich nicht nur das wahre Denken, durch welches wir dasjenige, was wir glauben, erkennen, sondern auch der bloße Glaube ohne Zweifel vor=

---

[1] De vera relig. c. 24: Auctoritas fidem flagitat et rationi praeparat hominem. Ratio ad intellectum cognitionemque perducit. Quamquam neque auctoritatem ratio penitus deserit, cum consideratur, cui sit credendum, et certe summa est ipsius jam cognitae atque perspicuae veritatis auctoritas.

[2] Epist. 222 ad Cons.: Procul dubio quantalacunque ratio, quae haec persuadet, etiam ipsa antecedit fidem.

[3] De ord. II, 9: Ad discendum necessario dupliciter ducimur, auctoritate et ratione. Tempore auctoritas, re autem ratio prior est. De vera relig. c. 24: Quia in temporalia devenimus et eorum amore ab aeternis impedimur, quaedam temporalis medicina, quae non scientes, sed credentes ad salutem vocat, non naturae et excellentiae, sed ipsius temporis ordine prior est.

zuziehen [1]. Wenn aber, wie gesagt, Glaube und wahres Denken sich gegenseitig nicht ausschließen, sondern ergänzen und fordern, so soll auch der Mensch überhaupt nicht beim bloßen Glauben stehen bleiben, sondern das, was er im festen Glauben besitzt, im Lichte der denkenden Vernunft erkennen, um es zum Besitzthum eines sicheren Wissens zu machen [2]. Wer nicht diesen Fortschritt vom Glauben zum Wissen macht, weiß gar nicht, wozu der Glaube nütze [3]. Die Erkenntniß ist die Frucht, die der fromme Glaube tragen soll [4]. Nicht deßhalb glauben wir, damit wir nicht weiter nach Gründen zu suchen brauchen. Ferne sei es, daß Gott in uns das hasse, worin er uns vorzüglicher als die übrigen lebenden Wesen erschuf; es ist vielmehr der Wille Gottes selber, daß der Mensch dasjenige, was er vorher im Glauben festhält, nach und nach, je nach dem Maße seiner Fassungskraft, auch im Lichte des Verstandes schaue; dazu hat ihm Gott eben den Verstand gegeben, der ihn von den Thieren unterscheidet und so hoch über dieselben erhebt und ohne den er nicht einmal in vernünftiger Weise glauben könnte [5]. Vernachlässigt er die ver-

---

[1] Epist, 222 ad Cons.: Sicut non ideo debes omnem vitare sermonem, quia est et sermo falsus, ita non debes omnem vitare rationem, quia est et falsa ratio. — Falsae rationi non solum ratio vera, qua id quod credimus, intelligimus, verum etiam fides ipsa rerum nondum intellectarum sine dubio praeferenda est.

[2] De lib. arb. I, 3: Molimur id, quod in fidem recepimus, etiam intelligendo scire ac tenere firmissimum.

[3] Epist. 222 ad Cons.: Qui vera ratione jam, quod tantummodo credebat, intelligit, profecto praeponendus est ei, qui cupit adhuc intelligere, quod credit; si autem nec cupit et ea, quae intelligenda sunt, credenda tantummodo existimat, cui rei fides prosit, ignorat.

[4] Tract. 22 in evang. Joann. n. 2: Numquid ergo audire nos voluit verbum suum et intelligere noluit? Quandoquidem si in audiendo et credendo vita aeterna est, multo magis in intelligendo. Sed gradus pietatis est fides, fidei fructus intelligentia.

[5] Epist. 222 ad Cons.: Quam (rationem) si a me vel a quolibet doctore non irrationabiliter flagitas, ut, quod credis, intelligas, corrige definitionem tuam, non ut fidem respuas, sed ut ea, quae fidei firmitate jam tenes, etiam rationis luce conspicias. Absit namque, ut hoc in nobis Deus oderit, in quo nos reliquis animantibus excellentiores creavit. Absit, inquam, ne ideo credamus, ut rationem accipiamus sive quaeramus, cum etiam credere possemus, nisi rationales animas haberemus. Ut ergo in quibusdam rebus ad doctrinam salutarem pertinentibus, quas ratione nondum percipere valemus, sed aliquando valebimus, fides praecedat rationem, qua cor mundatur, ut magnae rationis capiat et perferat lucem, hoc utique rationis est. Et ideo rationabi-

nünftige Erkenntniß, so sinkt er auf die Stufe der unvernünftigen Thiere
herab [1].

Also auch in religiösen Dingen, wie in anderen, verwirft Augustinus
einen blinden Glauben und fordert den Gebrauch des Verstandes und
der Vernunft, ein selbstthätiges Forschen, ein Streben nach wissenschaft=
lichem Erkennen; er hat aber diese Forderung dadurch in das hellste
Licht gestellt, daß er den Glauben mit unter die Grundlagen des Wissens
aufnahm und nachwies, es sei dem Denkgeiste selbst gewiß, daß der
Glaube der denkenden Erkenntniß vorangehe und diese dann als Lohn
folge, wenn der Denkgeist mehr und mehr in das Object des Glaubens
einbringt und in immer tieferer Erkenntniß desselben vorwärts schreitet [2],
wenn gleich der Mensch in diesem Leben nie dahin gelangt, daß sein
Glaube im Wissen aufgeht [3]. Es gibt Manches, was wir jetzt nicht be=
greifen, wovon wir jetzt noch nicht den vernünftigen Grund einsehen,
und doch muß ein solcher vorhanden sein, weil alles durch die göttliche
Vernunft gemacht und geordnet ist; wir werden ihn einstens finden,
wenn das Glauben sich in das Schauen verwandelt [4].

---

liter dictum est per prophetam: Nisi credideritis, non intelligetis. Ubi procul dubio discrevit haec duo deditque consilium, quo prius credamus, ut id,
quod credimus, intelligere valeamus.

[1] Enarr. in Ps. 103: Non ergo exigit Deus intellectum de equo et mulo,
sed hominibus dicit: Nolite esse sicut equus et mulus, quibus non est intellectus. Hoc ergo dicit Deus: Non exigo participationem sapientiae meae ab
eis, quae non feci ad imaginem meam, sed ubi feci, inde exigo et usum ejus
rei postulo, quam donavi.

[2] Enarr. in Ps. 118 conc. 18: Proficit ergo noster intellectus ad intelligenda, quae credat, et fides proficit ad credenda, quae intelligat, et eadem
ipsa ut magis magisque intelligantur, in ipso intellectu proficit mens.

[3] De trinit. IX, 1: Tutissima est quaerentis intentio, donec apprehen-
datur, quo tendimus et quo extendimur. Sed ea recta intentio est, quae pro-
ficiscitur a fide. Certa enim fides utcumque inchoat cognitionem; cognitio vero
non perficietur nisi post hanc vitam, cum videbimus facie ad faciem.

[4] Epist. 222 ad Cons.: Et re vera sunt, de quibus ratio reddi non potest,
non tamen non est. Quid enim est in rerum natura, quod irrationabiliter
fecerit Deus? Jam ergo si fideles sumus, ad fidei viam pervenimus, quam
si non dimiserimus, non solum ad tantam intelligentiam rerum incorporearum
et incommutabilium, quanta in hac vita capi non ab omnibus potest, verum
etiam ad summitatem contemplationis, quam dicit apostolus: facie ad faciem,
sine dubitatione perveniemus.

Dritter Theil.
Die Psychologie des hl. Augustinus.

---

§ 11.

Einleitung.

Wir brauchen kaum zum Voraus zu bemerken, daß die psychologischen Untersuchungen des Augustinus kein streng geschlossenes, einheitlich durchgeführtes und vollständig ausgebautes System darstellen. Maßgebend waren auch für sie die äußeren geistigen Einflüsse, die bestimmend auf die Gestaltung seiner Ansichten einwirkten, und die Fragen, die ihn besonders bewegten. Daher sind die einzelnen psychologischen Punkte da und dort zerstreut behandelt und in vielen Wendungen durchgesprochen. Die Hauptfrage für ihn bildet die nach der Immaterialität der Seele, um welche sich die übrigen psychologischen Fragen gruppiren. Dabei verfährt er durchweg nach dem Grundsatz, daß die psychologische Untersuchung sich auf genaue Selbstbeobachtung stützen müsse, so daß er das, was er lehrt, selber in sich erfahren hat. Er geht ja, wie wir bereits gesehen, bei seiner philosophischen Reflexion überhaupt von der Betrachtung der eigenen menschlichen Wesenheit aus, so daß für ihn die Selbsterkenntniß die Grundlage aller speculativen Erkenntniß bildet. Der Geist muß von der Außenwelt in sich zurückkehren, sich in sich verinnern, dieß ist das sein ganzes Denken, alle seine speculativen Erörterungen beherrschende Princip: „Gehe nicht nach Außen, kehre in dich selbst zurück, im inneren Menschen wohnt die Wahrheit", — dieser Grundsatz gilt im höchsten und strengsten Sinne in der Psychologie.

Augustinus erkannte aber, wie die Wichtigkeit, so auch die Schwierigkeit der auf Selbstbeobachtung gegründeten psychologischen Untersuchungen, wenngleich er gegenüber der speculativen Theologie das Problem der Psychologie als das des Schülers bezeichnet. Kaum mag je ein Forscher sich der Tiefe unseres eigenen Wesens und unserer Schwachheit und Unzulänglichkeit in der Erforschung desselben klarer bewußt gewesen sein als Augustinus. Es ist, sagt er, ein Abgrund von schreckhafter Tiefe; es ist unser eigenes Wesen und doch bleibt es mehr beim

Erforschen desselben, als daß wir es begreifen [1]. Dessen ungeachtet aber
drang er mit unverdrossenem Eifer in die Tiefe des menschlichen Innenlebens ein, in der Ueberzeugung, daß die Wichtigkeit der psychologischen
Untersuchungen die Schwierigkeit derselben bei Weitem aufwiege, und als
Frucht seiner tiefgehenden Forschung finden wir in seinen Schriften so
viele und so tiefsinnige Gedanken, daß es wohl angezeigt ist, dieselben
eigens zusammenzustellen.

Auf dem sicheren Fundament des Selbstbewußtseins schreitet der
vernünftige Denkgeist in der Reflexion auf sich selbst weiter und unterscheidet am eigenen Wesen die leiblichen Sinne, durch welche das körperliche Sein wahrgenommen wird, dann einen inneren Sinn, welcher sich
die äußeren Sinne und deren Empfindungen vorstellig macht, und endlich
den denkenden Verstand, der nicht nur den inneren Sinn erkennt, sondern auch das innere Wesen des Denkgeistes, somit sich selbst durch sich
selbst erfaßt und wissenschaftlich zu erkennen vermag.

Dieser sich steigernden Subjectivität entspricht nun eine sich stufenweise zu immer höherer Existenz erhebende Objectivität. Der äußere
Sinn hat zu seinem Object das bloß Seiende, das Körperliche; er selber
aber gehört zum lebendigen Sein und urtheilt über das Körperliche.
Der innere Sinn urtheilt über den äußeren Sinn und bezeichnet offenbar
wieder eine höhere Stufe des Lebens, als die ist, welche der äußere Sinn
einnimmt, weil dasjenige, welches über ein Anderes urtheilt, immer über
dem Beurtheilten steht. Noch höher steht der denkende Verstand und
zwar deßhalb, weil er einerseits über den inneren Sinn urtheilt, und
andererseits, weil die Erkenntniß des eigenen Lebens, die durch den
Verstand gegeben ist, vortrefflicher ist, als das Leben selbst. So gewinnen wir aus der bloßen Selbstbetrachtung, in welcher der Mensch
sich immer mehr in sein inneres Wesen vertieft, die Erkenntniß eines
dreifachen Seins. Es gibt ein bloßes Sein, wie der menschliche Körper
seiner Substanz nach ist; es gibt ein lebendiges Sein, das sich in das
Sein der Pflanzen und der Thiere unterscheidet und wovon das letztere
höher steht, weil es Empfindungsleben ist und nicht bloß äußere Sinne,
sondern auch einen inneren Sinn hat, während das Sein der Pflanzen
ohne Empfindung ist und bloß vegetirt; und es existirt endlich der selbst-

---

[1] Conf. X, 5; Enarr. in Ps. 41; De anim. et ej. orig. IV, 7: Nonne attendis et exhorrescis tantam profunditatem? Et quid est hoc aliud quam
nostra natura nec qualis fuit, sed qualis nunc est? Et ecce magis quaeritur,
quam comprehenditur.

bewußte, denkende und erkennende Menschengeist. Sein, Leben und Selbst=
bewußtsein bilden eine Stufenfolge, in der je das Nachfolgende das Vor=
hergehende in sich schließt und darum besser und höher ist. Denn was
Leben besitzt, hat offenbar auch das Sein, wie z. B. das Thier; aber
nicht umgekehrt lebt alles Seiende, wie z. B. der Stein. Das Leben
jedoch besitzt als solches noch nicht Erkennen und Selbstbewußtsein; dieß
ist das Vorzüglichste, das seinerseits nicht ohne Sein und Leben bestehen
kann. Denn da auch die Thiere leben und empfinden, so ist im Men=
schen nicht dasjenige, womit er die sinnlichen Dinge empfindet, das Vor=
züglichste, sondern das, womit er über sie urtheilt, nämlich der Verstand,
den die Thiere entbehren, das Denken, das nicht bloß über die sinnlichen
Dinge, sondern auch über die Sinne selbst urtheilt und z. B. weiß,
warum ein Ruder im Wasser gebrochen erscheint, während es doch
gerade ist[1].

Da auf solche Weise der auf sich selbst reflectirende Mensch in sich
selbst verschiedene Seinsstufen vereinigt findet, die, je mehr er sich ver=
innert und auf den Standpunkt der reinen geistigen Subjectivität sich
zurückzieht, für ihn zu einem Objectiven werden, so erscheint es eigentlich
schon vor aller Gewißheit einer realen Außenwelt gerechtfertigt, von

---

[1] De lib. arb. II, 3: Cum tria sint haec, esse, vivere, intelligere, et lapis
est, et pecus vivit, nec tamen lapidem puto vivere aut pecus intelligere; qui
autem intelligit, cum et esse et vivere certissimum est: quare non dubito id
excellentius judicare, cui omnia tria insunt, quam id, cui duo vel unum desit;
nam quod vivit, utique et est, sed non sequitur, ut etiam intelligat: qualem
vitam esse pecoris arbitror. Quod autem est, non utique consequens est, ut
vivat et intelligat: nam esse cadavera possum fateri, vivere autem nullus
dixerit. Jam vero, quod non vivit, multo minus intelligit. Ibid. I, 7: Me-
liorne tibi videtur vitae scientia, quam ipsa vita? an forte intelligis, superiorem quandam et sinceriorem vitam esse scientiam, quam scire nemo potest,
nisi qui intelligit? Intelligere autem quid est, nisi ipsa luce mentis illustrius
perfectiusque vivere? Ibid. II, 5: Nulli autem dubium est, eum, qui judicat,
eo, de quo judicat, esse meliorem. Ibid. II, 6: Cum ergo eam naturam, quae
tantum est, nec vivit nec intelligit, sicuti est corpus exanime, praecedat ea
natura, quae non tantum est, sed etiam vivit, nec intelligit, sicuti est anima
bestiarum; et rursus hanc praecedat ea, quae simul et est et vivit et intelligit,
sicuti in homine mens rationalis, num arbitraris in nobis, id est, in iis, in
quibus natura nostra completur, ut homines simus, aliquid inveniri posse
praestantius, quam hoc, quod in his tribus tertio loco posuimus? Nam et
corpus nos habere manifestum est, et vitam quandam, qua ipsum corpus
animatur atque vegetatur, quae duo etiam in bestiis agnoscimus, et tertium
quiddam quasi animae nostrae caput aut oculum, aut si quid congruentius
de ratione atque intelligentia dici potest, quam non habet natura bestiarum.

jenen verschiedenen Seinsstufen zu sprechen. Führt endlich die fortgesetzte Selbstbetrachtung noch weiter, zum geistigen Vermögen der Vernunft, des Intellects, durch das ein übermenschliches Sein erkannt wird, so ergibt sich, daß der von Augustinus in der Psychologie eingenommene Standpunkt ein durchaus centraler ist, in dem nicht nur die Stadien eines niederen, sondern auch eines höheren Seins zusammenlaufen. Der Mensch tritt uns so entgegen als der Höhepunkt der sichtbaren Schöpfung und als das Band dieser und der übersinnlichen Geisterwelt [1].

§ 12.
Die Immaterialität der Seele.

Der auf sich selbst reflectirende Mensch unterscheidet in seiner Natur Leib und Seele. Was ist nun die Seele, der höhere und bessere Bestandtheil des menschlichen Wesens, im Unterschied vom Leibe?

Die Seele (anima), d. h. die geistige Seele, der Geist (mens) des Menschen, erfaßt im Denken sich selbst, um eine Erkenntniß seiner selbst zu gewinnen, vermöge seines Selbstbewußtseins, auf Grund dessen er sich auf sich selbst zurückwendet, auf sich selbst den Blick richtet und so sich selbst sich vergegenwärtigt. Obgleich nun aber das Selbstbewußtsein den Ausgangspunkt einer sicheren und gewissen Selbsterkenntniß bildet und in ihm der Geist sich selbst unmittelbar denkend erfaßt, so geschieht es doch, daß er sich auch eine falsche Vorstellung von seinem eigenen Wesen macht. Die Quelle, aus der solche irrthümliche, sensualistische und materialistische Anschauungen vom Seelenwesen entspringen, ist uns bereits bekannt. Es ist dieselbe, aus der auch alle irrthümlichen Vorstellungen vom göttlichen Wesen hervorgehen. Wie oben bemerkt wurde, konnte Augustinus selbst sich zu keiner richtigen Vorstellung von der Seele erheben, so lange er in die manichäischen Phantasiegebilde verstrickt war, weil er nicht im Stande war, sich eine immaterielle, geistige

---

[1] Ad Oros. contr. Prisc. c. 8: In unoquoque homine est omnis creatura, non universaliter, sicut est coelum et terra et omnia, quae in eis sunt, sed generatim quodammodo. Quia rationalis in illo est, quam vel probantur habere angeli vel creduntur; et, ut ita dicam, sensualis, qua et bestiae non carent, et vitalis privata sensu, qualis adverti in arboribus potest. Jam vero ipsa corporalis creatura evidentius apparet in nobis, insunt tamen illi ex omnibus hujus corporei mundi elementis quaedam particulae ad temperiem valetudinis. Ita nullum est creaturae genus, quod non in homine possit agnosci.

Substanzvorstellung zu machen. Erst durch die platonische Philosophie zur Rückkehr in sich selbst angeregt, sah er sich vor Allem auf psychologische Untersuchungen angewiesen, um durch angestrengte Selbstbeobachtung den Unterschied zwischen dem körperlichen und dem geistigen Sein kennen zu lernen. Zeugniß hierfür geben die „Soliloquien", sowie seine Schriften „über die Unsterblichkeit der Seele" und „über die Größe der Seele". Jedoch bestimmter und klarer und namentlich selbständiger gegenüber dem Einfluß des platonischen Idealismus, der ihn zu einer gewissen Mißachtung des Körperlichen geführt hatte, tritt seine diesbezügliche Lehre in seinen späteren Schriften hervor, wo er den Weg der nach innen gekehrten Forschung, den er einschlug, selbst bezeichnet als naturam incorpoream et spiritalem cogitando persequi, ipsam cogitationem suam eadem cogitatione considerare et invenire eam nullo locorum spatio de ipsis locorum spatiis judicantem [1].

Aus eigener Erfahrung belehrt, hat Augustinus die Quelle des Irrthums der sensualistischen Psychologie aufgezeigt und mit wunderbarem Tiefblick sowohl die intellectuelle als auch die moralische Seite dieses Irrthums beleuchtet, indem er den Zusammenhang nachwies, in welchem die Verkehrung des Denkens mit der Verkehrung des Willens, das Versinken des Denkens in das Gebiet des sinnlichen Vorstellens mit der Hingabe des Willens an die sinnliche Creatur steht. Da Selbstbewußtsein und denkende Selbsterfassung, sagt er, etwas durchaus Verschiedenes sind, so kann die Willensneigung so großen Einfluß üben, daß die Seele das, was sie mit liebender Hingebung sich lange vorgestellt und mit dem sie sich durch ein Interesse fest verkittet hat, als ihr anhängend mit sich zieht, auch wenn sie, um sich selbst denkend zu erfassen, in sich zurückkehrt. Und weil dasjenige, dem sie nach außen durch die leiblichen Sinne sich liebend hingegeben und in dessen lange dauernden Verkehr sie sich verstrickt hat, körperlich ist, und weil sie doch nicht nach innen, sozusagen in die Sphäre ihrer unkörperlichen Natur den Körper selbst einführen kann, so ergreift und errafft sie sich wenigstens Bilder davon, indem sie sich solche in sich über sich selbst einbildet. Der Irrthum also entsteht dadurch, daß der Geist sich jenen Bildern mit solcher Liebe hingibt, daß er wähnt, er sei selber etwas Derartiges. Denn so wird der Geist gewissermaßen denselben gleichgestaltet, nicht etwa, weil er

---

[1] Contr. epist. Manich. c. 20.

Derartiges wäre, sondern weil er sich dafür hält[1]. In solchem
Wahne befangen, hält er sich für körperlich. Weil er jedoch seines Herr=
schervorranges, vermöge dessen er den Körper regiert, sich wohl bewußt
bleibt, so geschah es, daß Einige die Frage aufwarfen, was für ein
Körperliches von größerer Bedeutung im Körper sei, und dieses für den
Geist oder überhaupt für die ganze Seele hielten. So haben Einige das
Blut, Andere das Gehirn, Andere das Herz für die Seele gehalten.
Andere glaubten, sie werde aus den kleinsten untheilbaren Körperchen
durch deren Zusammenstoß und Verbindung gebildet. Wieder Andere
sagten, die Luft oder das Feuer sei ihre Substanz; wieder Andere be=
haupteten, sie sei gar keine Substanz, weil sie sich eben nur den Körper
als eine Substanz vorstellen konnten und nicht fanden, daß sie ein
Körper sei, sie hielten sie daher für eine Mischung des Körpers selbst[2].

Alle diese irrthümlichen Ansichten über das Wesen der Seele sind
bloße Meinungen, die darauf beruhen, daß man bildliche Eindrücke
und Vorstellungen aus der Körperwelt mit seinem eigenen Wesen ver=
mischt, daß man mit anderen Worten nicht den reinen Act des Sich=
selbstdenkens vollzieht. Wer gegenüber diesen Meinungen erkennt,
daß die Natur des Geistes eine Substanz und daß er immateriell ist,
der muß zugleich die Einsicht gewinnen, daß diejenigen, die ihn für
körperlich halten, nicht deßhalb irren, weil der Geist etwa nicht Gegen=
stand ihres Bewußtseins wäre, sondern weil sie ihm solches beilegen,
ohne das sie sich keine Substanz vorstellen können. Allein der Geist soll
sich nicht suchen, als ob er sich fehle; denn was ist der Erkenntniß so
gegenwärtig wie das, was dem Geiste gegenwärtig ist? Nichts aber ist

---

[1] De trinit. X, 5: Cum ergo aliud sit non se nosse, aliud non se cogitare, tanta vis est amoris, ut ea, quae cum amore diu cogitaverit, eisque
curae glutino inhaeserit, attrahat secum etiam, cum ad se cogitandam quodammodo redit. Et quia illa corpora sunt, quae foris per sensus carnis adamavit,
eorumque diuturna quadam familiaritate implicata est, nec secum potest in-
trorsum, tanquam in regionem incorporeae naturae ipsa corpora inferre,
imagines eorum convolvit et rapit factas in semetipsa de semetipsa. Ibid.
c. 6: Errat autem mens, cum se istis imaginibus tanto amore conjungit, ut
etiam se esse aliquid hujusmodi existimet. Ita enim conformatur eis quodammodo, non id existendo, sed putando, non quo se imaginem putet, sed omnino
illud ipsum, cujus imaginem secum habet.

[2] Ibid. c. 7: Cum itaque se tale aliquid putat, corpus esse se putat.
Et quia sibi bene conscia est principatus sui, quo corpus regit, hinc factum
est, ut quidam quaererent, quid corporis amplius valeret in corpore, et hoc
esse mentem vel omnino totam animam existimarent.

dem Geiste so gegenwärtig, wie ' der Geist selber. Aber weil der Geist
in demjenigen weilt, was er mit innerer Neigung sich vorstellt, weil er
sich mit Liebe an die sinnlichen und körperlichen Dinge gewöhnt hat, so
ist er nicht im Stande, ohne Bilder derselben in sich selbst zu verweilen.
Hieraus erwächst ihm die Makel des Irrthums, insofern er die Bilder
der wahrgenommenen Dinge nicht von sich selbst zu unterscheiden
und so sich allein zu erfassen vermag. Wunderbar. fest haben sich
ihm diese Dinge angehängt durch den Kitt der Willensneigung, und diese
seine unlautere Beschaffenheit trägt die Schuld, daß er, während er sich
allein zu erfassen sich bemüht, das zu sein wähnt, ohne das er sich
nicht zu erfassen im Stande ist[1]. Wenn er daher der Mahnung: Er=
kenne dich selbst — nachkommen will, so möge er sich nicht suchen, als ob er
sich entzogen wäre, sondern das, was er sich beilegt, von sich abziehen. So
wird er zur Einsicht kommen, daß er z. B. wohl sich selbst niemals
nicht geliebt, niemals sich selbst nicht gekannt hat; aber weil er Anderes
neben sich liebte, hat er sich mit ihm gewissermaßen verschmolzen und
zusammenwachsen lassen und so kam er, indem er Verschiedenes als Eines
zusammenfaßte, zu der Meinung, es sei Eines, was verschieden ist.
Deßhalb soll er sich nicht wie etwas Abwesendes zu erfassen, sondern,
sich selbst gegenwärtig, sich von Anderem zu unterscheiden suchen
und soll sich nicht so erkennen, als ob er sich unbekannt wäre, son=
dern sich als etwas von Anderem, das er erkennt, Verschiedenes
erkennen[2].

---

[1] Ibid. c. 7: In his omnibus sententiis quisquis videt mentis naturam et
esse substantiam et non esse corpoream, simul oportet videat, eos, qui opi-
nantur esse corpoream, non ob hoc errare, quod mens desit eorum notitiae,
sed quod adjungunt ea, sine quibus nullam possunt cogitare naturam. —
Ideoque non, se tamquam sibi desit mens, requirat. Quid enim tam cognitioni
adest, quam id, quod menti adest? aut quid tam menti adest, quam ipsa
mens? — Ibid. c. 8: Sed quia in iis est, quae cum amore cogitat, sensibilibus
autem, id est corporalibus, cum amore assuefacta est, non valet sine imaginibus eorum esse in semetipsa. Hinc ei oboritur erroris dedecus, dum rerum
sensarum imagines secernere a se non potest, ut se solam videat.

[2] Ibid. c. 8: Cum igitur ei praecipitur, ut seipsam cognoscat, non se
tanquam sibi detracta sit, quaerat, sed id, quod sibi addidit, detrahat. —
Cognoscat ergo semetipsam nec quasi absentem se quaerat, sed intentionem
voluntatis, qua per alia vagabatur, statuat in semetipsam, ut se cogitet. Ita
videbit, quod nunquam se non amaverit, nunquam nescierit: sed aliud secum
amando cum eo se confudit et concrevit quodammodo, atque ita dum sicut
unum diversa complectitur, unum putavit esse, quae diversa sunt. Ibid.
c. 9: Non itaque velut absentem se quaerat cernere, sed praesentem se

Hiernach muß der Geist von allen bloßen Meinungen über das Wesen der Seele absehen und auf Grund seines innern Sichselbstgegenwärtigseins auf sich selbst reflectiren, um in der Tiefe seines Selbstbewußtseins ein über jeden Zweifel erhabenes Wissen von sich selbst zu erlangen. Wenn der Sensualist bei der Erforschung des Wesens der Seele nach diesem oder jenem stofflichen Elemente greift und darin jenes Wesen zu erfassen glaubt, so übersieht er ganz und gar, daß der Geist, wenn er anfängt, sich selbst zu erforschen, schon ein Bewußtsein von sich hat, weil er sonst sich gar nicht suchen würde, und zwar ein sicheres Bewußtsein, und daß er darum in keiner Weise ein körperliches Element sein kann, weil er eben durchaus nicht das sichere Bewußtsein hat, daß er ein solches Element sei. Eben darüber, ob die Seele Luft oder Feuer oder Blut oder eine Zusammensetzung aus Atomen oder die Mischung und Stimmung des Körpers sei, haben die Menschen Zweifel gehabt und hat der Eine dieses, der Andere ein Anderes zum Wesen der Seele gemacht. Darum ist für die richtige und zweifellose Selbsterkenntniß des Geistes Alles gelegen an der Selbstvergewisserung, daß er nicht etwas von dem sei, was zu sein er nicht sicher ist, und daß er bloß das zu sein sich vergewissere, was allein zu sein er das sichere Bewußtsein in sich trägt. Es wäre eigentlich auch gar nicht möglich, daß er das, was er selbst ist, sich so vorstellte, wie er sich das vorstellt, was er nicht ist, daß er irgend eine körperliche Erscheinung für das Subject der Seele hielte und so das Subject der Erscheinung zur Erscheinung des Subjectes machte, wenn er nicht durch die einbildende Phantasie sich dieses Alles, wie Feuer, Luft, diesen oder jenen Körper oder Körpertheil oder körperlichen Zusammenhang und körperliche Mischung und Stimmung, vorstellen würde. Soll ja doch der Geist keineswegs dieses Alles, sondern nur Eines davon sein. Wenn er aber Eines davon wäre, z. B. Luft, so würde er dieses in anderer Weise als das Uebrige, als z. B. das Feuer, sich vorstellen, nämlich nicht durch ein Bild der Einbildungskraft, wie das Abwesende vorgestellt wird, sondern in einer innerlich bewußten, nicht bloß vorgespiegelten, sondern wahren Gegenwart, in der Weise, wie er eine Vorstellung von seinen Innenzuständen hat. Diese nämlich erfaßt er in sich mit innerem Bewußtsein und bildet sie sich nicht bloß ein, wie wenn er sie von außen in sinnlicher

---

curet discernere. Nec se, quasi non norit, cognoscat, sed ab eo, quod alterum novit, dignoscat.

Weise erfaßt hätte, in der Weise, wie alles Körperliche erfaßt wird.
Bei seiner inneren Selbstbetrachtung halte also der Geist alle Vorstel=
lungen fern, die er von Außen durch die leiblichen Sinne empfängt, und
richte sein Augenmerk auf das, wovon alle Geister das Bewußtsein und
zwar das sichere Bewußtsein in sich tragen. Wenn er von jenen aus
der Körperwelt geschöpften Vorstellungen sich nichts andichtet und auf=
heftet, so daß er etwas Derartiges zu sein wähnt, so wird eben das,
was ihm von sich selber übrig bleibt, er selbst sein. Er sehe ab von
dem, was er bloß meint, und sehe auf das, was er weiß; er halte
das fest, woran selbst jene nicht gezweifelt haben, welche die Seele für
diesen oder jenen Körper hielten [1].

Auch diese nämlich konnten wohl daran zweifeln, ob die Kraft, die
in uns lebt, erkennt und will, Luft oder Feuer oder etwas Anderes
sei; aber darin konnten sie nicht zweifeln, daß sie leben, erkennen und
wollen. Denn alle menschlichen Geister ohne Ausnahme haben das Be=
wußtsein, daß sie erkennen, sind und leben, und das Erkennen be=
ziehen sie auf etwas, das sie erkennen, Sein und Leben aber auf sich
selbst, und keinem ist zweifelhaft, daß jeder, der erkennt, auch lebt, und
jeder, der lebt, auch Sein hat, folglich daß der, welcher erkennt, auch
Sein und Leben habe. Ebenso wissen sie, daß sie wollen, und
wissen, daß dieß niemand könne, der nicht Sein und Leben hat, und
ebenso beziehen sie das Wollen auf etwas, das sie mit diesem Wollen
erstreben. Auch daß sie Bewußtsein haben, wissen sie, und zugleich
wissen sie, daß niemand Bewußtsein hätte, wenn er nicht Sein und Leben
hätte. Diese inneren Vorstellungen, in welchen der Geist seiner eigenen
Lebensacte sich bewußt wird, die Vorstellungen, daß er lebt, Bewußtsein
hat, erkennt und will, sind ihm allein wahrhaft innerlich gegenwärtig,
mit ihm verwachsen, die eigensten und unmittelbarsten Erscheinungen
seines Seins und Lebens, und auf sie muß er deßhalb reflectiren, um
sich als das zu erfassen, was er wirklich ist, weil die innere Natur
eines Seins sich in seiner Erscheinung kundgibt; auf sie muß er reflec=

---

[1] Ibid. c. 10: Cum ergo verbi gratia, mens aërem se putat, aërem intelligere putat, sed tamen intelligere scit; aërem autem se esse non scit, sed
putat. Secernat, quod putat; cernat, quod scit, hoc ei remaneat. Unde ne
illi quidem dubitaverunt, qui aliud atque aliud corpus esse mentem putave-
runt. — Quoniam de natura mentis agitur, removeamus a consideratione nostra
omnes notitias, quae capiuntur extrinsecus per sensus corporis, et ea, quae
posuimus omnes mentes de seipsis nosse certasque esse, diligentius attendamus.

tiren, um seine Natur und Wesenheit in ganz sicherer und zweifelloser Weise zu erfassen[1].

In den Vorstellungen dieser seiner eigenen Innenzustände sich erfassend, kann der Geist, indem er auf diese Weise den Act des Sichselbstdenkens rein vollzieht, die Meinung, er sei etwas Körperliches, leicht als eine leere Fiction, durch welche er seinem geistigen Blicke das wahre Wesen der Seele entzieht, als Selbsttäuschung erkennen. Er darf nur zunächst darauf reflectiren, daß die psychischen Innenzustände und daher auch das Wesen der Seele, das sich in ihnen, als seinen Lebensäußerungen, offenbart, nicht durch einen leiblichen Sinn, sondern nur durch den Intellect erkannt werden, daß somit jene Innenzustände nicht sinnliche, sondern intelligible Objecte und das in ihnen sich offenbarende Wesen der Seele kein sinnliches, sondern ein intelligibles Wesen ist[2]. In dieser Hinsicht wird er dann weiterhin bestärkt werden, wenn er auf den Inhalt jener inneren Vorstellungen in seinem Unterschied von dem Inhalt der Sinnesvorstellungen sein Augenmerk richtet. Er braucht nur, wie Augustinus sagt, streng methodisch so zu verfahren, daß er vor Allem den Begriff des Körperlichen feststellt und denselben dahin definirt, daß der Körper mit einem kleineren Theil seines Wesens einen kleineren und mit einem größeren Theil einen größeren Raum einnimmt, oder daß jeder seiner Theile im Raume kleiner ist als das Ganze[3], und sodann sich frägt, ob diese Wesensbestimmtheit des Körperlichen auch von der menschlichen Seele gelte. Zur Lösung dieser Frage muß er auf die im Selbstbewußtsein gegebenen Erscheinungsweisen und Thätigkeiten der Seele eingehen, um aus diesen nachzuweisen, daß die Seele ihrer Natur nach eine vom körperlichen Sein ganz verschiedene Wesenheit sei, daß sie also nicht

---

[1] Ibid. c. 10: Utrum enim aëris sit vis vivendi, reminiscendi, intelligendi, volendi, cogitandi, sciendi, judicandi, an ignis an cerebri an sanguinis an atomorum an praeter usitata quatuor elementa quinti nescio cujus corporis, an ipsius carnis nostrae compago vel temperamentum haec efficere valeat, dubitaverunt homines, et alius hoc, alius aliud affirmare conatus est. Vivere se tamen et meminisse et intelligere et velle et cogitare et scire et judicare, quis dubitet? — Neque enim omnis mens aërem se esse existimat, sed aliae ignem, aliae cerebrum aliaeque aliud corpus et aliud aliae, — omnes tamen se intelligere norunt et esse et vivere. — Item velle se sciunt.

[2] De duabus anim. c. 2: Cum omnis vita et ob hoc omnis anima nullo corporis sensu, sed solo intellectu percipi queat.

[3] De anim. et ej. orig. IV, 12: Corpus est, quidquid majoribus et minoribus suis partibus, majora et minora spatia locorum obtinentibus, constat. De trinit. X, 7: Corpus, cujus in loci spatio pars toto minor est.

mit einem kleineren Theile ihres Wesens einen kleineren und mit einem größeren Theil einen größeren Raum einnehme und daß sie überhaupt keine sinnenfälligen Merkmale an sich habe.

Vergleichen wir nämlich die Vorstellungen, durch welche der Geist seiner inneren Lebensacte inne wird, ihrem Inhalte nach mit den Sinnen= bildern, so kann man an ihnen ebenso wenig etwas Körperliches wahr= nehmen, als man sagen kann, sie seien nur leere Namen, denen keine ob= jective Wirklichkeit entspreche. Hierher gehören alle Vorstellungen der inneren Erkenntniß=, Gefühls= und Willensacte und die aus ihnen ab= geleiteten abstracten Vorstellungen, wie Wahrheit, Liebe, Gerechtigkeit, die alle keine körperliche Qualität an sich tragen [1]. „Du weißt," sagt Augu= stinus, „daß du die Sonne durch ein körperliches Bild gesehen hast; du kannst sie auch sofort schauen, wenn sie scheint und dein Standpunkt dir die Aussicht auf den Theil des Himmels gewährt, wo sie gerade steht. Um aber das zu erfassen, was durch den geistigen Blick angeschaut wird, d. i. daß du lebst und deines Lebens, Wollens, Forschens und Wissens dir bewußt bist, dazu brauchst du nicht das körperliche Auge und du nimmst keinen örtlichen Zwischenraum wahr, durch den der gei= stige Blick hindurchdränge, um zu diesen Objecten der Wahrnehmung zu gelangen. Du siehst vielmehr dein Leben, dein Wollen, Forschen, Wissen oder Nichtwissen in solcher Weise, daß du es in dir erfassest, bei dir besitzest und ohne irgend welche Umrisse von Figuren und ohne den Glanz der Farben (ohne irgend welche körperliche Qualität), aber um so klarer und sicherer, um so einfacher und innerlicher erfassest." [2] Hierher gehören ferner alle jene intellectuellen Vorstellungen oder Ideen des Einen, Wahren, Schönen, Guten u. s. w., die wir nicht aus der Sin=

---

[1] De Genes. ad lit. XII, 3: Adhuc quaeri potest, utrum imagines corporum fuerint ea substantia, quae nullam corporis similitudinem gerit,
sicut Deus, sicut ipsa mens hominis vel intelligentia vel ratio, sicut virtutes,
prudentia, justitia, castitas, charitas, pietas et quaecunque aliae sunt, quas
intelligendo atque cogitando enumeramus, discernimus, definimus, non utique
intuentes lineamenta earum vel colores, aut quomodo sonent aut quid re-
doleant aut quid in ore sapiant, — sed alia quadam visione, alia luce, alia
rerum evidentia, et ea longe ceteris praestantiore atque certiore. — De anim.
et ej. orig. IV, 19: Quis autem recte dicat, se aliquem hominem cognovisse,
nisi in quantum potuit ejus vitam voluntatemque cognoscere, quae utique
moles non habet vel colores? Sic enim et nos ipsos certius quam ceteros
novimus, quia nobis conscientia nostra nota est et voluntas, quam plane videmus et in ea tamen aliquam corporis similitudinem non videmus.

[2] Lib. ad Paul. epist. 112.

nenwelt abstrahiren, sondern nach denen der intelligible Menschengeist
das Sinnenfällige beurtheilt. Während die sinnlichen Vorstellungen,
wenn gleich nicht selbst körperlich, doch Abbilder von körperlichen Dingen
sind, repräsentiren die intellectuellen Vorstellungen, wie wir oben gesehen
haben, auch nicht mehr bildlich etwas Körperliches und stellen insbeson=
dere auch die reinen mathematischen Vorstellungen durchaus keine körper=
liche Qualität dar. Vergleichen wir nur die körperliche Ausdehnung
mit den mathematischen Begriffen der Länge, Breite, Tiefe, Fläche und
Linie, so ergibt sich uns unzweifelhaft, daß diese Begriffe nirgends in
der Körperwelt sinnlich wahrnehmbar sind, daß sie vielmehr nur als
unsichtbare Träger der körperlichen Formen in geistiger Anschauung er=
blickt werden. Hauptsächlich ist die in allen mathematischen Größen und
Figuren gestaltende, umfassende und allbezügliche Macht, der Punkt, ein
durchaus unkörperlicher Begriff [1]. Deßwegen kann auch das diese Vor=
stellungen in sich tragende psychische Wesen unmöglich etwas Körperliches
sein. Wenn vielmehr vermöge einer gewissen Verwandtschaft der Dinge
das Körperliche nur wieder von einem körperlichen Auge geschaut wird,
so muß die Seele, mit der wir Immaterielles sehen, selbst auch im=
materiell sein [2].

Zu den inneren Lebenserscheinungen gehören nun freilich auch die
sinnlichen Vorstellungen. Allein auch diese, die wir als Bilder materieller
Objecte in unserem Bewußtsein tragen, sind doch nicht selbst materiell,
sondern nur psychische Abbilder der körperlichen Dinge. Man nehme
die Bilder, welche die Seele von materiellen Gegenständen im Traume
sich vorführt, oder welche ihr in der Ekstase vorschweben, oder welche sie
im wachen Zustand in absichtlicher Weise gestaltet, so muß man wohl
zugeben, daß alle diese Gebilde den wirklichen Dingen der Außenwelt
durchaus ähnlich sind, aber man kann nicht sagen, daß sie selber materiell
seien. Zieht man ferner in Betracht, daß die Seele im Stande ist, sehr
viele Vorstellungen von räumlichen Gegenständen in sich zu bilden und
in ihrem Gedächtnisse festzuhalten, so fragt es sich, wie dieß möglich
wäre, wenn sie körperlich wäre, da doch der Körper hinsichtlich seiner

---

[1] De quantit. anim. c. 12.
[2] Ibid. c. 13: Unquamne oculis istis corporeis vel tale punctum vel
talem lineam vel talem latitudinem vidisti? — Omnino nunquam. Non enim
sunt ista corporea. — Atqui si corporea corporeis oculis mira quadam rerum
cognatione cernuntur, oportet animum, quo videmus illa incorporalia, corporeum corpus non esse.

Räumlichkeit auf seine eigene Substanz angewiesen ist und über diese nicht hinausgehen kann[1]. Das Körperliche ist das, was gesehen und durch die Sinne wahrgenommen wird, die Seele dagegen erkennt sich als das Wesen, welches das Körperliche sieht, sinnlich wahrnimmt, sich vorstellig macht und darüber urtheilt; und darum ist sie weder körperlich, noch das Bild eines Körpers. Und wenn schon die sinnlichen Vorstellungen in der Seele nicht selbst materiell sind, sondern nur physische Abbilder des Materiellen, so ist um so weniger die Seele körperlich, da dasjenige, welches das Bild eines Körpers sieht und es als schön oder häßlich beurtheilt, ohne Zweifel vorzüglicher ist, als das Bild selber, welches beurtheilt wird[2].

Es ist ferner eine unzweifelhafte Thatsache unseres Bewußtseins, daß wir die sinnlichen Vorstellungen theils unwillkürlich, wie im Traume, theils willkürlich, wie im wachen Zustande, hervorrufen und wieder entfernen, daß wir sie ordnen, mannigfach zusammensetzen und umgestalten können. Eine solche, auf die sinnlichen Vorstellungen einwirkende und sie beherrschende Thätigkeit aber läßt sich offenbar nur aus der Kraft einer geistigen Substanz erklären, als welche wir uns im Selbstbewußtsein erfassen[3]. Einen ebenso schlagenden Beweis für die geistige Substantialität der Seele liefert endlich die Thatsache unseres Bewußtseins, daß sich die Seele bei starker Anspannung des intellectuellen Erkenntnißvermögens von den Sinnen abwendet und in sich selbst zurückzieht. So oft sie Gott oder Göttliches oder ihre eigenen Lebensäußerungen betrachten will, muß sie sich von den körperlichen Sinnen losmachen und in sich selbst zurückziehen und je mehr sie sich von den Sinnen des Leibes losmacht, desto reiner schaut sie in sich das Ewige und Unwandelbare und wird nach dem Maße ihres Schauens selbst reiner und

---

[1] De anim. et ej. orig. IV, 17: Tam multas igitur et tam magnas corporum imagines, si anima corpus esset, capere cogitando vel memoria retinendo non posset.

[2] De civit. Dei VIII, 5: Illud autem, unde videtur in animo haec similitudo corporis, nec corpus est nec similitudo corporis; et unde videtur atque utrum pulchra an deformis sit, judicatur, profecto est melius, quam ipsa, quae judicatur. Haec mens hominis et rationalis animae natura est, quae utique corpus non est, si jam illa corporis similitudo, cum in animo cogitantis adspicitur atque judicatur, nec ipsa corpus est.

[3] Conf. X, 8; De anim. et ej. orig. IV, 18: Non mihi videris ab isto errore (animam esse corpus) posse erui, nisi Deo adjuvante diligenter consideraveris visa somniantium et inde cognoveris esse quasdam, quae non sint corpora, sed similitudines corporum.

ebler [1]. Wie könnte sie sich aber vom Körperlichen losmachen und dem In=
telligibeln in sich zuwenden, wenn sie nichts Anderes wäre als, wie
manche behaupten, die Harmonie der leiblichen Organe, also ein Accidenz
des Leibes, wenn sie nicht vielmehr eine vom Leib verschiedene Substanz
wäre, die dem Intelligibeln, das sie in sich schaut, verwandt ist? [2]

In seiner Schrift „de quantitate animae" begegnet Augustinus
auch dem Einwurf, wie, die Immaterialität der Seele vorausgesetzt, die
Thatsache zu erklären sei, daß die Seele mit der Größe des ihr ange=
hörigen Leibes übereinstimme, indem sie ja an allen Stellen des Leibes
eine körperliche Berührung fühle. Später benützte er diese Thatsache
selbst zu einem Beweisgrund für die Immaterialität der Seele. Die
ganze Seele, sagt er, empfindet, als das den Körper belebende Princip,
jede leibliche Affection an der Stelle, wo sie stattfindet, ohne sich erst
dahin zu bewegen und ohne deßhalb, weil sie an einer bestimmten Stelle
empfindet, im übrigen Körper nicht zu sein, während kein Körper an
mehreren Orten zugleich vorhanden sein kann, sondern nur ganz ist in
dem ganzen Raum, den er einnimmt, nicht aber in den einzelnen Theilen
desselben. Wäre also die Seele ein Körper, so könnte sie nicht bei
Empfindungen des Leibes in jedem Theile desselben ganz gegenwärtig sein [3].

---

[1] De Genes. ad lit. VII, 14: Cum igitur his quasi nuntiis accipiat anima,
quidquid eam corporalium non latet, ipsa vero usque adeo aliud quidquam
sit, ut cum vult intelligere vel divina vel Deum vel omnino etiam seipsam
suasque considerare virtutes, ut aliquid veri certique comprehendat, ab hac
ipsorum quoque oculorum luce se avertat eamque ad hoc negotium non tantum nullo adjumento, verum etiam nonnullo impedimento esse sentiens, se in
obtutum mentis attollat. Ibid. VII, 20: Namque aliud esse ipsam, aliud haec
ejus corporalia ministeria vel vasa vel organa, hinc evidenter elucet,—quod
plerumque se vehementi cogitationis intentione avertit ab omnibus, ut prae
oculis patentibus recteque valentibus multa posita nesciat et, si major intentio
est, dum ambulabat, repente subsistat, avertens utique imperandi nutum a
ministerio motionis, qua pedes agebantur.

[2] De immort. anim. c. 10: Quis enim bene se inspiciens non expertus
est tanto se aliquid intellexisse sincerius, quanto removere atque subducere
intentionem mentis a corporis sensibus potuit? Quodsi temperatio corporis
esset animus, non utique id posset accidere. Non enim ea res, quae naturam
propriam non haberet neque substantia esset, ullo modo se ab eodem corpore
ad intelligibilia percipienda conaretur avertere et, in quantum id possit, in
tantum illa posset intueri eaque visione melior et praestantior fieri.

[3] Epist. 28 ad Hieron.: Si corpus non est nisi quod per loci spatium
aliqua longitudine, latitudine, altitudine ita sistitur vel movetur, ut majore
sui parte majorem locum occupet et breviore breviorem minusque sit in parte
quam in toto: non est corpus anima; per totum quippe corpus, quod animat,

Gestützt auf diese Beweisgründe sagt Augustinus, er glaube nicht bloß, sondern wisse es sicher, daß die Seele nicht körperlich sei [1], sondern ein denkendes und wollendes Wesen, das sich in der Form seiner Erscheinung, seiner Lebensäußerungen durchaus als immateriell erweist, dessen Thätigkeit und Wirksamkeit deßhalb bloß in zeitlicher Form vor sich geht, während die Thätigkeit und Bewegung des körperlichen Seins eine zeitliche und räumliche zugleich ist, und das eben deßwegen höher steht, als das körperliche Sein, weil es bloß der Veränderung in der Zeit, nicht aber auch der Veränderung im Raume unterworfen ist [2]. Sie ist specifisch verschieden vom Leibe und absurd sind die Meinungen derer, welche sie bloß für eine Qualität des Körpers halten oder für das Resultat der Zusammenfügung oder Begrenzung des Körpers oder für die Harmonie des Leibes [3]. Sind vielmehr die inneren Lebensakte, deren wir uns im Selbstbewußtsein inne werden, immaterieller Art, so schließen wir mit Recht, nicht nur daß das, was wir als Subject jener Lebensäußerungen Seele nennen, unkörperlich, sondern auch eine immaterielle Substanz sei, nicht die Qualität des Körpers als eines Subjectes, sondern selbst Subject, eine Substanz, deren Wesenheit nicht aus einem der sinnenfälligen Dinge stammt, sondern eine eigene göttliche Setzung ist. Obgleich sie also in keiner Weise körperlich ist, so ist sie deßhalb nicht ein Nichts, sondern ein für sich seiendes Sein, als das sie sich im Selbstbewußtsein erkennt. Man kann sie im Unterschied vom körperlichen Sein ganz allgemein bezeichnen als substantia spiritalis, als lebendes Wesen, im Unterschied vom Lebensprincip der Thiere aber als vernünftiges Wesen (substantia rationis particeps, anima rationalis), als Geist (mens), also als eine geistige Wesenheit, deren Qua-

---

non locali diffusione, sed quadam vitali intentione porrigitur. Nam per omnes ejus particulas tota simul adest, nec minor in minoribus et in majoribus major, sed alicubi intentius alicubi remissius, et in omnibus tota et in singulis tota est. Neque enim aliter quod in corpore etiam non toto sentit, tamen tota sentit.

[1] De Genes. ad lit. XII, 33: Animam vero non esse corpoream non me putare, sed plane scire audeo profiteri. Epist. 28 ad Hieron.: Nec haec perinde loquor, ut quae tibi nota sunt, doceam, sed ut aperiam, quid firmissime de anima teneam.

[2] Music. VI, 14: Prior est species tantummodo tempore commutabilis, quam ea, quae et tempore et locis. De Genes. ad lit. VIII, 20: Spiritalem creaturam corporali praeposuit, quod spiritalis tantummodo per tempora mutari posset, corporalis autem per tempora et loca.

[3] De trinit. X, 10; de Genes. ad lit. X, 21.

lität sich eben nur im geistigen Selbstbewußtsein kundgibt[1]. Indem sie sich aber im Selbstbewußtsein erkennt, erkennt sie sich als Substanz, weil man nicht sagen kann, daß man um irgend ein Ding wisse, wenn man seine Substanz nicht erkennt. Wenn also der selbstbewußte Geist von sich weiß, so weiß er auch seine Substanzialität, und wenn er seiner selber gewiß ist, so ist er auch seiner Substanz gewiß[2].

§ 13.
Die Einheit der Seele.

Wie die Bestimmung der Seele als einer immateriellen Substanz, ebenso betont Augustinus das, was mit dem Begriff einer immateriellen Substanz in ihrem Unterschied vom körperlichen Sein unmittelbar gegeben ist, nämlich die lebendige Einheit derselben trotz der Mehrheit der Kräfte, welche in ihr unterschieden werden. Während das im Raume ausgedehnte körperliche Sein, das mit einem größeren Theil seines Wesens einen größeren, mit einem kleineren einen kleineren Theil des Raumes einnimmt, ins Unendliche theilbar ist, unterscheiden wir in der Seele gewisse Vermögen, wie das Vermögen des Gedächtnisses (des Bewußt= seins), der Intelligenz und des Willens; aber diese Vermögen sind nur Ein Leben, Ein Geist, Eine Substanz. Daher bilden sie nicht nur eine reale Einheit im Geiste, sondern stehen auch zu einander in dem Verhält= niß, daß nicht bloß das eine das andere, sondern jedes alle anderen und zwar nicht bloß theilweise, sondern ganz in sich faßt; denn ich weiß ja (bin mir bewußt), daß ich erkenne und will, ich erkenne, daß ich will und Bewußtsein habe, und ich will, daß ich mir bewußt bin, daß ich erkenne und will[3]. Das Verhältniß dieser Vermögen zur Seele selbst

---

[1] De quant. anim. c. 13: Si autem definiri tibi animum vis et quaeris, quid sit animus, facile respondeo. Nam mihi videtur esse substantia quaedam rationis particeps, regendo corpori accommodata.

[2] De trinit. X. 10: Nullo modo recte dicitur sciri aliqua res, dum ejus ignoratur substantia. Quapropter cum se mens novit, substantiam suam novit et cum de se certa est, de substantia sua certa est.

[3] Conf. XIII, 11: Dico autem haec tria, esse, nosse, velle. Sum enim et novi et volo; sum sciens et volens et scio esse me et velle, et volo esse et scire. In his igitur tribus quam sit inseparabilis vita et una vita et una mens et una essentia, quam denique inseparabilis distinctio et tamen distinctio, videat qui potest. De trinit. X, 11: Haec igitur tria, memoria, intelligentia, voluntas, quoniam non sunt tres vitae, sed una vita, nec tres mentes, sed una mens, consequenter utique nec tres substantiae sunt, sed una substantia. Memoria quippe quod vita et mens et substantia dicitur, ad se ipsam

muß daher in dem Sinne aufgefaßt werden, daß sie die Eine Wesenheit oder Substantialität mit der Seele selbst theilen; es darf nicht gedacht werden, wie das der Farbe oder Gestalt zum Körper oder überhaupt wie das Verhältniß der Accidenzien zum Substrat (subjectum); denn diese können ihr Substrat nicht überschreiten: die Figur oder Farbe kann nicht Figur oder Farbe eines anderen Körpers sein, wohl aber kann der Geist durch sein Bewußtsein seiner selbst und auch anderer Dinge bewußt sein, durch die Erkenntniß sich und auch Anderes erkennen, durch die Liebe sich und auch Anderes lieben; und er kann dieß eben, weil diese Vermögen die Substantialität mit dem Geiste selbst theilen[1]. Aus dem gleichen Grunde können diese Vermögen der Seele sich auch auf sich selbst wenden, der Verstand sich selbst erkennen, das Bewußtsein dessen bewußt sein, daß wir ein Bewußtsein besitzen und der Wille die Willensfreiheit anwenden oder nicht[2].

---

dicitur. Quod vero memoria dicitur, ad aliquid relative dicitur. Hoc de intelligentia quoque et de voluntate dixerim. Et intelligentia quippe et voluntas ad aliquid dicuntur. Vita est autem unaquaeque ad se ipsam, et mens et essentia. Quocirca tria haec eo sunt unum, quo una vita, una mens, una essentia. Et quidquid aliud ad se ipsa singula dicuntur etiam simul, non pluraliter, sed singulariter dicuntur. Eo vero tria, quo ad se invicem referuntur; quae si aequalia non essent, non solum singula singulis, sed etiam omnibus singula, non utique se invicem caperent. Neque enim tantum a singulis singula, verum etiam a singulis omnia capiuntur. Memini enim me habere memoriam et intelligentiam et voluntatem, et intelligo me intelligere et velle atque meminisse, et volo me velle et meminisse et intelligere, totamque meam memoriam et intelligentiam et voluntatem simul memini.

[1] De trinit. IX, 4: Simul etiam admonemus, si utcunque videre possumus haec in anima existere, et tamquam involuta evolvi, ut sentiantur et dinumerentur substantialiter vel, ut ita dicam, essentialiter, non tanquam in subjecto, ut color aut figura in corpore aut ulla alia qualitas aut quantitas. Quidquid enim tale est, non excedit subjectum, in quo est. Non enim color iste aut figura hujus corporis potest esse et alterius corporis. Mens autem amore, quo se amat, potest amare et aliud praeter se. Item non se solam cognoscit mens, sed et alia multa. Quamobrem non amor et cognitio tanquam in subjecto insunt menti, sed substantialiter etiam ista sunt sicut ipsa mens.

[2] De lib. arb. II, 19: Quomodo omnia, quae ad scientiam cognoscimus, ratione cognoscimus et tamen etiam ipsa ratio inter illa numeratur, quae ratione cognoscimus. Noli ergo mirari, si ceteris per liberam voluntatem utimur, etiam ipsa libera voluntate per eam ipsam uti nos posse: ut quodammodo se ipsa utatur voluntas, quae utitur ceteris, sicut se ipsam cognoscit ratio, quae cognoscit et cetera. Nam et memoria non solum cetera omnia, quae meminimus, comprehendit, sed etiam quod non obliviscimur nos habere memoriam, ipsa se memoria quodammodo tenet in nobis, quae non solum

Hierdurch erweist sich die menschliche Seele als ein einfaches
Sein [1], jedoch nur als ein relativ, d. h. im Vergleich mit dem Körper=
lichen einfaches Sein. Sie ist einfacher als der Körper, der aus räum=
lich ausgedehnten, trennbaren Theilen besteht, aber nicht schlechthin
einfach, weil sie zwar nicht, wie der Körper, der Veränderung im Raume,
wohl aber der Veränderung in der Zeit unterworfen ist und deßhalb den
Unterschied von Substanz und Eigenschaften und den Unterschied der
Qualitäten selber in sich hat. Im menschlichen Geist ist nämlich die
Qualität nicht die Substanz selbst und darum auch die eine Qualität
nicht die andere, so daß der menschliche Geist nicht das Bewußtsein, die
Intelligenz und der Wille ist, sondern diese Vermögen hat, und keines
dieser Vermögen das andere ist. Denn er erkennt ja durch die Intelli=
genz und will durch seinen Willen; er erkennt, daß er will und will,
daß er erkennt [2]. Ferner können die verschiedensten Qualitäten im
menschlichen Geiste vorhanden sein oder auch nicht vorhanden sein, wie
Weisheit, Tapferkeit, Gerechtigkeit; die einen können vorhanden sein ohne
die anderen; sie können bald vorhanden sein, bald auch nicht und können
vorhanden sein in verschiedenem Grade [3]. Insofern also ist die mensch=
liche Seele nicht schlechthin einfach, bildet aber eine lebendige Einheit;
alle ihre Kräfte und Vermögen wirken einheitlich zusammen und sind

---

aliorum, sed etiam sui meminit vel potius nos et cetera et ipsam per ipsam
meminimus.

[1] De quant. anim. c. 1: Anima simplex quiddam et propriae substantiae.

[2] De trinit. XV, 22: Verum haec quando in una sunt persona, sicut
est homo, potest nobis quispiam dicere, tria ista, memoria, intellectus et amor,
mea, non sua, nec sibi, sed mihi agunt, quod agunt, imo ego per illa. Ego
enim memini per memoriam, intelligo per intelligentiam, amo per amorem.
— Quod breviter dici potest: ego per omnia illa memini, ego intelligo, ego
diligo, qui nec memoria sum nec intelligentia nec dilectio, sed haec habeo.

[3] Ibid. VI, 4: Humano quippe animo non hoc est esse, quod est fortem
esse, aut prudentem aut justum aut temperatum. Potest enim esse animus
et nullam istarum habere virtutum. Ibid. VI, 6: Creatura quoque spiritalis,
sicut est anima, est quidem in corporis comparatione simplicior, sine comparatione autem corporis multiplex est, etiam ipsa non simplex. Nam ideo
simplicior est corpore, quia non mole diffunditur per spatium loci. Sed tamen
etiam in anima cum aliud sit artificiosum esse, aliud inertem, aliud acutum,
aliud memorem, aliud cupiditas, aliud timor, aliud laetitia, aliud tristitia
possintque et alia sine aliis et alia magis, alia minus, innumerabilia et in-
numerabiliter in animae natura inveniri, manifestum est non simplicem, sed
multiplicem esse naturam. Nihil enim simplex mutabile est, omnis autem
creatura mutabilis.

in einander gegenwärtig. Schlechtsinnige Einfachheit schließt jede Veränder=
lichkeit und jede Verschiedenheit der Qualitäten von einander und von
der Substanz aus, was, wie wir sehen werden, nur beim göttlichen
Wesen zutrifft, das alles, was es hat, selber ist.

§ 14.
Seele und Leib.

Die menschliche Seele ist ein geistiges Wesen (mens seu spiritus).
Aber dieser Geist ist mit einem Körper vereinigt, den er belebt und ge=
staltet und in der Existenz erhält. Der Leib gehört somit wesentlich zur
Substanz des Menschen, so daß der Mensch nur Mensch ist durch die
einheitliche Verbindung seiner beiden Bestandtheile [1]. In dieser Lebens=
einheit von Geist und Leib kann der Mensch bezeichnet werden als
animal rationale mortale oder als substantia rationalis constans
ex anima et corpore [2]. Leib und Seele sind für einander geschaffen
und daher hat die Seele einen natürlichen Drang, sich mit dem Leibe
zu verbinden [3]. Aus beiden zusammen besteht der Mensch, wenngleich
beide an sich nicht Eins und nicht einmal gleicher Natur sind; der
Leib ist tanquam homo exterior und die Seele homo interior [4].
Die Seele aber ist durchaus das Principale, die gestaltende Form und
das Lebensprincip des Leibes; was immer dem Leibe als solchem eigen
ist, hat er durch und in und mit der Seele [5].

Der Seele eignet Spontaneität und Actualität, der mit
ihr zur Lebenseinheit vereinigte Leib dagegen ist in allem nur ihr Organ
zum Verkehr mit der Außenwelt; durch ihn empfängt sie Eindrücke von
der Außenwelt und durch ihn wirkt sie auf die Außendinge [6]. Er steht

---

[1] De civit. Dei XIX, 3: Horum autem trium hoc eligit tertium, hominem-
que nec animum solum nec solum corpus, sed animum simul et corpus esse
arbitratur. De anim. et ej. orig. IV, 2: Quisquis ergo a natura humana
corpus alienare vult, desipit.

[2] De trinit. XV, 7.   [3] De Genes. ad lit. VII, 27.

[4] De trinit. IV, 3; epist. 174 ad Pasc.; contr. Faust. Manich. XXIV, 2:
Quia hoc utrumque interius et exterius simul unus homo est, hunc unum
hominem ad imaginem suam fecit.

[5] De quant. anim. c. 33; de immort. anim. c. 15: Hoc autem ordine
intelligitur a summa essentia speciem corpori per animam tribui, qua est in
quantumcunque est. Per animam ergo corpus subsistit et eo ipso est, quo
animatur.

[6] De trinit. XI, 2: Anima commixta corpori per instrumentum sentit
corporeum et deinde instrumentum sensus vocatur.

nicht in einer solchen Lebenseinheit mit ihr, daß er unmittelbar eine Wirkung in ihr hervorbringen, selbständig auf sie einwirken könnte, so daß er gleichsam der Werkmeister und sie die ihm unterworfene Materie wäre, die in receptiver, passiver Weise seine Wirksamkeit in sich aufnehmen müßte; dieß annehmen, hieße die Ordnung verkehren und die Seele, das Höhere, zum Niedereren, den Leib dagegen, das Niederere, zum Höheren machen. Da sie das lebende und wirkende Princip im Körper ist, so übt nicht er eine Thätigkeit auf sie aus und ist nicht sie das von ihm aus Leidende, sondern sie allein ist das spontane Thätige, das in dem Leib und durch den Leib wirkt, und ihre spontane Thätigkeit geht nur bald leichter, bald schwerer von statten, je nachdem sie es eben selbst verdient hat, daß ihr die körperliche Natur unterthan sei[1]. Wenn sie daher etwas erleidet, so erleidet sie es nicht vom Körper, sondern von sich selbst, insofern sie durch ihre Lebensthätigkeit im Körper und durch ihre Wirksamkeit in den leiblichen Organen erst leidensfähig, receptiv wird. Man sagt zwar gewöhnlich, das Auge sieht, das Ohr hört, allein die Seele ist es, welche sieht und hört, d. h. welche durch ihre Wirksamkeit in den Sinnesorganen einen Eindruck von außen in sich aufnimmt, also sinnlich wahrnimmt, zwar nicht ohne den Leib, aber durch den Leib mittelst der leiblichen Organe, indem sie spontan das in sich aufnimmt, was die von ihr belebten Sinnesorgane durch die Eindrücke der Außenwelt erleiden[2]. Sie nimmt es in sich auf, indem sie ihre Aufmerksamkeit auf dasselbe richtet. Das Licht trägt zum Auge ein Bild von den äußeren Dingen, welches die darauf aufmerkende Seele wahrnimmt, im Gedächtniß hinterlegt und überdenkt; die Luft trägt zum Ohre den Schall, den die aufmerkende Seele wahrnimmt und so fort bei den übrigen Sinnen[3]. Daraus folgt, daß sie auch bei der

---

[1] Music. VI, 5: Considerandum est, utrum revera nihil sit aliud, quod dicitur audire nisi aliquid a corpore in animo fieri. Sed perabsurdum est fabricatori corpori materiam quoquomodo animam subdere. Numquam enim anima est corpore deterior; et omnis materia fabricatore deterior. Nullo modo igitur anima fabricatori corpori est subjecta materies. Esset autem si aliquos in ea numeros corpus operaretur. — Ego enim ab anima hoc corpus animari non puto nisi intentione facientis. Nec ab isto quidquam illam pati arbitror, sed facere de illo et in illo tanquam subjecto divinitus dominationi suae. Aliquando tamen cum facilitate aliquando cum difficultate operari, quanto pro ejus meritis magis minusve illi cedit natura corporea.

[2] De quant. anim. c. 23: Sensum puto esse non latere animam, quod patitur corpus.

[3] De Genes. ad lit. VII, 19.

Wahrnehmung körperlicher Dinge diesen Dingen gegenüber sich nicht leidend verhält, sondern spontan und selbständig, auf Grund der leib= lichen Eindrücke, in sich Bilder solcher Objecte hervorruft. Diese Ein= brücke bringen zunächst nicht in ihr, sondern im Leibe Wirkungen hervor und diese Wirkungen, welche der Lebensthätigkeit der Seele in den leib= lichen Organen entweder entsprechend und förderlich oder störend und hemmend auftreten, erregen die Aufmerksamkeit der Seele, wodurch eben die Sinnesempfindung entsteht, und die Empfindung wird für sie an= genehm oder unangenehm, je nachdem jene Affection ihrer leiblichen Organe ihrer spontanen Lebensthätigkeit entspricht oder widerstreitet. Je nach dem Grade des Eindruckes, den der Leib erleidet und dem sie ihre auf= merkende Thätigkeit zuwendet, verstärkt sie auch ihre spontane Thätigkeit, welche das ihr Entsprechende gern aufnimmt, dem ihr nicht Entsprechen= den aber widerstrebt. Wenn sie daher etwas erleidet, so erleidet sie es nicht vom Leibe, sondern nur von sich selbst; indem sie sich mit ihrer spontanen Thätigkeit dem Leibe accommodirt [1]. Daß dieß das Verhältniß der Seele zu ihren leiblichen Organen sei, ergibt sich deutlich aus der Thatsache, daß sie bei angestrengtem Denken ihre aufmerkende Thätigkeit vollständig von den äußeren Sinnen zurückziehen kann, und in Folge dessen nicht mehr sieht oder hört, was um sie ist und geschieht [2].

---

[1] Music. VI, 5: Corporalia ergo quaecunque huic corpori ingeruntur aut objiciuntur extrinsecus, non in anima, sed in ipso corpore aliquid faciunt, quod operi ejus adversetur aut congruat. Ideoque cum renititur adversanti et materiam sibi subjectam in operis sui vias difficulter impingit, fit attentior ex difficultate in actione, quae difficultas propter attentionem, cum eam non latet, sentire dicitur, et hoc vocatur dolor aut labor. Cum autem congruit, quod infertur aut adjacet, facile totum id vel ex eo, quantum opus est, in sui operis itinera traducit. Et ista ejus actio, qua suum corpus convenienti extrinsecus corpori adjungit, quoniam propter quiddam adventitium attentius agitur, non latet, sed propter convenientiam cum voluptate sentitur. — Et ne longe faciam, videtur mihi anima, cum sentit in corpore, non ab illo aliquid pati, sed in ejus passionibus attentius agere et has actiones eam non latere. — Has operationes passionibus corporis puto animam exhibere, cum sentit, non easdem passiones recipere. — Hae sunt operationes, quas adhibet anima praecedentibus passionibus corporis, quae delectant eam associantem, offendunt resistentem. Cum autem ab eisdem suis operationibus aliquid patitur, a se ipsa patitur, non a corpore, sed plane cum se accommodat corpori.

[2] De Genes. ad lit. VII, 20: Aliud esse ipsam, aliud haec ejus corporalia ministeria vel vasa vel organa, hinc evidenter elucet, quod plerumque se vehementi cogitationis intentione avertit ab omnibus, ut prae oculis patenti- bus recteque valentibus multa posita nesciat.

Das Herz ist das Centrum, von dem aus das leibliche Leben sich in Bewegung erhält, und das Gehirn das Centralorgan für die Empfindung und die willkürliche Bewegung. Letztere werden vermittelt durch die Nerven, feine, hohle Röhrchen, welche vom Gehirn aus nicht bloß zu den Sinnesorganen im Haupte (Gesichts-, Gehör-, Geruchs- und Geschmacksnerv), sondern durch das Rückenmark hindurch in den ganzen Körper verlaufen und hier die Tastempfindungen vermitteln[1]. Sich stützend auf die Beobachtungen der damaligen Physiologie unterscheidet sodann Augustinus ein vorderes Gehirn als Organ der Empfindung, ein hinteres als Organ der Bewegung, unter denen er dem ersteren als dem Organ des Erkenntnißvermögens den Vorzug gibt, und endlich ein mittleres Gehirn als Organ des Gedächtnisses[2].

Obgleich aber das Gehirn vorzugsweise das Organ der Seelenthätigkeit ist, so darf es doch nicht als der eigentliche Sitz der Seele angesehen werden; denn diese ist ja, wie gesagt, im ganzen Körper ganz und ganz in jedem Theile, wenn gleich in den einzelnen Theilen nicht in gleicher Weise, mit gleicher Energie wirksam. In jedem Theile des Leibes also, in welchem ein Eindruck geschieht, empfindet sie selber nicht bloß in irgend einem Theile ihrer selbst, sondern überall ganz (tota) und zwar ohne sich erst von einem Orte an einen anderen zu bewegen, wie sie denn z. B. wenn ein Eindruck an verschiedenen Orten zu gleicher Zeit stattfindet, auch an allen diesen verschiedenen Orten zu gleicher Zeit ganz empfindet[3].

Wie es übrigens möglich sei, daß die Seele auf den Leib einwirke und beide zu einer wahren Lebenseinheit verbunden sind, ist nach Augustinus, dem sich, je mühevoller er sich über den Sensualismus zum Idealismus emporgerungen, um so mehr der Gegensatz zwischen geistigem und körperlichem Sein verschärfte, durchaus wunderbar und kann vom Menschen nicht begriffen werden[4]. Ja diese Lebenseinheit erscheint für Augustinus so wunderbar, daß er sagt, diejenigen, welche die Menschwerdung des Sohnes Gottes erklärt wissen wollen, möchten gegenüber jener einmaligen und außergewöhnlichen Vereinigung die Vereinigung erklären, welche täglich vorkomme, die Vereinigung der Seele, die doch ein Geist sei, mit dem Leibe zur Einheit des menschlichen Wesens. Jene Vereinigung biete

---

[1] Epist. 3 ad Volus.; de Genes. ad lit. VII, 13.

[2] De Genes. ad lit. VII, 17—18.

[3] De trinit. VI, 6; epist. 28 ad Hieron.; contr. ep. Manich. c. 16.

[4] De civit. Dei XXI, 10; XXII, 4.

im Grunde viel weniger Schwierigkeit als diese; denn bei jener habe der
göttliche Logos als unkörperliches Wesen mit der Seele, die gleichfalls
eine unkörperliche Wesenheit sei, eine Verbindung eingegangen, während
in der Einheit des menschlichen Wesens Unkörperliches mit Körperlichem
verbunden sei. Letztere Vereinigung sei nun eine Thatsache des Bewußt=
seins, ein Gegenstand innerer Wahrnehmung, und müsse als Thatsache
hingenommen werden, auch wenn man sie in ihrem Wie? nicht begreifen
könne; jene Vereinigung hingegen sei ein Gegenstand des Glaubens;
würde aber die eine wie die andere nicht gewußt, sondern bloß geglaubt
werden können, so würde man sicher die Menschwerdung des Sohnes
Gottes eher und leichter glauben, als die Vereinigung der immateriellen
Seele mit dem Körper [1].

Zufolge dieser Ansicht vom Unterschied zwischen Leib und Seele,
nach welcher die Vereinigung beider zu einer Lebenseinheit im höchsten
Grade unbegreiflich und wunderbar erscheint, hat Augustinus, obgleich
er das Nervensystem als das eigentliche Organ für die Wirksamkeit der
Seele ansah, sowohl für ihre Thätigkeit der Empfindung als der Bewe=
gung, doch nicht eine unmittelbare Wechselwirkung zwischen Leib und
Seele angenommen, sondern bloß eine mittelbare, d. h. er dachte sich
dieselbe vermittelt durch gewisse Medien. Das die beiden substantiellen
Gegensätze Vermittelnde stellte er sich als etwas vor, das nicht grob
körperlich und auch nicht Geist, sondern derart körperlich sein und zu=
gleich beweglicher Natur ist, daß es dem unkörperlichen und spontanen
Geiste verwandter und ähnlicher ist. Die damalige Physik verwies ihn
in dieser Hinsicht auf Licht und Luft, welche nicht grob körperlich und
mehr thätig als leidend sind. Diese, sagt er, übermitteln der Seele die
Eindrücke auf den Leib und auf diese wirkt die Seele bei willkürlichen
Bewegungen zuerst, um durch sie dann erst auf den eigentlichen Körper
zu wirken. Licht ist nicht bloß im Auge, sondern auch in den übrigen
Sinnen wirksam; nur kommt die Seele nicht in allen Sinnen auf das=
selbe hinaus, sondern auf Verschiedenes, weil der Zweck, dem die Sinne
dienen, auch verschieden ist. Die Luft dagegen ist für die willkürlichen
Bewegungen dasjenige, auf das der Wille der Seele wirkt, um dieselben
hervorzubringen [2].

[1] Ibid. X, 29; epist. 3 ad Volus.
[2] De Genes. ad lit. III, 4: Quanto autem quidque subtilius est in natura
corporali, tanto est vicinius naturae spiritali, quamvis longe distante genere.
Ibid. III, 5: Anima tamen cui sentiendi vis inest, cum corporea non sit, per

Den Leib, das Organ der vernünftigen Seele, in seiner Totalität
preist Augustinus als ein Wunderwerk der göttlichen Güte und Vor=
sehung und weist in dieser Hinsicht hin auf die Form und den ganzen
Bau desselben, auf seine aufrechte Gestalt, auf die Vertheilung der Sinne,
die zweckmäßige Anordnung und Einrichtung der Glieder für die Dienste
des Geistes, namentlich die wunderbare Beweglichkeit der Zunge und der
Hände, auf die Uebereinstimmung und das herrliche Ebenmaß sämmtlicher
Theile, so daß mit der Zweckmäßigkeit die Schönheit verbunden ist; auf
die Verzweigung der Adern und Nerven, auf die Eingeweide, was alles
die Aerzte als Anatomiker, wenn sie in menschlichen Leichnamen auf eine
eben nicht menschliche Weise herumwühlen, zwar zur Förderung ihrer
medicinischen Kenntnisse untersuchen, aber ohne in den verschiedenen
Organen nach dem höheren Zahlenverhältniß zu forschen, das, wenn es
erkannt würde, sicher jenem Inneren des menschlichen Leibes, das nicht
als schön gilt, in der Schönheit nach dem Urtheil des vernünftigen Geistes
noch den Vorzug vor dem äußerlichen Schönen zuzöge. Bedenkt man
ferner, daß am menschlichen Leibe nicht bloß das Nothwendige bereits
auch zur Zierde dient, sondern einiges bloß zur Zierde da ist, wie z. B.
der Bart des männlichen Angesichtes, so kann man erkennen, daß bei
der Schöpfung des Leibes mehr noch die Rücksicht auf den Adel der
Gestalt, als die auf das Bedürfniß maßgebend war[1]. In diesem Adel
der Gestalt des menschlichen Leibes gibt sich der Adel der menschlichen,
nach Gottes Ebenbild erschaffenen, vernünftigen Seele kund, wie vor

---

subtilius corpus agitat vigorem sentiendi. Inchoat itaque motum in omnibus
sensibus a subtilitate ignis, sed non in omnibus ad idem pervenit. Ibid.
VII, 15: Quapropter non est quidem humanae animae natura nec de terra nec
de aqua nec de aëre nec de igne quolibet; sed tamen crassioris corporis sui
materiam, hoc est humidam quandam terram, quae in carnis versa est quali-
tatem, per subtiliorem naturam corporis administrat, id est, per lucem et
aërem. Nullus sine his duobus vel sensus in corpore est vel ab anima spontaneus corporis motus. Sicut autem prius esse debet nosse quam facere, ita
prius est sentire quam movere. Anima ergo, quoniam res est incorporea,
corpus, quod incorporeo vicinum est, sicuti est ignis vel potius lux et aër,
primitus agit: et per haec cetera, quae crassiora sunt corporis, sicuti humor
et terra, unde carnis corpulentia solidatur, quae magis sunt ad patiendum
subdita, quam praedita ad faciendum. Ibid. VII, 19: Per lucem et aërem,
quae in ipso quoque mundo praecellentia sunt corpora magisque habent faciendi praestantiam quam patiendi corpulentiam, sicut humor et terra, tanquam per ea, quae spiritui similiora sunt, corpus administrat. — Et aër, qui
nervis infusus est, paret voluntati, ut membra moveat.

[1] De civit. Dei XXII, 24.

allem in seiner aufrechten Stellung die Erhabenheit des menschlichen Geistes über alle Thiere und seine Bestimmung, sich zur Erkenntniß des Geistigen und Ewigen zu erheben [1].

§ 15.
Seele und Geist.

Augustinus bekämpft die Trichotomie der Manichäer, welche behaupteten, es gebe zwei Seelen im Menschen, eine gute (den Geist), die ein Theil aus der Lichtnatur des guten Gottes, und eine böse, thierische Seele, der Sitz aller niedrigen Lüste und Begierden, die aus dem bösen Princip, dem Princip der Finsterniß entsprungen sei [2]. Gegen sie weist er, wie wir sehen werden, in seinen zahlreichen Streitschriften in überzeugender Weise nach, daß der Ursprung des Bösen lediglich im freien Willen der Creatur zu suchen sei und daß es keine böse Substanz gebe, sondern jede Substanz als Substanz gut sei. Indem er sodann die Bestimmung adoptirt, welche die heilige Schrift in der Schöpfungsgeschichte über die Bestandtheile der menschlichen Natur gibt, lehrt er den Dichotomismus und bedient sich in der Regel der gewöhnlichen Ausdrucksweise: der Mensch besteht aus Leib und Seele [3].

Obgleich nun aber Augustinus den Trichotomismus der Manichäer principiell verwirft und sich entschieden zum Dichotomismus bekennt, so spricht er doch an einigen Stellen von einer Dreiheit im Menschen, von Leib, Seele und Geist [4] und rechnet nach der angeführten Unterscheidung

---

[1] De trinit. XII, 1; de Genes. contr. Manich. I, 17: Omnium animalium corpora inclinata sunt ad terram et non sunt erecta sicut hominis corpus. Quo significatur, etiam animum nostrum in superna, id est, in aeterna spiritualia erectum esse debere. Ita intelligitur per animum maxime, attestante etiam erecta corporis forma, homo factus ad imaginem et similitudinem Dei.

[2] Retract. I, 15: Scripsi adhuc presbyter contra Manichaeos de duabus animabus, quarum dicunt unam partem Dei esse, alteram de gente tenebrarum, quam non condiderit Deus et quae sit Deo coaeterna; et has ambas animas unam bonam, alteram malam, in uno homine esse delirant. Istam scilicet malam propriam carnis esse dicentes, quam carnem etiam dicunt gentis esse tenebrarum. Illam vero bonam ex adventitia Dei parte, quae cum tenebrarum gente conflixerit atque utramque miscuerit.

[3] De civit. Dei X, 29: Corpus animae inhaerere, ut homo totus et plenus sit, natura nostra ipsa teste cognoscimus. Ibid. XIII, 24: Homo non est corpus solum vel anima sola, sed qui ex anima constat et corpore.

[4] De anim. et ej. orig. IV, 2: Natura certe tota hominis est spiritus, anima et corpus.

zwischen homo exterior und interior zum äußeren Menschen nicht bloß den Leib, sondern auch das ganze psychische Leben, wie es der Mensch mit dem Thiere gemein hat[1]. Solchen Stellen wollten Günther und seine Schule entnehmen, daß Augustinus zwischen der dichotomischen und trichotomischen Ansicht schwanke und nicht selten Lust zeige, im Menschen eine vom Wesen des Geistes verschiedene Seele anzunehmen[2]. Allein abgesehen davon, daß die fraglichen Stellen keinen genügenden Anhalts= punkt zu solcher Deutung darbieten, muß allgemein zugestanden werden, daß Augustinus zu deutlich und entschieden, namentlich dem Seelendualis= mus der Manichäer gegenüber, die dichotomische Ansicht vertritt, als daß mit seinem Standpunkt der Trichotomismus überhaupt vereinbar wäre. So nennt er die Seele des Menschen nicht minder auch Geist und sagt, der Mensch besteht aus Leib und Geist[3] und erklärt weiterhin ausdrück= lich, daß Seele und Geist im Menschen substantiell Eins seien und beide Namen in der Sprache der heiligen Schrift für einander gesetzt werden[4].

Die Ausdrücke spiritus und spiritalis haben bei Augustinus eine viel allgemeinere Bedeutung als unsere Worte „Geist" und „geistig". Er unterscheidet in der Welt überhaupt zwischen körperlichem und spiri= talem Sein, so daß ihm schon im Allgemeinen jede Substanz, die nicht materiell, sondern immateriell, unkörperlich ist, eine substantia spiritalis ist[5]. Ja er bemerkt ausdrücklich, nach der Ausdrucksweise der heiligen Schrift und nach der Wortbedeutung von spirare, hauchen, wehen, habe der Begriff spiritus im Sinne von Athem des Lebens, Lebenshauch,

---

[1] De trinit. XII, 1.

[2] Vgl. Gangauf, metaphysische Psychologie des hl. Augustinus I. S. 223—224.

[3] De civit. Dei XXI, 10; enarr. in Ps. 145: Nihil invenimus amplius in homine, quam carnem et animam: totus homo hoc est spiritus et caro.

[4] De anim. et ej. orig. II, 2: Itane tu ignorabas, duo quaedam esse, animam et spiritum, secundum id, quod scriptum est: Absolvisti a spiritu meo animam meam, et utrumque ad naturam hominis pertinere, ut totus homo sit spiritus et anima et corpus; sed aliquando duo ista simul nomine animae nuncupari, quale est illud: Et factus est homo in animam vivam; ibi quippe et spiritus intelligitur; itemque aliquando utrumque nomine spiritus dici, sicuti est: Et inclinato capite tradidit spiritum, ubi et anima necesse est intelligatur, et utrumque unius esse substantiae. Ibid. IV, 13.

[5] De nat. boni contr. Manich. c. 1: Omnis quippe natura aut spiritus aut corpus est. Spiritus incommutabilis Deus est: spiritus mutabilis facta natura est, sed corpore melior. Epist. 49 ad Deogr. quaest. 3: Cum omnis creatura partim corporalis sit, partim vero incorporalis, quam etiam spiritalem vocamus, manifestum est, id, quod a nobis pie et religiose fit, a voluntate animi proficisci, quae creatura spiritalis est et omni corporali praeponenda.

Lebensgeist, Lebenskraft, einen so weiten Umfang, daß damit nach oben Gott und nach unten jede Thierseele bezeichnet, und daß selbst für die wehende Luft, die doch offenbar etwas Körperliches sei, dieser Ausdruck angewendet werde [1]. Daher könne dieser allgemeine Ausdruck mit vollem Recht auch für die menschliche Seele gebraucht werden [2]. Deßhalb kann die Unterscheidung zwischen Seele und Geist im Menschen nicht eine sub= stantielle Verschiedenheit beider bezeichnen, sondern der Ausdruck „Geist" im Unterschied von „Seele" muß hier in engerem Sinne verstanden und der Unterschied zwischen beiden auf die Verschiedenheit der Lebensäußerungen der Einen immateriellen Substanz der Seele bezogen werden. Einfach in ihrer Wesenheit, ist die Seele vielfach in ihren Lebensäußerungen. Seele im engeren Sinne heißt sie als das den Leib formende, belebende und erhaltende Princip [3], das als spontanes Lebensprincip alle jene Functionen verrichtet, welche man im Pflanzen= und Thierleben findet, also die vegetativen Functionen und die animalischen Functionen der sinnlichen Empfindung und willkürlichen Bewegung [4]. Sie unterscheidet

---

[1] De Genes. ad lit. XII, 7: Quidquid corpus non est et tamen aliquid est, jam recte spiritus dicitur. — Spiritale autem pluribus modis dicitur. — Item spiritus dicitur vel aër iste, vel flatus ejus. De anim. et ej. orig. IV, 23: Cujus quidem nominis significatio tam late patet, ut etiam Deus vocetur spiritus. Et iste flatus aëreus, quamvis sit corporeus, appellatur in psalmo spiritus tempestatis. Quapropter et eam, quae anima est, etiam spiritum nun-cupari, puto quod admonitus his, quae commemoravi, divinarum testimoniis paginarum, ubi et anima pecoris, cui non est intellectus, appellata legitur spiritus, non negabis ulterius. — Ut ergo plenissime ac plenissime noveris, eam, quae anima est, more divinorum eloquiorum etiam spiritum dici, appel-latur pecoris spiritus. Et utique non habent pecora illum spiritum, quem tua dilectio discernens ab anima definivit. Unde manifestum est, quod generali vocabulo anima pecoris recte potuit sic vocari.

[2] De anim. et ej. orig. IV, 23: Remotis omnibus dubitationis ambagibus generale nomen anima esse intelligimus spiritum. — Quocirca si et illa, quae de anima incorporea disputata sunt, capis et sapis, non est, unde tibi displi-ceam, quod eam me scire dixi non corpus esse, sed spiritum, quia et corpus non esse monstratur et generali nomine spiritus nuncupatur.

[3] De immort. anim. c. 15: Per animam corpus subsistit et eo ipso est, quo animatur, sive universaliter, ut mundus, sive particulariter ut unumquod-que animal intra mundum. Enarr. in Ps. 105: Itaque hoc loco animam non secundum id, quod rationalis est, dixit, sed secundum id, quod animans cor-pus animal facit.

[4] De lib. arb. I, 8: Videmus enim habere nos non solum cum pecoribus, sed etiam cum arbustis et stirpibus multa communia. Namque alimentum corporis sumere, crescere, gignere, vigere arboribus quoque tributum videmus,

sich aber von der Thierseele wesentlich dadurch, daß diese spiritus ist, ohne mens zu sein, während sie als spiritus zugleich mens und dadurch Geist im engeren Sinne des Wortes ist. Dieser wesentliche Unterschied zwischen der Thier- und der Menschenseele soll durch die Unterscheidung zwischen Seele und Geist im Menschen ausgedrückt werden. Der mensch= lichen Seele als Geist im engeren Sinne eignen die höheren Vermögen des selbstbewußten Denkens und Wollens oder die Vernünftigkeit, wodurch sie über der Thierseele steht und über die Thierwelt eine Herr= schaft ausübt[1]. Passend kann man den Geist im engeren Sinne des Wortes bezeichnen als das Haupt der Seele[2]. In ihm besteht der Vor=

---

quae infima quadam vita continentur; videre autem atque audire et olfactu et gustu et tactu corporalia sentire posse bestias et acrius plerasque quam vos, cernimus et fatemur. Adde vires et valentiam firmitatemque membrorum et celeritates facillimosque corporis motus, quibus omnibus quasdam earum superamus, quibusdam aequamur, a nonnullis etiam vincimur. Genus tamen ipsum rerum est nobis certe commune cum beluis; jam vero appetere volup- tates corporis et vitare molestias, ferinae vitae omnis actio est. De Genes. ad lit. VII, 16: Non mihi ergo videtur dictum: Factus est homo in animam vivam, nisi quia sentire coepit in corpore; quod est animatae viventisque carnis certissimum indicium. Nam moventur et arbusta, non tantum vi ex- trinsecus impellente, veluti cum ventis agitantur, sed illo motu, quo intrinse- cus agitur, quidquid ad incrementum speciemque arboris pertinent, quo duci- tur succus in radicem vertiturque in ea, quibus constat herbae natura vel ligni: nihil enim horum sine interno motu. Sed iste motus non est spontaneus, qualis ille, qui sensui copulatur ad corporis administrationem, sicut in omnium animalium genere, quam vocat scriptura animam vivam. Nam et nobis nisi inesset etiam ille motus, nec crescerent nostra corpora nec ungues capillos- que producerent. Sed si hoc solum esset in nobis sine sensu motuque illo spontaneo, non diceretur homo factus in animam vivam.

[1] De trinit. XIV, 16: Quod autem ait: spiritus mentis vestrae, non ibi duas res intelligi voluit, quasi aliud sit mens, aliud spiritus mentis, sed quia omnis mens spiritus est, non autem omnis spiritus mens est. Quaest. 83 qu. 7: Anima aliquando ita dicitur, ut cum mente intelligatur, veluti cum dicimus hominem ex anima et corpore constare; aliquando ita, ut excepta mente dicatur. Sed cum excepta mente dicitur, ex iis operibus intelligitur, quae habemus cum bestiis communia. Bestiae namque carent ratione, quae mentis semper est propria. De anim. et ej. orig. IV, 22: Cum enim constet, esse aliquid in anima quod proprie spiritus nominatur, quo excepto proprie nominatur et anima, jam de rebus ipsis nulla contentio est; praesertim, quia illud etiam ego dico proprie vocari spiritum, quod et tu dicis, id est, quo ratiocinamur et intelligimus. De Genes. contr. Manich. II, 8: Spiritus autem hominis in scripturis dicitur animae potentia rationalis, qua distat a pecoribus et eis natura lege dominatur.

[2] Enarr. in Ps. 3: Nostrum spiritum, quod caput est animae et carnis.

zug des Menschen vor den Thieren, mit denen er, ausgenommen daß sein Leib noch durch seine aufrechte Stellung seine höhere Bestimmung als Organ und Werkzeug eines vernünftigen Geistes andeutet, seine sonstige Natur gemein hat, und seinetwegen wird vom Menschen gesagt, daß er nach dem Bilde und Gleichnisse Gottes geschaffen sei [1].

Die Unterscheidung von Seele und Geist im Menschen soll also nicht eine substantielle Verschiedenheit beider bezeichnen, vielmehr begründet nach Augustinus gerade die substantielle Einheit beider einerseits und die eben so gewisse substantielle Verschiedenheit des Körpers und der Seele andererseits die kosmische Stellung des Menschen, in welchem Körper und Geist zur Wesenseinheit verbunden sind, in der Mitte zwischen der Natur und der Geisterwelt [2]. Eben in dieser Wesenseinheit von Körper (corpus), Seele (anima) und Geist (mens, anima seu spiritus rationalis et intellectualis) spiegelt der Mensch ferner als Mikrokosmus den Makrokosmus in sich ab und ist eben dadurch zur Erkenntniß des Makrokosmus befähigt. In jedem Menschen ist gewissermaßen die gesammte Creatur, weil er die vernünftige Natur mit den reinen Geistern, die animalische Natur mit den Thieren, die vegetative mit den Pflanzen und endlich die körperlichen Elemente mit allem Leblosen theilt, so daß es keine Gattung des Geschöpflichen gibt, die im Menschen nicht erkannt werden könnte [3].

§ 16.
Die Seelenvermögen.

Nach dem Gesagten haben wir eine pars inferior und eine pars superior der menschlichen Seele zu unterscheiden. Dem niederen Theile legt Augustinus das Vermögen der Sinnesempfindung und Sinneswahrnehmung (sensus) und das Vermögen des Triebes und der Begierde (appetitus) bei. Die pars superior dagegen besitzt intelligentia, d. i.

---

[1] De lib. arb. II, 6; de trinit. XIV, 16; de Genes. ad lit. XII, 7: Dicitur etiam spiritus anima sive pecoris sive hominis. Dicitur spiritus et ipsa mens rationalis, ubi est quidam tanquam oculus animae, ad quem pertinet imago et agnitio Dei.

[2] De civit. Dei IX, 13: Homo medium quiddam est inter pecora et angelos, ut, quia pecus est animal irrationale atque mortale, angelus autem anima rationale et immortale, medius homo esset inferior angelis, superior pecoribus, habens cum pecoribus mortalitatem, rationem vero cum angelis, animae rationale mortale.

[3] De civit. Dei V, 11.

Erkenntniß und voluntas, d. i. Willenskraft. Beiden gemeinsam ist die memoria, d. i. Bewußtsein und Gedächtniß[1].

a) Das Vorstellungsvermögen.

Der Ausdruck memoria hat bei Augustinus eine umfassendere Bedeutung als unser Wort Gedächtniß. Er bezeichnet soviel als Bewußtsein und Gedächtniß oder Vorstellungsvermögen und Augustinus sagt: memoria quasi venter est animae[2]. Er unterscheidet aber eine memoria, welche die Bilder der sinnenfälligen Dinge in sich trägt und die der Mensch mit dem Thiere gemein hat, und die memoria, welche die geistigen, intellectuellen, nicht durch die Sinne vermittelten Vorstellungen in sich hat[3]. Endlich kennt Augustinus eine memoria sui, das habituelle Selbstbewußtsein, auch notitia sui oder praesentia sui genannt[4], weil im Selbstbewußtsein der Mensch um sich selbst weiß (nosse se) oder sich selbst gegenwärtig ist (sibi praesto esse), sich selbst Object wird.

Wunderbar erscheint es, wie die Vorstellungen in der memoria entstehen, darin festgehalten und in der Wiedererinnerung reproducirt werden. Es ist dieß das Werk der aufmerkenden Seele, welche Vorstellungen bildet, indem sie ihre Aufmerksamkeit auf gewisse Objecte hinrichtet. Hierdurch entsteht der Vorstellungsakt, die visio cogitantis, die eine visio oder aspectus spiritalis ist, wenn sie ein sinnliches Object zum Gegenstande hat, also durch die Sinne vermittelt ist, dagegen eine visio intellectualis, wenn sie auf ein intelligibles, übersinnliches Object gerichtet ist[5]. Wenn die Seele von einer solchen Vorstellung ihre Aufmerksamkeit ablenkt, so wird dieselbe im Gedächtniß hinterlegt und aus diesem, sei es auf Grund unwillkürlicher Ideenassociation oder auf Grund einer Willenseinwirkung, also durch unwillkürliche oder willkürliche Aufmerksamkeit reproducirt, d. h. durch die Thätigkeit des Denkens wird aus der memoria, welche die Bilder der sinnenfälligen Objecte in sich trägt, ein sinnenfälliges Object, und aus der memoria, welche

---

[1] Ibid. V, 11: Deus itaque et animae irrationali dedit memoriam, sensum, appetitum, rationali autem insuper mentem, intelligentiam, voluntatem.

[2] Conf. X, 14.   [3] Ibid. X, 8—17.

[4] De trinit. XIV, 11: Quapropter sicut in rebus praeteritis ea memoria dicitur, qua fit, ut valeant recoli et recordari, sic in re praesenti, quod sibi est mens, memoria sine absurditate dicenda est, quia sibi praesto est, ut sua cogitatione possit intelligi.

[5] De trinit. XI, 7; de Genes. ad lit. XII, 6. 16. 23—24.

die intelligibeln Objecte in sich birgt, ein intelligibles Object wieder in
das Bewußtsein des Geistes erhoben [1], was soviel ist, als dasselbe in
conspectu mentis, in acie cogitantis ponere. In ähnlicher Weise
geht aus dem habitualen Selbstbewußtsein das actuale hervor. Auf
Grund des ersteren, der notitia sui, vermag die Seele auf sich selbst
zu reflectiren, sich selbst sich vorstellig zu machen und sich denkend zu
erfassen (in conspectu suo se ponere, se cogitare). Wie wir nun
viele Dinge wissen, ohne daß wir in jedem Augenblick den ganzen Inhalt unseres Wissens denkend erfassen (in der visio cogitantis), so hat
auch der Geist ein Wissen um sich oder ein Bewußtsein seiner selbst auch
dann, wenn er nicht sich selbst sich vorstellig macht und wirklich sich
denkend erfaßt, sondern seine Aufmerksamkeit auf etwas Anderes gerichtet
hält und deßhalb von sich selber abgewandt ist. Richtet er aber seine
Aufmerksamkeit auf sich selbst, so entsteht das actuale Selbstbewußtsein [2].

Die Gebilde der reproductiven Einbildungskraft nennt Augustinus
Phantasievorstellungen und unterscheidet davon die Phantasmen, die Gebilde der productiven Vorstellungskraft, welche die Seele aus dem Material
der reproductiven Vorstellungen formt [3]. Letztere beruhen entweder auf
willkürlicher Annahme, wie z. B. die mythologischen Vorstellungen, oder
auf Verstandesthätigkeit, wie z. B. die Vorstellung einer unendlichen
Zahlenreihe oder wenn man sich die Gestalt der ganzen Erde vorstellig
zu machen sucht, oder sie beruhen auf unwillkürlicher Seelenthätigkeit,
wie die Vorstellungen im Traume. Bei der Bildung derselben ist die
vorstellende Seele in der Weise thätig, daß sie den Inhalt der durch die
Sinne vermittelten Vorstellungen verändert, vergrößert oder verkleinert,
einzelne Merkmale hinwegnimmt oder solche hinzufügt, Merkmale ver-

---

[1] De trinit. XIV, 6: Multarum disciplinarum peritus ea, quae novit,
ejus memoria continentur, nec est inde aliquid in conspectu mentis ejus, nisi
unde cogitet; cetera quidem in arcana quadam notitia sunt recondita, quae
memoria nuncupatur.

[2] Ibid. XIV, 6: Tanta est cogitationis vis, ut nec ipsa mens quodammodo se in conspectu suo ponat, nisi quando se cogitat; ac per hoc ita nihil
in conspectu mentis est, nisi unde cogitatur, ut nec ipsa mens, qua cogitatur
quidquid cogitatur, aliter possit esse in conspectu suo nisi se ipsam cogitando.
— Cum vero non se cogitat, non sit quidem in conspectu suo, nec de illa suus
formetur obtutus, sed tamen noverit se, tanquam ipsa sit memoria sui.

[3] Music. VI, 11: Aliter cogito patrem meum, quem saepe vidi, aliter
avum, quem nunquam vidi. Horum primum phantasia est, alterum phantasma.
Illud in memoria invenio, hoc in eo motu animi, qui ex iis ortus est, quos
habet memoria.

schiedener Sinnesvorstellungen mit einander verbindet oder Merkmale einer einzelnen Vorstellung von einander trennt [1].

Auch die Thierseele hat ein Vorstellungsvermögen und ein Gedächt=niß, dem sich die Vorstellungen einprägen und aus dem sie wieder erinnert, reproducirt werden; jedoch beziehen sich die Vorstellungen beim Thiere bloß auf sinnliche, nicht auf rein geistige Objecte. Daher ist nach Augustinus das Vorstellungsvermögen an sich, als Vermögen der animae spiritalis betrachtet, vis animae quaedam mente inferior, ubi rerum corporalium similitudines exprimuntur. Die sinnliche Vorstellung erfolgt beim Menschen wie beim Thiere auf den Eindruck oder, wie Augustinus sagt, auf die visio corporalis folgt die visio spiritalis in der menschlichen Seele wie in der Thierseele. Allein an der Vorstellung in der menschlichen Seele bethätigt sich sodann die In=telligenz des menschlichen Geistes, so daß hier auf die visio spiritalis noch die visio intellectualis folgt, wodurch erst ein eigentliches Erkennen und Wissen zu Stande kommt [2].

Die Intelligenz (intelligentia) des menschlichen Geistes (mens) besteht aus Verstand und Vernunft (ratio und intellectus), von denen ersterer discursiv, letzterer contemplativ ist. Im Ersteren ist wieder zu unterscheiden zwischen der ratio im engeren Sinn, dem unterscheidenden und verbindenden Denken [3] und der ratiocinatio, dem Raisonnement des

---

[1] Epits. 72 ad Nebrid.

[2] De Genes. ad lit. XII, 11: Nam cum aliquid oculis cernitur, continuo fit imago ejus in spiritu, sed non dignoscitur facta, nisi cum ablatis oculis ab eo, quod per oculos videbamus, imaginem ejus in animo invenerimus. Et si quidem spiritus irrationalis est, veluti pecoris, hoc usque oculi nuntiant. Si autem anima rationalis est, etiam intellectui nuntiatur, qui et spiritui prae-sidet, ut si illud, quod hauserunt oculi atque id spiritui, ut ejus illic imago fieret, nuntiaverunt, cujus rei signum est, aut intelligatur continuo, quid signi-ficet, aut quaeratur, quoniam nec intelligi nec requiri nisi officio mentis po-test. — His atque hujusmodi rebus diligenter consideratis, satis apparet cor-poralem visionem referri ad spiritalem eamque spiritalem referri ad intellec-tualem. Ibid. XII, 24: Non potest itaque fieri visio corporalis, nisi etiam spiritalis simul fiat; sed non discernitur, nisi cum fuerit sensus ablatus a corpore, ut id, quod per corpus videbatur, inveniatur in spiritu. At vero spiritalis visio etiam sine corporali fieri potest, cum absentium corporum similitudines in spiritu apparent et finguntur multae pro arbitrio vel praeter arbitrium demonstrantur. Item spiritalis visio indiget intellectuali, ut dijudi-cetur, intellectualis autem ista spiritali inferiore non indiget ac per hoc spiri-tali corporalis, intellectuali autem utraque subjecta est.

[3] De lib. arb. II, 11: Ratio est mentis motio, ea, quae discuntur,

unterſuchenden und forſchenden Verſtandes[1]. Die ratio iſt nothwendig
zum Erkennen und Wiſſen, die ratiocinatio dagegen iſt das discurſive
Denken, ſofern es gleichſam als die Bewegung der ratio erſcheint. Der
Verſtand ſteht, wie ſchon oben bemerkt wurde, nicht nur über den einzelnen äußeren Sinnen, ſondern auch über dem inneren Sinn (sensus
interior) und iſt die Kraft, mittelſt der die Seele die einzelnen Objecte,
die ihr von den leiblichen Sinnen übermittelt werden, von den Sinnen,
ſowie die Sinne ſelber von einander unterſcheidet, ebenſo letztere zugleich
in ihrer Einheit im inneren Sinn erfaßt und nicht minder dieſen ſelbſt,
ja in ihm und mit ihm zugleich alles andere zum Inhalt ihres Bewußt-
ſeins macht, endlich die Kraft, mittelſt der die Seele auch ſich ſelbſt erfaßt und zur Selbſterkenntniß gelangt. Vermöge deſſen iſt der Verſtand
für die Seele das Haupt, von dem aus ſie ſich ſelbſt beherrſcht[2]. Auch
die Erzeugung des Wortes, um durch daſſelbe den inneren Gedanken
einen ſinnlich wahrnehmbaren Ausdruck zu geben, die Bildung der Sprache
und die Erfindung der Schriftzeichen haben im denkenden Verſtande ihren
Grund[3].

Von der ratio iſt verſchieden der Intellect (intellectus) oder die
Vernunft. Auguſtinus hält zwar beide Ausdrücke nicht immer ſchulgerecht
auseinander; dieß hat aber ſeinen guten Grund darin, daß beide Ver-

distinguendi et connectendi potens. Ibid. II, 18: Ego quodam meo motu
interiore et occulto ea, quae discenda sunt, possum discernere et connectere,
et haec vis mea ratio vocatur.

[1] De quant. anim. c. 27: Sed recte ista fortasse ratiocinatio nominatur,
ut ratio sit quidam mentis aspectus, ratiocinatio autem rationis inquisitio,
id est aspectus illius per ea, quae aspicienda sunt, motio. Quare ista opus
est ad quaerendum, illa ad videndum.

[2] 83 quaest. qu. 64.

[3] De ord. II, 12: Namque illud, quod in nobis est rationale, id est,
quod ratione utitur, quia naturali quodam vinculo in eorum societate astringe-
batur, cum quibus illi erat ratio ipsa communis, nec homini homo firmissime
sociari posset, nisi colloquerentur atque ita sibi mentes suas cogitationesque
quasi refunderent, videt esse imponenda rebus vocabula, id est significantes
quosdam sonos, ut, quoniam sentire animos suos non poterant, ad eos sibi
copulandos sensu quasi interprete uterentur. Sed audiri absentium verba non
poterant; ergo illa ratio peperit literas, notatis omnibus oris ac linguae sonis
atque discretis. De trinit. XV, 10: Haec atque hujusmodi signa corporalia
sive auribus sive oculis praesentibus, quibus loquimur, exhibemus. Inventae
sunt etiam literae, per quas possemus et cum absentibus colloqui, sed ista
signa sunt vocum, cum ipsae voces in sermone nostro earum, quas cogitamus,
signa sint rerum.

mögen, ratio und intellectus, nur zwei verschiedene Seiten des höheren, geistigen Erkenntnißvermögens (das rationale nostrum), der menschlichen Intelligenz darstellen, weßhalb er in der Regel, um dieses höhere Vermögen zu bezeichnen, beide Ausdrücke miteinander verbindet [1]. Der Intellect, der innerste Sinn (sensus intimus) ist, wie wir schon oben gesehen haben, jener höhere, geistige Sinn, durch den die Seele des Intelligibeln, des Wahren, Schönen, Guten u. s. w. inne wird und das, was wahr, schön und gut ist, von dem, was nicht wahr, nicht schön, nicht gut ist, unterscheidet [2]. Er ist das Auge, mit dem die Seele das Ewige und Unwandelbare schaut [3], mit dem sie Gott selbst erkennt als das an sich Wahre, an sich Gute [4] und durch das sie ihrer eigenen Gottebenbildlichkeit bewußt wird [5]. Die Vernunft ist es endlich, kraft der sie ihre Herrschaft über die unter ihr stehende Natur ausübt [6].

---

[1] De trinit. XII, 3: Illud vero nostrum, quod in actione corporalium atque temporalium tractandorum ita versatur, ut non sit nobis commune cum pecore, rationale quidem est, sed ex illa rationali nostrae mentis substantia, qua subhaeremus intelligibili atque incommutabili veritati. — Intellectum nostrum et actionem vel consilium et executionem vel rationem et appetitum rationalem — una mentis natura complectitur.

[2] De civit. Dei XI, 27: Habemus enim alium interioris hominis sensum, isto (sc. sensu interiore) longe praestantiorem, quo justa et injusta sentimus, justa per intelligibilem speciem, injusta per ejus privationem.

[3] De lib. arb. II, 6: Nam et corpus nos habere manifestum est et vitam quandam, qua ipsum corpus animatur atque vegetatur, quae duo etiam in bestiis agnoscimus; et tertium quiddam quasi animae nostrae caput aut oculum aut si quid congruentius de ratione atque intelligentia dici potest. — Et ipsa (ratio) nullo adhibito corporis instrumento nec per tactum nec per gustum nec per olfactum nec per aures nec per oculos nec per ullum sensum se inferiorem, sed per se ipsam cernit aeternum aliquid et incommutabile.

[4] De trinit. VIII, 2: Vide si potes: Veritas est. Hoc enim scriptum est: Quoniam Deus lux est, non quomodo isti oculi vident, sed quomodo videt cor, cum audis: Veritas est. Ibid. VIII, 3: Bonum hoc et bonum illud. Tolle hoc et illud et vide ipsum bonum, si potes, ita Deum videbis, non alio bono bonum, sed bonum omnis boni.

[5] Ibid. XIV, 8: Nunc vero ad eam jam pervenimus disputationem, ubi principale mentis humanae, quo novit Deum vel potest nosse, considerandum suscepimus, ut in eo reperiamus imaginem Dei. Quamvis enim mens humana non sit ejus naturae, cujus est Deus, imago tamen naturae ejus, qua natura melior nulla est, ibi quaerenda et invenienda est in nobis, quo etiam natura nostra nihil habet melius.

[6] De Genes. contr. Manich. I, 17: Ratio et intellectus, unde etiam habet potestatem piscium maris et volatilium coeli et omnium pecorum et ferarum et omnis terrae et omnium repentium, quae repunt super terram.

b) Das Strebungsvermögen.

Außer dem Vorstellungsvermögen finden wir in der menschlichen Seele noch ein anderes, das nicht minder wichtig ist.

Im sensus interior, der auch den Thieren eigen ist, wird nicht nur all das Gemeinsame erfaßt, was durch die äußeren Sinne über= mittelt wird, sondern es wird in ihm auch das spontane Lebensprincip sich selbst offenbar, um für seine Selbsterhaltung zu sorgen, nach dem, was seiner Lebensthätigkeit förderlich ist, zu streben und dasjenige, was derselben widerstreitet, zu meiden [1].

Uebrigens ist dieser spontane Lebenstrieb nach Selbsterhaltung nicht bloß im Thierreich, sondern bereits im Pflanzenreich zu finden, ja er ist, entsprechend der Art des Seins, als Trieb der Selbsterhaltung schon in der unorganischen Natur. Nicht bloß alle unvernünftigen Thiere geben auf alle mögliche Art zu erkennen, daß sie sein wollen, und deßhalb der Vernichtung ausweichen, auch die Bäume und alle Gesträuche, welchen die Sinne mangeln, schlagen, um gesichert den Samen des Wipfels den Lüften anzuvertrauen, tiefe Wurzeln in den Boden und suchen dadurch Nahrung an sich zu ziehen und so ihr Sein zu erhalten. Selbst jene Körper, welchen nicht bloß die Empfindung, sondern sogar auch alles vegetative Leben fehlt, streben doch derart in die Höhe oder sinken zur Tiefe oder halten sich in der Mitte, um da, wo sie naturgemäß sein können, ihre Existenz zu wahren [2].

Vergleichen wir aber den Menschen mit dem Thiere, so haben wir in ihm, wie ein niederes und ein höheres Vorstellungs= und Erkenntniß= vermögen, so auch eine niedere und eine höhere Art des Strebungsver= mögens zu unterscheiden. Von Natur aus (sine magistro, sine ullo doctrinae adminiculo, sine industria vel arte vivendi, velut natura- liter) hat der Mensch, ähnlich wie das Thier, gewisse Regungen oder

---

[1] De lib. arb. II, 3: Aliud est, quo videt bestia, aliud quo ea, quae videndo sentit, vel vitat vel appetit. Ille enim sensus in oculis est, ille autem intus in ipsa anima, quo non solum ea, quae videntur, sed etiam quae audiun- tur quaeque ceteris capiuntur corporis sensibus, vel appetunt animalia delec- tata et assumunt vel offensa devitant et respuunt. Ibid. II, 4: Utrum et se ipsam haec vita sentiat, quae se corporalia sentire sentit, non ita clarum est, nisi quod se quisque intus interrogans invenit omnem rem videntem fugere mortem. Quae cum sit vitae contraria, necesse est, ut vita etiam se ipsam sentiat, quae contrarium suum fugit.

[2] De civit. Dei XI, 27.

Triebe, welche sich auf bestimmte Objecte hinbewegen (motus, appetitus, passiones ad aliquid), wie der Trieb nach Lust, durch welche die
leiblichen Sinne angenehm gereizt werden, nach Ruhe, der zufolge jemand
keine Beschwerde des Leibes zu erdulden hat, oder nach den ersten Gütern
der Natur, wie z. B. Unversehrtheit der Glieder, Gesundheit und Wohl-
befinden[1]. Wenn sie zu ihrem Ziele gelangen, entsteht Genuß, Glückseligkeit, wenn nicht, so erfolgt Schmerz. Die Gefühle des Genusses
und Schmerzes sind also die Begleiter des Trieblebens. Der Genuß ist
es sodann, der seinerseits wieder anreizt, etwas zu erstreben, und der
Schmerz, der den Menschen antreibt, sich vor einem Uebel zu bewahren.
So entsteht der Trieb, Genuß zu suchen und der Trieb, Schmerz zu
fliehen. Dieß sind die Wurzeltriebe. Aus ihnen entspringen viele andere, welche, entsprechend den Wurzeltrieben, in zwei Klassen zerfallen,
in solche, welche direct auf Genuß abzielen, und in solche, welche auf
Vermeidung des Schmerzes ausgehen. Beide Klassen haben den gemein-
schaftlichen Namen cupiditas oder libido. Indeß haben cupiditas und
libido auch einen engeren Sinn und bezeichnen dann nur jene erste
Klasse von Strebungen, welche direct auf Lust abzielen, und die allgemeine Bezeichnung für die zweite Klasse ist ira[2]. Diese verschiedenen
Triebe aber treten, wie gesagt, im Menschen nicht bloß als Strebungen
auf, sondern sind von den Gefühlen des Genusses und Schmerzes be-
gleitet, wodurch die Seele in besonderer Weise erregt oder afficirt wird,
oder sind unzertrennlich verbunden mit den Gemüthsbewegungen, die
man Affecte (affectus) nennt oder nach dem griechischen πάϑος passiones,
weil die Seele durch sie etwas erleidet, oder auch, wie Cicero, perturb-
bationes, weil sie, wenn sie in heftigerem Grade auftreten, die Seele
verwirren und die Seele sammt dem Leibe lebhaft erschüttern[3]. Was
letzteres, die Affection des Leibes insbesondere anlangt, so gibt es, da
die Seele, die lebende und belebende Kraft im Menschen, mit dem Leibe
zu einer wahren Lebenseinheit vereinigt ist, wohl keine Gemüthsbewegung,
die nicht auch den Körper in Mitleidenschaft ziehen würde, und diese
Affection, die sich vorzugsweise im Angesicht des Menschen wahrnehmen
läßt[4], kann fortdauernde Spuren hinterlassen[5]. Uebrigens kann man

---

[1] Ibid. XIX, 1.   [2] Ibid. XIV, 15.   [3] Ibid. IX, 4—5.
[4] De doctr. christ. II, 2.
[5] Epist. 115 ad Nebrid.: Arbitror enim omnem motum animi aliquid
facere in corpore. Id autem usque ad nostros exire sensus — cum sint
majores animi motus, velut cum irascimur aut tristes aut gaudentes sumus. —

nicht behaupten, daß Augustinus selber zwischen Trieb und Gefühl oder Affect bestimmt unterschieden habe, vielmehr nimmt er den Ausdruck Wollen, Wille (velle, voluntas) in einem weiten Sinne, in welchem er so viel bedeutet als Streben, Strebung überhaupt, und sagt in Folge dessen, der Wille sei in allen Regungen der Seele oder vielmehr diese alle seien nichts Anderes als Wille [1]. Aus dem gleichen Grunde gebraucht er z. B. voluntas und amor promiscue [2] und bezeichnet an einer Stelle sogar den Trieb der vernunftlosen Geschöpfe als Wille, wobei er allerdings hinzufügt: „Wenn anders jener Trieb der vernunftlosen Geschöpfe Wille zu nennen ist, wonach sie gemäß ihrer Natur handeln, wenn sie etwas verlangen oder davor zurückscheuen." [3] Das aber ist zuzugeben, daß Augustinus die Gefühle und Affecte als die Zustände erkannte, in welche die Seele in Folge ihrer Strebungen versetzt wird, und deßhalb bald den Begriff motus, appetitus ad aliquid, bald den Begriff affectio, passio, perturbatio animi hervorhebt [4], so daß wohl angenommen werden kann, es sei ihm bei seiner empirischen Betrachtungsweise, die er bei psychologischen Fragen durchgängig anwendet, der Unterschied zwischen Trieb und Gefühl nicht unbekannt geblieben.

Um so bestimmter unterscheidet Augustinus sinnliche und rein geistige Triebe und Affecte. Erstere hat die Seele, sofern sie dem Leibe zugewandt ist; es muß aber hierbei die Meinung ausgeschlossen bleiben, als ob die sinnlichen Regungen durch den Leib entstünden; denn sie entstehen durch die Seele in und mit dem Leibe. Nicht der Leib kann begehren oder Schmerz fühlen, sondern die Seele im Leibe. Der Leib hat ja gar kein Leben aus und in sich, also auch kein Triebleben, sondern er hat es aus und durch die Seele. Außerdem aber besitzt die menschliche Seele auch rein geistige Triebe und Affecte, d. h. solche, welche nicht aus ihrer Verbindung mit dem Leibe stammen, wenngleich auch sie den Leib afficiren und in Mitleidenschaft ziehen können. Mit allem Nachdruck bekämpft Augustinus jene Philosophen, welche behaupten, alle Affecte stammen aus dem irdischen und sterblichen Leben, und lehrt, daß es rein

---

Ea, quae, ut ita dicam, vestigia sui motus animus figit in corpore, possunt et manere et quandam quasi habitum facere.

[1] De civit. Dei XIV, 6: Voluntas est quippe in omnibus, immo omnes nihil aliud quam voluntas sunt.

[2] De trinit. XV, 20. [3] De civit. D. V, 9.

[4] Conf. IX, 14: Dico quattuor esse perturbationes animi, cupiditatem, laetitiam, metum, tristitiam.

geiftige Begierden und Affecte gebe, die durchaus nicht aus dem Leibe
ftammen können [1]. Er beruft sich hierfür auf das Zeugniß des Selbst=
bewußtseins und sagt, die Seele werde nach ihrem eigenen Geständniß
nicht bloß durch den Leib so afficirt, daß sie begehre, sich fürchte, sich
freue oder sich ärgere, sondern sie könne auch von sich selber aus durch
diese Regungen hin= und hergetrieben werden [2]. Die geistigen Triebe
sind ebenso wenig identisch mit der freien Willensthätigkeit, sondern von
dieser specifisch verschieden. Sie können wohl, wie wir sehen werden,
als Motive der freien Willensbethätigung fungiren, allein Sache des
freien Willens ist es, ihnen zuzustimmen oder nicht zuzustimmen, da er
nothwendig mit dem überlegenden Denken verbunden, also appetitus
rationalis, mit Ueberlegung verbundene Strebekraft im Menschen ist.

Das Charakteristische des menschlichen Strebungsvermögens liegt
darin, daß es nicht, wie das analoge Vermögen der Thierseele, im Trieb=
leben beschlossen ist, sondern noch in einer höheren Form auftritt, als
freier Wille. Diese höhere Form des Strebens ist, wie gesagt,
nicht bloß eine höhere Art des Trieblebens oder das geistige Triebleben,
sondern jene Fähigkeit des menschlichen Geistes, vermöge der er sich
aus sich selbst bestimmt. Dadurch eben unterscheidet sie sich wesent=
lich von den sinnlichen wie von den geistigen Trieben; letztere können
sich nicht selbstthätig auf ein Object hinbewegen, sondern ihre Bewegun=
gen werden mit innerer Nothwendigkeit bewirkt durch die Natur des
Triebes und der Objecte, der Wille dagegen bestimmt und bewirkt seine
Bewegung selbst oder ist selber Ursache seiner Bewegung und Thätigkeit.
Daher ist wohl zu unterscheiden zwischen motus naturalis und motus
voluntarius, zwischen natura aliquid facere und voluntate facere [3].

Als Selbstbestimmung schließt das Wollen schlechterdings jeden
Zwang und jede Nothwendigkeit aus und eben deßhalb die Freiheit in
sich [4]. Diese Freiheit aber besteht darin, daß die Bewegung des Wollens
in der selbsteigenen Macht des Menschen liegt, so daß der Wille die be=
wirkende Ursache der menschlichen Handlungen ist [5]. Augustinus hebt

---

[1] De civit. Dei XIV, 8—9.　　[2] Ibid. XIV, 5.

[3] De lib. arb. III, 1; de duab. anim. c. 12.

[4] De duab. anim. c. 10: Voluntas est animi motus, cogente nullo, ad
aliquid vel non amittendum vel adipiscendum. — Restat, ut volens a cogente
sit liber.

[5] De lib. arb. III, 3: Nihil tam in nostra potestate quam ipsa voluntas
est. — Non voluntate vivimus, sed necessitate, aut non voluntate morimur,

ausdrücklich hervor, daß solche freie Ursachen innerhalb der nothwendigen Ordnung der Welt möglich seien, und sagt, daß der Gang der Welt, dieses System nothwendiger Ursachen, die Freiheit nicht aufhebe, weil er so beschaffen sei, daß die freien, sich selbst bestimmenden Ursachen in ihm ihre Stelle finden. Er nennt daher den Willen bewirkende Ursache (causa efficiens), ja er scheint die Ansicht auszusprechen, daß nur die freien Ursachen (causae voluntariae) in Wahrheit wirkende Ursachen seien [1]. Man kann, sagt er wiederholt, nicht nolens, d. h. coactus, necessarie, sondern nur volens velle und daß wir wollen, daß das, was wir freiwillig thun, von uns nur geschieht, weil wir es wollen, ist eine unwiderlegliche Thatsache unseres Selbstbewußtseins [2]. Liegt es aber im Begriff des Wollens, daß der Mensch, unabhängig von äußerem und innerem Zwange, sich durch sich selbst schlüssig mache, so ist von selbst die Möglichkeit gegeben, daß der Mensch sich auch gegentheilig entschließe, d. h. aus dem negativen Moment der Willensfreiheit, der Unabhängigkeit vom Zwang, ergibt sich als positives Moment die Wahlfreiheit [3]. Dieses wahlfreie Wollen aber wäre nicht möglich ohne selbstbewußtes, vernünftiges Denken, ohne denkende Ueberlegung, welche auf den freien Willensentschluß vorbereitet, und gerade deßhalb kann man die Strebungen der Thiere nicht als Wollen bezeichnen, weil ihnen die vernünftige Ueberlegung fehlt.

In der Fähigkeit zu wollen liegt der eigentliche Kern und Mittelpunkt der menschlichen Persönlichkeit. Im Willen besitzt sich der Geist in seiner Vollkraft und in ihm liegt sein Vorzug vor den Naturwesen, da er wegen der Verbindung des Willens mit der Intelligenz, mit Be-

---

sed necessitate, et si quid aliud hujusmodi. Non voluntate autem volumus, quis vel delirus audeat dicere? — Voluntas igitur nostra nec voluntas esset, nisi esset in nostra potestate. Porro quia est in potestate, libera est nobis. — Non enim est nobis liberum, quod in potestate non habemus. De civit. Dei V, 9: Humanae voluntates humanorum operum causae sunt.

[1] De civit. Dei V, 9; XII, 6.

[2] Conf. VII, 3: Cum aliquid vellem aut nollem, non aliud quam me velle ac nolle certissimus eram et ibi esse causam peccati mei, jam jamque animadvertebam. Quod autem invitus facerem, pati me potius quam facere videbam. De duab. anim. c. 10: Tam nobis cognita est voluntas nostra, quam vita. — Nobis autem voluntas nostra notissima est; neque enim scirem me velle, si, quid sit voluntas ipsa, nescirem.

[3] Contr. Fortun. Manich. disp. II.: Liberum habemus arbitrium faciendi aliquid vel non faciendi. De pecc. merit. II, 18: Voluntatis arbitrium hic atque illuc liberum flectitur.

wußtsein und Freiheit im Dienste Gottes steht und seine Herrschaft über die Naturwesen ausübt, während diese den göttlichen Willen ohne selbst= eigenes Wissen und ohne selbsteigenes Wollen, lediglich nach dem Gesetz der Nothwendigkeit, dem sie unterstellt sind, vollziehen[1].

Die Willensfreiheit vertheidigt Augustinus mit aller Energie gegen die Manichäer, um aus ihr, statt aus einer bösen Natur im Menschen, die Sünde zu erklären. Er hatte aber außer der Ansicht der Manichäer noch die gerade gegentheilige, die Ansicht der Pelagianer zu bekämpfen. Diesen gegenüber, welche das posse velle auf Gott zurückführten, die Art aber, wie wir wollen und den Akt des Wollens selbst schlechthin als Sache unserer That, als Sache der formalen Freiheit hinstellen wollten, mußte er den Begriff der Willensfreiheit auf das richtige Maß beschränken. Und da so Augustinus einerseits die Manichäer und an= dererseits die Pelagianer abzuweisen hatte, so wurde es ihm durch diesen doppelten Gegensatz um so leichter, den Fehler des einen zu vermeiden, ohne in den des anderen zu fallen.

Pelagius sah die formale Wahlfreiheit als das Höchste im Men= schen an und behauptete, daß der Mensch nicht mit gutem Willen, son= dern mit dem unverlierbaren Gut des aequilibrium geschaffen sei, mit dem bleibenden Vermögen, frei zwischen gut und böse zu wählen. In Folge dessen konnte er keinen wahren Zusammenhang unter den Willens= entscheidungen anerkennen, keinen Einfluß einer Willensentscheidung auf das Wahlvermögen zugeben. Indifferenz zwischen gut und böse ist nach ihm der bleibende Charakter des menschlichen Willens. Wenngleich, sagt nun Augustinus, der Wille frei und die bewirkende Ursache der mensch= lichen Handlungen ist, so darf man sich denselben doch nicht so denken, als ob er für sich rein indifferent sei gegen die Objecte seines Strebens, vielmehr muß man gewisse Miturfachen annehmen, welche die Bewegung des Willens zwar nicht bewirken, aber doch veranlassen, also den freien Willen zur Bethätigung antreiben und anregen oder Motive für die Willensbethätigung sind. Denn eine Willensbethätigung ohne alle Mo= tive gedacht, wäre eine rein zufällige und blinde Thätigkeit. Woher soll der Willensact entstehen, wenn kein Motiv da ist? Gibt es ja doch nichts auf der Welt, das ohne zureichenden Grund entstanden

---

[1] De ver. rel. c. 14: Nec hoc quidem dubitandum video, habere animas liberum voluntatis arbitrium; tales enim servos suos meliores esse Deus judi-cavit, si ei servirent liberaliter, quod nullo modo fieri posset, si non volun-tate, sed necessitate servirent.

wäre [1]. Aber diese Motive wirken nicht necessitirend auf die Willensbethä=
tigung ein, sonst würden sie letztere selbst aufheben. Daher wird z. B.
der Wille des Menschen je nach der Verschiedenheit der Dinge, welche an=
gestrebt oder gemieden werden, gleichsam in diese oder jene Affecte, der
Begierde oder der Furcht, der Freude oder der Traurigkeit, verändert
und umgewandelt, indem er diesen Affecten zustimmt. Begierde und
Freude sind insofern nichts Anderes, als Wille in Uebereinstimmung mit
dem, was wir begehren; Furcht und Traurigkeit nichts Anderes, als
Wille in Nicht=Uebereinstimmung mit dem, was wir nicht wünschen. So ist
der Wille in allen Affecten. Allein es kommt darauf an, wie der Wille
beschaffen ist; ist er verkehrt, so werden auch die Affecte verkehrt sein,
denen er zustimmt; ist er aber recht beschaffen, so werden dieselben gleich=
falls gut sein [2]. Allerdings können die Motive, in die der Wille durch
seine Zustimmung sich verwandelt und die er durch seine Zustimmung
verstärkt, je nach ihrer Stärke das Maß der Willensfreiheit beschränken,
so daß man von einer voluntas plena et libera und einer voluntas
non plena reden kann [3]. Aber ebenso unzweifelhaft ist, daß bei keiner
Willenshandlung eine necessitirende Wirkung auf den Willen stattfindet
und z. B. derjenige, der dem Zwange folgt und nicht widersteht (da
er doch widerstehen könnte), zwar nicht plena et libera voluntate, sed
tamen nonnisi voluntate handelt. Zwar scheint Augustinus an einigen
Stellen von einer Nothwendigkeit zu reden, der auch der Wille unter=
liege, wenn er sagt, daß wir nothwendig wollen und nothwendig glück=
lich sein sollen [4]. Allein das Wollen selbst liegt in der Natur des Men=
schen und das Streben nach Glückseligkeit in der Natur des menschlichen
Strebungsvermögens, insofern das, worauf das Streben gerichtet ist,
nothwendig ein Gut ist, dessen Besitz glückselig macht. Auch der Wille
ist Strebekraft und geht, wie alles Streben des Menschen, auf ein Gut;
er ist nur die höhere Form der Strebekraft und strebt daher allerdings
mit innerer Nothwendigkeit nach Glückseligkeit; aber eben deßhalb ist
diese Nothwendigkeit nur eine Determination seiner eigenen Natur und

---

[1] Op. imp. contr. Jul. 56, 60: Unde ergo oritur voluntas? Dic, audiamus, discamus; aut ostende aliquid alicubi ortum esse, cum unde non esset.

[2] De civit. Dei XIV, 6.

[3] Epist. 45 ad Arment.: Sed haec voluntas ut plena sit, oportet, ut
sana sit.

[4] Enchirid. c. 105; Neque enim culpanda est voluntas: aut voluntas non
est aut libera dicenda non est, qua beati esse sic volumus, ut esse miseri non
solum nolimus, sed nequaquam prorsus velle possimus.

hebt seine Wahlfreiheit nicht auf. Sodann ist es insbesondere die In=
telligenz, welche eine wichtige Stellung zum Willen einnimmt, da sie die
ewigen Gesetze des Wahren und Guten in sich trägt. Sie zeigt dem
Willen das wahrhaft Gute und sagt ihm, daß er diesem zustreben soll.
Sie sagt ihm vor Allem, daß das wahrhaft Gute im Ewigen und Gött=
lichen ruhe, nicht im Irdischen und Zeitlichen und daß er deßhalb die
motus coelestes lieben und befriedigen soll vor den motus terreni.
Thut dieß der Wille, so ist er ein durch die Vernunft geleiteter, ver=
nünftiger Wille (voluntas rationalis); thut er es nicht, so handelt er
unvernünftig.

Vermöge seiner Wahlfreiheit kann sich der Mensch für das Voll=
bringen oder für die Unterlassung des Guten, er kann sich für das
Gute oder für das Böse entscheiden[1]. Ohne diese Freiheit des Wahl=
vermögens vermöchte er, gleichwie die Thiere, überhaupt weder etwas
sittlich Gutes, noch etwas sittlich Böses zu thun[2]. Aber Gott will
nicht, daß der Mensch wirklich Böses thue; denn da würde Gott, im
Widerspruch mit sich selbst, das Böse selbst wollen und wäre selbst die
Ursache des Bösen; sondern Gott will, daß der Mensch in freier Selbst=
bethätigung sich rückhaltslos an das Gute hingebe und dieses durch fort=
gesetzte sittlich gute Willensbethätigung so in sich aufnehme, daß es in
ihm herrschend werde. Folgt er dieser seiner Bestimmung, so geht seine
Wahlfreiheit über in die sittliche Freiheit, in die Freiheit als Zu=
stand. Augustinus unterscheidet genau zwischen der Freiheit als bloßem
Wahlvermögen und der sittlichen Freiheit. Gerade das macht er den
Pelagianern zum Vorwurf, daß sie die Freiheit nur als possibilitas
boni et mali bestimmten, d. h. nur als Wahlfreiheit, und aus dieser
Begriffsbestimmung zog er ihnen die Folgerung, daß also Gott nicht frei
sei und die Seligen im Himmel nicht frei seien, da man bei ihnen keine
possibilitas boni et mali annehmen könne[3]. Die sittliche Freiheit ist,
im Unterschied von der bloßen Wahlfreiheit, erst die wahre und eigent=
liche Freiheit. Folgt dagegen der Wille den Motiven des Bösen, so hat
er zwar die Wahlfreiheit, aber diese Freiheit verdient eigentlich den Na=
men Freiheit gar nicht; denn wenn der Mensch dem folgt, was er be=

---

[1] De act. cum Felic. Manich. II, 4: Habet unusquisque in voluntate,
aut eligere, quae bona sunt, et esse arbor bona, aut eligere, quae mala sunt,
et arbor esse mala.

[2] De duab. anim. c. 12.

[3] Op. imp. contr. Jul. I, 10.

herrſchen ſollte, ſo iſt bieß Sklaverei [1]. Darum iſt der Gute allein frei, auch wenn er äußerlich ein Sklave iſt, der Böſe dagegen ein Sklave, auch wenn er äußerlich über Andere herrſcht [2].

Die ſittliche Freiheit iſt jedoch in dieſem Leben noch unvollkommen, erſt im Werden; volle Wahrheit wird ſie erſt jenſeits, im Lande der Seligen, wo der Geiſt ſelbſt dem Reize des Böſen unzugänglich wird [3], wo er von dieſem Reize ſo ſehr befreit ſein wird, daß er unwandelbar daran Freude hat, nicht zu ſündigen, wo der auf das Gute gerichtete Wille ebenſo unverlierbar ſein wird, wie hienieden der nach Glückſeligkeit verlangende Wille [4]. Die ſittliche Freiheit, wie ſie hienieden erworben werden kann, kann negativ beſtimmt werden als F r e i ſ e i n von der Liebe zu den vergänglichen Dingen, von der Sünde, von der Herrſchaft der Ungerechtigkeit [5], poſitiv aber als die G e ſ u n d h e i t der Seele, d. h. als die durchgängige Einheit und Harmonie ihrer niederen und höheren Kräfte mit dem göttlichen Willen oder die volle Gerechtigkeit [6], jenes Streben des Willens, worin das Gute ſo ausſchließlich herrſcht, daß das Gegentheil nicht mehr möglich iſt, jene Willensſtärke, bei welcher ſich das urſprüngliche, dem Menſchen anerſchaffene posse non peccare in ein non posse peccare verwandelt und die ſittliche Freiheit den Charakter

---

[1] De civit. Dei XIV, 11: Voluntatis arbitrium tunc est vere liberum, cum vitiis peccatisque non servit. Epist. 89 ad Hilar.: Quomodo enim libera est (voluntas), cui dominatur iniquitas? Enchirid. c. 105: Sic enim oportebat prius hominem fieri, ut et bene velle posset et male; — postea vero sic erit, ut male velle non possit, nec ideo libero carebit arbitrio. Multo quippe liberius erit arbitrium, quod omnino non poterit servire peccato.

[2] De civit. Dei IV, 3.

[3] Op. imp. contr. Jul. VI, 19: Tunc felicius liberi erimus, quando non poterimus servire peccato.

[4] De civit. Dei XXII, 30: Nec ideo liberum arbitrium non habebunt, quia peccata eos delectare non poterunt. Magis quippe erit liberum, a delectatione peccandi usque ad delectationem non peccandi indeclinabilem liberatum. Tract. 41 in evang. Joan. c. 10: Nondum tota, nondum pura, nondum plena libertas, quia nondum aeternitas. Habemus enim ex parte infirmitatem, ex parte accepimus libertatem.

[5] De vera relig. c. 48: Quem ergo delectat libertas, ab amore mutabilium rerum liber esse appetat. De civit. Dei V, 18: Vera libertas, quae nos ab iniquitatis dominatu liberos facit.

[6] Epist. 89 ad Hilar.: Haec enim voluntas libera tanto erit liberior, quanto sanior. De spir. et lit. c. 30: Per animae sanitatem libertas arbitrii, per liberum arbitrium justitiae dilectio, per justitiae dilectionem legis operatio. De perf. just. c. 4: Ipsa enim sanitas est vera libertas, quae non periisset, si bona permansisset voluntas.

der Nothwendigkeit annimmt, aber einer Nothwendigkeit, die eine vom Willen selbst gewollte und erworbene ist und in der die Seele sich erst vollkommen glücklich fühlt[1]. Dieß ist nach Augustinus die ganze, die reine, die volle Freiheit, so weit sie hienieden erreicht werden kann.

Nun kann aber der Mensch, wie den Motiven des Guten, so auch den Motiven des Bösen folgen. Je öfter er sich in dieser Richtung be= thätigt, desto mehr erstarkt in ihm die Hinneigung zum Bösen, wodurch die volle Freiheit des Willens immer mehr beschränkt wird und zuletzt wiederum eine necessitas entsteht, die misera, dura necessitas mali, ähnlich wie im entgegengesetzten Falle eine felix necessitas boni[2]. An die Stelle der Freiheit zum Guten tritt die Knechtschaft der Sünde, und anstatt der Gesundheit der Seele tritt eine Verschlimmerung, eine Ver= derbniß der Seele ein, die von den Motiven des Bösen überwunden wird. Es ist aber auch unter der so entstehenden necessitas mali wiederum keine wirkliche Nothwendigkeit zu verstehen, da sie gleichfalls eine vom Willen selbst gewollte und erworbene Nothwendigkeit, nur eine Folge der bösen Willensbethätigung selbst ist. So wenig die felix necessitas boni die Möglichkeit des Bösen aufhebt, so wenig hebt die necessitas mali die Möglichkeit des Guten auf[3], d. h. diese hebt so wenig als jene, wenigstens in diesem Leben, das Willensvermögen als Vermögen der Wahlfreiheit selbst auf. Wie allerdings bei fortgesetzter guter Willensbethätigung der Mensch den Motiven des Bösen immer unzugänglicher wird, so wird in Folge fortgesetzter böser Willensthätig= keit der Mensch immer schwächer, das Gute aus sich selbst zu thun; aber die Möglichkeit des Guten, das Wollen schlechthin verbleibt im gefallenen, zum Bösen geneigten Menschen; nur vermag er nicht durch

---

[1] De corrept. et grat. c. 12: Prima ergo libertas voluntatis erat, posse non peccare, novissima erit multo major, non posse peccare. De perf. just. c. 4: Quia peccavit voluntas, secuta est peccantem peccatum habendi dura necessitas, donec tota sanetur infirmitas et accipiatur tanta libertas, in qua, sicut necesse est permaneat beate vivendi voluntas, ita ut sit etiam bene vi- vendi et nunquam peccandi voluntaria felixque necessitas.

[2] Contr. Fort. disp. II: In nostris actionibus antequam consuetudine aliqua implicemur, liberum habemus arbitrium faciendi aliquid vel non faciendi. Cum autem ista libertate fecerimus aliquid et facti ipsius tenuerit animam perniciosa dulcedo et voluptas, eadem ipsa consuetudine sic implicatur, ut postea vincere non possit, quod sibi ipsa peccando fabricata est. De perf. just. c. 4: Per arbitrii voluntatem factum, ut esset homo cum peccato, sed jam poenalis vitiositas subsecuta ex libertate fecit necessitatem.

[3] De civit. Dei XV, 21.

sich selbst über die bloße Möglichkeit des Guten hinaus zur Wirklichkeit, zur Verwirklichung des Guten zu gelangen, sondern er folgt den bösen Motiven, der bösen Begierlichkeit[1], so daß er das (Gute) nicht thut, das er will[2], weil er die (wahre, sittliche) Freiheit verloren hat, ein Knecht der Sünde ist[3]. Daher sagt Augustinus, der conatus zum Guten sei zwar da, aber er sei für sich allein nichts, er bringe es zu keinem effectus[4], und beruft sich auf das Wort des Apostels: Das Wollen liegt mir nahe, aber das Vollbringen finde ich nicht, d. h. das Wollen schlechthin, die Möglichkeit zum Guten besitze ich schon, aber das Vollbringen, die wirkliche gute Bethätigung finde ich nicht in mir. Nur diejenigen, sagt er, welche diese Worte nicht recht verstehen, meinen, der Apostel hebe mit denselben die Wahlfreiheit, die Möglichkeit des Guten auf. Denn wie sollte er sie aufheben wollen, da er doch sagt: Das Wollen liegt mir nahe. Liegt das Wollen uns nahe, so steht es doch gewiß in unserer Macht; daß es aber nicht in unserer Macht steht, das Gute auch zu vollbringen, ist eine Folge der Sünde[5].

Auf diesen scharfsinnigen Bestimmungen über das Wesen des menschlichen Willensvermögens baut sich die Augustinische Lehre von der Gnade auf. Augustinus bekämpft, wie bemerkt wurde, ebenso den pelagianischen Indeterminismus wie den manichäischen Determinismus. Nicht die In-

---

[1] Retr. I. 13: Et ille, qui concupiscente adversus spiritum carne non ea, quae vult, facit, concupiscit quidem volens et in eo non facit, quod vult. Sed si vincitur, concupiscentiae consentit volens et in eo non facit, nisi quod vult, liber scilicet justitiae servusque peccati.

[2] Contr. Fort. Manich. disp. II: Quamdiu ergo portamus imaginem hominis terreni, id est, quamdiu secundum carnem vivimus, habemus necessitatem consuetudinis nostrae, ut non, quod volumus, faciamus. De perf. just. c. 4: Sub quibus (necessitatibus) positi vel non possumus, quod volumus, intelligere, vel quod intellexerimus, volumus nec valemus implere. — Victa enim vitio, in quod cecidit voluntate, caruit libertate natura. Ipsa enim sanitas est vera libertas.

[3] De lib. arb. III, 18: Illa est enim peccati poena justissima, ut amittat unusquisque, quo bene uti noluit, cum sine ulla possit difficultate, si vellet. Id est autem, ut, qui sciens recte non facit, amittat scire, quid rectum sit; et qui recte facere, cum posset, noluit, amittat posse, cum velit.

[4] Enarr. in Ps. 26: Voluntatem quidem liberam mihi dedisti, sed sine te nihil est conatus meus.

[5] Ad Simpl. I, 1: His verbis videtur non recte intelligentibus velut auferre liberum arbitrium. Sed quomodo aufert, cum dicat: velle mihi adjacet? Certe enim ipsum velle in potestate est, quoniam adjacet nobis, sed quod perficere bonum non est in potestate, ad meritum pertinet originalis peccati.

differenz zwischen gut und böse, sagt er, ist das Charakteristische des menschlichen Willensvermögens, sondern der Wille ist in seiner Bethätigung dem Einfluß der Motive unterworfen und seine wahre, nicht bloß formale, sondern reale Freiheit ist die sittliche Freiheit, die darin besteht, daß er für das Gute gestimmt ist und den Motiven des Guten folgt, ist die gute Richtung des Willens. Zur Verwirklichung dieser Freiheit aber bedarf es der göttlichen Gnade, durch welche das schöpferische Princip des Logos auf den Intellect und auf den Willen des Menschen einwirkt, um ihm eine Richtung zum Wahren und Guten zu geben, ihn für das Gute zu stimmen und, wenn er für das Gute gestimmt ist, in der Vollbringung des Guten zu unterstützen und in der guten Willensrichtung zu erhalten. Ohne die Gnade, mit dem Vermögen der bloß formalen Freiheit gelangt der Mensch nicht zum Ziel der ethischen Freiheit und ethischen Vollendung; aber auch nicht durch die Gnade allein ohne die freie Willensbethätigung; denn die Gnade wirkt ebenso, wie die Motive überhaupt, nicht necessitirend, sondern bloß bewegend, anregend; sonst würde sie ja die Natur des Willensvermögens vernichten. Trotz der Einwirkung der Gnade bleibt also die formale Freiheit des Willens und damit die Möglichkeit des Bösen bestehen; aber die Gnade bewirkt durch ihren Einfluß auf den Willen, daß er das Gute will, wenngleich der Wille selbst die bewirkende Ursache seiner Handlungen bleibt.

Noch viel weniger vermag der gefallene und zum Bösen geneigte Mensch mit seinem Vermögen der formalen Freiheit des Willens allein sein ethisches Ziel zu erreichen. Denn in Folge der Sünde wurde die Natur des Menschen verschlimmert (sauciata, vitiata), es entstand ein languor naturae, eine Blindheit des Geistes, eine Schwäche des Willens, welche durch die Gnade gehoben werden muß. Die Gnade ist es, welche die Natur des gefallenen Menschen wieder gesund macht (sanat), reinigt, den bösen und verkehrten Willen umstimmt, aus einem bösen in einen guten verwandelt und, wenn er ein guter geworden ist, im Wollen und Vollbringen des Guten unterstützt ohne dabei die Wahlfreiheit des Menschen aufzuheben. Daher bedarf der gefallene Mensch schlechthin der göttlichen Gnade. Aber deßhalb ist die Gnade doch nicht nothwendig, um erst die Möglichkeit des Guten, das Wollen schlechthin herzustellen, sondern um die Wirklichkeit hervorzubringen; sie gibt dem Willen den Anstoß und die Kraft, um von der bloßen Möglichkeit, über die er aus sich selbst nicht hinauskommt, zur Wirklichkeit zu gelangen; sie befreit ihn von der Knechtschaft der Sünde, verhilft ihm zur wahren, sittlichen

Freiheit, bewegt ihn, das Gute zu wollen, und unterstützt ihn in Vollbringung desselben [1]. Somit ist die dem gefallenen Menschen nothwendige Gnade wohl als gratia efficax, aber nicht als cauca efficiens der Willenshandlungen aufzufassen, weil man dadurch das Willensvermögen selbst aufheben würde, das in Wahrheit die causa efficiens der Willenshandlungen ist. Sie übt keinen Zwang, keine necessitirende Wirkung auf den Willen aus; sonst würde sie das Willensvermögen als solches vernichten [2].

§ 17.
Die Unsterblichkeit der Seele.

Der sehnlichste Wunsch, den Augustinus nach seiner Bekehrung in Sachen der Selbsterkenntniß hegte, war der, zu wissen, ob sein Geist unsterblich sei, um in der freudigen Ueberzeugung leben zu können, daß er die beseligende Erkenntniß, nach der er sich sehnte, vollkommen erreichen und nimmer verlieren werde.

Schon beim Tode seiner Mutter durch den Glauben an die Unsterblichkeit getröstet, stellte er über dieses Problem in seinen Soliloquien und in der Schrift de immortalitate animae eingehende Untersuchungen an. Die Argumente aber, die er hier für die Unsterblichkeit der Seele anführt, verrathen sehr den damals noch maßgebenden Einfluß der platonischen Philosophie auf seine Speculation.

In den Soliloquien [3] ist, wie Bindemann sagt, der Gang der Unter-

---

[1] Contr. Pelag. I, 25: Non solum enim Deus posse nostrum donavit atque adjuvat, sed etiam velle et operari operatur in nobis. Non quia nos non volumus aut nos non agimus, sed quia sine ipsius adjutorio nec volumus aliquid boni nec agimus. De peccat. mer. et remiss. II, 18: Ipsa etiam ratio, qui de iis rebus a talibus, quales sumus, iniri potest, quemlibet nostrum quaerentem vehementer angustat, nec sic defendamus gratiam, ut liberum arbitrium auferre videamur. De grat. et lib. arb. c. 20: Satis me disputasse arbitror adversus eos, qui gratiam Dei vehementer oppugnant, qua voluntas humana non tollitur, sed ex mala mutatur in bonam et, cum bona fuerit, adjuvatur.

[2] De spirit. et lit. c. 30: Liberum ergo arbitrium evacuamus per gratiam? Absit, sed magis liberum arbitrium statuimus. — Neque enim lex impletur nisi libero arbitrio. — Per gratiam sanatio animae a vitio peccati, per animae sanitatem libertas arbitrii, per liberum arbitrium justitiae dilectio, per justitiae dilectionem legis operatio. Ac per hoc liberum arbitrium non evacuatur per gratiam, sed statuitur, quia gratia sanat voluntatem, qua justitia libere diligatur.

[3] Soliloq. II, 1 ff.

suchung folgender. Zuerst ist zu zeigen, daß die Wahrheit nicht unter=
gehen kann, hierauf zu überlegen, ob die Wahrheit auch ein Sein im
menschlichen Geiste habe, und endlich zu beurtheilen, ob dieses Sein ein
solches sei, daß es mit der Vernichtung des menschlichen Geistes selbst
vernichtet wäre. Angenommen nun, die Wahrheit würde untergehen, so
wäre doch das wahr, daß sie untergehe. Nichts aber kann auf andere
Weise wahr sein als durch die Wahrheit und weil die Wahrheit in ihm
ist. Also ist die Wahrheit jedenfalls unvergänglich. Sie hat ferner
eine Stätte im menschlichen Geiste. Denn jede Wissenschaft ist Wahrheit,
die Wissenschaft aber ist im Geiste. Würde nun diese vergehen, so wäre
die Wahrheit selbst nicht unvergänglich, was gegen die Thesis ist. Man
kann auch nicht etwa behaupten, daß die Wissenschaft nur auf äußerliche
Weise im menschlichen Geiste sei, daß sie wie ein Licht, das sich weiter
bewegt, im Momente des Sterbens sich aus dem Geiste zurückziehen
könnte. Denn jede Wissenschaft, welche der Einzelne inne hat, erscheint
mit seinem Geiste völlig verwachsen, so daß sie wie der zerrinnende oder
verglimmende Geist zerrinnen oder verschwinden müßte, wenn der Geist
nicht unvergänglich wäre. Nun aber kann die Wahrheit nicht unter=
gehen, also auch der Geist nicht, in welchem sie ein untrennbares Sein
gewonnen hat.

Allerdings stehen dieser Schlußfolgerung einige bedenkliche That=
sachen gegenüber. Das Wahre soll als Träger der Wahrheit unver=
gänglich sein. Legt aber die Natur nicht das vielfältigste Gegenzeugniß
ab? Ist nicht z. B. jeder hervorsprossende Baum ein wahrer Baum
und unterliegt er nicht gleichwohl dem Gesetz der Vergänglichkeit? Man
muß, sagt Augustinus, das Nichtwahre vom Wahren unterscheiden und
jenes definiren als dasjenige, das, ohne das Wahre erreichen zu können,
dasselbe zu sein strebt. Und dieß ist eben das Charakteristische der
ganzen Natur: den Naturkörpern eignet ein Hinstreben zur reinen Form
der Wahrheit, die sich z. B. in den Figuren der Mathematik darstellt,
aber im vollen Sinne wahr können sie nicht genannt werden; um ganz
wahr zu sein, müßten sie aufhören, Körper zu sein und ganz in das
Geistige übergehen. Das Aufsprossen und Absterben der Bäume beweist
also nichts gegen die Annahme, daß die Wahrheit im Geiste unvergäng=
lich sei, weil in ihrem vergänglichen Wesen nicht das Gepräge der Wahr=
heit, sondern nur das Gepräge eines unvollkommenen Bildes der Wahr=
heit ist. Weiterhin aber ist das bedenklich, daß verhältnißmäßig wenige
Menschen im Besitz der Wissenschaft sind und auch diesen der Besitz

derselben angebildet werden muß. Hiernach scheint die Wahrheit dem
menschlichen Geiste nicht wesentlich zu eignen und was in denselben erst
hineingebildet werden muß, scheint, sich von demselben wieder ablösen zu
können. Die Erörterung dieses Bedenkens wollte Augustinus einer anderen Untersuchung vorbehalten; doch berief er sich vorläufig auf die
platonische Lehre, daß die Erlernung einer Wissenschaft nur die Wiedererinnerung an dieselbe, gleichsam das Ausgraben des schon im Geiste
vorhandenen, aber überschütteten Wissens sei. Später (in seinen Retractationen) tadelte er, wie wir bereits wissen, diese Auffassung und erklärte sich dahin, daß auch Nichtgebildete die Gedanken der Wissenschaft
nachdenken können, weil ihrem Geiste das Licht der ewigen Vernunft
gegenwärtig sei, in welchem sie die ewigen Wahrheiten zu schauen vermögen.

Jn der Schrift de immortalitate animae sucht Augustinus das
Thema der Soliloquien klarer und gründlicher zu entwickeln und die
Bedenken, welche er dort noch unerörtert gelassen hatte, zu beseitigen.
Doch genügte ihm später diese Schrift nicht wegen der unklaren Schluß-
folgerungen und der Dunkelheit im Ausdrucke und er beklagte es, daß dieselbe vorzeitig in das Publikum gekommen sei[1]. Er argumentirt in folgender Weise. Entweder ist die Vernunft (ratio hier als Jntelligenz
der anima rationalis, das rationale nostrum) der Geist selbst oder sie
ist im Geiste. Jedenfalls ist unsere Vernunft besser als unser Körper;
dieser aber ist eine Substanz und darum besser als nichts. Die Vernunft ist daher nicht nichts. Was immer Harmonie des Körpers ist,
muß untrennbar im Körper als seinem Subjecte (Substrat) sein und
nichts kann in jener sein, was nicht in diesem ist. Nun ist der menschliche Körper veränderlich, die Vernunft aber unveränderlich. Denn veränderlich ist Alles, was nicht immer auf dieselbe Weise ist; die intelligibeln Wahrheiten aber, wie z. B. die Zahlen und ihre Verbindung,
verhalten sich immer auf dieselbe Weise: ihre Vernunft ist daher unveränderlich und darum die Vernunft überhaupt. Niemals aber kann,
wenn sich seine Grundlage ändert, etwas, das mit ihr unzertrennlich zu-
sammenhängt, unverändert bleiben. Daher kann der Geist nicht Harmonie des Körpers sein und lebt daher immer, sei es, daß er selbst die
Vernunft oder diese unzertrennlich in ihm vorhanden ist.

---

[1] Retract. I, 5: Qui (liber) primo ratiocinationum contorsione atque
brevitate sic obscurus est, ut fatiget, cum legitur, etiam intentionem meam
vixque intelligatur a meipso.

Das aber, ob die Vernunft mit dem Geiste unzertrennbar verbunden sei, ist noch zu erhärten. Denn offenbar muß der Geist, so lange er von der Vernunft nicht getrennt wird und ihr anhängt, fortdauern und leben. Aber durch welche Macht sollte sie von ihm getrennt werden? Durch eine körperliche nicht, da diese schwächer ist als der Geist. Also durch eine geistige? Davon ist kein Grund einzusehen, da der mächtigere Geist nicht dann erst selber die Vernunft besitzt, wenn er sie dem schwächeren nimmt. Ja wäre jener selbst vernunftlos, so wäre er ohnmächtiger als dieser. Es müßte sich demnach die Vernunft selber vom Geiste trennen, was aber wieder nicht wohl gedacht werden kann, da sie neidlos ist und sich jedem Geiste mittheilt. Daß aber dieser selbst eigenwillig sich von ihr abtrenne, ist ebenfalls nicht möglich, da nur bei räumlichen, nicht aber bei geistigen Dingen Trennung stattfinden kann.

Auch daraus, daß der Geist seinen Körper bewegt, folgt noch gar nicht, daß er veränderlich und sterblich sei. Der Leib wird allerdings in der Zeit bewegt; es gibt aber auch etwas, das in der Zeit bewegt und darum doch nicht verändert wird, und dieß ist gerade der Geist, der die Einheit des Gedankens, den er durch den Leib nur successiv, also nur in der Zeit, verwirklichen kann, festhält und, indem er denselben ausführt, sich nicht zu verändern braucht. Wenn auch kein Untergang ohne Veränderung stattfindet und keine Veränderung ohne Bewegung, so bewirkt doch nicht jede Veränderung den Untergang und nicht jede Bewegung eine Veränderung. Also braucht man nicht deßhalb an der Unsterblichkeit der Seele irre zu werden, weil sie bewegendes Princip eines veränderlichen Körpers ist. Vielmehr darf man zuversichtlich vertrauen, daß dem Geiste, weil ein Unwandelbares mit seinem Leben unzertrennlich verbunden ist, auch Unvergänglichkeit zukommen müsse. Nun gibt es aber solch ein Unveränderliches, wie die Grundsätze der Mathematik, das im Geiste wohl eine Zeitlang in die Vergessenheit zurücktreten, niemals aber gänzlich von ihm verloren werden kann. Wenn man indessen einräumt, daß auch der Geist Veränderungen erfahre, aber behauptet, daß deßhalb noch nicht die Unsterblichkeit des Geistes zu verneinen sei, so muß man die geistigen Veränderungen noch genauer in's Auge fassen. Nun gibt es, wie die Erfahrung lehrt, zwei Klassen von Veränderungen, accidentelle und essentielle, wie z. B. das Wachs nicht durch Veränderung seiner Farbe, wohl aber durch Verdampfung aufhört, Wachs zu sein. Ueberblickt und vergleicht man nun die Veränderungen des Geistes, so besondern sie sich nach ihrem Ursprung in solche, welche vom Körper

z. B. durch Altersabstufung, Schmerz oder Krankheit veranlaßt werden, und in solche, welche, wie z. B. die Affecte, nicht durch den Körper angeregt, im Geiste selbst ihren Ursprung haben. Beide Arten der Veränderung sind aber bloß accidenteller Art, vermögen also das Wesen der Seele nicht zu verändern und zu zersetzen.

Wie bemerkt, hat Augustinus die Ansicht ausgesprochen, daß es nur in räumlichen, nicht auch in geistigen Dingen eine Trennung gebe. In späterer Zeit wurde er, wie aus den Retractationen zu ersehen ist, von der Unhaltbarkeit dieser Ansicht überzeugt; doch beschäftigte er sich auch jetzt schon mit einer Untersuchung, welche voraussetzte, daß Trennung nicht allein auf räumliche Verhältnisse sich erstrecke. Er macht sich nämlich die Bemerkung, daß doch bei eindringender und zunehmender Thorheit das Sein des Geistes sich verringere und dem Untergang zuneige. Indeß, würde die Abnahme des geistigen Seins jemals bis zum völligen Untergang oder nicht vielmehr ins Unendliche fortschreiten? Für letzteres spricht die Betrachtung der körperlichen Natur. Denn wird das Sein des Körpers nach der Materie geschätzt, so steigt es in dem Maße, als die Materie des Körpers sich vergrößert, und nimmt in dem Maße ab, als sie verringert wird. Aber auch die Materie des kleinsten Körpers ist einer unendlichen Theilbarkeit fähig, folglich auch einer unendlichen Verringerung und bleibt stets unendlich entfernt vom völligen Untergang [1]. Was aber für den Körper nicht zu fürchten ist, die Vernichtung, ist gewiß für die höhere Natur des Geistes noch weniger zu fürchten. Sagt man aber, das Wesen des Körpers liege mehr in seiner Gestalt und Form, als in dem Volumen seiner Materie und jene könne allmählich hinweggenommen werden und ebenso könnte es auch mit dem Geiste der Fall sein, so kann man Folgendes erwidern. Keine Sache kann sich selbst machen, weil sie dann früher sein müßte, als sie ist [2], sondern sie kann nur von einem anderen und mächtigeren Wesen bewirkt sein. Daher kann auch das körperliche Universum nicht von einem Körper, sondern

---

[1] De immort. an. c. 7: Defectum patitur, cum minuitur. Porro autem minuitur, cum ex eo aliquid praecisione detrahitur. Ex quo conficitur, ut tali detractione tendat ad nihilum. At nulla praecisio perducit ad nihilum. Omnis enim pars, quae remanet, corpus est, et quidquid hoc est, quantolibet spatio locum occupat. Neque id posset, nisi haberet partes, in quas identidem caederetur. Potest igitur infinite caedendo infinite minui et ideo defectum pati atque ad nihilum tendere, quamvis pervenire nunquam queat.

[2] Ibid. c. 8: Sit igitur nostrae ratiocinationis exordium, quod nulla res se facit aut gignit, alioquin erat, antequam esset.

nur von einer unkörperlichen Kraft gemacht sein, welche durch ihre be=
ständige Gegenwart daßselbe erhält (vis et natura incorporea effectrix
corporis universi praesente potentia tenet universum). Denn nicht
machte sie erst daßselbe und verließ es dann, weil eine unkörperliche Sub=
stanz sich nicht räumlich trennen kann; stets beschützt sie vielmehr das=
selbe und erhält es in seiner Gestalt. Was als Zerstörung im Uni=
versum erscheint, ist nur Uebergang in eine neue Form (mutabilitas non
adimit corpori corpus esse, sed de specie in speciem transire facit
motu ordinatissimo). Wenn nun aber schon die Form des Körpers
nicht untergeht, sondern sich nur ändert, um wie viel weniger die Form
und Gestalt des Geistes, der seiner Natur nach höher ist. Will man
hier einwenden, es erhelle wohl aus dieser Betrachtung, daß der Geist
nicht in das Nichts übergehen werde, aber dessenungeachtet könne für ihn
jene Metamorphose eintreten, die für jeden belebten Körper eintritt, die
Metamorphose des Todes durch Entäußerung des Lebens: so ist zu be=
denken, daß der Geist nicht, wie der belebte Körper, eine belebte,
sondern eine lebendige Substanz ist, daß also im Begriff des Geistes
selbst bereits das Leben liegt, so daß durch den Tod das Sein des
Geistes selbst aufhören müßte. Ja, wenn das Leben des Geistes im
Tode zurückwiche, so wäre der Geist nicht das Verlassene, sondern das
Entweichende (ut jam non sit animus, quidquid a vita deseritur,
sed ea ipsa vita, quae deserit). Der Geist kann also nicht sterben.
    Der Geist ist, wie wir schon früher gesehen, nicht bloß Stimmung
(temperatio) des Körpers. Denn dann wäre er ja ganz an die körper=
liche Welt gebunden und könnte von derselben nicht unabhängig sein;
er könnte nicht die unkörperliche, ewige Wahrheit erkennen und desto
reiner erkennen, je weiter er sich von der Sphäre des Körperlichen ent=
fernt. Er ist also eine eigene Substanz und zwar das Leben im Körper.
Da nun keine Sache sich selbst verläßt und nur das stirbt, was vom
Leben verlassen wird, so kann der Geist nicht sterben. Auch das, was
dem Geiste offenbar schadet, wie der Irrthum, kann ihn nicht vernichten,
da derjenige, welcher irrt, doch immerhin sein muß. Oder könnte viel=
leicht der Geist durch fortgehende Verminderung seines Wesens in Folge
der Thorheit bis zum Untergang gelangen? Allein welche Macht wäre
im Stande, das aus der Wahrheit entquellende Leben des Geistes völlig
zu zerstören? Vor allem doch wohl der Gegensatz des Wahren, das
Nichtwahre; aber wie kann sich dieses anders äußern, als auf dem Grund
des geistigen Lebens? Will man aber den Gegensatz zur Wahrheit in=

sofern bestimmen, als die Wahrheit das höchste Sein ist, so löst sich der
Gegensatz auf; denn gegen das höchste Sein gibt es keinen Gegensatz.
Die Wahrheit oder Weisheit hat zum Gegensatz die Thorheit, das absolute Sein dagegen hat zum Gegensatz das Nichtsein, d. h. nichts. Die
Weisheit nun, die der Mensch durch Hinwendung zur Wahrheit erreicht,
kann er durch Abwendung von der Wahrheit, durch Thorheit verlieren;
aber das Sein, das ihm das höchste Sein mitgetheilt hat, kann er durch
keinen Gegensatz verlieren, weil es gegen das Sein keinen Gegensatz gibt [1].

Könnte aber der Geist endlich nicht, wenn auch nimmer das Sein
verlierend, in eine niedrigere Substanz übergehen und verleiblicht werden?
Eine Verleiblichung, Verkörperung des Geistes könnte nur geschehen entweder durch den Willen des Geistes selbst oder durch Zwang. Aber
immer wird der Geist sich verleiblichen wollen. Denn auch bei dem
größten Hang zum Körperlichen unterscheidet er sein Wesen vom Wesen
des Körpers und will über den Körper seine Herrschaft ausüben. Zwang
aber kann vom Körper nicht auf den Geist ausgeübt werden, weil der
Geist mächtiger ist als der Körper. Hiegegen spricht nicht die Erscheinung
des Schlafes. Denn die höchste Ermattung und Ruhe vermag den Geist
nicht zu fesseln, sondern es verbleibt ihm, wie aus den Träumen hervorgeht, bei der Gebundenheit der leiblichen Sinne das ungebundene Vermögen, die durch die Sinne empfangenen Eindrücke zu bewegen. Der
Körper liegt da wie erstorben, der Außenwelt ist sein Sinnen entzogen,
aber aus dem Geiste weben sich lebensvolle Umgebungen, deren Frische
von der Wirklichkeit nicht unterscheidbar ist. Und zerrinnen auch diese
Bilder beim Erwachen, so bleibt doch, was in den Träumen der Welt
des Geistes angehört, es bleiben die Vorstellungen, welche der Geist aus
dem Traume in das wache Leben herübernimmt, ebenso unwandelbar,
wie überhaupt die geistige Wahrheit unter den wechselnden Gestaltungen
der sichtbaren Welt. Es führen ferner auch keine Naturanalogien zu

---

[1] Ibid. c. XII: Omnis enim essentia non ob aliud essentia, nisi quia est.
Esse autem non habet contrarium nisi non esse : unde nihil est essentiae contrarium. Nullo modo igitur res ulla esse potest contraria illi substantiae,
quae maxime ac primitus est. Ex qua si habet animus id ipsum, quod est,
— nulla res est, qua id amittat, quia nulla res ei rei est contraria, qua id
habet, et propterea esse non desinit. Sapientiam vero, quia conversionem
habet ad id, ex quo est, aversione illam potest amittere. Conversioni namque
aversio contraria est. Illud vero, quod ex eo habet, cui nulla res est contraria, non est, unde possit amittere. Non igitur potest interire.

der Annahme, daß der Körper sich dem höheren Wesen assimiliren könnte. Wohl wird die zarte Flamme von dem stärkeren Luftzug aufgezehrt, aber nicht in ähnlicher Weise der Geist von dem Körper. Solche Wahr= nehmungen aus dem Bereiche der Natur lassen sich nicht auf das Ver= hältniß des Körpers zum Geist übertragen. Denn sie beweisen nur etwa, daß, wenn zwei körperliche Größen zusammenkommen, die kleinere, obgleich nach ihrer Qualität eblere, in der größeren Masse der anderen verschlungen werden könne; aber der Geist ist keine räumliche Größe [1].

Daß endlich auch kein Geist den andern zur Verleiblichung zwinge, sucht Augustinus durch verschiedene Gründe zu erweisen, besonders dadurch, daß er sagt: weder ein guter noch ein böser Geist würde den andern zwangsweise verkörpern, sondern der gute ihn vielmehr geistig fördern, der böse aber ihn zu dem Zweck in seinem Wesen erhalten, um ihm zu gebieten [2].

In seinen späteren Schriften hebt Augustinus bloß mehr den Ge= banken hervor, daß nur der Glaube die Hoffnung auf die wahre Unsterb= lichkeit, das ewige, glückselige Leben in Gott begründe [3] und daß die Seele durch die Sünde eben dieser wahren Unsterblichkeit, des ewigen, seligen Lebens, nicht aber des Lebens selbst verlustig gehe, weil die Natur der Seele, die unsterblich geschaffen sei, nicht ohne ein wie immer beschaffenes Leben sein könne [4].

---

[1] Ibid. c. 16: Anima, ut corpus fieret, non accipiendo speciem, sed amittendo fieri posset. Et propterea fieri non potest, nisi forte loco anima continetur et localiter corpori jungitur. Nam si ita est, potest cam fortasse major moles, quanquam speciosiorem, in suam deteriorem vertere speciem, ut aër major ignem minorem. Sed non est ita.

[2] Ibid. c. 13: Deinde quisquis animus alterum animum habet in po= testate, magis eum necesse est velut in potestate habere, quam corpus, et ei vel bonitate consulere vel malitia imperitare. Non ergo volet, ut cor= pus sit.

[3] De trinit. XIII, 12.   [4] De civit. Dei VI, 12.

Vierter Theil.

Die speculative Theologie des hl. Augustinus.

---

§ 18.

Einleitung.

Von der Selbsterkenntniß steigt Augustinus empor zur Gotteserkenntniß. Gehe nicht nach außen, sagt er, kehre in dich selbst zurück; im
Inneren des Menschen wohnt die Wahrheit; und wenn du deine Natur
veränderlich findest, so gehe auch über dich selbst hinaus. Wenn du aber
über dich selbst hinausgehst, so bedenke, daß du über die vernünftige
Intelligenz hinausgehst. Dorthin also strebe, wo das Licht der Vernunft
selbst angezündet wird [1]. Wir können deßhalb, wie van Endert sagt, in
seiner Speculation zwei Stufen unterscheiden. Auf der einen Stufe führt
er uns von der Außenwelt in die Innenwelt und hier parallel von der
niedersten Existenzform der Welt bis zur höchsten, dem menschlichen Geiste.
Auf der zweiten Stufe steigt er von der geistigen Innenwelt zu Gott
auf. Die Tendenz dieses Gedankenganges ist uns bekannt; sie ist darauf
gerichtet, den Menschen, der durch Verkehrung seines Strebens auch in
seinem Erkennen von der wahren Richtung abgeirrt war, auf jenen Aus-
sichtspunkt zu führen, auf dem er sich in seiner wahren Stellung erfassen
kann: unter sich sieht er das körperliche Sein, mit dem er nach dem sinnlichen Theil seines Wesens verwandt ist; sich selbst erkennt er als Geist,
als eine vom Körperlichen wesentlich verschiedene Substanz mit der Fähigkeit des Selbstbewußtseins und der Selbstbestimmung; über sich schaut
er eine unendliche, alle Geister beherrschende Macht, von welcher der Geist
selbst, wie das ganze Universum getragen wird [2]. Von dem endlichen
und darum veränderlichen Menschengeist, der aber schon unveränderliche,

---

[1] De ver. relig. c. 39: Noli foras ire, in te ipsum redi, in interiore
homine habitat veritas; et si tuam naturam mutabilem inveneris, transcende
et te ipsum. Sed memento, cum te transcendis, ratiocinantem animam te
transcendere. Illud ergo tende, unde ipsum lumen rationis accenditur.

[2] Tract. XX in evang. Joann. c. 11: Transcende corpus et sape animum;
transcende et animum et sape Deum. — Tu si in animo es, in medio es. Si
infra attendis, corpus est; si supra attendis, Deus est.

unwandelbare Wahrheiten in sich trägt, steigt er zum unendlichen und
darum unveränderlichen Wesen Gottes auf, um in der Erkenntniß des=
selben das Endziel des wahren philosophischen Strebens zu erreichen[1].
So führt dieser Gedankengang in seinem Ende bis zu dem Punkte, wo
der Geist aus seiner eigensten und innersten Erfahrung die unmittelbarste
Gewißheit schöpfend, sich auf der einen Seite in seiner Superiorität über
die Sinnenwelt und auf der anderen in seiner Abhängigkeit von Gott
erfaßt und wo ihm aus seinem innersten Bewußtsein die Forderung, vom
Veränderlichen auf die es bedingende unveränderliche Wesenheit zu schließen,
entgegentritt.

Hiernach richtet sich der Gang unserer Darstellung. Wir haben
zuerst den Weg der Gotteserkenntniß zu gehen, dann, am Ziele angelangt,
das Wesen Gottes an sich zu bestimmen und endlich das Verhältniß
Gottes zur Welt zu erklären.

§ 19.
Die Gotteserkenntniß.

Augustinus betrachtet die Gottesidee als den eigentlichen Schwer=
punkt und die Grundwahrheit des menschlichen Geistes, die selbst bei den
größten Irrthümern des Denkens nicht ganz verschwinde, weßhalb auch
unter den Heiden die wahre Religion nie völlig erloschen, am lichtvollsten
aber von Plato entwickelt worden sei. Anknüpfend an die platonische
Philosophie, suchte er die wahre Gottesidee sicherzustellen gegen die
Irrthümer des Sensualismus und des Dualismus. Jenem gegenüber
hatte er zu zeigen, daß Gott ein immaterielles Wesen sei, diesem
gegenüber, daß alles Sein und Leben der wandelbaren Dinge in Gott,
dem Unwandelbaren seinen Ursprung und sein Endziel habe. Dieß
sind deßhalb auch die beiden Grundgedanken seiner theolo=
gischen Speculation. Darum spendet er den Platonikern sein Lob,

---

[1] De doctr. christ. II, 38: Quae tamen omnia quisquis ita dilexerit, ut
jactare se inter imperitos velit et non potius quaerere, unde sint vera, quae
tantummodo vera esse persenserit, et unde quaedam non solum vera, sed
etiam incommutabilia, quae incommutabilia esse comprehenderit, ac sic a specie
corporum usque ad humanam mentem perveniens, cum et ipsam mutabilem
invenerit, quod nunc docta nunc indocta, sit constituta tamen inter incommutabilem supra se veritatem et mutabilia infra se cetera, ad unius Dei laudem
atque dilectionem cuncta convertere, a quo cuncta esse cognoscit, doctus
videri potest, sapiens autem nullo modo.

weil sie erkannten, daß Gott kein Körper sei und daher beim Suchen nach Gott über alles Körperliche hinausgingen, weil sie ferner erkannten, daß alles, was veränderlich ist, der höchste Gott nicht sei, und daher beim Suchen nach dem höchsten Gott über jegliche Seele und über alle wandelbaren Geister hinausgingen[1]. Von ihnen redet er, wenn er sagt: Diejenigen Philosophen, welche von dem höchsten und wahren Gott also dachten, daß er sei der Urheber der geschaffenen Dinge und das Licht aller Erkenntniß und das Endziel alles Thuns, weil wir in ihm das Princip der Natur und die Wahrheit der Wissenschaft und die Glückseligkeit des Lebens haben — sie ziehen wir den übrigen vor und gestehen, daß sie uns näher sind[2]; wir ziehen sie den übrigen vor in dem, worin sie mit uns übereinstimmen in Betreff des Einen Gottes, des Urhebers dieses Weltalls, welcher nicht bloß über alle Körper hinaus unkörperlich, sondern auch über alle Seelen hinaus unwandelbar ist, unser Urgrund, unser Licht; wir ziehen sie vor, weil, während die anderen Philosophen ihr Talent und ihren Fleiß im bloßen Suchen darnach, welches die Ursachen der Dinge und welches die Weise, zu erkennen und zu leben, sei, verschwendeten, diese durch Erkenntniß Gottes wirklich fanden, wo die Ursache des Weltalls ist und das Licht, um die Wahrheit zu erkennen, und die Quelle, um Glückseligkeit zu trinken[3].

Indem Augustinus von der Selbsterkenntniß zur Gotteserkenntniß aufsteigt, so ist es natürlich, daß er den Ursprung des sensualistischen Irrthums auf theologischem Gebiete ebenso, wie auf dem psychologischen beurtheilt. Aus derselben Quelle, aus welcher der Irrthum von einem materiellen Seelenprincip im Menschen fließt, entspringt auch der von einem körperlichen Princip der Welt, aus dem Versinken des Denkens in das Gebiet des sinnlichen Vorstellens, das wiederum seinen Grund in der Hingabe des Willens an die sinnliche Creatur hat. Diejenigen Philosophen, welche die Principien der Natur für körperlich hielten, wie Thales, Anaximenes, die Stoiker, die Epikureer u. s. w., vermochten nur das zu fassen, was ihnen ihr in den fleischlichen Sinn verstricktes Herz

---

[1] De civit. Dei VIII, 6.

[2] Ibid. VIII, 9: Quicunque philosophi de Deo summo et vero ista senserunt, quod et rerum creatarum sit effector et lumen cognoscendarum et bonum agendarum, quod ab illo nobis sit et principium naturae et veritas doctrinae et felicitas vitae, eos ceteris anteponimus eosque nobis propinquiores fatemur.

[3] Ibid. VIII, 10.

erträumte. Denn sie hatten etwas in sich, das sie nicht erfaßten (ihre
geistige Seele), und bildeten sich nun bei sich etwas ein, was sie draußen
erfaßt hatten (etwas Körperliches), wenn gleich sie nicht ein wahres
Etwas erfaßten, sondern sich nur in einer leeren Vorstellung beweg=
ten. Das aber, was vor dem Blick einer solchen inneren Vorstellung
ist, ist schon nicht mehr Körper, sondern ein Gleichbild des Körpers,
und das, von dem es erfaßt und beurtheilt wird (die Seele), ist gewiß
noch vorzüglicher als das Gleichbild, das beurtheilt wird. Dieß aber ist
der Geist des Menschen und die Natur seiner vernünftigen Seele, die
um so weniger etwas Körperliches ist, wenn schon jenes Bild des Kör=
pers, das in der Seele des Vorstellenden angeschaut wird, kein Körper
ist. Sie (die Seele) ist also weder Erde, noch Wasser, noch Luft, noch
Feuer. Wenn aber unsere Seele kein Körper ist, wie sollte Gott, der
Urgrund aller Dinge, der Schöpfer unserer Seele, ein Körper sein[1].
Solchen sensualistischen Meinungen gegenüber muß man zur Einsicht ge=
langen, daß das körperliche Universum nicht von etwas Körperlichem
gemacht sein kann, sondern nur von einer höheren, unkörperlichen Kraft,
weil kein Ding sich selbst machen kann, da es ja dann früher
sein müßte, als es ist, sondern nur von einem anderen, höheren und
mächtigeren Wesen gemacht sein kann[2]. Wenn aber schon vom körper=
lichen Universum gilt, daß es nur von einer höheren, immateriellen Kraft
gemacht sein kann, so muß man, um den Urgrund aller Dinge zu er=
kennen, nicht nur über das körperliche Sein, sondern auch über die
übrigen Seinsstufen hinaussteigen, und nothwendig schließen, daß, wenn
schon die menschliche Seele als das Höhere unkörperlich ist, die Imma=
terialität noch mehr Gott zugeschrieben werden muß; ja man wird sich
unter Gott, dem Urgrund aller Dinge, das schlechthin höchste, beste

---

[1] Ibid. VIII, 5; de Genes. ad lit. XI. 24: Nihil vicinius aut fortasse
nihil tam consequens, quam ut credito, quod anima corpus sit, etiam Deus
corpus esse credatur. Propter hoc enim corporalibus assuefacti et affecti
sensibus, nolunt animam credere aliud esse quam corpus, ne si corpus non
fuerit, nihil sit. Ac per hoc tanto magis timent etiam de Deo credere, quod
corpus non sit, quanto magis timent Deum credere nihil esse.

[2] De immort. anim. c. 8: At si, quod vere dicitur, factum est corpus,
aliquo faciente factum est, nec eo inferiore. Neque enim esset potens ad
dandum ei, quod faceret, quidquid illud est, quod est id, quod faciebat. Sed
ne pari quidem: oportet enim facientem melius aliquid habere ad faciendum,
quam est id, quod facit. Universum igitur corpus ab aliqua vi et natura
potentiore atque meliore factum est.

und vollkommenste Wesen denken müssen, wie denn auch alle, die geistig zu erkennen vermögen, ein solches Wesen mit dem Namen Gottes bezeichnen [1]. Wenn wir daher das körperliche Sein in's Auge fassen, werden wir sagen, Gott ist höher als dieses, er ist immateriell; wenn wir die Seins=stufe des animalischen Lebens betrachten, wird uns Gott erscheinen als das Leben selbst, durch den alles Lebendige ist, wenn wir auf die ver=nünftige Menschenseele reflectiren, als die Vernunft selbst, durch die alle vernünftigen Wesen existiren, und wenn wir endlich über den vernünftigen Menschengeist als die höchste Seinsstufe der Dinge hinausgehen, als das über alles Sein erhabene, schlechthin höchste Sein [2]. Das vernünftige Denken, sagt daher Augustinus, erhebt sich über die Seinsstufe des ani=malischen Lebens, wie das Leben über das Leblose erhaben ist. Da nun vor derjenigen Natur, die nur Sein hat, diejenige den Vorzug hat, welche nicht nur Sein hat, sondern auch Leben, und vor dieser wiederum die=jenige, welche zugleich Sein, Leben und Intelligenz besitzt, wie die ver=nünftige Seele, so ist in unserer ganzen menschlichen Natur nichts vor=züglicheres, als der vernünftige Geist. Gibt es nun vielleicht noch etwas, dem wir sogar vor der menschlichen Intelligenz den Vorrang zuerkennen müssen? Wenn wir etwas derart finden sollten, könnten wir noch zögern, dasselbe Gott zu nennen, aber nur insofern zögern, als nach all=gemeiner Uebereinstimmung mit dem Namen Gottes etwas bezeichnet wird, das nicht nur unsere Intelligenz überragt, sondern näherhin etwas, über das hinaus es überhaupt nichts Höheres gibt [3].

Im Gegensatz zu den Sensualisten haben wir das göttliche Wesen als eine immaterielle Wesenheit aufzufassen, im Unterschied von den Manichäern aber zugleich auch als eine von der geistigen Menschenseele wesentlich verschiedene, über sie schlechthin erhabene Natur zu denken.

---

[1] De doctr. christ. I, 7: Illi autem, qui per intelligentiam pergunt videre, quod Deus est, omnibus eum naturis visibilibus et corporalibus, intelligibilibus etiam et spiritalibus, omnibus mutabilibus praeferunt. Omnes tamen pro excellentia Dei dimicant. Nec quisquam inveniri potest, qui hoc Deum credat esse, quo melius aliquid est. Itaque hoc omnes Deum consentiunt esse, quod ceteris rebus omnibus anteponunt.

[2] Ibid. I, 8—9.

[3] De lib. arb. II, 6: Quid si aliquid invenire potuerim, quod non solum esse non dubites, sed etiam ipsa nostra ratione praestantius, dubitabisne illud, quidquid sit, Deum dicere? — Non continuo si quid melius, quam id, quod in mea natura optimum est, invenire potuero, Deum esse dixerim. Non enim mihi placet Deum appellare, quo mea ratio est inferior, sed quo nullus est superior.

Es sollen also in dieser Hinsicht den Platonikern nicht nur die Sensualisten weichen, sondern auch die Manichäer, welche sich zwar schämten, Gott einen Körper zu nennen, aber doch glaubten, unsere Seelen seien der nämlichen Natur, wie Gott. Worin aber liegt der wesentliche Unterschied zwischen der menschlichen Seele und Gott? in welchem Merkmal der göttlichen Wesenheit liegt ihre schlechthinige Erhabenheit über alle menschlichen Geister? In ihrer Unwandelbarkeit, ihrer Unveränderlichkeit gegenüber der Veränderlichkeit alles übrigen, nicht bloß körperlichen, sondern auch animalischen und geistigen Seins [1].

Das war ja, wie wir gesehen haben, im intellectuellen Entwickelungsgang des hl. Augustinus der erste entscheidende Schritt, den er vorwärts that, da er Gott als unwandelbares Wesen erkannte, und er wurde fortan nicht müde, gegenüber den Manichäern immer wieder auf die Wandelbarkeit aller Dinge, einschließlich des menschlichen Geistes, hinzuweisen, dieß als Hauptmoment hervorzuheben und den Platonikern Lob zu spenden, weil diese erkannten, daß irgend ein Wandelbares der höchste Gott nicht sein könne, und deßhalb über alle wandelbaren Geister hinausschritten, um den höchsten Gott zu suchen. Die Ueberzeugung, sagt er, daß das Wandelbare nicht Gott sein könne, sei allen Denkenden ursprünglich eingepflanzt; es sei eine schlechthinige Forderung des vernünftigen Denkens, daß Gott unveränderlich sei, das stets sich gleich bleibende, jeder Veränderung, insbesondere jedem Verderbniß, jeder Verschlimmerung unzugängliche Sein [2]. Denn nur als solches ist er das höchste, wahrhafteste Sein [3]. Als solches ist er Etwas, größer und besser als das nichts gedacht werden kann. Denn was sich stets gleich bleibt und keinem Wechsel unterworfen ist, ist besser als das, was veränderlich

---

[1] De civit. Dei VIII, 5.

[2] De mor. Manich. II, 11: Docet enim ratio nec sane recondita, sed in promptu sita et exposita omnium intellectui, sed invicta et eo invictior, quod eam nemo ignorare permittitur, Deum esse incorruptibilem, incommutabilem, inviolabilem, in quem nulla indigentia, nulla imbecillitas, nulla miseria cadere possit. Usque adeo autem ista omnis anima rationalis communiter sentit, ut etiam vos, cum dicuntur annuatis.

[3] Ibid. II, 1: Hoc enim intellecto atque perspecto simul viderent id esse, quod summe ac primitus esse rectissime dicitur. Hoc enim maxime esse dicendum est, quod semper eodem modo sese habet, quod omnibus sui simile est, quod nulla ex parte corrumpi ac mutari potest, quod non subjacet tempori, quod aliter nunc se habere, quam habebat antea, non potest. Id enim est, quod esse verissime dicitur. Subest enim huic verbo manentis in se atque incommutabiliter sese habentis naturae significatio.

ist [1]. Wenn wir also erkennen sollten, daß dasjenige, was über unsere
vernünftige Intelligenz noch hinausragt, Ewiges und Unwandelbares ist
im Gegensatz zur Wandelbarkeit alles Körperlichen sowie alles Leben=
bigen und im Gegensatz zur Veränderlichkeit des menschlichen Geistes
selbst, so werden wir dieß als Gott anerkennen. Denn selbst gesetzt, daß
es noch etwas Höheres als jenes Unwandelbare gebe, so würde eben
dieses Höhere Gott sein, da eben unter Gott das schlechthin höchste Wesen
verstanden wird [2].

Von diesem Gesichtspunkte aus kehrte sich Augustinus eben so ent=
schieden gegen die Manichäer, wie vom Gesichtspunkt der Immaterialität
Gottes gegen die Sensualisten und Materialisten, und er bewegt sich auf
diesem Kampfgebiete leicht und frei mit einer wahrhaft vernichtenden
Dialektik. Er macht ihnen den Vorwurf, daß sie sich durch die so große
und so augenscheinliche Veränderlichkeit der Seele nicht eines Besseren
belehren ließen, sondern an der thörichten Meinung festhielten, die mensch=
liche Seele sei gleich wesentlich mit Gott, und so die Veränderlichkeit der=
selben auf Gott übertrugen, da es doch ein großer Frevel sei, der Natur
des höchsten Wesens Veränderlichkeit zuzuschreiben [3], daß sie also, die
höhere Natur Gottes erkennend, die menschliche Seele ebenso überschätzten,
als der Materialismus, ihre Immaterialität verkennend, sie unterschätzte.
Jene Annahme, daß die Seele körperlich sei, so irrig sie ist, ist ihm ein
noch ganz erträglicher Irrthum im Vergleich mit diesem, daß die Seele
gleichen Wesens mit Gott sei [4]. Diese Meinung, welche die Veränder=

[1] Conf. VII, 14: Sic enim nitebar cetera invenire, ut jam inveneram
melius esse incorruptibile quam corruptibile, et ideo te, quidquid esses, esse
incorruptibilem confitebar. Neque enim ulla anima unquam potuit poteritve
cogitare aliquid, quod sit te melius, qui summum et optimum bonum es.
Cum autem verissime atque certissime incorruptibile corruptibili praepo-
natur, poteram jam cogitatione aliquid contingere, quod melius esset Deo meo,
nisi tu esses incorruptibilis.

[2] De lib. arb. II, 6: Sed quaeso te, si non inveneris esse aliquid supra
nostram rationem, nisi quod aeternum atque incommutabile est, dubitabisne
hunc Deum dicere? — Hunc plane fatebor Deum, quo nihil superius esse
constiterit. — Bene habet; nam mihi satis erit ostendere esse aliquid hujusmodi, quod aut fateberis Deum esse, aut si aliquid supra est, eum ipsum
Deum esse concedes. Quare sive supra aliquid, sive non sit, manifestum erit
Deum esse, cum ego, quod promisi, esse supra rationem monstravero.

[3] De civit. Dei VIII, 5.

[4] De anim. et ej. orig. II, 3: Tolerabilius enim, quod quidem falsum
est, tamen, ut dixi, tolerabilius ex aliqua alia creatura, quam quidem jam
fecerat Deus, quam ex Dei natura animam conditam credere.

lichkeit auf Gott überträgt, ist eigentlich sacrilegisch, eine schreckliche Blas-
phemie, eine Beschimpfung der göttlichen Natur [1], eine staunenswerthe
Verblendung, welche ihren Ursprung im Hochmuth hat und in der der
Mensch lieber Gott zu dem macht, was er ist, als daß er bekennen
würde, er sei n i ch t, was Gott ist [2].

Es ist, sagt Augustinus, eine schlechthinige Forderung, daß Gott
als das höchste Wesen jeder Veränderung beziehungsweise Verschlimmerung
unzugänglich sei. Wäre nun die menschliche Seele derselben Natur wie
Gott, so müßte sie nothwendig gleichfalls unveränderlich sein. Daß dieß
aber nicht der Fall ist, erhellt zur Evidenz daraus, daß sie bald zum
Schlimmeren abfallen, bald zum Besseren fortschreiten, daß in ihr bald
etwas, was vorher nicht da war, seinen Anfang nehmen, bald etwas,
was da war, aufhören kann; also ist sie nicht gleicher Natur mit Gott
oder ein Theil von Gott [3]. Hiegegen kann man nicht einwenden, daß
der Seele diese Veränderungen erst aus ihrer Verbindung mit dem Leibe
erwachsen; denn was, wie die göttliche Substanz, an sich unwandelbar
ist, ist und bleibt es in allen Lagen und Verhältnissen, und so könnte
die Seele, wenn sie göttlicher Natur wäre, im Leibe durch den Leib in
keiner Weise eine Veränderung erleiden. Man könnte ebenso gut sagen:
das Fleisch ist an und für sich unverwundbar, aber es könne durch
irgend einen Körper verwundet werden. Aber was an sich nicht verändert werden kann, kann durch nichts verändert werden, sonst könnte
es nicht mit Recht unveränderlich genannt werden [4].

Gesetzt ferner, das göttliche Wesen habe sich in den einzelnen Seelen

---

[1] Ibid. II, 15   [2] Conf. IV, 15.

[3] De anim. et ej. orig. I, 4: Quod de ipso est, necesse est ut ejusdem
naturae sit, cujus ipse est, ac per hoc etiam immutabile sit. Anima vero,
quod omnes fatentur, mutabilis est. Non ergo de ipso, quia non est immu-
tabilis sicut ipse. Ep. 28 ad Hieron.: Non est pars Dei anima; si enim hoc
esset, omnino incommutabilis atque incorruptibilis esset.

[4] De civit. Dei VIII, 5; Ep. 28 ad Hieron.: Frustra autem dicitur ab
iis, qui animam Dei partem esse volunt, hanc ejus labem ac turpitudinem,
quam videmus in nequissimis hominibus, hanc denique infirmitatem et aegri-
tudinem, quam sentimus in omnibus hominibus, non ex ipsa illi esse, sed ex
corpore. Quid interest, unde aegrotet, quae, si esset incommutabilis, unde-
libet aegrotare non posset? Nam quod vere incommutabile et incorruptibile
est, nullius rei accessu commutari vel corrumpi potest. Non est itaque natura
incommutabilis, quae aliquo modo, aliqua causa, aliqua parte mutabilis est.
Deum autem nefas est nisi vere summeque incommutabilem credere. Non est
igitur anima pars Dei.

individualisirt, so wäre offenbar jede einzelne Seele ein Theil von Gott und als Theil von Gott selber Gott, so gut als ein Theil von Gold oder Silber wieder Gold oder Silber ist. Ist aber durch diese Indivi= dualisirung die Seele selber Gott, so ist Gott, gegenüber dieser Selbst= entäußerung, in seinem Fürsichsein selber nur ein Theil von Gott[1]. Da nun aber die Seele, das, was ein Theil von Gott sein soll, unläugbar der Veränderung und der Corruption verfallen, da die Seele unläugbar in Sünde und Elend ist, so wird all das in gotteslästerlicher Weise auf Gott selber übertragen, so daß von ihm gesagt wird, er sei in dem, was dem Wesen nach ein Theil von ihm ist, von sich selbst abgefallen, in seinem Theile selber thöricht, durch Verlust der Vollkommenheit entstellt, hilfsbedürftig und elend, also nicht bloß veränderlich, sondern wirk= lich verändert und verschlechtert[2]. Es ist aber schlechthin un= möglich, daß Gott, der Unwandelbare und Unveränderliche, der Verände= rung und Verschlimmerung anheimfalle und so von sich selbst abfalle, in Widerspruch mit sich selbst trete[3].

Hiegegen läßt sich nicht einwenden, die einzelne Seele sei nur ein Glied in der göttlichen Selbstdarstellung und sonach als Theil nicht das Ganze, als Theil von Gott nicht Gott selber. So lange behauptet wird, die Seele sei gleichen Wesens mit Gott, treffen alle Beschuldigungen, welche von der Seele gelten, auch Gott. Denn nimmer ist unversehrt, was in einem seiner Theile corrumpirt ist[4]. Und so müßte man die

---

[1] De mor. Manich. II, 11: Nam si Deum ita esse vultis ut lucem, recu-sare non potestis, Deum esse aliquam partem Dei.

[2] Ibid. II, 11: Et corruptibilem et commutabilem et violabilem et in-digentiae obnoxium et imbecillitatem admittentem et a miseria non tutum Deum, mira caecitate possessi suadetis et mira caecitate possessis etiam per-suadetis. Atque hoc parum est; non enim corruptibilem tantum Deum dicitis, sed corruptum, nec commutabilem, sed commutatum, nec violabilem, sed vio-latum, nec qui possit indigentiam pati, sed indigentem, nec in quem casura sit, sed in quem ceciderit imbecillitas, nec qui miser esse possit, sed miserum.

[3] Contr. Fort. Manich. disp. I: De anima respondeo non esse Deum; aliud esse Deum, aliud animam, Deum esse inviolabilem, incorruptibilem et impenetrabilem et incoinquinabilem et qui ex nulla parte corrumpi possit et cui nulla ex parte noceri potest. Animam vero videmus et peccatricem esse et in aerumna versari et veritatem quaerere et liberatore indigere. Contr. Faust. Manich. XXII, 22: Deus omnino peccare non potest, sicut negare se ipsum non potest: homo autem potest peccare et Deum negare.

[4] De mor. Manich. II, 11: Nec video, quomodo Deus non sit, quae pars Dei dicitur; nam et auri pars aurum, et argenti argentum et lapidis lapis. Cur ergo pars Dei non erit Deus? An articulata Dei forma est sicut hominis

alle Vernunft empörende Folgerung zugeben, daß das ganze Verhalten
der Menschen gegeneinander, Mord und Unzucht, und jede Schlechtigkeit
ein Verhalten des, der Veränderung, der Verschlimmerung verfallenen
göttlichen Wesens gegen sich selbst sei[1], daß ferner Gott, wenn er die
Menschen ihre Sünden büßen läßt, seine eigene Natur büßen läßt, oder
wenn er ihnen im Fall der Bekehrung verzeiht, er seiner eigenen Natur
verzeiht[2], oder wenn er seine strafende Gerechtigkeit gegen die Sünder
walten läßt, er dieselbe gegen sich selbst kehrt und im Verdammen der=
selben sich selbst verdammt[3].   Ja es wäre gar nicht einmal einzusehen,
wie Gott noch ein Recht haben könnte, die Seelen zu strafen, da sie nach
der manichäischen Lehre aus Mangel an Willensfreiheit nicht daran
schuldig wären, daß sie so sind, sondern vielmehr die Nothwendigkeit,
unter welcher Gott selber gestanden wäre, sich nur auf sie übertragen
hätte und sie eher Uebel erlitten als verübt hätten.   Er hätte kein Recht,
sich zum Richter aufzuwerfen, vielmehr müßte er sich selber als schuldig
erkennen und sich darob um Verzeihung bitten, daß er die Seelen in
diese Lage gebracht hat[4].

  In solcher Weise trat Augustinus dem Pantheismus der Manichäer
entgegen und hielt als wissenschaftliche Ueberzeugung fest, daß die ver=
änderliche menschliche Seele nicht Gott, sondern geringer als Gott, durch
ihre Geistigkeit nur Gott ähnlich, ein Ebenbild Gottes sei[5], daß also
umgekehrt das göttliche Wesen wohl geistig sei, ähnlich der menschlichen
Seele, aber nicht veränderlich wie diese, sondern das schlechthin unver=
änderliche, höchste geistige Sein.

  Augustinus bezeichnet es als ein unabweisbares Postulat der Ver=
nunft, daß Gott als das höchste, beste und vollkommenste Wesen gedacht
werden müsse, und folgert hieraus die Geistigkeit und die Unveränder=

---

reliquorumque animantium? Nam pars hominis non est homo. Deus igitur,
si quidem pars Dei est Deus, et stultitia corrumpitur et cadendo mutatus est
et amissione perfectionis violatus et opis indiget et debilis morbo et oppressus
miseria et servitute turpatus est.   Quodsi Dei pars Deus non est; nec incor-
ruptus potest esse, in cujus parte corruptio est, nec incommutatus, qui ex
aliqua parte mutatus est, nec inviolatus, qui non ex omni parte perfectus.

 [1] De civit. Dei IV, 13.   [2] De Genes. contr. Manich. II, 29.
 [3] De anim. et ej. orig. I, 4.   [4] Contr. Faust. XXII, 22.
 [5] De trinit. VII, 6: Sed quia non omnino aequalis fiebat illa imago Dei,
tanquam non ab illo nata, sed ab eo creata: hujus rei significandae causa ita
imago est, ut ad imaginem sit, id est, non aequatur parilitate, sed quadam
similitudine accedit.

lichkeit des göttlichen Wesens. Es fragt sich nun, warum denkt man sich unter Gott ganz allgemein das denkbar höchste Wesen, das als solches geistig und unveränderlich sein muß? warum ist dieser Gedanke a priori für jede vernünftige Seele gegeben? Wie wir aus der Erkenntnißlehre wissen, kann Gott aus der Außenwelt nur mittelbar, aus dem geistigen Inneren des Menschen aber unmittelbar erkannt werden, insofern der menschliche Geist als Ebenbild Gottes das Gottesbewußtsein in sich trägt und das Wesen Gottes sich in den Ideen der Vernunft, nach denen der Geist auch die Außenwelt beurtheilt, abspiegelt. Wir dürfen nun bloß den Inhalt des unmittelbaren Gottesbewußtseins dialektisch vermitteln, um den Ursprung der Idee von einem denkbar höchsten, geistigen und unveränderlichen Wesen zu finden.

Der menschliche Geist, der das Gottesbewußtsein in sich trägt, ist eine intelligible Wesenheit, und alles, was er unabhängig von den äußeren Sinnen, in seinem Inneren erkennt, ist intelligibel, also muß auch Gott, den der Mensch nicht anders als mit dem innern Auge seines Geistes erkennt, eine intelligible, immaterielle, geistige Wesenheit sein, aber höher als der Geist, unwandelbar, unveränderlich. Und auf das Dasein eines solchen unwandelbaren geistigen Seins müssen wir nothwendig schließen, und zwar sowohl in logisch-ideeller als auch in ontologischer Weise.

Wir haben in der Erkenntnißlehre gesehen, wie Augustinus lehrt, daß der Zweifel an der Möglichkeit wahrer Erkenntniß selber die Wahrheit voraussetze, und wie sich für ihn aus der Erkenntniß der Wahrheit zugleich auch der Begriff der Wahrheit und aus der Gewißheit wahrer Erkenntniß die Gewißheit einer Wahrheit an sich, durch die Alles wahr ist, ergibt. Der Mensch erkennt Wahres, wahr aber ist etwas nur durch die Wahrheit[1], also gibt es eine Wahrheit an sich, durch die Alles wahr ist. Wahr aber ist einerseits die der objectiven Wirklichkeit entsprechende Erkenntniß des Menschen und andererseits alles, was ist oder existirt[2]; also gibt es eine Wahrheit an sich, durch die alle wahre Erkenntniß wahr ist und durch die alles, was ist oder existirt, wahr ist. Diese Wahrheit an sich, durch die Alles wahr ist, ist Gott. Nur durch ihn ist alles wahr, was wahr ist. So ist z. B. auch die Seele als Seele oder sofern sie ist, etwas Wahres; aber weil ihr Wesen nicht die jedem Irrthum unzugängliche Wahrheit

---

[1] De ver. rel. c. 39: Nec ullum verum nisi veritate verum est.

[2] Soliloqu. II, 5: Quidquid est, verum est.

selbst ist, weil sie vielmehr oftmals dem Irrthum verfällt, so folgt, daß sie, auch sofern sie wahr ist, als Seiendes, nur ist durch die Wahrheit selbst oder durch Gott [1]. So hypostasirt Augustinus in ächt platonischer Weise den Begriff „Wahrheit" und nennt Gott die Wahrheit, um im Anschluß an die Platoniker Gott als das Licht aller Erkenntniß und zugleich als den Urgrund aller erkennbaren Dinge, als die höchste Norm des Denkens und zugleich als die höchste Norm des Seins darzustellen; er schließt vom vernünftigen Denken, das nach Erkenntniß der Wahrheit strebt, auf das, was es als Norm seiner selbst voraussetzt, auf die Wahrheit, welche der höchste Grund aller Erkenntniß und zugleich der höchste Grund alles Seins deßhalb ist, weil durch sie alles Wahre wahr ist. Daher zieht Augustinus die Folgerung: wenn es etwas Höheres gibt als die Wahrheit, so ist dieß Gott; wenn aber nicht, so ist die Wahrheit selbst Gott. In dem einen wie in dem anderen Falle kann man wenigstens das nicht läugnen, daß Gott ist [2].

Das Höchste im Menschen ist das vernünftige Denken, das nach den Ideen des Wahren, Schönen und Guten urtheilt. Nun steht jedesmal dasjenige, was über Anderes urtheilt, höher als das Beurtheilte; aber über dem Urtheilenden steht wiederum das, wonach es urtheilt. Daraus folgt, daß es eine höchste Norm all' unseres vernünftigen Denkens, das nach Wahrheit strebt, geben muß. Denn die menschliche Vernunft ist wandelbar, bald kundig, bald unkundig, bald nach Erkenntniß strebend, bald nicht, bald richtig, bald unrichtig urtheilend, die Wahrheit selbst aber, nach der sie urtheilt, muß unwandelbar sein, weil sie als unwandelbar höher steht, als die wandelbare Vernunft [3]. Und in der

---

[1] Qu. 83 qu. 1: Omne verum a veritate verum est; et omnis anima eo anima est, quo vera anima est. Omnis igitur anima a veritate habet, ut omnino anima sit. Aliud autem anima est, aliud veritas. Nam veritas falsitatem nunquam patitur, anima vero saepe fallitur. Non igitur, cum a veritate anima est, a se ipsa est. Est autem veritas Deus. Deum igitur habet auctorem, ut sit anima.

[2] De lib. arb. II, 15: Tu autem concesseras, si quid supra mentes nostras esse monstrarem, Deum te esse confessurum, si adhuc nihil esset superius. Quam tuam concessionem accipiens dixeram satis esse, ut hoc demonstrarem. Si enim aliquid est excellentius, ille potius Deus est; si autem non est, jam ipsa veritas Deus est. Sive ergo illud sit sive non sit, Deum tamen esse negare non poteris.

[3] De lib. arb. II. 6: Et ipsa ratio cum modo ad verum pervenire nititur modo non nititur et aliquando pervenit aliquando non pervenit, mutabilis esse profecto convincitur. Quae si nullo adhibito corporis instrumento, —

That erkennt auch die Vernunft etwas über sich, das höher, ewig und unwandelbar ist, und dieß sind die intelligibeln Wahrheiten, n a ch denen sie urtheilt.

Die Sinne, sagt Augustinus, sind jedem Menschen individuell eigen, sowohl die äußeren als der innere, da es ja sonst nicht möglich wäre, daß das Auge des einen Menschen einen Gegenstand sieht, während das Auge eines anderen ihn nicht sieht. Auch die individuelle Selbständigkeit des Denkgeistes steht unzweifelhaft fest, Jeder hat für sich seine eigene Denkkraft, da es ja geschieht, daß der Eine etwas erkennt, was ein Anderer nicht erkennt, und da jedesmal nur der Erkennende um den Akt der Erkenntniß weiß. Das Wahrnehmungsobject aber ist nicht, wie der Sinn, einem Jeden individuell eigen, sondern dieses kann Vielen gemeinsam sein. Viele sehen zur gleichen Zeit eine und dieselbe Sonne. Diese Ge= meinsamkeit des Wahrnehmungsobjectes für Viele gilt mehr oder weniger für alle Sinne, aber doch in höherem Maß für den Gesichts= und Ge= hörsinn. Diese unterscheiden sich in dieser Hinsicht von den niederen Sinnen; denn während das Object des Gesichts= und Gehörsinnes, mag es auch von noch so Vielen wahrgenommen werden, nicht zertheilt wird, sondern in seiner Integrität verbleibt, nimmt bei den niederen Sinnen jeder Wahrnehmende einen Theil des Objectes in sich auf, macht den= selben durch eine Veränderung sich zu eigen, so daß durch jede Wahr= nehmung dieser Art ein Theil des Objectes zerstört wird. Es ist nun klar, daß die dem Gesicht und Gehör entsprechenden Objecte, wie Farbe und Schall, die, mögen sie von noch so Vielen wahrgenommen werden, dadurch in keiner Weise eine Alteration erfahren, in höherem Grade ein Allen gemeinsames Wahrnehmungsobject sind als diejenigen, welche bei der Wahrnehmung zum Theil verändert, verwandelt und gewissermaßen in den privaten Besitz des Einzelnen eingesetzt werden müssen [1].

Diese Betrachtung des verschiedenen Verhältnisses der Sinne zu ihren Wahrnehmungsobjecten hat bei Augustinus den Zweck, auf die Erörterungen über das Verhältniß der vernünftigen Intelligenz zu ihrem Objecte vorzubereiten. Jener Vorzug, der in dieser Hinsicht die höheren Sinne vor den niederen auszeichnet, enthält schon einen Hinweis darauf, wie im höheren Gebiet der geistigen Wahrnehmung, deren matte Nach=

---

sed per se ipsam cernit aeternum aliquid et incommutabile, simul et se ipsam inferiorem, et illum oportet Deum suum esse fateatur.

[1] De lib. arb. II, 7.

ahmung alle sinnliche Wahrnehmung ist, das Verhältniß der verschiedenen erkennenden Geister zu ihrem Objecte sein wird. Was bei dem höchsten leiblichen Sinne der Fall ist, ist das analogeste Abbild des Verhältnisses, das die verschiedenen Geister zum Object der geistigen Wahrnehmung haben.

Wir müssen somit auf das vernünftige Erkennen reflectiren und sehen, ob sich nicht etwas vorfinde, was alle denkenden Geister gemeinsam erfassen, jeder durch seine Vernunft, ohne daß es in den Privatbesitz derer, denen es vorschwebt, umgesetzt wird. Das Object nun, das in solchem Verhältniß zur Vernunft steht, sind die intelligibeln Wahrheiten. Diese Wahrheiten stehen über dem vernünftigen Denken nicht nur, weil es nach ihnen urtheilt und höher als das Urtheilende das ist, wonach es urtheilt, sondern auch weil sie unwandelbare Wahrheiten sind, während der Denkgeist veränderlich ist, und diese unwandelbaren Wahrheiten lassen als solche auf eine höchste, unwandelbare Wahrheit an sich schließen.

Zu ihnen gehört vor Allem, wie schon früher bemerkt wurde, die Idee der Zahl. Denn die Zahl erscheint als etwas allen vernünftigen Geistern Gemeinsames und als etwas Unwandelbares. Weiterhin sind die Zahlen nach einem unbeweglichen, unvergänglichen Gesetze zu einander geordnet. Dieses Unwandelbare kann nicht anders als auf eine ewige, unwandelbare Wahrheit zurückgeführt werden. Und gerade darin fehlten die Manichäer, daß sie die Unwandelbarkeit, welche sie in den Zahlenverhältnissen anerkennen müssen, in Gott nicht anerkennen wollen, da doch Gott als die höchste, ewige Norm aller Wahrheit der Zahlen gedacht werden muß [1].

Dasselbe unwandelbare Verhältniß, welches zwischen den Zahlen besteht, finden wir, wenn wir auf die Weisheit, welche in der heiligen Schrift nicht ohne Grund mit der Zahl in Verbindung gebracht wird, reflectiren. So wahr und unveränderlich, wie die Zahlenregeln, liegen die Grundsätze der Weisheit vor dem geistigen Blicke aller Menschen. Die Weisheit aber ist nichts Anderes als die Wahrheit, in welcher das höchste Gut erkannt und festgehalten wird [2]. Wenn aber dem so

---

[1] Ibid. II, 8; de mor. Manich. II, 11: Ratio aliqua numerorum violari et commutari nullo pacto potest, nec ulla creatura qualibet violentia effecerit, ut post unum qui sequitur numerus, non duplo ei concinat. Hoc commutari nullo pacto potest, et Deus a vobis commutabilis dicitur.

[2] De lib. arb. II, 9.

ist, so können wir an dem Dasein einer unwandelbaren Wahrheit, welche alles, was wir Unwandelbares erkennen, in sich befaßt, nicht zweifeln, und diese ist dann nicht mein, nicht dein, noch kann irgend ein Mensch sie sein besonderes Eigenthum nennen; sie ist vielmehr gleichsam ein Licht, welches Allen, die Wahres erfassen, wie ein Gemeingut gegenwärtig ist. Gleichwie die Farbe oder der Schall nicht zur Natur des Gesichts= und Gehörsinnes gehört, sondern für jedes Auge und Ohr gemeinsames äußeres Object ist, so gehört auch das, was Alle in gleicher Weise durch das geistige Auge erfassen, keineswegs zur Natur des Einzelnen, sondern es ist ein und dasselbe, worauf nur verschiedene Blicke gerichtet sind, die ewige, unwandelbare Wahrheit an sich. Die Wahrheit nämlich, in der wir so Vieles erfassen und beurtheilen, muß unsern Geist entweder an Vorzüglichkeit überragen oder mit ihm auf gleicher, oder aber auf nie= derer Stufe stehen. Unter dem Geist steht sie nicht, sonst würde sie nicht Norm unseres Urtheils sein, sondern wir würden über sie urtheilen, in einer Weise, wie wir über das Körperliche, das unter uns steht, ur= theilen. Ist dann vielleicht die Wahrheit unserem Geiste gleich? Dann aber müßte sie veränderlich sein wie unser Geist. Der Geist, der die Wahrheit bald mehr, bald minder erfaßt, muß sich seine Veränderlichkeit eingestehen, die Wahrheit aber bleibt, nimmt nicht zu, wenn wir sie mehr, und nimmt nicht ab, wenn wir sie weniger erfassen. Nach ihr be= urtheilen wir selbst unsern eigenen Geist, während wir sie selbst nicht beurtheilen können. Wenn deßhalb die Wahrheit weder eine tiefere noch die gleiche Stufe wie unser Geist einnimmt, so muß sie höher stehen und ihn überragen. Niemand urtheilt über sie, Niemand urtheilt ohne sie recht. Daraus ist klar, daß sie über unseren Geist, der von ihr allein den Besitz der Wahrheit empfängt und der nicht über sie, sondern durch sie über das Uebrige urtheilt, erhaben ist [1]. Diese über unseren Geist

---

[1] De lib. arb. II, 12: Quapropter nullo modo negaveris esse incommutabilem veritatem, haec omnia, quae incommutabiliter vera sunt, continentem, quam non possis dicere tuam vel meam vel cujusquam hominis, sed omnibus incommutabilia vera cernentibus tanquam miris modis secretum et publicum lumen praesto esse ac se praebere communiter; omne autem, quod communiter omnibus ratiocinantibus atque intelligentibus praesto est, ad ullius eorum proprie naturam pertinere quis dixerit? — Hanc ergo veritatem, in qua una tam multa conspicimus, excellentiorem putas esse, quam mens nostra est, an aequalem mentibus nostris an etiam inferiorem? Sed si esset inferior, non secundum illam, sed de illa judicaremus, sicut judicamus de corporibus quia infra sunt. — Si autem esset aequalis mentibus nostris haec veritas, mutabilis

erhabene Wahrheit ist Gott, da über sie hinaus nichts Höheres gedacht werden kann[1]. Gleichwie daher von denjenigen, die im Lichte der Sonne wandeln, einige mit kräftigem und gesundem Auge nichts lieber als die Sonne selbst anschauen, die alles Uebrige beleuchtet, so richtet sich auch das starke und lebenskräftige Geistesauge, nachdem es vieles einzelne Wahre mit Gewißheit erfaßt hat, zur Wahrheit selber empor, durch welche ihm Alles gezeigt wird, in welche versenkt es gewissermaßen alles Uebrige vergißt, um in ihr Alles zu genießen. Denn was das übrige Wahre an Wonne hat, das leitet es her aus der Wahrheit an sich. Diese Wahrheit und Weisheit ist darum zugleich unser höchstes Gut, nicht bloß die höchste Norm unseres vernünftigen Denkens, sondern auch das höchste Ziel unseres vernünftigen Strebens. Sie umfassen, sie besitzen, sie genießen, gibt die höchste und reinste Befriedigung und verleiht jene Glückseligkeit, nach der Alle streben. Die Vereinigung mit ihr ist beseligender als Liebeslust; sie haucht uns an mit dem köstlichsten Duft, sie umtönt den, der sich stille in sie versenkt, mit den lieblichsten Harmonien; das geistige Auge, das ihr Licht trinkt, wird erfüllt von der reichsten Wonne[2].

Ju ähnlicher Weise steigen wir von den Gesetzen der Vernunft, nach denen wir das Schöne in der Natur oder Kunst beurtheilen, zur Er-

---

etiam ipsa esset. Mentes enim nostrae aliquando eam minus, aliquando plus vident et ex hoc fatentur se esse mutabiles, cum illa in se manens nec proficiat, cum plus a nobis videtur nec deficiat, cum minus, sed integra et incorrupta et conversos laetificet lumine et aversos puniat caecitate. Quid quod etiam de ipsis mentibus nostris secundum illam judicamus, cum de illa nullo modo judicare possumus? — Quare si nec inferior nec aequalis est, restat, ut sit superior atque excellentior.

[1] Conf. XII, 25; de lib. arb. II, 13: Promiseram autem, me tibi demonstraturum esse aliquid, quod sit mente nostra atque ratione sublimius. Ecce tibi est ipsa veritas: amplectere illam, si potes, et fruere illa et delectare in domino.

[2] Ibid. II, 13: Quid enim petis amplius, quam ut beatus sis? Et quid beatius eo, qui fruitur inconcussa et incommutabili et excellentissima veritate? — Imo vero quoniam in veritate cognoscitur et tenetur summum bonum eaque veritas sapientia est, cernamus in ea teneamusque summum bonum eoque perfruamur. — Quemadmodum illi, qui in luce solis eligunt, quod libenter aspiciant et eo aspectu laetificantur in quibus si qui forte fuerint vegetioribus sanisque et fortissimis oculis praediti, nihil libentius quam ipsum solem contuentur, qui etiam cetera, quibus infirmiores oculi delectantur, illustrat: sic fortis acies mentis et vegeta, cum multa vera et incommutabilia certe ratione conspexerit, dirigit se in ipsam veritatem, qua cuncta monstrantur, eique inhaerens tanquam obliviscitur cetera et in illa simul omnibus fruitur.

kenntniß Gottes auf. Alles künstlerische Schaffen wie alles künstlerische
Urtheilen ist von gewissen unwandelbaren Gesetzen der Kunst abhängig,
nach deren vollkommener Darstellung in der Kunst sowohl als in der
Natur Alles strebt, ohne sie zu erreichen. Hieraus schließen wir auf eine
ewige, höchste Kunst (ars), welche mit der höchsten Wahrheit identisch
ist. Solche Gesetze des Schönen sind der geistige Besitz, der sowohl
Antheil des Künstlers ist, als auch Antheil dessen, der, ohne selbst die
Kunst zu üben, ihre Werke zu beurtheilen versteht. Wenn nun das
geistige Leben sich selbst Richtschnur und Maß der Beurtheilung wäre,
so gäbe es freilich keine vorzüglichere Natur als die geistige. Allein wie
könnte dieß sein? Die vernünftige Seele, die nach der Idee des Schönen
urtheilt, ist wandelbar, erscheint bald verständig, bald unverständig, bald
erfahren, bald unerfahren und zwar bemißt sich die Verständigkeit des
Urtheils je nach dem Maße, in welchem sie an der Kunst Theil nimmt.
Das Gesetz alles Schönen dagegen ist unwandelbar. Also ist hinläng=
lich klar, daß dieses Gesetz über uns steht. Auch das ist nicht zu be=
streiten, daß dieses Unwandelbare, das über unserem vernünftigen Geiste
steht, Gott sei. Denn die Weisheit ist jene unwandelbare Wahrheit,
welche mit Recht das Gesetz aller Künste heißt und die Kunst eines all=
mächtigen Künstlers. Die Wahrheit ist die höchste Norm, welche sich
selbst Gesetz ist. Sie ist das höchste Ebenmaß, wonach Alles strebt, weil
sie sich selbst vollkommen gleich ist. Wenn daher harmonische Einheit
das Gepräge alles Schönen ist, so ist die Wahrheit zugleich die höchste
Schönheit und darum Urbild und Urmaß alles künstlerischen Schaffens
und Urtheilens[1]. Schwinge dich also, sagt Augustinus, hinauf auch
über den Geist des Künstlers, um das ewige Maß aller Kunst, alles
Schönen zu erfassen. Dann wird dir die Weisheit aus ihrem Wohn=

---

[1] Conf. X, 34; de civit. VIII, 6; de ver. relig. c. 30: Itaque si rationalis vita secundum se ipsam judicat, nulla jam est natura praestantior. Sed
quia clarum est, eam esse mutabilem, quando nunc perita nunc imperita invenitur, tanto autem melius judicat, quanto est peritior et tanto est peritior,
quanto alicujus artis vel disciplinae vel sapientiae particeps est, ipsius artis
natura quaerenda est. — Haec autem lex omnium artium cum sit omnino
incommutabilis, mens vero humana, cui talem legem videre concessum est,
mutabilitatem pati possit erroris, satis apparet, supra mentem nostram esse
legem, quae veritas dicitur. Ibid. c. 31: Nec jam illud ambigendum est,
incommutabilem naturam, quae supra rationalem animam sit, Deum esse et
ibi esse primam vitam et primam essentiam, ubi est prima sapientia. Nam
haec est illa incommutabilis veritas, quae lex omnium artium recte dicitur et
ars omnipotentis artificis.

fitz selbst, aus dem verborgenen Heiligthum der Wahrheit entgegen=
leuchten [1].

So schließen wir von den unveränderlichen Wahrheiten, den Ideen
des Wahren, Schönen und Guten, nach denen die menschliche Vernunft
urtheilt, auf ein Urmaß alles Wahren, Schönen und Guten und halten
so auf Grund der intellectuellen Erkenntniß nicht bloß im Glauben fest,
sondern erfassen in einer sicheren, wenn gleich noch höchst schwachen Er=
kenntniß, daß Gott ist und daß er die Wahrheit und Weisheit und
Schönheit an sich ist.

Wir können nun aber auch in ontologischer („kosmologischer“
und „physiko=theologischer“) Weise auf Gott als die höchste Wahrheit,
die zugleich die höchste Schönheit und das höchste Gut ist, schließen.
Gegenüber der Unveränderlichkeit der intelligibeln Wahrheiten, nach denen
die menschliche Vernunft urtheilt, stellt sich uns, wie wir wissen, nicht
nur die gesammte Außenwelt, sondern auch der menschliche Geist, also die
Gesammtheit der Dinge in der Welt als wandelbar und veränder=
lich dar. Jedes veränderliche Ding aber muß durch eine Form be=
stimmbar sein. Wie wir veränderlich nennen, was verändert werden
kann, so können wir durch eine Form bestimmbar, formbar (formabile)
nennen, was geformt werden kann. Kein Ding aber kann sich selbst
formen, weil kein Ding sich geben kann, was es nicht hat, und gerade
damit etwas eine Form bekomme, wird es geformt, weßhalb auch ein
jegliches Ding, das eine Form hat, nicht mehr zu empfangen hat, was
es schon hat; wenn es aber eine Form noch nicht hat, so kann es nicht
von sich selbst empfangen, was es noch nicht hat. Ist somit alles Ver=
änderliche durch eine Form bestimmt und ist sowohl die Welt des Ma=
teriellen wie die des Geistigen veränderlich, so folgt, daß sowohl die
Welt des Materiellen wie die des Geistigen durch eine gewisse Form und
zwar nicht wieder durch eine veränderliche, sondern durch eine gewisse
unwandelbare und stets bleibende Form ihre Form empfangen. Alle
wandelbaren und veränderlichen Formen der Dinge weisen somit auf
eine absolute Urform hin [2]. Daher soll man die sichtbare Welt, die

---

[1] De lib. arb. II, 16: Transcende ergo et animam artificis, ut numerum
sempiternum videas; jam tibi sapientia de ipsa interiore sede fulgebit et de
ipso secretario veritatis.

[2] Ibid. II, 17: Omnis enim res mutabilis etiam formabilis sit necesse
est. — Nulla autem res formare se ipsam potest, quia nulla res potest dare
sibi, quod non habet. — Nulla ergo res formare se potest. — Conficitur ita-

Ordnung der Gestirne, den Glanz des Lichtes, den Wechsel von Tag
und Nacht und überhaupt die Stetigkeit, in welcher Alles in seiner Art
seine eigene Natur wahrt, nicht zweck= und gedankenlos betrachten; in
der Betrachtung dieser Dinge sollen wir nicht eitle und vergängliche Be=
friedigung unserer Wißbegier suchen[1], sondern sie sind uns die Stufen,
auf denen wir zum Unvergänglichen und immer Bleibenden fortschreiten.
Die ganze Natur trägt nämlich bei aller Bestimmtheit ihrer Form den
Stempel eines veränderlichen, wandelbaren Seins. Ebenso verhält es
sich mit unserem geistigen Sein. Denn unser Geist macht Fortschritte in
der Erkenntniß und im Wissen; er erfährt jetzt Affectionen, die er früher
nicht hatte, und andere hören wieder auf; er geht von einer Handlung
zu einer anderen über, denkt bald dieses, bald jenes[2]. Wenn du aber
alles Veränderliche, mag es deinem körperlichen Sinn oder deiner gei=
stigen Anschauung sich zeigen, nur fassen kannst, insofern es durch eine
bestimmte Form getragen wird, in der Weise, daß es, diese hinweg=
gedacht, in's Nichts zurücksinkt, so muß es unzweifelhaft, damit jene ver=
änderlichen Dinge in ihrem Sein nicht aufhören, sondern in gemessenen
Bewegungen und in bestimmt geschiedener Mannigfaltigkeit der Formen
gleichsam einige Zeilen des großen Weltgedichtes durchschreiten, eine
ewige, unwandelbare Form geben, welche weder hineingebannt und ge=
wissermaßen ausgegossen ist im Raume, noch zeitliche Ausdehnung und
Wandelbarkeit hat, durch welche vielmehr alle jene Dinge Gestalt und
Form empfangen und je nach ihrer Art die ihnen bestimmten örtlichen
und zeitlichen Maße ausfüllen und durchschreiten[3]. Siehe, heißt es in
den Confessionen, Himmel und Erde sind da; sie bekennen laut, daß sie
geschaffen sind; denn sie sind der Veränderung und dem Wechsel unter=
worfen. Laut bekennen sie auch, daß sie nicht selbst sich gemacht haben.

---

que, ut et corpus et animus forma quadam incommutabili et semper manente
formentur. — Istae igitur duae creaturae corpus et vita, quoniam formabilia
sunt amissaque omnino forma in nihilum recidunt, satis ostendunt, se ex ista
forma subsistere, quae semper ejusmodi est.

[1] Qu. 83 qu 45.   [2] De ver. relig. c. 39.

[3] De lib. arb. II, 16: Si ergo, quidquid mutabile aspexeris, vel sensu
corporis vel animi consideratione capere non potes, nisi aliqua numerorum
forma teneatur, qua detracta in nihil recidat: noli dubitare, ut ista mutabilia
non intercipiantur, sed dimensis motibus de distincta varietate formarum quasi
quosdam versus temporum peragant, esse aliquam formam aeternam et incommutabilem, quae neque contineatur et quasi diffundatur locis neque pro-
tendatur atque varietur temporibus, per quam cuncta ista formari valeant et
pro suo genere implere atque agere locorum ac temporum numeros.

Dieses Geständniß der Dinge ist durch sich selbst klar und gewiß. Du also, o Herr, hast sie geschaffen; du bist, denn die Dinge sind[1]. Im Hinblick auf den relativen Seinscharakter, auf die Veränderlichkeit und Wandelbarkeit steht es somit fest, daß die Welt des Körperlichen wie des Geistigen nicht durch sich ist, sondern ihren Daseinsgrund außer und über sich in Gott, dem Unwandelbaren, dem Absoluten hat, weil das Veränderliche ein unveränderliches Formprincip, das Zeitliche ein Ewiges voraussetzt. Zwar erkennt die menschliche Vernunft unmittelbar aus sich das Unveränderliche, sonst würde sie nicht mit zweifelloser Gewißheit dasselbe dem Veränderlichen vorziehen[2]; allein Sache des denkenden Verstandes ist es, durch den Schluß vom Veränderlichen auf das Unveränderliche die unmittelbare Vernunftidee dialectisch zu bewähren. Veritas foris admonet, intus docet; durch die veränderliche Creatur werden wir an ihr unwandelbares Urprincip gemahnt.

Als unwandelbares Princip alles veränderlichen Seins ist Gott die Wahrheit, die höchste Wahrheit, d. h. das eigentlich wahre, höchste Sein. Zwar ist alles wahr, was ist oder existirt. Aber das veränderliche Sein ist nicht das wahre Sein, weil jede Veränderung bewirkt, daß das, was war, nicht mehr ist, so daß die Dinge nur insoweit sind, als sie wahres Sein haben, als sie in ihrem Sein verbleiben. Auf die wahrste, höchste Weise ist also das Unveränderliche, das Unwandelbare[3]. Alles aber ist nur wahr durch die Wahrheit, d. h. Alles ist oder existirt nur durch ein ewiges unwandelbares Princip, durch Gott[4], das wahre, das höchste Sein, in dem kein Schatten von Ver-

---

[1] Conf. XI, 4; ibid. VII, 20: Et vere te esse, qui semper idem ipse esses, ex nulla parte nulloque motu aliter aut aliter, cetera vero ex te esse omnia, hoc solo firmissimo documento, quia sunt.

[2] Conf. VII, 17; de trinit. XII, 4.

[3] Ep. 63 ad Coelest.: Cum autem omne, quod esse dicimus, in quantum manet, dicamus. — De immort. anim. c. 10: Ea quae intelligit animus, non sunt corporea et tamen sunt maximeque sunt; nam eodem modo sese habent.

[4] Solil. I, 15: Non enim casto castitas, sed castitate fit castum; ita etiam si quid verum est, veritate utique verum est. — Cum interit, quod verum est, non interit veritas. — Ubinam igitur illam esse credis? — Non certe est in rebus mortalibus. Quidquid enim est, non potest manere, nisi manet illud, in quo est. Est autem veritas et non est nusquam. Sunt igitur res immortales. Conficitur itaque non esse vera, nisi quae sunt immortalia. De immort. anim. c. 12: Veritatem eam dicimus, qua vera sunt omnia, in quantumcunque sunt, in tantum autem sunt, in quantum vera sunt.

änderlichkeit ist, das nicht war oder sein wird, sondern nur ist, weil das, was war, nicht mehr ist und das, was sein wird, noch nicht ist[1]. So werden wir, sagt daher Augustinus, durch die veränderliche Creatur an die unwandelbare Wahrheit gemahnt[2].

Alle Dinge also, welche existiren, sind wahr; alles Wahre aber ist nur wahr durch die Wahrheit. So ist in allen, auch den niedrigsten, körperlichen Dingen die Idee des Wahren, wenn gleich auf unvollkommene Weise, ausgeprägt und darum sind alle Dinge schon in ihrer veränderlichen Seinsweise ein Hinweis auf Gott als die Wahrheit an sich, welche das formgebende Princip alles veränderlichen Wahren ist[3]. Wir müssen aber diesen Gedankengang noch weiter verfolgen. Betrachten wir nämlich die Formen der veränderlichen Dinge näher, so ergibt sich uns, daß sich in denselben auch die Ideen des Einen, des Schönen und Guten offenbaren, wenngleich sie nur eine matte Nachahmung dieser Ideen sind. Da gilt nun wieder der Satz: Veritas foris admonet, intus docet; wir werden durch die Spuren der Ideen, die wir in den veränderlichen Dingen finden, an die ewige Einheit, Schönheit und Güte gemahnt und schließen darum mit Recht von der harmonischen Einheit, Schönheit, Ordnung und Güte der Dinge auf Gott als das Eine, urschöne, urgute Princip derselben.

So streben alle Dinge nach Einheit und weisen eine gewisse Eintracht ihrer Theile auf, wenn sie auch die Einheit nicht völlig erreichen. Daraus folgt, daß Eine höchste Wesenheit die Form ihrer Formen ist[4].

---

[1] De fide et symb. c. 4: Non potest dici: fuit et erit, sed tantum est; quia et qui fuit, jam non est, et qui erit, nondum est. — Si enim ille est, et de solo Deo proprie dici potest hoc verbum; quod enim vere est, incommutabiliter manet, quoniam, quod mutatur, fuit aliquid, quod jam non est, et erit, quod nondum est. De nat. boni c. 19: Vere enim ipse est, quia incommutalis est. Omnis enim mutatio facit non esse, quod erat; vere ergo ille est, qui incommutabilis est; cetera, quae ab illo facta sunt, ab illo pro suo modo esse acceperunt. Ac per hoc sicut ab illo est omne, quod bonum est, sic ab illo est omne, quod naturaliter est.

[2] Conf. XI, 4: Per creaturam mutabilem cum admonemur, ad veritatem stabilem ducimur.

[3] De ver. relig. c. 36: Caetera illius unius similia dici possunt, in quantum sunt, in tantum enim et vera sunt, haec autem ipsa ejus similitudo et ideo veritas. Ut enim veritate sunt vera, quae vera sunt, ita similitudine similia sunt, quaecunque similia sunt. Ut ergo veritas forma verorum est, ita similitudo forma similium est.

[4] Ibid. c. 31: Omnia enim, quae appetunt unitatem, hanc habent regulam vel formam vel exemplum, — quoniam sola ejus similitudinem, a quo esse

Die Einheit aller Dinge wird begründet durch die in ihnen herrschende Ordnung, woraus geschlossen werden muß, daß Eine höchste Wesenheit sie zusammengeordnet hat [1]. Alle diese Dinge sind schön und lassen durch die Schönheit ihrer Form auf Gott als ihr urschönes formgebendes Princip schließen [2]. Alle Dinge sind gut und zeigen dadurch, daß Gott, das Urgute, sie gebildet und geformt hat [3]. Es sind die Spuren der göttlichen Weisheit, welche der Creatur aufgeprägt sind, um auf den Schöpfer hinzuweisen. Dieß, sagt Augustinus, ist der Sinn jenes Schrift= wortes, daß die Weisheit ihren Verehrern auf dem Wege entgegenlächelt und bei jedem Blick ihnen begegnet. Denn wohin du dich wenden magst, die Spuren ihrer Hand sind ihren Werken aufgeprägt und sprechen zu dir, und wenn du in die Außenwelt versunken bist, so ruft sie dich gerade durch die Formen der Außenwelt in dein Inneres zurück, damit du erkennest, daß Alles, was dich von Außen erfreut und ergötzt, be= stimmte Maße hat (numerosa esse), und damit du dann dir die Frage stellest, woher es stamme. Betrachte nur den Himmel, die Erde, das Meer, was aus der Höhe herableuchtet oder in der Tiefe sich regt: Alles hat Formen, weil es bestimmte Maße (numeros) hat. Nimm ihnen diese und sie sind nichts. Von wem anders aber sind diese Dinge als von dem, von dem das Maß ist? Denn sie haben ja nur insofern ein Sein, als sie ein bestimmt gemessenes Sein sind. Alle ihre Formen sind schön und von Innen nach Maß und Ordnung in bestimmten Zahlenverhältnissen gestaltet. Alles aber, was ist, besteht nur durch Form oder Maß und Zahl, welche Schönheit verleihen, so daß es, wenn

---

accepit, implevit. Ibid. c. 11: Et ipsum (corpus) habet aliquam concordiam partium suarum, sine qua omnino esse non posset. Ergo ab eo factum est et corpus, qui omnis concordiae caput est. Habet corpus quandam pacem suae formae, sine qua prorsus nihil esset. Ergo ille est corporis conditor, a qua pax omnis est et qui forma est infabricata atque omnium formissima.

[1] De mor. Manich. c. 6: Ordo enim ad convenientiam quandam, quod ordinat, redigit. Nihil est autem esse, quam unum esse. Itaque in quantum quodque unitatem adipiscitur, in tantum est. Unitatis est enim operatio con- venientia et concordia, qua sunt, in quantum sunt ea, quae composita sunt.

[2] Conf. XIII, 20: Et pulchra sunt omnia faciente te et ecce tu in- enarrabiliter pulchrior, qui fecisti omnia.

[3] De ver. relig. c. 11: Omnis enim species ab illo est. Quis est autem hic nisi unus Deus, una veritas et prima atque summa essentia, ex qua est omne quidquid est, in quantum est, quia, in quantum est, quidquid est, bonum est. Conf. XI, 4: Tu ergo, Domine, fecisti ea, qui pulcher es, pulchra sunt enim; qui bonus est, bona sunt enim; qui es, sunt enim.

man die Form hinwegnähme, in das Nichts zurücksinken würde, und
diese Form haben die Dinge nicht von sich, weil kein Ding sich selbst
formen kann. Also weisen diese Formen auf eine ewige Form hin, welche
deßwegen zugleich als ewige Schönheit angesehen werden muß und alle
Liebe verdient, weil sie Alles schön und liebenswürdig macht. In allen
Elementen und Theilen der Welt gibt sich Einheit, Gleichmäßigkeit und
Ordnung kund und durch Entziehung der Einheit, Gleichmäßigkeit und
Ordnung würden die Elemente der Welt in's Nichts hinfließen, — lauter
Hinweisungen auf die höchste Einheit, Gleichmäßigkeit und Ordnung,
d. h. auf die ewige Weisheit und Schönheit, aus der das Weltall her=
vorgegangen ist [1]. Die Dinge der Welt erweisen sich d u r c h ihr Maß,
ihre Gestalt und ihre Ordnung auch als gut und verkünbigen badurch
die Güte ihres ewigen unwandelbaren Schöpfers [2].

Dieß ist somit der Weg, auf dem wir zu einer wissenschaftlichen
Erkenntniß Gottes gelangen. Ausgehend von unwandelbaren Vernunft=
wahrheiten, ben Ideen des Einen, Wahren, Schönen und Guten, schließen
wir auf Gott als das Eine, das Wahre, das Schöne, das Gute an
sich, als das denkbar höchste Wesen, sodann von der Wandelbarkeit aller
Dinge mit Einschluß des menschlichen Geistes auf Gott als das un=
wandelbare Princip der Dinge, und endlich von der Einheit, Schönheit,
Güte und Ordnung der wandelbaren Dinge auf Gott als das schlechthin
weise und vollkommene Princip derselben [3].

---

[1] De lib. arb. II, 16; de Genes. contr. Manich. I, 16: In omnibus, cum
mensuras et numeros et ordinem vides, artificem quaere. Nec alium invenies,
nisi ubi summa mensura et summus numerus et summus ordo est, id est
Deum, de quo verissime dictum est, quod omnia in mensura, et numero et
pondere disposuerit.

[2] De natur. bon. c. 23: Ubi est aliquis modus, aliqua species, aliquis
ordo, est aliquod bonum et aliqua natura est. Ibid. c. 3. Deum colimus,
a quo omnia bona sunt, sive magna sive parva; a quo est omnis modus, sive
magnus sive parvus; a quo omnis species, sive magna sive parva; a quo
omnis ordo, sive magnus sive parvus. Omnia enim, quanto magis moderata,
speciosa, ordinata sunt, tanto magis utique bona sunt; quanto autem minus
moderata, minus speciosa, minus ordinata sunt, minus bona sunt. Haec itaque
tria, modus, species et ordo, ut de immunerabilibus taceam, quae ad ista
tria pertinere monstrantur, haec ergo tria, modus, species, ordo generalia bona
sunt in rebus a Deo factis, sive in spiritu sive in corpore.

[3] Solil. I, 1: Te invoco, Deus veritatis, in quo et a quo et per quem
vera sunt, quae vera sunt omnia. Deus sapientia, in quo et a quo et per
quem sapiunt, quae sapiunt omnia. Deus vera et summa vita, in quo et a
quo et per quem vivunt, quae vere summeque vivunt omnia. Deus beatitudo,

§ 20.

Der Gottesbegriff.

Aus der Art und Weise unserer Gotteserkenntniß ergibt sich der wahre Gottesbegriff. Von jener schreiten wir zu diesem; denn etwas Anderes ist es, Gott zu erkennen (videre) und etwas Anderes, sein Wesen verstandesmäßig zu begreifen, einen wissenschaftlichen Begriff von demselben zu bilden (ratione comprehendere, scire). Die beiden Momente dieses Begriffes sind nach dem Gesagten: Gott ist nicht ein materielles, sondern ein geistiges Wesen, aber nicht veränderlich, wie der menschliche Geist, sondern das über den menschlichen Geist erhabene, unveränderliche, unwandelbare Wesen, von dem alles Veränderliche seine Form empfängt. Augustinus sagt deßhalb, es gebe in Betreff des göttlichen Wesens einen dreifachen Irrthum, indem man dasselbe nach körperlichen Dingen oder nach geistigen Geschöpfen oder, was noch schlimmer sei, nach bloßen Bildern der Phantasie beurtheile [1] und bestimmt selber den Inhalt des achten Buches de trinitate in folgender Weise: Deinde per veritatem, quae intellectu conspicitur, et per bonum summum, a quo est omne bonum, et per justitiam, propter quam diligitur animus justus, ut natura non solum incorporalis, verum etiam incommutabilis, quod est Deus, quantum fieri potest, intelligeretur, admonui [2]. Als geistiges Wesen nämlich läßt sich Gott allerdings nach Analogie des menschlichen Geistes, in seinem Unterschied vom Materiellen, und insofern positiv bestimmen; sofern er aber über unseren Geist unendlich erhaben und unwandelbar ist, müssen wir über die positiven Bestimmungen hinaus zur negativen Theologie fortschreiten; ja, ist Gott nicht derselben Substanz, wie die menschliche Seele, sondern als unwandelbarer Geist von ihr wesentlich verschieden und unendlich erhaben über sie, so kann die wahre Theologie nicht anders verfahren, als daß sie das Wesen Gottes in erster Linie negativ bestimmt. Daß Augustinus auf die Bestimmungen der negativen Theologie das Hauptgewicht legte, war zunächst die Folge seines Kampfes gegen die Manichäer, aus deren Irrthümern er sich herausgearbeitet hatte.

---

in quo et a quo et per quem beata sunt, quae beata sunt omnia. Deus bonum et pulchrum, in quo et a quo et per quem bona et pulchra sunt, quae bona et pulchra sunt omnia. Deus intelligibilis lux, in quo et a quo et per quem intelligibiliter lucent, quae intelligibiliter lucent omnia.

[1] De trinit. I, 1.   [2] Ibid. XV, 3.

Auf die Frage nach dem Wesen Gottes ist die nächste Antwort nur die: Was ist Gott, wenn er nicht der Unschätzbare, Unaussprechliche, Unbegreifliche ist, der über und außer allem Seienden ist? Denn alle seine Creatur überschreitet er, seinem ganzen Werke geht er vor, das Universum überragt er. Allerdings, würden wir Gott überhaupt nicht kennen, so könnten wir ihn nicht anrufen und nicht lieben. Allein in Bezug auf Gott ist eine fromme Unwissenheit besser als eine eingebildete Wissenschaft; denn wenn wir ihn begreifen, ist er nicht Gott. Ihn nur ein wenig mit dem Denken erreichen, ist große Seligkeit; ihn aber begreifen, ist unmöglich [1]. Nur mit zitterndem Blick vermag der Menschengeist zum unendlichen Wesen Gottes aufzuschauen und nur im vorübergehenden Lichtblick sich einzutauchen in die Erkenntniß Gottes, des unendlichen Geistes. Mit größerer Wahrheit denken wir Gott, als wir über ihn sprechen, und mit größerer Wahrheit ist er, als wir ihn denken [2]. Er überragt nicht nur Alles, was von ihm gesagt, sondern auch Alles, was über ihn gedacht wird [3]. Es ist fraglich, ob irgend eine positive Aussage über ihn im eigentlichen Sinne gelte [4]. Besser wird Gott gewußt im Nichtwissen als im Wissen, so daß eigentlich die Seele keine andere Wissenschaft von ihm hat, als zu wissen, wie sie ihn nicht wisse [5]. Leichter sagen wir, was Gott nicht ist, als was er ist; denn mit Bestimmtheit wissen wir nur, was er nicht ist, nämlich nicht ein Wandelbares.

Indeß auch nur wissen, was Gott nicht ist, bevor man wissen kann, was er ist, ist schon keine geringe Erkenntniß; schon in der Verneinung des Irrthums liegt ein beträchtlicher Gewinn [6]. Daher kann uns die Unbegreiflichkeit Gottes nicht hindern, nach der Erkenntniß Gottes zu

---

[1] Epist. 121 ad Paul. c. 15.

[2] De trinit. VII, 4: Verius enim cogitatur Deus, quam dicitur, et verius est, quam cogitatur.

[3] Epist. 205 ad Bonif.: Excedit quidquid de illo non solum dicitur, verum etiam cogitatur.

[4] Contr. advers. leg. c. 20: Vix inveniri aliquid, quod digne de Deo dici possit, sed plurima et paene omnia nos de illo dicere loquendi necessitate, quae magis homines ex hominibus metiuntur, sicut autem intelligenda de illo sunt, vix a paucis et spiritualibus intelliguntur.

[5] De ord. II, 16: Scitur melius nesciendo. Ibid. II, 18: Cujus nulla scientia est in anima nisi scire, quomodo nesciat.

[6] De trinit. VIII, 2: Non enim parvae notitiae pars est, cum de profundo isto in illam summitatem respiramus, si antequam scire possumus, quid sit Deus, possumus jam scire, quid non sit.

streben. Wir erkennen ihn schon, indem wir erkennen, wie unbegreiflich er ist. Wir können aber auch weiter forschen und auf dem Weg der Negation Gott aus der veränderlichen Creatur erkennen. Wir suchen ihn, um ihn zu finden, und wir finden ihn, um ihn noch begieriger zu suchen [1].

Ist nämlich Gott auch in seinem Ansichsein unbegreiflich und un= aussprechlich, so daß es keine Benennung gibt, die seiner würdig wäre und sein Wesen vollkommen bezeichnen könnte, so wissen wir doch, daß er ist und daß er das unwandelbare, unveränderliche Sein ist. Wir müssen seinen Begriff wenigstens durch die Unterscheidung seines Wesens vom veränderlichen Sein bestimmen können, wie unvollkommen diese Be= stimmung auch sein mag. Als das unwandelbare Sein aber ist Gott über alle Prädicate, denen das Veränderliche unterliegt, und über alle Unterschiede und Gegensätze derselben erhaben. Deßhalb finden auch die allgemeinen Prädicate, die Kategorien, auf ihn keine Anwendung. Es gibt bei ihm keinen Unterschied der Kategorien, so daß, was immer von Gott nicht unschicklich ausgesagt werden kann, nur unter der Bedingung ausgesagt werden kann, daß es nicht in der Weise menschlicher Aussagen gefaßt werde, weil diese immer nach der Norm der Kategorien das Sub= ject vom Prädicat unterscheiden. Wir müssen, so viel wir vermögen, versuchen, Gott zu denken als gut ohne Qualität, als groß ohne Quan= tität, als Schöpfer ohne Bedürfniß, ohne Lage allen Dingen vorsitzend, ohne Haltung Alles habend, ohne Ort überall ganz, ohne Zeit immer= während, ohne alle Veränderung Veränderliches thuend und nichts lei= bend. Wer Gott auf solche Weise denkt, hütet sich, wenn er auch noch nicht durchaus finden kann, was er ist, doch ehrfurchtsvoll, etwas von Gott zu denken, was er nicht ist [2]. Auch wenn wir ihn den Schöpfer, das

---

[1] Ibid. XV, 2: Sic enim sunt incomprehensibilia requirenda, ne se exi=stimet nihil invenisse, qui, quam sit incomprehensibile, quod quaerebat, potue=rit invenire. Cur ergo sic quaerit, si incomprehensibile comprehendit esse, quod quaerit, nisi quia cessandum non est, quamdiu in ipsa incomprehen=sibilium rerum inquisitione proficitur et melior meliorque fit quaerens tam magnum bonum, quod et inveniendum quaeritur et quaerendum invenitur? Nam et quaeritur, ut inveniatur dulcius, et invenitur, ut quaeratur avidius.

[2] Ibid. V, 1: Ut sic intelligamus Deum, si possumus, quantum possu=mus, sine qualitate bonum, sine quantitate magnum, sine indigentia creatorem, sine situ praesidentem, sine habitu omnia continentem, sine loco ubique totum, sine tempore sempiternum, sine ulla sui mutatione mutabilia facientem nihil=que patientem. Quisquis Deum ita cogitat, etsi nondum potest omnino ni-

Princip oder die Ursache aller Dinge nennen, so geschieht dieß nur re=
lative, indem wir ihn in seinem Verhältniß zur Creatur, nicht in seinem
Ansich denken [1]. Ebenso legen wir ihm viele Verhältnisse zu den zeit=
lichen, veränderlichen Dingen bei; aber wir dürfen sie ihm nicht in zeit=
licher Weise als etwas Accidentelles zuschreiben [2]. Auch von der Thätig=
keit des Denkens kann bei ihm nicht im zeitlichen Sinne die Rede sein,
weil der Gedanke eine Veränderlichkeit voraussetzt, aus der Möglichkeit
zur Wirklichkeit kommt, in Gott aber kein Unterschied zwischen Möglichkeit
und Wirklichkeit, zwischen Formbarkeit und Form sein kann, da er der
Unwandelbare ist [3].

Insbesondere findet auf das Ansichsein Gottes die Unterscheidung
zwischen Substanz und Accidenz keine Anwendung. Bei den veränder=
lichen Dingen können eben deßhalb, weil sie veränderlich sind, die Ac=
cidenzien, die veränderlichen Beschaffenheiten, von der Substanz unter=
schieden werden; diese Dinge haben nur Theil an denselben, können die=
selben erhalten und wieder verlieren und in andere Beschaffenheiten und
Zustände sich umwandeln. Anders aber ist es bei dem unveränderlichen
Wesen, weil ihm nicht zukommt, etwas zu haben, das es auch verlieren
könnte, weil es, das hat, nicht etwas Anderes ist als das, was es hat,
weil es vielmehr das Princip ist, an welchem Alles Theil hat und durch
welches alles seine Beschaffenheit erhält [4]. Beim Körper ist Substanz
und Eigenschaft verschieden; auch die Seele wird, wenn sie einstens im=
mer weise sein wird, dieß doch nur sein durch Theilnahme an der un=
veränderlichen Weisheit selbst. Gott dagegen ist nicht bloß frei von
jedem materiellen Bestandtheil, sondern es sind auch alle Eigenschaften,
die ihm beigelegt werden, eins und dasselbe mit seiner Substanz [5]. Wenn
wir also sagen: Gott ist ewig, unsterblich, unvergänglich, lebendig,
weise, mächtig, schön, gerecht, gut, selig, ein Geist, so scheint nur der
letzte Ausdruck seine Substanz, alle übrigen aber Eigenschaften dieser
Substanz zu bezeichnen. Allein so verhält es sich nicht mit Gottes un=
aussprechlicher Natur. Denn was immer von ihm als Eigenschaft ge=
sagt zu sein scheint, ist von der Substanz oder vom Wesen zu verstehen.
Alles, was in ihm erkannt wird, ist er selbst. Denn Gott ist nicht gut
oder gerecht durch die Güte oder Gerechtigkeit, nicht dadurch, daß er an

---

venire, quid sit, pie tamen cavet, quantum potest, aliquid de eo sentire, quod
non sit.

[1] Ibid. c. 13.   [2] Ibid. c. 16.   [3] Ibid. XV, 15—16.
[4] De civit. Dei XI, 10.   [5] Conf. XIII, 2

der Güte oder Gerechtigkeit Theil nimmt, sondern er ist selbst seine Güte und Gerechtigkeit. Und so im Uebrigen. Ist aber jede Eigenschaft die Substanz selbst, so folgt ferner, daß auch jede der verschiedenen Qualitäten die andere selbst oder daß keine Qualität von der anderen verschieden ist[1]. Sein Wissen ist weit verschieden von dem unsrigen, weil sein Wissen seine Weisheit und diese seine Substanz oder Wesenheit ist. Seine Weisheit ist substantiell identisch mit seiner Güte und seine Güte mit seiner Gerechtigkeit[2]. Weil in ihm nicht unterschieden werden darf zwischen Substanz und Accidenz, so paßt auch die Kategorie der Substanz selbst nur im uneigentlichen Sinne auf Gott, obgleich er im höchsten Sinne ist oder Realität hat. Besser gebraucht man von ihm den Ausdruck Wesenheit[3]. Doch will sich Augustinus mit Rücksicht darauf, daß doch eine adäquate Gotteserkenntniß und eine adäquate Benennung Gottes dem Menschen hienieden unerreichbar bleibt, dem kirchlichen Sprachgebrauch anschließen[4].

Diese Tendenz der negativen Bestimmung des göttlichen Wesens stammt, wie bemerkt, aus dem Gegensatz des Augustinus gegen den Manichäismus. Diesem gegenüber, der Gott in Kampf und damit in Veränderlichkeit verwickelte, kam es darauf an, die Unveränderlichkeit und Incorruptibilität Gottes zu betonen. Alles, was sich verändert, ist corruptibel; das Wesen aber, das aus und durch sich selbst ist, hat in sich keinen Grund der Veränderung. In Gott kann in keiner Weise Veränderung, also jedenfalls in keiner Weise Körperlichkeit sein. Aber in

---

[1] De trinit. VI, 4: Humano quippe animo non hoc est esse, quod est fortem esse aut prudentem aut justum aut temperatum. Potest enim esse animus et nullam istarum habere virtutum. Deo autem hoc est esse, quod est fortem esse aut justum esse aut sapientem esse et si quid de illa simplici multiplicitate vel multiplici simplicitate dixeris, quo substantia ejus significetur. Ibid. VI, 7: Deus multipliciter quidem dicitur magnus, bonus, sapiens, beatus, verus et quidquid aliud non indigne dici videtur. Sed eadem magnitudo ejus est, quae sapientia. Et eadem bonitas, quae sapientia et magnitudo et eadem veritas, quae illa omnia. Et non est ibi aliud beatum esse et aliud magnum aut sapientem aut verum aut bonum esse aut omnino ipsum esse.

[2] Ibid. XV, 13.

[3] Ibid. V, I: Est tamen sine dubitatione substantia, vel si melius hoc appellatur, essentia, quam Graeci οὐσίαν vocant. Ibid. VII, 5: Deus autem si subsistit, ut substantia proprie dici possit, inest in eo aliquid tanquam in subjecto et non est simplex, cui hoc sit esse, quod illi est, quidquid aliud de illo ad illum dicitur. Unde manifestum est, Deum abusive substantiam vocari, ut nomine usitatiore intelligatur essentia, quod vere ac proprie dicitur.

[4] Ibid. II, 18.

Gott können auch keine Unterschiede der Attribute gelten. Denn entweder machen die Attribute das göttliche Wesen aus und dann fallen sie mit demselben zusammen, oder sie sind zufällig für das göttliche Wesen, Accidenzien, dann aber finden sie in Gott keine Stelle. Denn wenn man Gott etwas Zufälliges zuschreiben wollte, so würde er nicht ganz unveränderlich sein. Nur dann, wenn Alles, was Gott hat, zu seinem Wesen gehört, kann er unveränderlich sein. Es kann in ihm keine Zusammensetzung sein; denn wo Zusammensetzung ist, da ist Wesentliches und weniger Wesentliches und deßhalb bringt Zusammensetzung Veränderlichkeit [1].

Als unveränderlich unterliegt Gottes Wesen ferner auch nicht der Kategorie des Raumes, in welchem das Körperliche veränderlich ist. Räumlich beschränkt wie die Materie ist Gott schon deßhalb nicht, weil er ein geistiges Wesen ist und als solches ist ja schon die menschliche Seele ganz im ganzen Körper und ganz in jedem Theile desselben gegenwärtig. Als höchster Geist aber ist er schlechthin erhaben über den Raum. Die ganze Welt faßt Gott nicht, umgekehrt aber vermöchte sie gar nicht zu sein, wenn nicht Gott in ihr wäre. Von ihm, durch ihn und in ihm ist Alles; er erfüllt und umfaßt die ganze Welt [2]. Ueberall hin ist Gott ausgegossen, aber nicht so, daß er selbst eine Beschaffenheit der Welt wäre, sondern als die die Welt schaffende und regierende Substanz. Nicht durch die Räume, wie irgend eine Materie, ist er ausgegossen, so daß er in der einen Hälfte der Welt halb und halb in der anderen wäre und so nur im Ganzen ganz gegenwärtig, sondern im Himmel allein ist er ganz und auf der Erde allein ist er ganz und durch keinen Ort umfangen, sondern in sich selbst bleibend ist er überall ganz, Himmel und Erde mit seiner schöpferischen Macht erfüllend [3]. Ueberall weiß er ganz und von keinem Raume umschlossen zu sein; er weiß zu kommen, indem er sich nicht von da entfernt, wo er war, und

---

[1] Ibid. V, 2: Sed aliae quae dicuntur essentiae sive substantiae, capiunt accidentia, quibus in eis fiat vel magna vel quantacunque mutatio. Deo autem aliquid ejusmodi accidere non potest, et ideo sola est incommutabilis substantia vel essentia, quae Deus est, cui profecto ipsum esse, unde essentia nominata est, maxime ac verissime competit. Quod enim mutatur, non servat ipsum esse, et quod mutari potest, etiamsi non mutetur, potest, quod fuerat, non esse; ac per hoc illud solum, quod non tantum non mutatur, verum etiam mutari omnino non potest, sine scrupulo occurrit, quod verissime dicatur.

[2] Conf. I, 2.   [3] De civit. Dei VII, 30; X, 3.

er weiß zu gehen, ohne daß er den Ort verläßt, woher er kam[1]. Er ist dem Raume nach unendlich, unermeßlich.

Wie über den Raum, so ist er auch erhaben über die Kategorie der Zeit, ist also in reiner Gegenwart, ohne alle Vergangenheit und Zukunft. Dieß ist er, weil er unwandelbar und unveränderlich, also auch über alle Veränderung, welche in die Zeit fällt, erhaben ist. Auf ihn kann nicht ein Schatten der Veränderung, also auch nicht der Zeitlichkeit fallen. Was nicht geschaffen ist und doch ist, hat nichts an sich, was vorher nicht war; in letzterem aber liegt das Wesen der Veränderung und des Wechsels. Immerdar lebt Gott und nichts stirbt an ihm, weil er vor Anbeginn der Zeiten ist und vor Allem, was nur vor genannt werden kann. „Du bist," sagt Augustinus, „der Höchste und veränderst dich nicht und es vergeht in dir nicht der heutige Tag, und doch vergeht er auch wieder in dir, weil in dir auch all' das Geschaffene sein Sein hat. Denn wie könnte es vorübergehen, wenn es nicht in dir bestände? Und weil deine Jahre kein Ende nehmen, so sind deine Jahre wie der heutige Tag. Wie viele von unseren und unserer Väter Tagen sind schon während deines Heute vorübergegangen, haben von ihm ihr Maß empfangen und in ihm wie auch immer ihr Dasein gehabt! Und so werden noch andere vorübergehen und ihr Maß und was immer für ein Dasein empfangen. Du aber bist derselbe[2]. Auch der Zeit nach ist Gottes Wesen unendlich, unermeßlich.

Haben wir nun in dieser Weise, auf dem Wege der Negation, das Wesen Gottes bestimmt, durch die Unterscheidung des unwandelbaren Seins vom wandelbaren und veränderlichen, so haben wir eben damit den Begriff des einen von den Merkmalen der Beschränktheit und Unvollkommenheit des anderen befreit und können nun dazu fortgehen, das göttliche Wesen nach Analogie des veränderlichen Seins, insbesondere nach Analogie des menschlichen Geistes, der ein Ebenbild Gottes ist, zu bestimmen, indem wir ihn auf diesem Wege uns als das Höchste und Vollkommenste zu denken suchen, das überhaupt das Denken erreichen kann. Denn wir müssen ja gerade sein Wesen deßwegen negativ bestimmen, weil er als der Unwandelbare über alle veränderliche Creatur, auch über den menschlichen Geist, unendlich erhaben und darum von aller

---

[1] Epist. 2 ad Volus.

[2] Conf. I, 6; ibid. XI, 4: Quidquid factum non est et tamen est, non est in eo quidquam, quod antea non erat, quod est mutari atque variari.

Beschränktheit und Unvollkommenheit des Geschöpflichen frei, unendlich
vollkommen ist. Unser Wissen von Gott ist daher allerdings mehr ein
Nichtwissen; wollen wir aber doch von ihm sprechen, so müssen wir ihm
in jeder Beziehung das Höchste und Vollkommenste beilegen, das sich
denken läßt, dabei jedoch uns dessen bewußt bleiben, daß eine a b ä q u a t e
Erkenntniß Gottes uns hienieden nicht möglich ist, sondern nur eine Er=
kenntniß per analogiam[1]. Wehe denen, die von Gott schweigen, weil
sie schwätzende Stumme sind; allein was sagt überhaupt einer mit seinen
Reden über Gott?[2]

Gott ist und zwar auf die höchste Weise; er ist das Sein im voll=
kommensten Sinne, weil er aus sich selbst und daher das wahre und
unveränderliche Sein ist[3], während Alles, was er geschaffen hat, nur
ein relatives Sein hat, nur in gewisser Weise existirt[4]. Von der Creatur
kann man nur sagen, daß sie ist, wenn man sie nicht in Vergleich mit
Gott bringt; im Vergleich mit Gott ist ihr Sein ein Nichtsein, weil
ein im Wechsel und in der Veränderung sich darbietendes[5]. Als höch=

---

[1] De trinit. V, 10: Non participatione magnitudinis Deus magnus est,
sed seipso magno magnus est: quia ipse sua est magnitudo. Hoc et de bonitate et de aeternitate et de omnipotentia Dei dictum sit, omnibusque omnino praedicamentis, quae de Deo possunt pronuntiari, quod ad seipsum dicitur, non translate ac per similitudinem, sed proprie; si tamen de illo proprie
aliquid dici ore hominis potest.

[2] Conf. I, 4; ibid. c. 6.

[3] De doctr. christ. I, 32: Ille enim summe ac primitus est, qui omnino
incommutabilis est. At cetera, quae sunt, nisi ab illo esse non possunt. De
morib. Manich. c. 1: Videre illud summum bonum, quo non est quidquam
melius aut superius. — Hoc enim intellecto atque perspecto simul viderent
id esse, quod summe ac primitus esse rectissime dicitur. Hoc enim maxime
esse dicendum est, quod nulla ex parte corrumpi ac mutari potest, quod non
subjacet tempori, quod aliter nunc se habere, quam antea, non potest. Id
enim est, quod esse verissime dicitur. Solil. I, 1: Una aeterna vera substantia, ubi nulla discrepantia, nulla confusio, nulla transitio, nulla indigentia,
nulla mors; ubi summa concordia, summa evidentia, summa constantia, summa
plenitudo, summa vita. Ubi nihil deest, nihil redundat.

[4] De civit. Dei XXII, 24: Qui summe est et facit esse, quidquid aliquo
modo est.

[5] Enarr. in Ps. 134: Ita enim ille est. ut in ejus comparatione ea, quae
facta sunt, non sint illi comparanda, quoniam ab illo sunt. — Illi comparata
non sunt, quia verum esse, incommutabile esse est, quod ille solus est. Tract.
38 in evang. Joann. c. 10: Res enim quaelibet si mutabilis est, non vere est;
non enim est ibi verum esse, ubi est et non esse; quidquid enim mutari
potest, mutatum non est, quod erat. Si non est, quod erat, mors quaedam
ibi facta est: peremptum est aliquid ibi, quod erat, et non est.

stes Sein ist Gott ferner das reine, absolute Sein, über alle Unter=
schiede und Gegensätze des veränderlichen Seins erhaben, dem nichts ent=
gegengesetzt sein kann, als das Nichtsein[1]. Diesen Satz, den später be=
sonders Nicolaus von Cusa aufgriff, hebt Augustinus immer wieder
hervor gegenüber dem Manichäismus, der dem göttlichen Wesen ein
ewiges Princip des Bösen entgegenstellte[2].

Weil sodann auch der Unterschied der Kategorien keine Anwendung
auf Gott findet, muß er gedacht werden als das schlechthin einfache
Sein. Die menschliche Seele ist, wie wir gesehen haben, als immaterielle
Substanz ein relativ, d. h. im Vergleich mit dem Körperlichen einfaches
Sein; aber sie ist nicht schlechthin einfach, weil sie veränderlich ist und
deßhalb den Unterschied von Substanz und Eigenschaften und den Unter=
schied der Qualitäten in sich hat. Gott aber, das unwandelbare Sein,
muß als die absolute Einfachheit, als die schlechthin einfache Wesenheit
gedacht werden, welche von dem, was sie besitzt, nicht verschieden ist und
daher nichts von dem, was sie hat, verlieren kann, weil das, was sie
hat, nichts Anderes ist als ihr eigenes Sein, welche also jeden Unter=
schied der Qualitäten, sowie den Unterschied zwischen Substanz und
Eigenschaft von sich ausschließt[3]. In Gott ist nicht etwas Anderes das
Sein, etwas Anderes das Leben, etwas Anderes das Erkennen, sondern
in ihm ist alles dieses dasselbe. Seine Erkenntniß ist weit verschieden
von der unsrigen, weil seine Erkenntniß seine Weisheit, kurz, weil in
ihm Alles eins ist[4]. Mit der Lehre von der absoluten Einfachheit

---

[1] De civit. Dei XII, 2.

[2] Contr. ep. Manich. c. 40: Et quid quaeris Deo naturam contrariam,
quem si confiteris summe esse, vides ei non esse contrarium? De natur. bon.
c. 19: Omnis mutatio facit non esse, quod erat; vere ergo ille est, qui immu-
tabilis est; cetera quae ab illo facta sunt, ab illo pro suo modo esse
acceperunt. Ei ergo, qui summe est, non potest esse contrarium nisi quod
non est.

[3] De civit. Dei XI, 10: Ideo simplex dicitur, quoniam, quod habet, hoc
est. Propter hoc itaque natura dicitur simplex, cui non sit aliquid habere,
quod vel possit amittere, vel aliud sit habens, aliud quod habet. De trinit.
VII, 6: Nihil enim simplex mutabile est, omnis autem creatura mutabilis.

[4] De trinit. VI, 10: Ubi est prima et summa vita, cui non est aliud
vivere et aliud esse, sed idem est esse et vivere; et primus ac summus intellectus, cui non est aliud vivere et aliud intelligere, sed id, quod est intelligere, hoc vivere, hoc esse est, unum omnia. Ibid. V, 4: Nihil accidens in
Deo, quia nihil mutabile et amissibile. — In creatis atque mutabilibus quod
non secundum substantiam dicitur, restat, ut secundum accidens dicatur.
Omnia enim accidunt eis, quae vel amitti possunt vel minui.

Gottes will Augustinus nicht sagen, daß Gott aller Attribute völlig ent=
behre, daß sie ihm also nur im uneigentlichen Sinne zugeschrieben wer=
den; vielmehr ist in Gottes Wesen der reale Grund aller dieser Eigen=
schaften, aber sie sind in ihm so geeint, daß keine ohne die andere gedacht
werden kann. Er will einerseits keineswegs, daß die einzelnen Eigen=
schaften völlig aufgehoben werden, aber andererseits will er auch nicht,
daß sie in Gott als unterschieden, als getrennt gedacht werden. Denn
sie alle zusammen drücken nur die Eine Wesenheit Gottes aus, für die
alle Attribute in gleicher Wesenheit constituirend sind und der gegenüber
kein einzelnes Attribut etwas bloß Accidentelles ist. In Gott muß
schlechthinige Einfachheit sein, sonst wäre er nicht der wahrhaft Un=
veränderliche.

Der menschliche Geist ist relativ, d. h. im Vergleich mit dem körper=
lichen Sein erhaben über den Raum, da er ganz im ganzen Leibe und
ganz in jedem Theile desselben ist. Gott aber, der schlechthin über den
Raum erhaben ist, ist doch wiederum, nach Analogie der menschlichen
Seele gedacht, in jedem Raume und zwar ganz im Ganzen und ganz in
allen Theilen desselben, d. h. er ist allgegenwärtig.

Aller Wechsel und alle Veränderung geschieht in der Zeit; deßhalb
ist auch der menschliche Geist, als veränderliches Sein, der Kategorie der
Zeit unterworfen. Gott, der Unveränderliche und Unwandelbare, ist
über die Zeit erhaben, aber doch wieder, nach Analogie des menschlichen
Geistes gedacht, immer, in jeder Zeit, d. h. er ist ewig.

Wir können ferner Gott nach Analogie des menschlichen Geistes be=
stimmen als das erste und höchste Leben, als die erste und höchste In=
telligenz und als den höchsten Willen[1].

Gott erkennt nicht bloß sich selbst durchaus, sondern auch alle Dinge
außer ihm. Denn sein Wissen, d. h. seine Wesenheit ist ja die Ursache
aller Dinge und deßhalb weiß er die Dinge nicht, weil sie sind, sondern
sie sind, weil er sie weiß[2]. Aus diesem Grunde ist er auch allwis=
send; nichts ist ihm verborgen. Weil ferner seine Erkenntniß dem
Sein der Dinge vorausgeht, ist er auch vorherwissend und zwar ist
dieses Vorherwissen das Wissen eines unveränderlichen Wesens. Als

---

[1] Conf. XIII, 16.

[2] De civit. Dei XI, 10; Conf. VII, 4; De trinit. XV, 13: Universas
autem creaturas suas, et spiritales et corporales, non quia sunt, ideo novit,
sed ideo sunt, quia novit. Non enim nescivit, quae fuerat creaturus. Quia
ergo scivit, creavit; non quia creavit, scivit.

solches hat er eine unwandelbare Erkenntniß und schaut alle Dinge in
einer unwandelbaren Intuition, in welcher bei allem Wandel irdischer
Zeiten nichts Gegenwärtiges verschwindet und nichts Neues hinzutritt,
in welcher alles Zukünftige wie alles Vergangene gegenwärtig ist, weil
ihn der Wechsel der Zeit nicht berührt[1]. Auch durch sein Schaffen
wuchs sein Wissen nicht, da alle Dinge zugleich und von Ewigkeit her
von ihm sind[2], was wir Menschen freilich nicht völlig begreifen können[3].
„Ihm hat nach der Erschaffung gefallen, was ihm schon vorher gefallen
hatte, als es noch in der bloßen Schöpfungsidee lag; nicht als ob das
Wissen Gottes verändert würde, so daß darin eine andere Vorstellung
erregte, was noch nicht ist, eine andere, was bereits ist, eine andere,
was gewesen ist. Denn er schaut nicht nach unserer Weise aus nach
dem, was zukünftig ist, oder hin auf das, was gegenwärtig ist, oder
zurück auf das, was vergangen ist, sondern auf eine von unserer Art zu
denken himmelweit verschiedene Weise. Denn er schaut nicht von diesem
auf jenes mit wechselnden Gedanken, sondern er schaut auf durchaus un=
wandelbare Weise, so daß er all' das, was in der Zeit geschieht und
als zukünftig noch nicht ist, als gegenwärtig jetzt ist und als vergangen
nicht mehr ist, in unveränderlicher und ewiger Gegenwart erkennt, nicht
anders jetzt, anders vorher und anders nachher; denn nicht wie unser
Wissen ändert sich nach der Verschiedenheit der drei Zeiten, der gegen=
wärtigen und der vergangenen oder zukünftigen, das Wissen desjenigen,
bei dem kein Wechsel ist und kein Schatten von Veränderung. Denn
auch seine Betrachtung geht nicht von Gedanke zu Gedanke über, da in
seinem unkörperlichen Schauen alles, was er weiß, zugleich ist. Denn

---

[1] Conf. VIII, 3: Nam tu semper idem, qui ea, quae non semper nec
eodem modo sunt, eodem modo semper nosti omnia. De trinit. VI. 10: Ibi
novit omnia Deus, quae fecit, per ipsam et ideo, cum decedant et succedant
tempora, non decedit aliquid vel succedit scientiae Dei. Non enim haec, quae
creata sunt, ideo sciuntur a Deo, quia facta sunt: ac non potius ideo facta
sunt vel mutabilia, quia immutabiliter a Deo sciuntur.

[2] De trinit. XV, 13: Nec aliter ea scivit creata quam creanda. Non
enim ejus sapientiae aliquid accessit ex eis, sed illis existentibus, sicut oportebat et quando oportebat, illa mansit, ut erat.

[3] Ibid. XV, 7: Quis ergo hominum potest istam sapientiam, qua novit
Deus omnia, ita ut nec ea quae dicuntur praeterita, ibi praetereant, nec ea,
quae dicuntur futura, quasi desint, exspectentur, ut veniant, sed et praeterita
et futura cum praesentibus sint cuncta praesentia, nec singula cogitentur et
ab aliis ad alia cogitando transeatur, sed in uno conspectu simul praesto sint
universa: quis, inquam, hominum comprehendit istam sapientiam?

ebenfo kennt er die Zeiten, ohne zeitliche Begriffe zu haben, wie er das
Zeitliche bewegt, ohne felber zeitlich bewegt zu werden. Da also fah er,
daß gut fei, was er fchuf, wo er fah, daß es gut fei, um es zu fchaffen.
Auch verdoppelte dieß, daß er es gefchaffen fah, fein Wiffen nicht oder
vermehrte es nicht irgendwie, als ob er ein geringeres Wiffen gehabt
hätte, bevor er fchuf, was er fah, er, der nicht fo vollkommen wirken
würde, wenn nicht fein Wiffen fo vollkommen wäre, daß es durch feine
Werke nicht vermehrt wird." [1] „Fürwahr, wenn es einen Geift gibt,
der ein fo großes Wiffen und Vorherwiffen befitzt, daß er alles Vergangene und Zukünftige kennt, wie ich z. B. ein ganz bekanntes Lied
kenne, fo ift ein folcher Geift gewiß über die Maßen wunderbar und
zum Erfchrecken erftaunlich, da ihm, was von den Zeitläufen vorübergegangen oder noch davon übrig ift, ebenfo wenig entgeht, fo wenig mir,
wenn ich das Lied finge, entgeht, was und wie viel davon fchon vor-
über und was und wie viel bis zu feiner Beendigung noch übrig ift.
Aber ferne fei es von mir, zu meinen, du, der Schöpfer des Alls, du
Schöpfer der Geifter und der Körper, du kennest in folcher Weife alle
Zukunft und Vergangenheit. Weit, weit wunderbarer und geheimnißvoller ift dein Wiffen. Denn wenn fonft jemand ein bekanntes Lied
fingt oder fingen hört, fo wird er durch die Erwartung der Töne, die
noch kommen, und durch die Erinnerung an die bereits gefungenen ver-
fchiedentlich berührt und feine Aufmerkfamkeit nach zwei Seiten hin ge-
fpannt. Nicht aber fo ift es bei dir, dem unveränderlich ewigen, d. h.
dem wahrhaft ewigen Schöpfer der Geifter. Wie du im Anfang Himmel
und Erde erkannt haft ohne Veränderung in deiner Erkenntniß, fo haft
du im Anfang Himmel und Erde ohne weitere Ausdehnung deiner Thätigkeit gefchaffen." [2] Wir dürfen endlich dem Wiffen Gottes auch keine
Grenzen ftecken; fein Wiffen ift wie fein Wefen unendlich, da er alles
Endliche nach Maß und Zahl gefchaffen und geordnet hat. Die Meinung, daß Gott nur Endliches erfaffen und begreifen könne, ift eine
vermeffene Begrenzung Gottes. Wenn alles, was immer durch Wiffen
erfaßt wird, durch das Erfaffen des Wiffenden begrenzt wird, fo ift auch
jede Unendlichkeit auf eine gewiffe unausfprechliche Weife für Gott endlich, weil fie für fein Wiffen nicht unerfaßbar ift. So ift auch die Unendlichkeit der Zahlen für das Wiffen Gottes, durch welches fie umfaßt
wird, nicht unendlich und wir dürfen uns nicht herausnehmen, feinem

---

[1] De civit. Dei XI, 22. [2] Conf. XI, 31.

Wissen dadurch eine Grenze zu stecken, daß wir sagen, Gott könne, wenn nicht in ebendenselben Zeitumläufen ebendieselben zeitlichen Dinge sich wiederholen, nicht alles, was er geschaffen hat, vorherwissen, um es zu schaffen, oder könne nicht Alles wissen, nachdem er es geschaffen, er, dessen einfach vielfache und eingestaltig vielgestaltige Weisheit alles Unerfaßliche mit so unerfaßlicher Fassungskraft umfaßt, daß bei ihm, wenn er immerdar Neues und dem Vorausgehenden Unähnliches schaffen wollte, doch nichts ungeordnet und unvorhergesehen wäre und er dasselbe nicht aus nächster Zeit vorhersehen, sondern in ewigem Vorherwissen in sich tragen würde [1].

Als Wille ist der menschliche Geist frei; nach Analogie von ihm gedacht, ist die göttliche Wesenheit als Wille schlechthin frei, nicht ein Schatten von Nothwendigkeit kann auf sie fallen [2]. Wie ferner Gottes Wissen, vermöge der Einigkeit und Unveränderlichkeit seiner Natur in zeitloser Gegenwart verweilt, so ist auch in seinem Wollen und Thun an keinen Wechsel zu denken; auch sein Wollen und Thun ist ein unwandelbares, zeitloses, ewiges Wollen und Thun. Der unwandelbare Wille ist ein solcher, der nicht bald will und bald nicht will, der nicht vom Nichtwollen zum Wollen, vom Nichtthun zum Thun übergeht, in dem kein späterer Entschluß auf einen früheren folgt und noch weniger ein späterer Entschluß den früheren aufheben oder ändern würde. Man darf nicht denken, daß Gott anders afficirt sei, wenn er ruht, anders, wenn er wirkt, weil man von ihm gar nicht sagen darf, daß er afficirt werde, als ob in seiner Natur etwas würde, was vorher nicht gewesen. Denn wer afficirt wird, erleidet etwas und alles, was etwas erleidet, ist wandelbar, das Unwandelbare dagegen ist reine Actualität. Man darf bei seiner Ruhe nicht an Unthätigkeit und Trägheit und bei seinem Wirken nicht an Arbeit, Mühe und Anstrengung denken. Er weiß ruhend zu handeln und handelnd zu ruhen. Er kann bei einem neuen Werk nicht einen neuen, sondern nur einen ewigen Rathschluß ausführen [3].

---

[1] De civit. Dei XII, 18.   [2] Ibid. V, 10.
[3] Ibid. XII, 17; XXII, 2; Conf. XII, 11: Jam dixisti mihi, Domine, voce forti in aurem interiorem, quia tu aeternus es, solus habens immortalitatem, quoniam ex nulla specie motuve mutaris, nec temporibus variatur voluntas tua, quia non est immortalis voluntas, quae alia et alia est. Ibid. XII, 15: Num dicetis falsa esse, quae mihi veritas voce forti in aurem interiorem dicit de vera aeternitate creatoris, quod nequaquam ejus substantia

Was Gott will, das vermag er auch, d. h. Gott ist allmächtig[1]. Und er vermag alles, was er will, durch seinen bloßen Willen, ohne daß eine andere, mitbedingende Ursache dazu nothwendig wäre. Nur was mit der Größe und Vollkommenheit seines Wesens im Widerspruch steht, vermag er nicht zu wollen und deßhalb auch nicht zu thun; denn es wäre seiner unwürdig, wenn er solches wollen und thun könnte[2]. Daher kann er auch nur das Gute wollen, das Böse aber weder wollen noch thun, so daß er auch in ethischer Hinsicht das denkbar höchste und vollkommenste Wesen, d. h. schlechthin heilig ist. Böses wollen oder thun, würde, weil es eine moralische Mangelhaftigkeit in sich schließt, mit seiner Wesenheit im Widerspruch stehen. Dieselbe moralische Vollkommenheit schließt in sich die unendliche Güte Gottes, vermöge der er dasjenige, was er will, nur zum Besten seiner Geschöpfe will, und die unendliche Gerechtigkeit Gottes, der gemäß er das Gute belohnt und das Böse bestrafen muß.

§ 21.
Die göttlichen Ideen.

In seiner Allmacht und Güte schuf Gott die Welt. Wenn er das Gute nicht hervorbringen könnte, so hätte er keine Macht; wenn er es aber könnte und doch nicht bewirkte, so wäre er neidisch, was dem Begriff Gottes widerspricht. Nicht eines Bedürfnisses wegen schuf er sie; denn er genügt sich selbst und bedarf hiezu keiner von ihm verschiedenen Wesen. Seine unendliche Vollkommenheit schließt in sich seine unendliche Seligkeit, die durch die Schöpfung keinen Zuwachs bekommen konnte; seine schöpferische Wirksamkeit kommt nur den Geschöpfen selbst zu gut; nicht um zu empfangen, sondern um zu geben, um beseligen zu

---

per tempora varietur nec ejus voluntas extra ejus substantiam sit? Unde eum non modo velle hoc modo velle illud, sed semel et simul et semper velle omnia, quae vult, non iterum et iterum, neque nunc ista nunc illa, nec velle postea, quod nolebat, aut nolle, quod prius volebat, quia talis voluntas mutabilis est et omne mutabile aeternum non est; Deus autem noster aeternus est.

[1] De civit. Dei XXI, 7; De Genes. ad lit. lib. imp. c. 15: Accipi etiam potest tenebrarum nomine ipsum omnino nihilum, quod non fecit Deus, et unde fecit, quaecunque facere pro sua ineffabili bonitate dignatus est, cum sit omnipotens, qui etiam de nihilo tanta fecit.

[2] De civit. Dei XXII, 25.

können, schuf er[1]. Daher ist nicht einmal die Ehre und Verherrlichung
Gottes der höchste Endzweck der Schöpfung, weil ja Gott, der unendlich
vollkommen und in sich selbst unendlich selig ist, durch die Verehrung
von Seiten der Geschöpfe nichts gewinnen kann; vielmehr sollen diese
ihn ehren und verherrlichen zu dem Zweck, daß sie von ihm Heil und
Seligkeit empfangen[2]. Will man also nach einem Bestimmungsgrund
im göttlichen Schöpferwillen selbst fragen, so kann als solcher nur die
Güte oder Liebe Gottes angesehen werden. Insofern ist die Welt=
schöpfung eine Offenbarung der göttlichen Güte[3]. Es ist ein großer
Irrthum, wenn die Manichäer, die bem guten Princip ein böses gegen=
überstellen, zu behaupten wagen, es habe für Gott eine äußere Noth=
wendigkeit zur Schöpfung bestanden[4]. Aber auch keine innere Noth=
wendigkeit war vorhanden. Denn die göttliche Güte konnte Gott nicht
in der Weise zum Schaffen bestimmen, daß die Weltschöpfung für ihn
eine Nothwendigkeit gewesen wäre. Daher ist der höchste Grund der
Weltschöpfung kein anderer, als die absolute Freiheit Gottes selbst.
Er hat die Welt geschaffen, weil er wollte. Sein Wille ist der letzte

---

[1] De Genes. ad lit. IV, 16: Porro alia res bona praeter ipsum nulla est,
quam ipse non fecit, ac per hoc nulla praeter se alio bono eget, qui bono,
quod fecit, non eget. Sed bona facere, si non posset, nulla esset potentia; si
autem posset nec faceret, magna esset invidentia. Quia ergo est omnipotens
et bonus, omnia valde bona fecit. De civit. Dei XI, 21: Hanc etiam et Plato
causam condendi mundum justissimam dixit, ut a bono Deo bona opera fierent.
Ibid. XI, 24: In eo vero, quod dicitur: Vidit Deus, quia bonum est, satis
significatur, Deum nulla necessitate, nulla sua cujusquam utilitatis indigentia,
sed sola bonitate fecisse, quod factum est, id est, quia bonum est; quod ideo,
postquam factum est, dicitur, ut res, quae facta est, congruere bonitati, propter
quam factum est, indicetur.

[2] De Genes. ad lit. IV, 15—16; ibid. VIII, 11: Ideo verus et solus est
dominus, quia non illi ad suam, sed ad nostram utilitatem salutemque ser-
vimus. Conf. VIII, 1: Priusquam essem, tu eras; nec eram, cui praestares,
ut essem; et tamen ecce sum ex bonitate tua praeveniente totum hoc, quod
me fecisti et unde me fecisti. Neque enim eguisti me aut ego tale bonum
sum, quo tu adjuveris, Dominus meus et Deus meus; non ut tibi sic serviam,
quasi ne fatigeris in agendo, aut ne minor sit potestas tua carens obsequio
meo, neque ut sic te colam quasi terram, ut sis incultus, si non te colam,
sed ut serviam tibi et colam te, ut de te mihi bene sit, a quo mihi est, ut
sim, cui bene sit.

[3] Conf. XIII, 2: Ex plenitudine quippe bonitatis tuae creatura tua subsistit, ut bonum, quod tibi nihil prodesset ne de te aequale tibi esset, tamen
quia ex te fieri potuit, non deesset.

[4] Ibid. XIII, 30.

Grund derselben, außer dem es keinen anderen mehr gibt und über den hinaus nach keinem weiteren geforscht werden kann und darf. Für diesen göttlichen Willen noch einen höheren Grund suchen wollen, hieße über Gott noch eine höhere Macht setzen, von der er abhängig wäre, und so die Absolutheit Gottes aufheben. Also weder eine äußere noch eine innere Nothwendigkeit hat Gott zur Weltschöpfung veranlaßt, sondern sie ist nur das Product seines absoluten Willens [1].

Wenngleich aber Gott mit absoluter Freiheit die Welt geschaffen hat, so schuf er sie doch nicht in rein willkürlicher Weise, nicht ohne vernünftigen Grund (ratio). Denn wenn es schon Sache des menschlichen Geistes ist, daß er nicht ohne vernünftigen Grund handle, so darf dieß um so weniger, ja schlechthin nicht bei Gott, dem vollkommensten Geiste, der schlechthin vollkommenen Vernunft und Weisheit vorausgesetzt werden [2]. Der Grund der Weltdinge aber liegt in der absoluten Intelligenz selbst, Gott schuf die Welt nach dem Vorbild der ewigen Ideen, welche in dem, Gott dem Vater gleich ewigen Worte, im Logos Gottes oder in Gott Sohn, dem wesensgleichen Ebenbild der intelligibeln göttlichen Wesenheit des Vaters, sind. Alles ist aus dem Vater, durch den Sohn, im heiligen Geiste [3]. So ist Gott es, von dem, durch den und in dem alle Dinge sind (a quo, per quem,

---

[1] De Genes. contr. Manich. I, 2: Si ergo isti dixerint: quid placuit Deo facere coelum et terram? respondendum est eis, ut prius discant vim voluntatis humanae, qui voluntatem Dei nosse desiderant. Causas enim voluntatis Dei scire quaerunt, cum voluntas Dei omnium, quae sunt, ipsa sit causa. Si enim habet causam voluntas Dei, est aliquid, quod antecedat voluntatem Dei, quod nefas est credere. Qui ergo dicit: Quare fecit Deus coelum et terram? respondendum est ei: Quia voluit. Voluntas enim Dei causa est coeli et terrae et ideo major est voluntas Dei, quam coelum et terra. Qui autem dicit: Quare voluit facere coelum et terram? majus aliquid quaerit, quam est voluntas Dei: nihil autem majus inveniri potest.

[2] De civit. Dei X, 5; XXI, 5; 83 quaest. qu. 46: Quis audeat dicere, Deum irrationabiliter omnia condidisse? Quodsi recte dici et credi non potest, restat, ut omnia ratione sint condita. — Retr. I, 3: Quam (rationem sempiternam atque incommutabilem, qua fecit Deus mundum) qui esse negat, sequitur, ut dicat irrationabiliter Deum fecisse, quod fecit; aut cum faceret vel antequam faceret, nescisse quid faceret, si apud eum ratio faciendi non erat.

[3] Epist. 268 ad Nebr.: In se habeat haec tria et prae se gerat, primo ut sit, deinde ut hoc vel illud sit, tertio, ut in eo, quod est, maneat, quantum potest. Primum illud causam ipsam naturae ostentat, ex qua sunt omnia. Alterum speciem, per quam fabricantur et quodammodo formantur omnia. Tertium manentiam quandam, ut ita dicam, in qua omnia sunt.

in quo sunt omnia). Der Logos ist eine göttliche Person und insofern
an sich ein Moment im trinitarischen Leben Gottes; sofern er aber die
Weltidee in sich trägt, liegt in ihm zugleich die Beziehung der Gottheit
auf ein Anderes als sie selbst. Er ist der Complex des Intelligibeln,
mit dem, wie wir früher gesehen, der menschliche Geist in unmittelbarem
Contact steht und das in den Formen der geschaffenen Dinge zur Erscheinung kommt. Dieser Inbegriff des Intelligibeln, das der neidlose
Gott in den Weltdingen zur Erscheinung kommen ließ, ist das Urbild
der Welt, diese also ein Abbild des intelligibeln Logos oder der göttlichen Weisheit, wie der Logos auch genannt wird.

Als intelligibles göttliches Urbild der Welt ist der Logos die unveränderliche Wahrheit in ihrer absoluten Einfachheit. In ihm ist ursprünglich und unverändert alles zumal, nicht nur, was gegenwärtig sich
in der Welt befindet, sondern auch, was war und sein wird. Dort
aber war es weder, noch wird es sein, sondern ist nur und Alles ist
Leben und Alles ist Eins [1]. Als schöpferisches Princip aber, durch das
Alles gemacht wurde, ist er eine gewisse Form, aber nicht eine geformte
Form (forma formata), sondern die Form alles Geformten, die unveränderliche, ewige Form (forma sempiterna et incommutabilis), ohne
Abnahme und Mangel, ohne Zeit und Raum, Alles überragend, für
Alles sowohl der Grund, worin es ist, als auch der Zielpunkt, unter
dem es ist. Wenn man sagt, daß in ihm Alles ist, so lügt man nicht.
Denn Gottes Wort wird Gottes Weisheit genannt, und es heißt in der
heiligen Schrift: Alles hast du in Weisheit gemacht. Daher ist in ihm
Alles und doch, weil es Gott ist, ist Alles unter ihm. In ihm sind
unermeßliche und unendliche Schätze intelligibler Dinge, worin sich alle
unsichtbaren und unveränderlichen Gründe der Dinge, auch der sichtbaren
und veränderlichen befinden. Der Logos ist eine gewisse Kunst des allmächtigen und allweisen Gottes, voll von unveränderlichen Gründen der
Dinge; in ihm erkennt Gott alles, was er durch ihn geschaffen hat [2].

---

[1] De trinit. IV, 1: Quia igitur unum verbum Dei est, per quod facta
sunt omnia, quod est incommutabilis veritas, ubi principaliter atque incommutabiliter sunt omnia simul, non solum quae nunc sunt in hac universi
creatura, verum etiam quae fuerunt et quae futura sunt. Ubi autem nec
fuerunt nec futura sunt, sed tantummodo sunt, et omnia vita sunt et omnia
unum sunt et magis unum est et una vita est.

[2] Ibid. VI, 10: Tanquam verbum perfectum, cui non desit aliquid, et
ars quaedam omnipotentis atque sapientis Dei, plena omnium rationum vi-
ventium incommutabilium. — Ibi novit omnia Deus, quae fecit per ipsam.

Diese vorweltlichen, ewigen Gründe der Dinge im Logos sind nicht bloß
formale Principien, nach denen die Dinge äußerlich geformt würden,
so wie der Künstler von außen dem Stoffe eine Form aufprägt, son=
dern sie sind die inneren, die Dinge in ihrer Wesenheit und Form
setzenden Lebensgründe, weil ja der Logos das intelligible Urbild der
Welt ist, die Weltidee also zu ihm nicht in einem bloß äußerlichen Ver=
hältniß steht, sondern ein Moment seines Wesens bildet. Aber es ist
ihnen doch der göttliche Wille immanent, es sind schöpferische Lebens=
gründe, weil Gott durch den Logos Alles geschaffen hat, so daß der
Logos als alius Dei gedacht werden muß, während die Welt das
aliud Dei ist[1].

Diese Gründe aller Dinge im göttlichen Logos setzt Augustinus
gleich den platonischen Ideen und nennt sie, ähnlich wie Plato, die
ewigen, unwandelbaren Urformen und Gründe der Dinge, nach denen
jedes in der Zeit, also im Wechsel und in der Veränderung sich dar=
lebende Ding sich gestaltet, während sie selber, als ewig und unveränder=
lich, nicht erst gestaltet wurden[2]. Ja, Augustinus schließt sich im Aus=

Conf. I, 6: Deus es dominusque omnium quae creasti. Et apud te rerum
omnium instabilium stant causae et rerum omnium mutabilium immutabiles
manent origines et omnium irrationabilium et temporalium sempiternae vivunt
rationes.

[1] De anim. et ej. orig. c. 5: Alius est quidem verbum Dei filius, sed
non est aliud; hoc est, alia persona est, sed non diversa natura. De Genes.
ad lit. II, 6: Aliter in illo sunt ea, quae per illum facta sunt, qui regit et
continet ea, aliter autem in illo sunt ea, quae ipse est.

[2] De div. quaest. 83 qu. 46: Sunt namque ideae principales formae
quaedam vel rationes rerum stabiles atque incommutabiles, quae ipsae for-
matae non sunt ac per hoc aeternae ac semper eodem modo sese habentes,
quae in divina intelligentia continentur. Et cum ipsae neque oriantur neque
intereant, secundum eas tamen formari dicitur omne, quod oriri et interire
potest, et omne, quod oritur et interit. Quis autem religiosus et vera religione
imbutus, quamvis nondum possit haec intueri, negare tamen audeat, immo
non etiam profiteatur, omnia, quae sunt, id est, quaecunque in suo genere
propria quadam natura continentur, ut sint, Deo auctore esse procreata eoque
auctore omnia, quae vivunt, vivere atque universalem rerum incolumitatem
ordinemque ipsum, quo ea, quae mutantur, suos temporales cursus certo
moderamine celebrant, summi Dei legibus contineri et gubernari? Quo constituto atque concesso, quis audeat dicere, Deum irrationabiliter omnia condidisse? Quod si recte dici vel credi non potest, restat, ut omnia ratione sint
condita. Nec eadem ratione homo, qua equus: hoc enim absurdum est exi-
stimare. Singula igitur propriis sunt creata rationibus. Has autem rationes
ubi arbitrandum est esse, nisi in ipsa mente creatoris? Non enim extra se

druck so weit an Plato an, daß er an einer Stelle sagt, die Welt sei
besser gewesen in der Idee, als sie in Wirklichkeit ist, sie sei wahrer,
ewig und unveränderlich gewesen[1]; allein es tritt bei ihm, im Unterschied von Plato, gleich auch die bestimmte theistische Vorstellung hinzu,
daß die Ideen im göttlichen Geist selber, somit eigentliche Gedanken
Gottes von den Dingen sowohl vor als nach ihrer Erschaffung und nur
in Folge der Ewigkeit und Unveränderlichkeit der göttlichen Intelligenz
selbst auch ewig und unveränderlich sind. Andererseits gebraucht er, wie
Plato, das Beispiel vom menschlichen Künstler, der von dem, was er
gestalten will, zuvor die Idee als Kunstform in sich trägt; und er thut
dieß, um auf Grund der Analogie des menschlichen Geistes darzuthun,
daß auch dem göttlichen Schaffen nothwendig eine Schöpfungsidee in der
göttlichen Intelligenz vorangehe[2]. Aber er betont auch wieder auf's
Nachdrücklichste den wesentlichen Unterschied zwischen den Ideen des
menschlichen Künstlers und den Ideen Gottes. Erstere, sagt er, sind
bloße Formen, welche äußerlich irgendwelchen Stoffen aufgeprägt werden; Gottes Ideen aber sind in sich wirksame Ursachen, als die Gedanken des absoluten Lebens schöpferische Lebensgedanken, die lebendigen
Principien des veränderlichen Seins selber[3]. Dieser grundwesentliche

---

quidquam positum intuebatur, ut secundum id constitueret, quod constituebat;
nam hoc opinari sacrilegium est. Quodsi hac rerum omnium creandarum
creaturumve rationes in divina mente continentur neque in divina mente
quidquam nisi aeternum atque incommutabile potest esse, atque has rerum
rationes principales appellavit ideas Plato: non solum sunt ideae, sed ipsae
verae sunt, quia aeternae sunt, et ejusmodi atque incommutabiles manent,
quarum participatione fit ut sit, quidquid est, quoquomodo est.

[1] De Genes. ad lit. V, 15: His atque hujusmodi testimoniis probatur,
quod haec omnia, priusquam fierent, erant in notitia facientis. Et utique ibi
meliora, ubi veriora, ubi aeterna atque incommutabilia.

[2] Tract. in evang. Joann. c. 17: Faber facit arcam; primo in arte habet
arcam. Si enim in arte arcam non haberet, non esset, unde fabricando illam
proferret; sed arca sic est in arte, ut non ipsa arca sit, quae videtur. oculis.
In arte invisibiliter est, in opere visibiliter erit. Sic ergo sapientia Dei, per
quam facta sunt omnia, secundum artem continet omnia, antequam fabricet omnia.

[3] De civit. Dei XII, 25: Cum enim alia sit species, quae adhibetur extrinsecus cuicunque materiae corporali, sicut operantur homines figuli et fabri
atque id genus opifices, qui etiam pingunt et effingunt formas similes corporibus animalium, alia vero, quae intrinsecus efficientes causas habet de secreto
et occulto naturae viventis atque intelligentis arbitrio, quae non solum natura-
les corporum species, verum etiam ipsas animantium animas, dum non sint,
facit. Supradicta illa species artificibus quibusque tribuitur, haec autem
altera nonnisi uni artifici creatori et conditori Deo.

Unterschied beider veranlaßte ihn auch, daß griechische ιδέαι im Lateinischen nicht als bloße formae oder species wiederzugeben, sondern als rationes alles Seins in der göttlichen Intelligenz und als causae oder origines aller Dinge im göttlichen Schöpferwillen [1]. Wenn es endlich bei Plato zweifelhaft erscheinen mag, ob er auch für die einzelnen Dinge einzelne Ideen angenommen habe, so ist dieß bei Augustinus außer Zweifel. Da er lehrt, daß jegliches Sein vor seiner zeitlichen Erscheinung schon in der göttlichen Intelligenz gedacht ist, so ist es nach ihm auch schon in seinem Unterschied von Anderem im Voraus gedacht und existirt sonach selbst in seiner Einzelheit als Idee in Gott. Die Ideen sind nicht bloß die allgemeinen Urformen der Dinge, sondern sie beziehen sich auch auf das Einzelne; für jedes einzelne Ding existirt in Gott ein eigener, ewiger Vernunftgrund, eine eigenthümliche Idee, da sein Wissen Alles umfaßt [2]. Da sein Wissen mit seinem Wesen identisch und dieses absolut einfach ist, so könnte man freilich die Frage erheben, wie man sich eine göttliche Weltidee denken soll, in welcher das Einzelne gewußt wird, ohne daß die göttliche Einfachheit gestört wird. Darauf erwidert Augustinus, das göttliche Wissen sei eben simpliciter multiplex, d. h. Gott sieht den Weltplan mit Einem ewigen Blick, der Alles zusammen sieht und Alles in Einheit [3].

Dieß wäre nun die Lehre des Augustinus über die göttlichen Ideen. Man kann nicht bestreiten, daß sie sich vollkommen auf dem rein theistischen Standpunkt bewegt und durch die bestimmte Unterscheidung zwischen dem Wesen Gottes und dem Wesen der Welt, zwischen Gott als der absoluten Causalität und den von ihm geschaffenen Dingen allen Pantheismus ausschließt. Veranlaßt durch seinen Kampf gegen die Manichäer, hat gerade Augustinus den Pantheismus der alten Philosophie so ausführlich, mit solcher Kraft und vernichtender dialektischer Schärfe im Princip bekämpft, wie keiner vor ihm. Andererseits aber sah er sich, vorzugsweise durch den Pelagianismus, veranlaßt, ebenso entschieden dem

---

[1] Conf. I, 6: Apud te rerum omnium instabilium stant causae et rerum omnium mutabilium immutabiles manent origines et omnium irrationabilium et temporalium sempiternae vivunt rationes.

[2] De civit. Dei XI, 10; XII, 26.

[3] Ibid. XII, 18: Cujus sapientia simpliciter multiplex et uniformiter multiformis tam incomprehensibili comprehensione omnia incomprehensibilia comprehendit ut, quaecunque nova et dissimilia consequentia praecedentibus si semper facere vellet, inordinata et improvisa habere non posset.

Deismus entgegenzutreten, der dem endlichen Sein, insbesondere dem
endlichen Geiste eine zu große Selbständigkeit und Unabhängigkeit zu-
schreibt, und so das wahre Verhältniß, in welchem das relative Sein
zum absoluten steht, wissenschaftlich festzustellen. Er begreift das endliche
Sein aus der göttlichen Idee als seinem lebendigen und wirksamen
Grunde in Gott, ohne es mit dem göttlichen Sein zu confundiren.
Daher lehrt er wohl die Immanenz Gottes in der Welt. „Ich wäre
nicht, mein Gott, sagt er, ich wäre durchaus nicht, wärest du nicht in
mir. Oder muß ich nicht vielmehr sagen: ich wäre nicht, wäre ich nicht
in dir, aus dem, durch den und in dem Alles ist."[1] „Ich sah, daß
Alles dir sein Sein verdankt und daß Alles in dir begrenzt ist, aber
nicht wie im Raume, sondern weil du Alles in deiner Hand, in deiner
Wahrheit hältst."[2] Entschieden aber bekämpft er die pantheistische Ansicht, welche Gott zur Weltseele macht[3]. Die Welt erweist sich ihm
dadurch schon als erschaffen, daß sie veränderlich ist; denn das Un-
geschaffene, das seinen Daseinsgrund in sich selbst hat, ist unveränderlich;
wäre also die Welt wesensgleich mit Gott, so müßte sie ein unveränderliches Wesen haben[4]. Die Welt, sagt er, könnte ohne diese Immanenz
Gottes in ihr nicht bestehen[5], aber sie ist nicht aus dem Wesen Gottes,
sondern von Gott aus Nichts erschaffen, so daß Gott zwar nothwendig
alles wahre Sein umfaßt, aber doch in solcher Weise, daß er Nichts von
allen Dingen der Welt ist, sondern diese ein relativ eigenes Sein haben,
und daß er zwar Alles in den Dingen wirkt, aber so wirkt, daß diese
doch ihre eigenen Thätigkeiten haben[6]. Augustinus will das relative
Sein nicht vom absoluten abtrennen und lehrt deßhalb die Immanenz
der Weltidee, des mundus intelligibilis, im göttlichen Logos, so daß

---

[1] Conf. I, 2	[2] Ibid. VII, 15.	[3] De civit. Dei IV, 12—13.
[4] De civit. Dei XI, 4; conf. XII, 6—7.
[5] De immort. anim. c. 8: Haec autem vis et natura incorporea effectrix
corporis universi praesente potentia tenet universum. Non enim fecit atque
discessit effectumque deseruit. — Illa effectoria vis vacare non potest, quin
id, quod ab eo factum est, tueatur et specie carere non sinat, qua est, in
quantumcunque est. Quod enim per se non est, si deseratur ab eo, per quod
est, profecto non erit.
[6] De civit. Dei VII, 30: Haec autem facit atque agit unus verus Deus,
sed sicut Deus, id est ubique totus: nullis inclusus locis, ex nulla parte mutabilis, implens coelum et terram praesente potentia, non indigente natura.
Sic itaque administrat omnia, quae creavit, ut etiam ipsa proprios exercere
et agere motus sinat. Quamvis enim nihil esse possint sine ipso, non sunt,
quod ipse.

nach ihm Gott nicht, wie ein irdischer Werkmeister, ein äußerliches Ma=
terial nothwendig hat, sondern daß er das, was er schafft, aus der
eigenen Lebensfülle schöpft, daß die göttlichen Ideen nicht bloße Typen
sind, nach denen das endliche Sein gestaltet werden soll, sondern zugleich
die lebendigen Gründe und Keime, welche sich in der Welt expliciren.
Aber die pantheistische Auffassung dieser Lehre weist er dadurch ab, daß
er wiederum zwischen der Immanenz der Weltidee in Gott und der Im=
manenz der eigenen göttlichen Wesenheit in Gott wohl unterscheidet [1], daß
er betont, die Welt sei von Gott durch den Logos aus Nichts ge=
schaffen, und insofern die Ideen als formale Principien faßt, nach
denen ein von Gott aus Nichts geschaffener Stoff gestaltet werden soll.
Gott — das ist seine Lehre — zeugte aus sich den Logos, sein wesens=
gleiches Ebenbild, und schuf durch den Logos die Welt als ein A b=
bild der intelligibeln Wesenheit des göttlichen Logos, so daß die
Weltidee, der mundus intelligibilis, dem Logos immanent ist und in
der wirklichen Welt als in einem geschaffenen Abbild verwirklicht wurde.
Im mundus intelligibilis haben wir uns die Vielheit der Weltdinge in
ihrer absoluten Einheit zu denken; in jener Vielheit hat sich diese Einheit
in abbildlicher Weise explicirt [2]. Dieß ist der Augustinische Gedanke,
den später vorzugsweise Nikolaus von Cusa aufgegriffen und verwerthet hat,
weßhalb diesem, wie wir an einem anderen Orte dargethan haben, ebenso
wenig Pantheismus vorgeworfen werden kann als dem Augustinus.

---

[1] De Genes. ad lit. II. 6.

[2] De trinit. XI, 5: Quid enim non pro suo genere ac pro suo modulo
habet similitudinem Dei, quandoquidem Deus fecit omnia bona valde, non ob
aliud, nisi quia ipse summe bonus est? In quantum ergo bonum est, quidquid est, in tantum scilicet quamvis longe distantem, habet tamen nonnullam
similitudinem summi boni. Ibid. VII, 3: Ex quo fit, ut de nihilo creaverit omnia, de se autem non creaverit, sed genuerit, quod sibi par esset,
quam filium Dei nominamus, quem, cum planius enuntiare conamur, Dei vir-
tutem et Dei sapientiam nominamus, per quam fecit omnia, quae de nihilo
facta sunt. — Cujus (des göttlichen Logos) exemplo et nos non discedamus a
Deo, quia et nos imago Dei sumus. Non quidem aequalis, facta quippe a
patre per filium, non nata de patre sicut illa. Et nos, quia illuminamur
lumine, illa vero, quia lumen illuminans. Ibid. VI, 10: Hic in rebus corporeis non tantum est res una, quantum tres simul et plus aliquid sunt duae
quam una res. Ceterum in illa summa trinitate tantum est una quam tres
simul nec plus aliquid sunt duae quam una. — Ita et singula cuncta sunt in
singulis et omnia in singulis et singula in omnibus et omnia in omnibus et
unum omnia. Qui videt hoc vel ex parte vel per speculum et in aenigmate,
gaudeat cognoscens Deum.

§ 22.

Die Ideen und das endliche Sein.

In welchem Verhältniß stehen nun dem Gesagten zufolge die Ideen zum wirklichen Sein der Dinge?

Die Ideen sind die ewigen formae principales der Dinge, in ihnen liegen daher von Ewigkeit her die Formprincipien der Welt und darum sagt Augustinus, daß die Welt vor ihrer Schöpfung war und nicht war; sie war als göttlicher Gedanke, da man nicht annehmen kann, daß Gott etwas schuf, das er nicht kannte, aber sie war nicht, wie sie jetzt ihrer Natur nach ist [1]. Es ist eben die Weltidee, die als göttlicher Gedanke allerdings mit dem Wesen Gottes identisch ist, als schöpferischer Gedanke zu fassen und in diesem Sinne als Formprincip der Welt, als Form alles Geformten, als die ewige, unwandelbare Form, durch welche die Dinge geformt und geworden sind [2]. Insofern ist allerdings nicht etwas Anderes die Idee und etwas Anderes das creatürliche Sein; die Dinge sind die ewigen Gedanken Gottes, sind aber dadurch geworden, daß sich in ihnen jene schöpferischen Gedanken als Formprincipien, mit einer bestimmungsgemäßen Energie und plastischen Kraft und als ewiges Gesetz ihres Seins in der Form des veränderlichen, zeitlichen Daseins zur bestimmten Entwickelung offenbaren und darleben [3], daß sie sich offenbaren als die Gründe und Keime, von und nach welchen in ursprünglicher Gesetzmäßigkeit das endliche Sein gestaltet ist [4]. Weil aber andrer=

---

[1] De Genes. ad lit. V. 18: Haec igitur antequam fierent, utique non erant. Quomodo ergo Deo nota erant, quae non erant? Et rursus quomodo ea faceret, quae sibi nota non erant? Non enim quidquam fecit ignorans. Nota ergo fecit, non facta cognovit. Proinde antequam fierent, et erant et non erant; erant in Dei scientia, non erant in sua natura.

[2] Ibid. V, 15: Priusquam fierent, apud illum erant eo modo nota, quo sempiterne atque incommutabiliter vivunt et vita sunt: facta autem eo modo, quo unaquaeque natura in genere suo est. De lib. arb. II, 17: Conficitur itaque, ut et corpus et animus forma quadam immutabili et semper manente formentur. Si enim omnia, quae sunt, forma penitus subtracta nulla erunt, forma ipsa incommutabilis, per quam mutabilia cuncta subsistunt, ut formarum suarum numeris impleantur et agantur, ipsa est eorum providentia; non enim ista essent, si illa non esset.

[3] De Genes. ad lit. IV, 33: Deus condidit omnia, quae per illum sunt condita, ut hoc, quod nunc temporalibus intervallis ea videri videmus ad peragenda, quae suo cuique generi competunt, ex illis insitis rationibus veniat, quas tamquam seminaliter sparsit Deus in ictu condendi.

[4] De trinit. III, 8: Invisibilium enim seminum creator ipse creator est

seits die schöpferischen Gedanken Gottes mit dem Wesen Gottes identisch sind, so sind die endlichen Dinge zwar nicht gleichwesentlich mit diesen Gedanken, aber doch eine Offenbarung, ein Abbild des göttlichen Wesens, des ewigen Formprincips, so daß sich, wie wir bereits in der Erkenntnißlehre gesehen haben, in den Formen der Dinge das göttliche Wesen, je nach der Stufe des endlichen Seins in mehr oder weniger vollkommener Weise, kundgibt. Da dasselbe eine intelligible Wesenheit ist, so muß es sich um so vollkommener in der Form eines Dinges kundgeben, je mehr dieses Intelligibles an sich hat, also am vollkommensten im intelligibeln Menschengeist. Es muß sich kundgeben in seinen Eigenschaften, in seiner Einheit, seiner Wahrheit, seiner Schönheit, seiner Güte, je nach der Stufe des endlichen Seins in mehr oder weniger vollkommener Weise, so daß Augustinus z. B. sagt, das geistige Sein sei wahrer als das körperliche. Dieß ist der metaphysische Grund davon, daß wir die intelligible Wesenheit Gottes aus der sichtbaren Welt, noch weit vollkommener aber aus dem intelligibeln Inneren des Menschen zu erkennen vermögen. Gott ist die unwandelbare Form aller wandelbaren Formen, von ihm, in ihm und durch ihn ist alles formbare Veränderliche, er ist die Einheit, durch welche jedes Ding eins ist, die Wahrheit, durch welche alle Dinge wahr sind, die Schönheit, durch welche die Dinge schön sind, das Gute, durch welches die Dinge gut sind; dadurch, daß er die Dinge formte, sind sie eins, wahr, schön und gut [1] und so ein Abbild seiner Wesenheit, dieser ähnlich [2], eine Nach-

---

omnium rerum: quoniam quaecunque nascendo ad oculos nostros exeunt, ex occultis seminibus accipiunt progrediendi primordia et incrementa debitae magnitudinis distinctionesque formarum ab originalibus tamquam regulis sumunt.

[1] De vera relig. c. 18: Quod nondum formatum est, tamen aliquo modo, ut formari possit, inchoatum est, Dei beneficio formabile est: bonum est enim esse formatum. Nonnullum ergo bonum est et capacitas formae: et ideo bonorum omnium auctor, qui praestitit formam, ipse fecit etiam posse formari. Ita omne, quod est, in quantum est, et omne, quod nondum est, in quantum esse potest, ex Deo habet. Quod alio modo sic dicitur: Omne formatum, in quantum formatum est, et omne, quod nondum formatum est, in quantum formari potest, ex Deo habet.

[2] Ibid. c. 43: Itaque etiam filius recte dicitur ex ipso, cetera per ipsum. Processit enim forma, omnium summae implens unum, de quo est, ut cetera, quae sunt, in quantum sunt, uni similia per eam formam fierent. Conf. XIII, 2: Nisi per idem verbum converteretur ad idem, a quo facta est, atque ab eo illuminata lux fieret, quamvis non aequaliter, tamen conformis formae aequali tibi.

a h m u n g berſelben [1]. Von der intelligibeln Weſenheit Gottes hat jedes Ding ſeine Form, ſein Maß und ſeine Schönheit und ſeinen Frieden mit ſich, worin wir das Gute desſelben anzuerkennen haben [2]. Selbſt die Materie, welche die unterſte Stufe des creatürlichen Daſeins bildet und von vielen ſogar für den Grund alles Uebels gehalten wurde, iſt, weil ſie der Form wenigſtens fähig iſt, als etwas Gutes anzuſehen [3]. Wenn daher die körperliche Natur z. B. nicht die volle Genauigkeit und Schön= heit der geometriſchen Form erreicht, ſo liegt doch in der Aehnlichkeit mit dieſer, in der Nachahmung derſelben, ſollte es auch nur eine ſchwache Nachahmung ſein, ihre Güte. Darum iſt es ein großer Irrthum, wenn Origenes meint, die körperliche Natur ſei nur wegen der Sünde und nach dem Falle der vernünftigen Geiſter geſchaffen worden; ſie gehört vielmehr zur Schönheit der Welt und hat zum Guten zu dienen. Ebenſo

---

[1] De Music. VI, 11: Quae vero superiora sunt, nisi illa, in quibus summa, inconcussa, incommutabilis et aeterna manet aequalitas? Ubi nullum est tempus, quia nulla mutabilitas est, et unde tempora fabricantur et ordinantur et modificantur aeternitatem imitantia, dum coeli conversio ad idem redit et coelestia corpora ad idem revocat diebusque et mensibus et annis et lustris ceterisque siderum ordinibus legibusque aequalitatis et unitatis et ordinationis obtemperat. Ita coelestibus terrena subjecta orbes temporum suorum numerosa successione quasi carmini universitatis consociant.

[2] De Genes. ad lit. IV, 2: Secundum id, quod novimus mensuram in eis, quae metimur, et numerum in eis, quae numeramus, et pondus in eis, quae appendimus, non est Deus ista: secundum id vero, quod mensura omni rei modum praefigit et numerus omni rei speciem praebet et pondus omnem rem ad quietem ac stabilitatem trahit, ille primitus et veraciter et singulariter iste est, qui terminat omnia et format omnia et ordinat omnia, nihilque aliud dictum intelligitur: Omnia in mensura et numero et pondere disposuisti, nisi omnia in te disposuisti. Magnum est paucisque concessum, excedere omnia, quae metiri possunt, ut videatur mensura sine mensura, excedere omnia, quae numerari possunt, ut videatur numerus sine numero, excedere omnia, quae appendi possunt, ut videatur pondus sine pondere.

[3] De civit. Dei XII, 5; conf. XII, 22: Sicut dicimus, amplius bonum esse, quod creatum atque formatum est, ita fatemur, minus bonum esse, quod factum est creabile atque formabile, sed tamen bonum. — De nat. bon. c. 18: Hylen dico quandam penitus informem et sine qualitate materiam, unde istae, quas sentimus qualitates, formantur. — Nec ista ergo hyle malum dicenda est, quae non per aliquam speciem sentiri, sed per omnimodam speciei privationem cogitari vix potest. Habet enim et ipsa capacitatem formarum. Porro si bonum aliquid est forma, procul dubio bonum aliquod est etiam capacitas formae. — Contr. advers. leg. et prophet. c. 8: Ergo et ipsam (materiem) Deus fecit. Nec mala est putanda, quia informis, sed bona est intelligenda, quia formabilis, id est, formationis capax. Omnium si boni aliquid est forma, nonnihil est boni, esse capacem boni.

thöricht ist die Ansicht des Porphyrius, welcher behauptet, die Seele sei mit der körperlichen Natur verbunden worden, damit sie die Uebel der Materie kennen lerne und dadurch belehrt, sich zum Guten zurückwende; vielmehr ist der Körper der Seele gegeben, um Gutes zu thun[1].

Von den irdischen Dingen bis zu den himmlischen und von den sichtbaren bis zu den unsichtbaren sind nur die einen Dinge besser als die anderen und die Dinge sind nur deßhalb ungleich, um alles zu sein. Gott konnten sie freilich nicht gleich werden, gerade weil sie werden und daher der Veränderung unterworfen sein mußten, aber alles in der Welt ist nach den ewigen Ideen der Schönheit und Güte geordnet, ·also Gott ähnlich nach verschiedenen Graden der Aehnlichkeit. Und zwar ist Gott derart ein großer Künstler im Großen, daß er nicht kleiner ist im Kleinen, das nicht nach seiner Größe, sondern nach der Weisheit des Künstlers gemessen werden muß. Wie fast gar nichts würde z. B. an der Gestalt des sichtbaren Menschen hinweggenommen, wenn eine Augenbraue weggrasirt würde, und doch, wie viel an Schönheit? Denn diese besteht nicht in der Masse, sondern in der Gleichheit und im Ebenmaß der Glieder[2]. Die Welt ist also in allen ihren Theilen schön und gut und, wie Augustinus noch hervorhebt, in der Gesammtheit ihrer Theile s e h r schön und gut; die Schönheit und Güte des Ganzen übertrifft noch die der einzelnen Theile[3]. In der Gesammtheit ihrer Theile ist sie ferner nicht bloß sehr schön und gut, sondern auch vollständig, eine u n i v e r - s i t a s[4], dabei aber ein so e i n h e i t l i c h e s Ganze, daß sie ein Abbild der Einheit des göttlichen Wesens darstellt. Die Weltidee, sofern sie mit dem Wesen des göttlichen Logos identisch ist, haben wir, gemäß der absoluten Einfachheit des göttlichen Wesens, als eine schlechthinige Einheit zu denken. Die Welt aber ist nicht einfach wie das Ewige, sondern

---

[1] De civit. Dei X, 30; XI, 23.   [2] Ibid. XI, 22.

[3] Enchirid. c. 10: Bona etiam singula. Simul vero universa valde bona, quia ex omnibus consistit universitatis admirabilis pulchritudo. — Conf. XIII, 28: Vidisti omnia, quae fecisti, et ecce non solum bona, sed etiam valde bona tanquam simul omnia. Nam singula tantum bona erant, simul autem omnia et bona et valde. Hoc modo dicuntur quaeque pulchra corpora, quia longe multo pulchrius est corpus, quod ex membris pulchris omnibus constat quam ipsa membra singula, quorum ordinatissimo conventu completur universum, quamvis et illa etiam singulatim pulchra sint.

[4] De div. qu. 83 qu. 41: Non essent omnia, si essent aequalia; non enim essent multa rerum genera, quibus conficitur universitas, primas et secundas et deinceps usque ad ultimas ordinatas habens creaturas, et hoc est, quod dicitur omnia.

mannigfach, jedoch als Abbild des Ewigen, einheitlich; sie ist ihrer Idee nach ein einheitliches Ganze; aber diese Idee stellt sich in der äußeren Wirklichkeit als eine Vielheit und Verschiedenheit veränderlicher Wesen dar, die jedoch trotz aller Vielheit und Verschiedenheit eine harmonische Einheit bilden. Viele Welten anzunehmen, ist ein leeres Spiel der Ein= bildungskraft[1]. Gerade durch die harmonische Einheit der Welt wird ihre Schönheit und Güte noch erhöht; wie sie in allen ihren Theilen schön und gut, in der Gesammtheit ihrer Theile aber sehr schön und gut ist, so ist sie auch in ihren vielen einzelnen Theilen schön und gut, in ihrer harmonischen Einheit aber sehr schön und gut und heißt als dieses einheitliche und vollständige Ganze Universum[2].

Als Universum, als ein einheitliches und vollständiges Ganze, müssen wir die Welt uns denken, mögen wir sie nun als Abbild der einfachen göttlichen Wesenheit oder als die in die äußerliche Wirklichkeit gesetzte Weltidee auffassen. Denn letztere ist ja der ewige Gedanke Gottes. Nun ist aber alles vernünftige Denken nicht bloß ein Unterscheiden, sondern auch ein Verbinden, ein Einheitsdenken[3]; umsomehr gilt dieß vom göttlichen Denken, das mit dem Wesen Gottes identisch ist. Daher ist die göttliche Idee als formendes Princip nicht nur ein die endlichen Dinge unterscheidendes, sondern auch ein Einheits=, d. h. eine Einheit bildendes Princip und das Formen soviel als Einheitgeben[4]. Das Sein ist deßhalb identisch mit Einssein[5]. In Folge dessen strebt jedes Ding

---

[1] De civit. Dei XI, 5.

[2] De Genes. contr. Manich. I, 21: Si enim singula opera Dei, cum considerantur a prudentibus, inveniuntur habere laudabiles mensuras et numeros et ordines in suo quaeque genere constituta, quanto magis omnia simul, id est, ipsa universitas, quae istis singulis in unum collatis impletur. — Tanta est vis et potentia integritatis et unitatis, ut, quae bona sunt, tunc multum etiam placeant, cum in universum aliquid conveniunt atque concurrunt. Universum autem ab unitate nomen accepit.

[3] Conf. X, 11. Verumtamen sibi animus hoc verbum (cogitare) proprie vindicavit, ut non quod alibi, sed quod in animo colligitur, id est, cogitur, cogitare proprie jam dicatur.

[4] De Genes. contr. Manich. I, 12: Omnis forma ad unitatis regulam cogitur. — De Genes. ad lit. lib. imp. c. 10: Vis ipsa formae commendatur nomine unitatis. Hoc est enim formari, in unum aliquid redigi, quoniam summe unum (Deus) est omnis formae principium.

[5] De ordine II, 18: Quid discernendum est, nisi quod aut unum putatur et non est, aut certe non tam unum est, quam putatur? Item cur quid connectendum est, nisi quod aut unum putatur et non est, aut certe non tam unum est, quam putatur? Ergo et in discernendo et in connectendo unum volo,

schon vermöge seiner Natur nach Einheit[1]. Und was von den einzelnen
Dingen gilt, gilt auch von der Welt im Ganzen, deren Ordnung eben
darin besteht, daß jedes einzelne Ding für sich eine Einheit, von jedem
anderen durch seine eigenthümliche Form verschieden, aber mit der Ord=
nung des Ganzen seinem Wesen nach verbunden ist[2].

Die göttliche Weltidee, durch welche das All der Dinge in seiner
Schönheit und Güte geworden ist, erhält und leitet auch die Welt.
Sie ist vermöge des göttlichen Schöpferwillens das Gesetz, durch das
die natürliche Ordnung der Dinge gewahrt und vor Störung geschützt
wird, die waltende Vorsehung für alle im Wechsel und in der Ver=
änderung sich darlebenden Dinge[3]. Aus demselben Grunde, weil die
göttlichen Ideen die ewigen Gründe aller Dinge in Gott sind, kann auch
kein gewordenes Sein in das Nichts zurückkehren; es ist gezwungen, zu
sein, und wenn es sich auch noch so sehr vermindert, so muß doch etwas
von ihm bestehen bleiben, da es durch die ewige, unveränderliche Form
geworden ist[4]. Jedes Ding hat in Gott seine Stabilität, seine Ruhe[5].

unum amo, sed cum discerno purgatum, cum connecto integrum volo. — De
mor. Manich. II, 6: Nihil est autem esse quam unum esse. Itaque in quantum quodque unitatem adipiscitur, in tantum est. Unitatis est enim operatio
convenientia et concordia, qua sunt, in quantum sunt ea, quae composita sunt:
nam simplicia per se sunt, quia una sunt; quae autem non sunt simplicia,
concordia partium imitantur unitatem et in tantum sunt, in quantum asse-
quuntur.

[1] De mus. VI, 17: Quam ob rem quisquis fatetur, nullam esse naturam,
quae non, ut sit, quidquid est, appetat unitatem.

[2] De ver. relig. c. 7: Omnis enim res vel substantia vel essentia vel
natura vel si quo alio verbo melius enuntiatur, simul haec tria habet, ut et
unum aliquid sit et specie propria discernatur a ceteris et rerum ordinem
non excedat.

[3] De lib. arb. II, 17: Hinc etiam comprehenditur, omnia providentia
gubernari. Si enim omnia, quae sunt, forma penitus subtracta nulla erunt,
forma ipsa incommutabilis, per quam mutabilia cuncta subsistunt, ut formarum suarum numeris impleantur et agantur, ipsa est eorum providentia. —
De Genes. ad lit. IV, 12: Creatoris namque potentia et omnipotentis atque
omnitenentis virtus, causa subsistendi est omni creaturae: quae virtus ab eis,
quae creata sunt, regendis, si aliquando cessaret, simul et illorum cessaret
species omnisque natura concideret.

[4] De mor. Manich. II, 7: Nihil per divinam providentiam ad id, ut non
sit, pervenire permittitur. — Enchirid. I, 12: Quamvis quantumcunque minua-
tur, remaneat aliquid necesse est, si adhuc natura est, unde natura sit. —
Enarr. in Ps. 7: Omnis natura, in quantum natura est, esse cogitur.

[5] De Genes. ad lit. II, 18: Rei cujusque perfectio non tam in universo,
cujus pars est, quam in eo, a quo est, in quo et ipsum universum est, pro

Daher geht auch bei einem Abfall von der Idee, den vernünftig-freie Geschöpfe sich beigehen laffen können, nicht alle Form verloren, so daß das Sein vernichtet würde, fondern durch die Idee ist das Sein immer noch in irgend einer Weise, so daß immer nur ein graduteller, aber nie= mals ein vollständiger Rückfall aus dem Sein in das Nichtsein erfolgen kann [1].

Da die Weltdinge geschaffen sind, so haben wir die göttlichen Ideen allerdings als die principalen Formen derselben anzusehen, aber es besteht in Bezug auf die Existenzweise zwischen der Idee und dem endlichen Sein ein Unterschied. Anders, fagt Augustinus, sind die Ideen, wie sie rein an sich von Ewigkeit her im göttlichen Logos sind, nämlich nicht geschaffen, fondern ewig und in absoluter Einheit; anders in der primären elementarischen Substanz der creatürlichen Welt, nämlich ge= schaffen und werdend, anders in den wirklichen Dingen, wie sie in Folge der Scheidung und Gestaltung des zumal Geschaffenen in ihrer zeit= lichen Entwickelung geworden sind, und wieder anders in dem Samen, in welchem sie die neuen Principien des aus dem gewordenen Sein zu neuen Einzeldingen sich erneuernden Seins sind [2]. Die Idee ist das in

---

sui generis modulo stabilitur, ut quiescat, id est, ut sui momenti ordinem teneat. — Et ideo dum ipse manet in se, quidquid ex illo est, retorquet ad se, ut omnis creatura in se habeat naturae suae terminum, quo non sit, quod ipse est, in illo autem quietis locum, quo servet, quod ipsa est.

[1] De lib. arb. II, 17: Quid enim majus in creaturis quam vita intelligens, aut quid minus potest esse quam corpus? Quae quantumlibet deficiant et eo tendant, ut non sint, tamen aliquid formae illis remanet, ut quoquo modo sint. Quidquid autem formae cuipiam rei deficienti remanet, ex illa forma est, quae nescit deficere motusque ipsos rerum deficientium excedere numerorum suorum legem non sinit. — De Genes. ad lit. lib. imp. c. 12: Quae quantum attinet ad illum, a quo facta sunt, speciosa atque formosa sunt: quantum autem in ipsis est, possunt deficere, quia de nihilo facta sunt; et in quantum non de- ficiunt, non est eorum materiae, quae ex nihilo est, sed ejus, qui summe est et illa facit esse in genere et ordine suo.

[2] De Genes. ad lit. V, 12: Cum ergo aliter se habeant omnium crea- turarum rationes incommutabiles in verbo Dei, aliter illa ejus operata, a qui- bus in die septimo requievit, aliter ista, quae ex illis usque nunc operatur. Ibid. VI, 10: Sed haec aliter in verbo Dei, ubi ista non facta, sed aeterna sunt; aliter in elementis mundi, ubi omnia simul facta futura sunt; aliter in rebus, quae secundum causas simul creatas non jam simul, sed suo quaeque tempore creantur, in quibus Adam jam formatus ex limo et Dei flatu anima- tus, sicut foenum exortum, aliter in seminibus, in quibus rursus quasi pri- mordiales causae repetuntur, de rebus ductae, quae secundum causas, quas primum condidit, exstiterant, velut herba ex terra, semen ex herba.

der absoluten Vollendung seiende Sein und das creatürliche Sein die in
der zeitlichen Existenzweise sich darlebende Idee. In der Idee ist das
Sein am wahrsten und vollendetsten; in jeder anderen Existenzweise ist
es wahr und vollendet in dem Grade, als die Idee sich an ihm verwirklicht und ausgestaltet hat [1]. In Anbetracht seines Formprincips ist
es in jeder Existenzweise vollkommen und vollendet, weil beim Uebergang
in eine spätere Existenzweise nichts hinzukommt, was nicht im Formprincip (causaliter) gelegen wäre. Zieht man aber die zeitliche Entwickelung in Betracht, so kann man es auch unvollendet, weniger wahr
nennen, weil in dieser Entwickelung manches erst in die Erscheinung tritt,
sich verwirklicht und ausgestaltet, was vorher noch nicht in der Erscheinung war, sich noch nicht verwirklicht und ausgestaltet hatte, weil es
also in seiner zeitlichen Entwickelung nicht reines Sein, sondern ein
Werden, seiend und noch nichtseiend ist [2]. Erst am Ende aller zeitlichen
Entwickelung wird das creatürliche Sein zur idealen Vollendung gelangen,
wenn, wie der christliche Glaube lehrt, ein neuer Himmel und eine neue
Erde wird, neu nicht durch Untergang der Substanz, sondern durch Um-
gestaltung der Form [3].

[1] Ibid. V, 15: Haec omnia, priusquam fierent, erant in notitia facientis.
Et utique ibi meliora, ubi veriora, ubi aeterna et incommutabilia. — Ibid.
VI, 10: In quibus omnibus ea jam facta modos et actus sui temporis acceperunt, quae ex occultis atque invisibilibus rationibus, quae in creatura causaliter latent, in manifestas formas naturasque prodierunt.

[2] Ibid. VI, 11: Si enim prima illa opera Dei, cum simul omnia creavit,
in suo modo perfecta non essent, ea procul dubio post adderentur, quae illis
perficiendis defuissent, ut quaedam universitatis perfectio ex utrisque constaret
singulis quasi semis, velut alicujus totius partes essent, quarum conjunctione
ipsum totum, cujus partes fuerant, compleretur. Rursus si ita essent illa
perfecta, sicut perficiuntur, cum suis quaeque temporibus in manifestas formas
actusque procreantur, profecto aut nihil ex eis postea per tempora fieret aut
hoc fieret, quod ex istis, quae suo quaeque jam tempore oriuntur, Deus non
cessat operari. Nunc autem quia jam et consummata quodammodo et quodammodo inchoata sunt, ea ipsa, quae consequentibus evolvenda temporibus primitus Deus omnia simul creavit, cum faceret mundum, consummata quidem,
quia nihil habent illa in naturis propriis, quibus suorum temporum cursus
agunt, quod non in istis causaliter factum sit; inchoata vero, quoniam quaedam
erant quasi semina futurorum per saeculi tractum ex occulto in manifestum
locis congruis exserenda.

[3] De civit. Dei XX, 14: Peracto quidem judicio tunc desinet hoc coelum
et haec terra, quando incipiet esse coelum novum et terra nova. Mutatione
namque rerum, non omnimodo interitu transibit hic mundus. Unde et apposto-
lus ait: Praeterit enim figura hujus mundi, volo vos sine sollicitudine esse.
Figura ergo praeterit, non natura.

Die ewige Weltidee wurde in die zeitliche Wirklichkeit verſetzt durch
den göttlichen Schöpfungsakt. Dieſer aber beſteht darin, daß nicht
nur die ewigen Ideen in zeitlichen Abbildern zur Erſcheinung kamen,
ſondern daß auch für ſie als Formprincipien eine vorher nicht
daſeiende Subſtanz als Subſtrat aus dem Nichtdaſein in das Daſein
geſetzt wurde. Inſofern war er eine Schöpfung aus Nichts. Eine
ſolche lehrt Auguſtinus auf das Beſtimmteſte und Entſchiedenſte gegenüber
dem manichäiſchen Dogma von einer ewigen Materie. Gott, ſagt er,
iſt nicht wie ein menſchlicher Künſtler, der bei körperlichen Dingen bloß
äußerlich eine Form anbringen kann, ſondern er iſt es, der Dinge zu
erſchaffen weiß, wie wir denn bei allen entſtehenden und vergehenden
Dingen der Welt ſehen, daß ihre Formen nicht von außen ange=
bracht, ſondern von einer innerlichſt ſchaffenden Macht gewirkt werden [1].
Alles außer Gott iſt nur durch Gott; alſo kann er die Welt nicht aus
einem bereits vorhandenen Stoffe gebildet haben, nicht wie ein Künſtler,
der einen Körper aus dem andern bildet nach dem Ermeſſen ſeiner Seele,
die das Vermögen beſitzt, ſo gut es eben geht, einem Körper die Geſtalt
zu geben, die ſie ihm geben will, und der dieſe Geſtalt nur einem bereits
exiſtirenden Gegenſtand geben kann. Gott hatte nichts in der Hand,
woraus er Himmel und Erde gemacht hätte; denn woher ſollte er das,
was er noch nicht geſchaffen hatte, nehmen, um etwas daraus zu ſchaffen?
Es gibt ja kein Sein, als weil er iſt [2]. Das Nichts, aus dem Gott
die Welt geſchaffen, iſt das abſolute Nichts, das als ſolches nicht als
eine Subſtanz, ſondern als die negatio et absentia totius essentiae
et substantiae zu denken iſt [3]. Es iſt völlig unrichtig, wenn Dorner
die Lehre des Auguſtinus dahin deutet, als ſchreibe er alle Beſtimmtheit
der endlichen Dinge auf Rechnung der Negation und laſſe deßhalb alles
Endliche, ſoweit es endlich iſt, der Negation verfallen ſein; als lehre er,
das Sein der Welt, das Veränderliche in ihr ſtamme von der Negation,
weil das Veränderliche nur dadurch veränderlich ſei, daß es Nichtſein
habe, und ſo unterſcheide ſich die Welt von Gott dadurch, daß in ihr
die essentia vermindert ſei, daß weniger Eſſenz da ſei als bei Gott,

---

[1] De civit. Dei XII, 25.

[2] Conf. XI, 5: Nec manu tenebas aliquid, unde faceres coelum et terram.
Nam unde tibi hoc, quod tu non feceras, unde aliquid faceres? Quid enim
est, nisi quia tu es?

[3] De nat. boni c. 26: Non de his rebus, quae jam erant, sed de his,
quae omnino non erant, hoc est, de nihilo fecit.

also durch das minus esse gegenüber dem summe esse. Augustinus vertritt keine andere Lehre als die traditionell kirchliche von der Schöpfung aus Nichts. Schon der Ausdruck summe esse deutet klar darauf hin, daß, wie wir später sehen werden, Augustinus nicht einen Unterschied des Seins in quantitativer, sondern in qualitativer Hinsicht, in Beziehung auf den Grad der Vollkommenheit statuirt [1].

Zwar wurde die sichtbare Welt aus einer formlosen Materie ge=bildet, von der wir uns keine adäquate Vorstellung bilden, sondern nur sagen können, daß sie keine intelligible Seinsform ist, weil die Materie nur Körperlichem zukommt, aber auch keine sinnlich wahrnehmbare, weil das Form= und Gestaltlose nicht sinnlich wahrnehmbar ist [2]. Aber nicht diese ungestaltete Materie ist das Nichts, aus dem die Welt geschaffen wurde; sie steht wohl dem Nichts nahe, in der Mitte zwischen Gestalt und Nichts, nicht Gestalt und auch nicht Nichts, ein Fast=Nichts [3], aber an sich ist sie bereits etwas Formbares, für die Gestaltung Empfäng=liches [4]. Damit also, daß die Welt aus Nichts geschaffen worden sei, ist nicht bloß gesagt, daß sie aus einer formlosen Materie gestaltet wurde, sondern daß sie aus einer solchen formlosen Materie gestaltet wurde, die selber aus dem absoluten Nichts in's Dasein gerufen worden ist [5].

---

[1] Conf. VII, 11: Et inspexi cetera infra te et vidi nec omnino esse nec omnino non esse. Esse quidem, quoniam abs te sunt, non esse autem, quoniam id, quod es, non sunt. Id enim vere est, quod incommutabiliter manet.

[2] Conf. XII, 5.

[3] Ibid. XII, 6: Citius enim non esse censebam, quod omni forma privaretur, quam cogitabam quiddam inter formam et nihil, nec formatum nec nihil, informe prope nihil.

[4] Ibid. XII, 8: Illud autem totum prope nihil erat, quoniam adhuc informe erat; jam tamen erat quod formari poterat. Ibid. XIII, 33: De nihilo enim a te, non de te facta sunt, non de te aliqua, non de tua, vel quae antea fuerit, sed de concreata, id est, simul a te creata materia, qui ejus informitatem sine ulla temporis interpositione formasti. Nam cum aliud sit coeli et terrae materies, aliud coeli et terrae species, materiem quidem de omnino nihilo, mundi autem speciem de informi materia, simul tamen utrumque fecisti.

[5] Ibid. XII, 8: Tu enim, Domine, fecisti mundum de materia informi, quam fecisti de nulla re pene nullam rem, unde faceres magna. Ibid. c. 15: Et tamen hoc pene nihil, in quantum non omnino nihil erat, ab illo utique erat, a quo est, quidquid est, quod utcunque aliquid est. De vera rel. c. 18: Id ergo est, unde fecit Deus omnia, quod nullam speciem habet nullamque formam, quod nihil est aliud quam nihil. Nam illud, quod in comparatione perfectorum informe dicitur, si habet aliquid formae, quamvis exiguum, quamvis inchoatum, nondum est nihil, ac per hoc id quoque, in quantum est, non est nisi ex Deo. Quapropter etiamsi de aliqua informi materia factus est

Daburch, daß Gott für die ewigen. Formprincipien ein Formbares, eine formlose Materie aus dem Nichts in's Dasein rief und diese durch jene gestaltete, ist die Welt geschaffen worden. Dieses Formbare ist das mögliche Sein, das durch die Formprincipien zum wirklichen Sein der Dinge ausgestaltet wurde[1]. Die schöpferische Thätigkeit des allmäch= tigen Gottes ist sonach schlechthin verschieden von der Thätigkeit eines menschlichen Künstlers, der für seine formende Thätigkeit das Formbare, für sein Wirken den Stoff selbst nicht aus Nichts hervorbringen kann, sondern bereits als etwas Gegebenes vorfinden muß. Das Formbare ist, eben weil es ein Formbares ist, ebenso von Gott, wie die Form, durch welche die Dinge sind, was sie sind. Es wäre ein Sacrilegium, anzunehmen, Gott der Allmächtige habe etwas gebraucht, was ihn zur Schöpfung der Dinge unterstützte, ohne selber von ihm zu sein. Eine solche Annahme höbe geradezu den Begriff der Allmacht auf[2]. Man

---

mundus, haec ipsa facta est omnino de nihilo. Nam et quod nondum formatum est, tamen aliquo modo, ut formari possit, inchoatum est, Dei beneficio formabile est. Ideo bonorum omnium auctor, qui praestitit formam, ipse fecit etiam posse formari. Ita omne, quod est, in quantum est, et omne, quod nondum est, in quantum esse potest, ex Deo habet. Quod alio modo sic dicitur: Omne formatum, in quantum formatum est, et omne, quod nondum formatum est, in quantum formari potest, ex Deo habet.

[1] Conf. XII, 28: Fecisti omnia non de te similitudinem tuam formam omnium, sed de nihilo dissimilitudinem informem, quae formaretur per similitudinem tuam, recurrens in te unum pro captu ordinato, quantum cuique rerum in suo genere datum est, et fierent omnia bona valde. De fide et symb. c. 2: Inter formatum et formabile hoc interest, quod formatum jam accepit formam, formabile autem potest accipere. Sed qui praestat rebus formam, ipse praestat rebus etiam posse formari, quoniam de illo et in illo est omnium speciosissima species incommutabilis; et ideo ipse unus est, qui cuilibet non solum ut pulchra sit, sed etiam ut pulchra esse possit, attribuit. Quapropter rectissime credimus, omnia Deum fecisse de nihilo, quia etiam si de aliqua materia factus est mundus, eadem ipsa materia de nihilo facta est, ut ordinatissimo Dei munere primo capacitas formarum fieret, ac deinde formarentur, quaecunque formata sunt.

[2] De Genes. contr. Manich. I, 6: Et ideo Deus rectissime creditur omnia de nihilo fecisse, quia, etiamsi omnia formata de ista materia facta sunt, haec ipsa materia tamen de omnino nihilo facta est. Non enim debemus esse similes istis, qui omnipotentem Deum non credunt aliquid de nihilo facere potuisse. cum considerant fabros et quoslibet opifices non posse aliquid fabricare, nisi habuerint, unde fabricent. Omnipotens autem Deus nulla re adjuvandus erat, quam ipse non fecerat, ut, quod volebat, efficeret. Si enim ad eas res quas facere volebat, adjuvabat eum aliqua res, quam ipse non fecerat, non erat omnipotens, quod sacrilegium est credere. — Contr. Fort. Manich. disp. I:

muß im Gegentheil annehmen, daß ihm, dem Allmächtigen, das Schaffen aus Nichts sehr leicht war [1].

§ 23.
Die Ewigkeit des Schöpfungsaktes.

Daß die Welt aus Nichts geschaffen wurde, erhellt nach Augustinus schon daraus, daß sie dem Wechsel und der Veränderung unterworfen ist; denn das Veränderliche ist nicht ewig, also nicht aus sich selbst [2]. Nun unterliegt alles Veränderliche als solches der Kategorie der Zeit, der Schöpfungsakt aber, durch den es geworden ist, fällt als göttlicher Akt nicht in die Zeit, sondern ist ein ewiger Akt. Hieraus ergibt sich mit innerer Nothwendigkeit die weitere Folge, daß die Welt nicht in der Zeit, sondern die Zeit mit ihr erschaffen wurde, weil diese nicht in dem unwandelbaren Sein Gottes möglich, sondern nur die Form des veränderlichen Weltdaseins ist, das ohne Zeit gar nicht gedacht werden kann [3]. Es ist eine sinnlose Frage, sagt Augustinus, was denn Gott vor der Weltschöpfung gethan habe und ob nicht, wenn er vorher müßig war, durch den Akt der Weltschöpfung eine Veränderlichkeit und Zeit= lichkeit in sein Wesen kam, da ja sein Wille identisch ist mit seinem Wesen und somit ein neuer Willensakt auch eine Veränderung seines Wesens wäre [4], ob also nicht umgekehrt, weil Gottes Wesen ewig ist, auch die Welt ewig sein müsse. Der Anfang der Welt ist zugleich der Anfang der Zeit; aber der göttliche Schöpfungsakt fällt nicht selber in die Zeit, weil das zeitliche Sein ja erst das Product der schöpferischen Thätigkeit oder die Zeit als Daseinsform des Geschaffenen erst eine Folge

---

Omnipotens non est, qui quaerit adjuvari aliqua materia, unde faciat, quod velit. — Contr. advers. leg. et proph. c. 8: Absit, ut dicatur omnipotens non potuisse facere, nisi, unde faceret, inveniret.

[1] De Gen. ad lit. IV, 8: Rerum condendarum tam facultas quam facili- tas incomparabilis atque ineffabilis est apud Deum.

[2] De civit. Dei XII, 1; conf. XI, 4: Ecce sunt coelum et terra, clamant, quod facta sint. Mutantur enim atque variantur. — Clamant etiam, quod se ipsa non fecerint: ideo sumus, quia facta sumus. Non ergo eramus, ante- quam essemus, ut fieri possemus a nobis. Et vox dicentium est ipsa evi- dentia.

[3] De civit. XI, 6: Si recte discernuntur aeternitas et tempus, quod tem- pus sine aliqua mobilitate non est, in aeternitate autem nulla mutatio est, quis non videat, quod tempora non fuissent, nisi creatura fieret, quae aliquid ali- qua motione mutaret?

[4] Conf. XI, 10; de civit. Dei XI, 4.

des Schöpfungsaktes, dem Wesen des Ungeschaffenen aber, des Ewigen und Unveränderlichen gänzlich fremd ist. Sonst ginge ja Gott in der Zeit der Zeit und nicht als ewige Welturſache aller Zeit voraus [1]. Es kann ſomit nur von einem Früher oder Später der einzelnen Dinge, aber nicht von einem Früher oder Später der ganzen Welt die Rede ſein, da erſt mit der Welt die Zeit gegeben iſt. Es gab freilich keine Zeit, wo keine Creatur war, weil mit der Creatur die Zeit gegeben iſt, also war die Welt zu jeder Zeit; aber man darf die Ewigkeit Gottes, die über aller Zeit ſteht, nicht mit einer immerwährenden Zeit ver= wechſeln, Gott iſt vor der Welt, weil er die Welturſache iſt; es iſt hier ein cauſales prius gemeint, nicht ein zeitliches. Gott iſt in ewiger Weiſe zeitloſer Grund der Welt [2]. Wohl geht der zeitlichen Welt die Ewigkeit des Schöpfers voraus, der ſie ſchuf und ihr den Anfang gab, aber nicht der Zeit nach, da es noch keine Zeit gab, ſondern den Anfang ihres Beſtehens. Abſurd wäre es zu ſagen, Gott habe erſt vor etwa 6000 Jahren daran gedacht, ſich eine Weltidee zu bilden, und ebenſo abſurd zu ſagen, Gott habe ſich erſt vor etwa 6000 Jahren dazu entſchloſſen, ſeine Weltidee durch die Schöpfung zu verwirklichen. Nicht nur die Weltidee iſt ein ewiger Gedanke Gottes, ein Gedanke, ohne den Gott nie war, ſondern dieſer ewige Gedanke iſt auch vor aller Zeit durch die Schöpfung verwirklicht worden. Denn Gottes Wille iſt ewig und un= veränderlich, ſo daß er nicht jemals etwas wollte, was er vorher nicht wollte, und mit dieſem ewig gleichen Willen hat er auch die Welt= ſchöpfung von Ewigkeit her gewollt. Er hat ſie in ſeiner wandelloſen Gegenwart oder Ewigkeit geſchaffen und von dieſem Geſichtspunkt aus war die Welt immer da, iſt ſie eine ewige Schöpfung, weil in Gott nichts wird, ſondern alles immer iſt. Daher iſt wohl das Geſchaffene

---

[1] De Genes. contr. Manich. II, 6: Solus Deus incommutabilis est, qui est ante tempora. — De Genes. ad lit. V, 19: Omnis creatura non ante sae-cula, sed a saeculis. Ab ipsa enim exorta sunt saecula et ipsa a saeculis, quoniam initium ejus initium saeculorum est. — Ibid. c. 6: Non ea sic fecit Deus, quemadmodum facit nunc talia, cum pluit et cum operantur homines. Haec enim jam per moras temporum fiunt, quae tunc non erant, cum fecit omnia simul, unde etiam tempora inciperent.

[2] De Genes. contr. Manich. I, 2: Dicunt: si in principio aliquo temporis fecit Deus coelum et terram, quid agebat, antequam faceret coelum et terram? Et quid ei subito placuit facere, quod nunquam antea fecerat per tempora aeterna? — De civit. Dei XII, 15: Ille semper fuit aeternitate immutabili, isti autem facti sunt, sed ideo semper fuisse dicuntur, quia omni tempore fuerunt, sine quibus tempora nullo modo esse potuerunt.

nicht anfangslos und ewig, sondern zeitlich begrenzt, aber der Akt der Weltschöpfung ist vor und über aller Zeit [1]. Der Moment des schöpferischen Wirkens fällt also nicht als eine Zeit in Gott, sondern außer Gott in die Creatur. Wer vermöchte es, sagt Augustinus, diese unergründliche und unerforschliche Tiefe der Gottheit zu ergründen und zu erforschen, wie Gott nach ewigem Rathschluß Zeitliches erschuf? Allein denen, die sich dabei nicht beruhigen wollen, ist zu erwidern, daß man eben Gott nicht mit dem Maß des Endlichen messen und die Thätigkeit Gottes nicht nach der menschlichen Thätigkeit beurtheilen darf. „Denn darin irren diese, daß sie den ganz und gar unwandelbaren, jede Unendlichkeit erfassenden und all die unzähligen Dinge ohne Wechsel des Gedankens zählenden göttlichen Geist nach ihrem menschlichen, wandelbaren und beschränkten Geiste messen. Und es geschieht ihnen, was der Apostel sagt: sich selber mit sich selber vergleichend, haben sie keine Einsicht. Denn weil sie, was immer ihnen Neues zu thun in den Sinn kommt, zufolge eines neuen Entschlusses thun, da sie einen wandelbaren Sinn haben, so vergleichen sie in der That, indem sie nicht Gott, den sie nicht denken können, sondern statt seiner sich selbst denken, nicht ihn, sondern sich selber und nicht mit ihm, sondern mit sich selber. Uns aber ist es nicht gestattet, zu glauben, daß Gott anders afficirt sei, wenn er ruht, anders, wenn er wirkt, weil man von ihm gar nicht sagen darf, daß er afficirt werde, als ob in seiner Natur etwas würde, was vorher nicht gewesen. Denn wer afficirt wird, erleidet etwas, und alles, was etwas erleidet, ist wandelbar. Man darf also bei seiner Ruhe nicht an Trägheit, Müßiggang oder Schlaffheit denken, wie auch bei seinem Wirken nicht an Arbeit, Anstrengung. Er weiß ruhend zu

---

[1] Conf. XII, 15: Num dicetis falsa esse, quae mihi veritas dicit de vera aeternitate creatoris, quod nequaquam ejus substantia per tempora varietur nec ejus voluntas extra ejus substantiam sit? Unde non eum modo velle hoc, modo velle illud, sed semel et simul et semper velle omnia, quae vult, non iterum et iterum, neque nunc ista nunc illa, nec velle postea, quae nolebat, aut nolle, quae prius volebat: quia talis voluntas mutabilis est, et omne mutabile aeternum non est; Deus autem noster aeternus est. Item quod mihi dicitur in aurem interiorem, exspectatio rerum venturarum fit contuitus, cum venerint; idemque contuitus fit memoria, cum praeterierint; omnis porro inintentio, quae ita variatur, mutabilis est et omne mutabile aeternum non est; Deus autem noster aeternus est. Haec colligo atque conjungo et invenio, Deum meum, Deum aeternum, non aliqua tali nova voluntate condidisse creaturam nec scientiam ejus transitorium aliquid pati. — De civit. Dei XII, 14: Non novo et repentino, sed immutabili aeternoque consilio.

handeln und handelnd zu ruhen. Er kann bei einem neuen Werke nicht einen neuen, sondern nur einen ewigen Rathschluß ausführen, und er fängt nicht an zu schaffen, was er nicht geschaffen hatte, weil es ihn etwa reut, daß er sich früher des Schaffens enthalten. Aber auch wenn er früher des Schaffens sich enthielt und nachher wirkte — wie davon aber ein Mensch sich einen Begriff machen kann, weiß ich nicht —, so war ohne Zweifel das, was früher oder später genannt wird, in den Dingen, welche früher nicht existirten und später existirten. In ihm aber hat nicht ein anderer nachfolgender Wille einen anderen voraus= gehenden geändert oder aufgehoben, sondern durch einen und denselben ewigen und unwandelbaren Willen hat er bewirkt, daß die Dinge, welche er ins Dasein rief, früher nicht waren, so lange sie nicht waren, und nachher waren, als sie zu sein anfingen." [1]

Deßhalb darf man daraus, daß Gott und darum auch der göttliche Schöpfungsakt ewig ist, nicht schließen, daß auch die Welt ewig sein müsse, oder daß sie zwar von Gott geschaffen worden sei, aber keinen Anfang der Zeit, sondern nur einen Anfang ihrer Erschaffung habe, so daß sie immerdar, von Ewigkeit her geschaffen wäre. Denn abgesehen davon, daß die Welt selbst sich uns als eine zeitliche darstellt, weil die Zeitlichkeit die wesentliche Daseinsform aller Weltdinge ist, so muß sie als Schöpfung aus Nichts schlechterdings einen Anfang genommen haben. Die Begriffe Schöpfung und Zeit bedingen sich gegenseitig; eine ewige Schöpfung ist ein sich selbst aufhebender Gedanke; wer die Zeitlichkeit der Welt läugnet, läugnet eben damit auch die Schöpfung [2]. In diesem Sinne sagt Augustinus, der Begriff Herr sei lediglich von der Welt aus auf Gott anzuwenden; denn die Creaturen seien nicht ewig, also sei er auch nicht ewig ihr Herr [3]; wohl aber sei er immer, zu jeder Zeit Herr gewesen und habe deßhalb auch immer, zu jeder Zeit eine seiner Herrschaft unterworfene Creatur gehabt, weil ja mit der Creatur die Zeit erschaffen wurde [4].

Es kommt somit alles darauf an, daß man die Begriffe Zeit und

---

[1] De civit. Dei XII, 17.

[2] Ibid. XI, 4: Qui hoc dicunt, si mundum aeternum sine ullo initio et ideo nec a Deo factum videri volunt, nimis aversi sunt a veritate.

[3] De trinit. V, 15: Nam etsi dominus non dicitur, nisi cum jam habere incipit servum, etiam ista appellatio relativa ex tempore est Deo. Non enim sempiterna creatura est, cujus est ille dominus.

[4] De civit. Dei XII, 15: Si Deus semper fuit dominus, semper habuit creaturam suo dominatui servientem.

Ewigkeit richtig unterscheidet und sie nicht miteinander confundirt. Was ist die Zeit? Die Form des Vor= und Nacheinanderseins der Dinge oder die Daseinsform der vorübergehenden und nachfolgenden Dinge, so daß es keine Vergangenheit gäbe, wenn nichts vorüberginge, keine Zu= kunft, wenn nichts käme, und keine Gegenwart, wenn nichts da wäre. Die Vergangenheit und Zukunft sind die Grenzen der Gegenwart, welche in der einen verschwindet und aus der anderen hervorgeht. Würde die Gegenwart stille stehen und nicht in die Vergangenheit übergehen, so wäre sie selbst Ewigkeit, d. h. grenzlos. Die Zeit aber ist nur eine gewisse Ausdehnung in drei Dimensionen und die Gegenwart wird Zeit durch ihre fließende Begrenzung von den beiden anderen Dimensionen [1]. Als solche begann sie erst mit der von dem geschaffenen Sein ausgehen= den Bewegung und der aus solcher Bewegung hervorgehenden Verände= rung. Wenn somit Zeit und Ewigkeit richtig dahin unterschieden werden, daß es eine Zeit ohne irgend eine aus Bewegung hervorgehende Ver= änderung nicht gibt, in der Ewigkeit aber keine Veränderung ist, so folgt, daß es keine Zeiten gäbe, wenn nicht ein Geschöpf geworden wäre, das durch seine Bewegung Veränderung verursachte, eine Bewegung und Veränderung, wobei das Eine dem Andern weicht und nachfolgt, weil nicht beides zugleich sein kann, und wobei aus dem längeren oder kürzeren Entwickelungsverlaufe die Zeit sich ergibt. Darum muß die Welt nicht in der Zeit, sondern mit der Zeit erschaffen worden sein. Was in der Zeit wird, das wird nach einer und vor einer Zeit; nach derjenigen, welche vergangen ist, und vor derjenigen, welche zukünftig ist. Es konnte aber vor der Schöpfung keine vergangene Zeit geben, weil es kein Geschöpf gab, in dessen Bewegungen und Veränderungen die Zeit verlaufen wäre. Mit der Zeit ist die Welt geschaffen worden, weil bei ihrer Schöpfung Bewegung und Veränderung entstand [2]. Die Zeit begann viel mehr mit dem creatürlichen Sein, als das creatürliche Sein mit der Zeit, weil sie erst durch die Bewegung und Veränderung des Geschaffenen geworden ist. Es ist somit barer Unsinn, zu sagen, die Welt sei in der Zeit geschaffen worden, weil damit eine Zeit vor der Zeit angenommen wird [3].

---

[1] Conf. XI, 14. 23.   [2] De civit. Dei XI, 6.

[3] Ibid. XII, 15; de Genes. ad lit. V, 5: Factae igitur creaturae motibus coeperunt currere tempora, unde ante creaturam frustra tempora requiruntur, quasi possint inveniri ante creaturam tempora. Motus enim si nullus esset vel spiritalis vel corporalis creaturae, quo per praesens praeteritis futura suc-

Wenn übrigens die Zeit von der Bewegung und die Bewegung
von dem Dasein einer veränderlichen Creatur abhängt, so folgt daraus
nicht, daß die Zeit die Bewegung selber ist; sie ist vielmehr das Maß,
mit dem man die Bewegung, nicht bloß diese, sondern auch die Ruhe
mißt [1]. Sie könnte aber nicht als Maß dienen, um die Bewegung und
die Ruhe zu messen, wenn man nicht sie selbst messen könnte; und in
der That ist es der menschliche Geist, der sie mißt. Aber wie mißt er
sie und was mißt er, wenn er sie mißt? Was man Vergangenheit,
Gegenwart und Zukunft nennt, mißt er nicht; die Gegenwart nicht,
denn diese hat keine Dauer und ist nur ein Punkt, der im Nacheinander
der Bewegung vorübergeht; die Vergangenheit nicht, weil sie nicht mehr
ist, und die Zukunft nicht, weil sie noch nicht ist. Der menschliche Geist
mißt also diese Zeiten nicht und doch mißt er die Zeiten [2]. Er mißt sie
nämlich nicht außer sich, sondern in sich. Die Dinge, die vorübergehen, machen auf ihn einen Eindruck, der in ihm zurückbleibt, auch
wenn sie vorübergegangen sind, und diesen Eindruck mißt er, wenn er
die Zeit mißt, nicht die Dinge, die vorübergegangen sind und den Eindruck hervorgebracht haben [3]. Hiezu dient eine dreifache Thätigkeit des

---

cederent, nullum esset tempus omnino. Moveri autem creatura non utique
posset, si non esset. Potius ergo tempus a creatura, quam creatura coepit a
tempore, utrumque autem ex Deo.

[1] Conf. XI, 23—24: Nemo ergo mihi dicat, coelestium corporum motus
esse tempora. Cum enim movetur corpus, tempore metior, quamdiu moveatur,
ex quo moveri incipit, donec desinat. Cum itaque aliud sit motus corporis,
aliud, quo metimur, quamdiu sit, quis non sentiat, quid horum potius tempus
dicendum sit? Nam etsi varie corpus aliquando movetur, aliquando stat, non
solum motum ejus, sed etiam statum tempore metimur et dicimus: tantum
stetit, quantum motum est, aut duplo vel triplo stetit, ad id quod motum est,
et si aliquid aliud nostra dimensio sive comprehenderit sive existimaverit, ut
dici solet plus minus. Non est ergo tempus corporis motus.

[2] Ibid. c. 26—27: Metior motum corporis in tempore; item ipsum tempus non metior? An vero temporis motum metirer, quamdiu sit et quamdiu
hinc illuc perveniat, nisi tempus, in quo movetur, metirer? Ipsum ergo tempus unde metior? Tempus metior, scio, sed non metior futurum, quia nondum est. Non metior praesens quia nullo spatio tenditur. Non metior praeteritum, quia jam non est. Quid ergo metior? Et metimur tamen tempora,
nec ea, quae modum sunt, nec ea, quae jam non sunt, nec ea, quae nulla
mora extenduntur, nec ea, quae terminos non habent. Nec futurum ergo nec
praeterita nec praesentia nec praetereuntia tempora metimur, et metimur tamen
tempora.

[3] Ibid. c. 27: In te, anime meus, tempora metior. In te, inquam, affectionem, quam res praetereuntes in te faciunt, et, cum illae praeterierint,

menschlichen Geistes: die des Aufmerkens, die der Erinnerung und die
der Erwartung, und danach theilt sich für ihn auch die Zeit in Gegen=
wart, Vergangenheit und Zukunft. Die Gegenwart ist nur der in's
Bewußtsein des Geistes fallende Moment, in welchem er auf das an
ihm Vorübergehende, in der Form des Nacheinander sich Entwickelnde
und sich Darlebende merkt; was aber vorübergegangen ist, von dem läßt
er den Eindruck nicht aus dem Bewußtsein verschwinden, sondern er hält
ihn fest im Gedächtniß und dadurch mißt er die Vergangenheit; und
weil der Fluß, in welchem sich alle Dinge dahin bewegen, ihn zugleich
Neues erwarten läßt, gibt es für ihn auch eine Zukunft, die er nach
dem Maße seines Wartens mißt[1]. Uebrigens geht auch diese dreifache
Thätigkeit des menschlichen Geistes selber, wie überhaupt alle seine Lebens=
thätigkeit, nur in der Zeit vor sich und trägt durchgängig die Form der
Zeit an sich[2], so daß man sagen muß, die Zeit an sich sei nichts
Anderes als die Form des veränderlichen Seins, sofern dieses in der
Form der Succession seine Lebensmomente entfaltet[3].

Ist aber die Zeit nichts Anderes als die Form des creatürlichen
veränderlichen Daseins, so muß der Anfang der Schöpfung auch der
Anfang der Zeit sein, so daß man nicht sagen kann, was Gott damals,
als er die Welt noch nicht geschaffen hatte, gethan habe; denn wo es
keine Zeit gab, gab es auch kein Damals[4]. Ebenso wenig kann man
fragen, warum Gott gerade damals, vor noch nicht 6000 Jahren und
nicht früher geschaffen habe, gleichsam als wollte man damit sagen, es
seien in dem rückwärts liegenden Zeitraum frühere Zeiten vorübergegangen,

---

manet. Ipsam metior praesentem, non eas, quae praeterierunt, ut fieret. Ipsam metior, cum tempora metior.

[1] Ibid. c. 28: In animo, qui illud agit, tria sunt. Nam et exspectat et
attendit et meminit, ut id, quod exspectat, per id, quod attendit, transeat in id,
quod meminerit. Quis igitur negat, futura nondum esse? Sed tamen jam est
in animo exspectatio futurorum. Et quis negat, praeterita jam non esse?
Sed tamen adhuc est in animo memoria praeteritorum. Et quis negat, praesens tempus carere spatio, quia in puncto praeterit? Sed tamen perdurat
attentio, per quam peragat abesse, quod aderit. Non igitur longum tempus
futurum, quod non est, sed longum futurum longa exspectatio futuri. Neque
longum praeteritum tempus, quod non est, sed longum praeteritum longa
memoria praeteriti est.

[2] De Genes. ad lit. VIII, 20.

[3] De civit. Dei XII, 15: Ubi nulla creatura, cujus mutabilibus motibus
tempora peragantur, tempora omnino esse non possunt.

[4] Conf. XI, 13.

und es sei, da kein Grund vorhanden gewesen, warum Gott bei der
Auswahl der Zeit der einen vor der anderen hätte den Vorzug geben
sollen, für ihn zufällig gewesen, daß er gerade damals und nicht in
einer früheren Zeit die Welt erschaffen[1]. Gott hat durch einen nicht
zeitlichen, sondern ewigen und unwandelbaren Willensakt bewirkt, daß
die Dinge, welche er in's Dasein rief, früher nicht waren, so lange sie
nicht waren, und nachher waren, als sie zu sein anfingen, woraus man
nur zu erkennen vermag, daß er der Welt nicht bedurfte, sondern sie aus
freier Güte erschuf[2].

Jener Frage, warum der ewige Gott damals und nicht früher geschaffen habe, könnte man mit demselben Recht die andere beifügen, warum
der über allen Raum erhabene, unermeßliche Gott die Welt gerade da
schuf, wo sie jetzt ist, und nicht in einem anderen Raum, gleichsam als
wäre die Auswahl dieses Raumes vor allen anderen bloß zufällig geschehen. Vor der Schöpfung gab es ebenso wenig einen Raum als eine
Zeit, sondern der Raum ist, wie die Zeit, mit der Welt geworden als
die Form des Nebeneinanderseins der creatürlichen Dinge. Fingirt man
sich aber einmal unendliche Zeiten vor der Schöpfung der zeitlichen Welt,
so kann man ebenso gut außerhalb der räumlichen Welt noch unendliche
Räume ersinnen, in denen Gott noch unendlich viele Welten hätte erschaffen können. Muß man aber anerkennen, daß es eitle Gedanken der
Menschen sind, wenn sie sich unendliche Räume außerhalb der Welt ein-
bilden, weil es eben außerhalb der Welt keinen Raum gibt, sondern nur
eine Welt, zwar in ungeheurer körperlicher Ausdehnung, aber doch endlich und räumlich begrenzt, durch den Schöpfungsakt Gottes geworden
ist: so denken die Menschen in gleicher Weise eitel, wenn sie sich vergangene Zeiten vorstellen, in welchen Gott unthätig gewesen sei, da vor
der Welt keine Zeit war[3].

Daher muß es auch als ein großer Irrthum bezeichnet werden,
wenn man, in Folge der Annahme von unendlichen Zeiten vor der
Schöpfung dieser Welt, meint, die Welt und die Menschen seien immer
gewesen, oder die Welt entstehe und vergehe in gewissen Zeiträumen un-

---

[1] De civit. Dei XI, 5.   [2] Ibid. XII, 17.
[3] Ibid. XI, 5; conf. XI. 5: Quomodo fecisti Deus coelum et terram? —
Non utique in coelo neque in terra fecisti coelum et terram neque in aëre
aut in aquis, quoniam et haec pertinent ad coelum et terram; neque in
universo mundo fecisti universum mundum, quia non erat, ubi fieret, antequam fieret, ut esset.

zählige Male [1]. Auch diejenigen irren, welche sich daran stoßen, daß der Mensch nicht in den endlosen vorausgegangenen Zeiten geschaffen worden, sondern erst so spät in's Dasein getreten sei, daß es von dem Zeitpunkt an, wo er nach der Darstellung der heiligen Schrift zu sein anfing, weniger als 6000 Jahre sind. Sie brauchen sich an der Kürze dieses Zeitraumes nicht zu stoßen und, auf unglaubwürdige Schriften gestützt, die seitherige Dauer der Welt auf viele Tausende von Jahren berechnen. Denn wäre auch eine unaussprechliche Zahl von Jahrtausenden seit der Schöpfung verflossen, so würde dieselbe doch gegen die als rückwärts liegend gedachte Ewigkeit, während der Gott nicht geschaffen hätte, ebenso gut, wie jene 6000 Jahre verschwinden gleich einem Tropfen gegenüber dem Ocean oder vielmehr in unvergleichlich höherem Maße, wie nichts. Der Tropfen nämlich ist freilich im Vergleich mit dem Ocean sehr klein, aber beide sind doch begrenzt, die Ewigkeit aber ist ohne Anfang und Ende, ohne Grenzen, so daß mit ihr eine auch noch so große und unaussprechliche Zeitdauer, die eben als endlich durch ein bestimmtes Maß abgeschlossen und begrenzt wird, gar nicht verglichen werden kann [2].

Weil der Schöpfungsakt ein ewiger, kein zeitlicher ist, so sind auch die Dinge nicht nacheinander, sondern alle zumal geschaffen worden (creavit omnia simul). Gott hat alle Dinge geschaffen durch sein ewiges Wort (den Logos), das Gott ist bei ihm und das von Ewigkeit her ausgesprochen wird und in dem alle Dinge von Ewigkeit her ausgesprochen werden. Das Wort, das Gott ausgesprochen hat, hört nicht auf und es wird nicht eines nach dem anderen und so nach und nach Alles ausgesprochen; sonst fände sich ja hierbei schon Zeit und Wechsel und keine wahre Ewigkeit. In seinem Worte ist kein Vergehen und kein Fortgang; denn es ist in Wahrheit ewig und deßhalb spricht Gott mit seinem ihm gleich ewigen Worte zugleich und von Ewigkeit her alles aus, was er ausspricht [3].

---

[1] De civit. Dei XII, 10—11.

[2] Ibid. XII, 12.

[3] Conf. XI, 7: Vocas itaque nos ad intelligendum Verbum, Deum apud te Deum, quod sempiterne dicitur, et eo sempiterne dicuntur omnia. Neque enim finitur, quod dicebatur, et dicitur aliud, ut possint dici omnia, sed simul ac sempiterne omnia. Alioquin jam tempus et mutatio, et non vera aeternitas nec vera immortalitas. — Non ergo quidquam Verbi tui cedit atque succedit, quoniam vere immortale atque aeternum est. Et ideo Verbo tibi coaeterno simul et sempiterne dicis omnia, quae dicis, et fit, quidquid dicis, ut fiat. — De Genes. ad lit. VIII, 20: Hic ergo incommutabili

Gott schafft nicht anders als durch sein ewiges Wort und doch wird das, was er durch sein Wort schafft, nicht alles zugleich und von Ewigkeit her. „Warum nun das? Ich besitze wohl eine Erkenntniß davon, aber ich weiß nicht, wie ich mich darüber anders ausdrücken soll, als etwa so: daß jedes Wesen, das zu sein anfängt und zu sein auf= hört, mit dem Zeitpunkt zu sein anfängt und aufhört, für den die Er= kenntniß der ewigen Vernunft, in welcher nichts anfängt und nichts auf= hört, den Anfang oder das Ende seines Seins bestimmt hat"[1], d. h. Gott hat im ewigen Schöpfungsakt alles Sein, das im Verlaufe der Zeit, jedes zu seiner Zeit, in's Dasein tritt, im Princip nach Inhalt und Form gesetzt, so daß alles werdende Sein nur eine Entwickelung des ursprünglich Gesetzten ist[2].

Als unmittelbares Product des Schöpfungsaktes haben wir uns die formlose Materie zu denken. Diese ist aber, wie schon gesagt wurde, in ihrer Formlosigkeit gedacht, nichts Bestimmtes und nichts Wirkliches. Daher konnte sie auch keinen Augenblick als formlose Materie existiren, sondern mußte vom ersten Augenblick ihres Daseins an geformt sein. Sie war nicht der Zeit nach früher als die Form, sondern nur der Natur nach, sofern sie als Substrat der Form vorausgesetzt ist. Nur in diesem Sinne ist sie im Schöpfungsakt zuerst gesetzt worden. In ihr sind alle späteren Formen keimartig enthalten und insofern hat Gott Alles zumal geschaffen, weil alles spätere Sein auf dem Wege der Ent=

---

aeternitate vivens creavit omnia simul, ex quibus currerent tempora et implerentur loca temporalibusque et localibus rerum motibus saecula vol- verentur.

[1] Conf. XI, 28; de Genes. ad lit. I, 2: Quod si ita est, aeternum est, quod dixit Deus: fiat lux, quia Verbum Dei, Deus apud Deum, filius unicus Dei, Patri coaeternus est: quamvis Deo hoc in aeterno Verbo dicente creatura temporalis facta sit. Cum enim verba sint temporis, cum dicimus quando et aliquando, aeternum tamen est in verbo Dei, quando fieri debeat aliquid: et tunc fit, quando fieri debuisse in illo Verbo est, in quo non est quando et aliquando, quoniam illud totum Verbum aeternum est.

[2] De trinit. III, 9: Ita quippe originaliter ac primordialiter in quadam textura elementorum cuncta jam creata sunt, sed acceptis opportunitatibus prodeunt. Nam sicut matres gravidae sunt foetibus, sic ipse mundus gravidus est causis nascentium: quae in illo non creantur nisi ab illa summa essentia, ubi nec oritur nec moritur aliquid, nec incipit esse nec desinit. — De Genes. ad lit. V, 23: Sicut in ipso grano invisibiliter erant omnia simul, quae per tempora in arborem surgerent, ita ipse mundus cogitandus est, cum Deus simul omnia creavit, habuisse simul omnia, quae in illo et cum illo facta sunt, quando factus est dies.

wickelung aus der Materie hervorgeht [1]. Augustinus sucht diesen schöpferischen Vorgang einigermaßen durch Vergleichung deutlich zu machen, indem er sagt, daß auch die menschlichen Worte nicht erst geformt werden, wenn sie ausgesprochen werden, sondern geformt ausgesprochen werden; analog verhalte es sich mit dem Schöpfungsakt Gottes, der die Welt durch sein ewiges Wort erschaffen hat, durch jenes Wort, das von Ewigkeit her ausgesprochen wird und in dem alle Dinge von Ewigkeit her ausgesprochen werden; Schaffen und Formen finden zumal statt [2].

Wenn daher die Schrift von sechs Schöpfungstagen redet, so thut sie es nur, um die Ordnung anzudeuten, in welcher die Entwickelung des seiner Natur nach späteren Seins aus der Materie vor sich ging. Diese Schöpfungstage sind eigentlich nur Ein Tag, der sechsmal genannt wird, weil jedesmal wieder eine andere Ordnung von geschaffenen Dingen aufgeführt wird, welche ihrer Natur nach der zunächst vorausgehenden erst nachfolgt, da sie diese voraussetzt und erst durch sie möglich geworden ist [3]. Es ist also unter ihnen die Ordnung zu verstehen, in

---

[1] Contr. advers. leg. et proph. I, 9: Nec putandus est Deus informem prius fecisse materiam et intervallo alio interposito temporis formasse, quod informe prius fecerat: sed sicut a loquente fiunt verba sonantia, ubi non prius vox informis post accepit formam, sed formata profertur, ita intelligendus est Deus de materie quidem informi fecisse mundum, sed simul eam concreasse mundo.

[2] De Genes. ad lit. I, 15: Non quia informis materia formatis rebus tempore prior est, cum sit utrumque simul concreatum et unde factum est et quod factum est. Sicut enim vox materia est verborum, verba vero formatam vocem indicant, non autem, qui loquitur, prius emittit informem vocem, quam possit postea colligere atque in verba formare: ita creator Deus non priorem tempore fecit informem materiam et eam postea per ordinem quarumcunque naturarum quasi secunda consideratione formavit; formatam quippe creavit materiam.

[3] De Genes. ad lit. V, 5: Quapropter cum primam conditionem creaturarum cogitamus, a quibus operibus suis Deus in die septimo requievit, nec illos dies, sicut istos solares, nec istam operationem ita cogitare debemus, quemadmodum nunc aliquid Deus operatur in tempore, sed quemadmodum operatus est, unde inciperent tempora, quemadmodum operatus est omnia simul, praestans eis etiam ordinem, non intervallo temporum, sed connexione causarum, ut ea, quae simul facta sunt, senario quoque illius diei numero praesentato perficerentur. Non itaque temporali, sed causali ordine prius facta est informis formabilisque materies et spiritalis et corporalis, de qua fieret, quod faciendum esset. — Hunc omnem ordinem creaturae ordinatae dies ille cognovit et per hanc cognitionem sexies quodammodo praesentatus tamquam sex dies exhibuit, cum sit unus dies, ea quae facta sunt in Creatore primitus et in ipsis, consequenter agnoscens nec in ipsis remanens, sed eorum etiam

welcher die geschaffenen Dinge in Rücksicht auf ihre Wesensabstufungen auf einander folgen, der ordo auf Grund der connexio causarum, des prius et posterius in connexione creaturarum, das schon in der Weltsubstanz zum Behuf ihrer Entwickelung gelegen ist, und gerade sechs Schöpfungstage sind genannt, weil die Sechszahl die vollkommenste ist, so daß hierin schon zugleich die Vollkommenheit der geschaffenen Welt ausgedrückt ist[1]. Vom ewigen Schöpfungsakt Gottes aus betrachtet, sind somit jene sechs Tage keine Tage, überhaupt keine Zeiträume; sie sind nichts Anderes als eben so viele, in sich unterscheidbare Causal= momente in der Entwickelung und Ausgestaltung der als Ganzes in sich einheitlichen und nach ihren Bestandtheilen verschiedenen Weltsubstanz[2]; die Entwickelung der Dinge selbst aber, in der Form der Succession, fällt außer Gott in die Creatur. Es ist dieß, sagt Augustinus, aller= dings schwer zu verstehen; aber derjenige, der es nicht versteht, soll es solchen überlassen, die es zu verstehen im Stande sind[3]. Ja, in einer späteren Schrift[4] gibt Augustinus selber zu, daß es sehr schwer, oder gar unmöglich sei zu sagen, welcher Art jene Schöpfungstage seien. Warum spricht aber dann der mosaische Bericht überhaupt von Schö= pfungstagen? Was zumal geschieht, sagt Augustinus, kann, wenn es erzählt wird, nicht auch zumal erzählt werden; auch der Schöpfungsakt erscheint deßhalb im mosaischen Bericht in der Form der Succession, weil der Mensch gemeinhin nur in der Form der Succession zu er= kennen vermag[5].

cognitionem posteriorem ad Dei referens dilectionem, vesperam et mane et meridiem in omnibus praebuit, non per moras temporum, sed propter ordinem conditorum.

[1] Ibid. IV, 22: Propterea nimirum idem dies ubique repetitur, ut ejus repetitione fiant tot dies, quoties distinguuntur rerum genera creaturarum, per= fectione senarii numeri terminanda. — Ibid. IV, 34: In his ergo, quae simul facta sunt, nemo videt, quid prius posteriusve fieri debuerit, nisi in illa sa= pientia, per quam facta sunt omnia per ordinem simul.

[2] Contr. adv. leg. et proph. I, 8: Quamquam qui munere Dei potuerit perspicacius ista rimari, inveniat fortasse in creatura, quae ita facta narratur sine intervallis temporalium morarum, distinctum mirabiliter ordinem rerum.

[3] De Genes. ad lit. V, 3.   [4] De civit. Dei XI, 6.

[5] Contr. adv. leg. et proph. c. 9: Non tamen inutiliter prius narratur, unde aliquid fit, et postea, quod inde fit, quia etsi potest utrumque simul fieri, non simul potest utrumque narrari. — De Genes. ad lit. IV, 33: Quid ergo opus erat, sex dies tam distincte dispositeque narrari? Quia scilicet ii, qui non possunt videre, quod dictum est: Creavit omnia simul, nisi cum eis sermo tardius incedat, ad id, quo eos ducit, pervenire non possunt.

Im ewigen Akt der Weltschöpfung ist ein für allemal gesetzt, was immer in der Welt sein und werden soll; nichts geschieht im Verlaufe der Zeit, die mit der Welt geschaffen wurde, in Folge eines neuen gött= lichen Willensaktes [1]. Aus demselben Grunde aber, daß der Schöpfungs= akt ein ewiger ist, kann in der schöpferischen Thätigkeit, wie sie nicht mehrere Schöpfakte nach einander setzte, sondern Alles zumal schuf, auch kein Stillstand oder kein Aufhören eintreten. Wenn daher in der heiligen Schrift von einem Ausruhen Gottes am siebenten Tage gesprochen wird, so ist damit nur angedeutet, daß er keine weitere Ordnung von Dingen mehr schuf. Man darf diese Ruhe am siebenten Tage nicht etwa auf eine Veränderung der göttlichen Thätigkeit selbst beziehen [2]. Gott ruht, heißt soviel als: Gott wird als ruhend erkannt; denn er weiß ja ruhend zu handeln und handelnd zu ruhen. Die Form der göttlichen Thätigkeit hat sich nach der Schöpfung nicht geändert; auch nach der Schöpfung sagt die Schrift von Gott: usque nunc operatur, so daß sein Schaffen und sein Erhalten sich nicht unterscheiden lassen. Wäre er nicht mit seiner schöpferischen Macht beständig in der Welt gegen= wärtig, würde er ihr diese Macht entziehen, so müßte sie augenblicklich in das Nichts zurücksinken; die Dinge könnten weder weiter fortbestehen und sich nach dem in sie gelegten Entwickelungsgesetze darleben, noch würden sie sich auch als das, wozu sie geschaffen sind, erhalten [3]. Die Weltschöpfung setzt sich daher fort in der Welterhaltung und Welt= regierung oder diese sind mit jener in dem Einen ewigen Willensakt Gottes inbegriffen. „Du bist ja der Höchste," sagt Augustinus, „und veränderst dich nicht und es vergeht in dir nicht der heutige Tag und

---

[1] De lib. arb. III, 3.

[2] De Genes. ad lit. IV, 15: Nam qui semper est quietus, tunc nobis requievit, cum se requievisse monstraverit.

[3] Ibid. IV, 12: Potest etiam intelligere Deum requievisse a condendis generibus creaturae, quia ultra jam non condidit aliqua genera nova: deinceps autem usque nunc operatur eorumdem generum administrationem, quae tunc instituta sunt. — Proinde et quod dominus ait: Pater meus usque nunc ope= ratur, continuationem quandam operis ejus, qua universam creaturam continet atque ministrat, ostendit. — Quapropter sic accipimus Deum requievisse ab omnibus operibus suis, quae fecit, ut jam novam naturam ulterius nullam con= deret, non utique, ut quod condiderat, continere et gubernare cessaret. Unde et illud verum est, quod in septimo die requievit Deus, et illud, quod usque nunc operatur. — Contr. Adimant. c. 2: Requievit ab omnibus operibus suis, quae fecit, ut jam ultra non faceret mundum cum omnibus, quae in eo sunt, non tamen a mundi administratione requiesceret.

doch vergeht er auch wieder in dir, weil in dir alles Geschaffene sein Sein hat. Denn wie könnte es vorübergehen, wenn es nicht in dir be= stände? Und weil deine Jahre kein Ende nehmen, so sind deine Jahre der heutige Tag. Wie viele von unseren und unserer Väter Tagen sind schon während deines Heute vorübergegangen, haben von ihm ihr Dasein empfangen und in ihm wie auch immer ihr Dasein gehabt! Und so werden noch andere vorübergehen und ihr Maß und was immer für ein Dasein empfangen. Du aber bist derselbe und alles Morgige und alles, was darüber hinaus, und alles Gestrige und was darüber rückwärts liegt, das wirkest und wirktest du heute. Was kann ich dafür, wenn jemand dieß nicht begreift! Möge er sich freuen, auch wenn er sagen muß: was heißt das? Auch dann noch freue er sich, und es sei ihm lieber, wenn er bei seinem Nichtfinden dich findet, als wenn er bei seinem Finden dich nicht findet" [1], d. h. die ewige Gegenwart Gottes in der Welt ist schwer zu begreifen, aber gerade je schwerer sie zu begreifen ist, desto wahrer muß sie uns erscheinen.

§ 24.
Die Schöpfung der Seele.

Gott, der auf die höchste Weise ist, weil er unwandelbar ist (qui summe est, quia incommutabilis est), hat den Dingen, die er aus Nichts erschuf, das Sein gegeben, aber nicht das höchste Sein, das nur ihm zukommt, sondern das Sein verlieh er dem Einen in höherem, dem Anderen in geringerem Grade und hat die Natur der Wesen stufenmäßig geordnet [2]. Diese Stufenfolge der Schöpfung begreift in sich eine fünf= fache Reihe von Wesen. Zu unterst steht das bloße, leblose Sein, die Körperwelt. Auf sie folgt die lebendige Natur, die sich in Pflanzen= und Thierwelt scheidet, wovon letztere höher steht, weil sie mit Be= gehrungs= und Empfindungsvermögen ausgerüstet ist. Ueber beiden er= hebt sich die vernünftige Wesenheit des Menschen, den nur noch die Engelwelt wegen ihrer Unsterblichkeit überragt [3]. Indessen läßt sich diese fünffache Stufenreihe der geschaffenen Wesen zurückführen auf den Gegen= satz von lebendiger (spiritaler) und lebloser (körperlicher) Creatur [4]. Die

---

[1] Conf. I, 6.
[2] De civit. Dei XII, 2: Naturas essentiarum gradibus ordinavit.
[3] Ibid. XI, 16.
[4] Ibid. XI, 33: In principio creavit Deus coelum et terram: quibus

beiden Glieder dieses Gegensatzes aber finden ihre reale Vereinigung im
Menschen als der Einheit von körperlicher und geistiger Substanz, die
gewissermaßen in die Mitte gestellt ist zwischen die Engelwelt und die
sichtbare Natur [1]. Will man aber den Menschen im Unterschied von der
bloß animalischen und körperlichen Seinsstufe, nach seiner geistigen, den
Engeln ähnlichen Wesenheit bezeichnen, so hat man zu unterscheiden
zwischen creatura intellectualis et animalis et corporalis [2].

Zum Zweck der Schöpfung der körperlichen Creatur rief Gott durch
seine Allmacht einen Urstoff in's Dasein, der mit verschiedenen Namen
benannt, nicht unpassend auch Wasser genannt werden kann, da jetzt
noch das Entstehen der Einzeldinge auf Flüssiges als auf das substantiell
Urzuständliche hinweist; nur darf der Ausdruck Wasser bloß als eine
allgemeine Bezeichnung des Urstoffes, der Materie, aus der die sichtbare
Welt geformt wurde, aufgefaßt und darunter nicht das jetzige sogen.
elementarische Wasser verstanden werden [3]. In diesen Urstoff wurden,
wie wir bereits gesehen, die Ideen als lebendige Formprincipien eingesenkt. Wie aber der Urstoff zumal geschaffen wurde, so wirken auch
diese Formprincipien zumal, wo immer sie nach Gelegenheit der Zeit und
Ursache in den in die Erscheinung tretenden Dingen wirksam sind. Es
fragt sich nun, ob wir uns bloß eine Materie zu denken haben, aus der
die körperliche Welt gestaltet wurde. Augustinus sagt, daß man die
Worte der Schrift: Im Anfang schuf Gott Himmel und Erde, auch so
denken könne, Gott habe in seinem ihm gleich ewigen Wort die gestaltlose Materie für die folgende sowohl lebendige als leblose, spiritale und
körperliche, also für die gesammte Creatur geschaffen [4] und es sei nicht

---

nominibus universalis est significata creatura vel spiritalis et corporalis, quod
est credibilius, vel magnae duae partes, quibus omnia, quae creata sunt, continentur. — Retract. I, 13: Creaturam quippe uno nomine utramque, id est,
spiritalem corporalemque significavi.

[1] De civit. Dei XII, 21.   [2] De Genes. ad lit. lib. imp. c. 4.

[3] De Genes. ad lit. I, 5: Sive aquae nomine appellare voluit totam cor-
poralem materiam, ut eo modo insinuaret, unde facta et formata sint omnia,
quae in suis generibus jam dignoscere possumus, appellans aquam, quia ex
humida natura videmus omnia in terra per species varias formari atque con-
crescere. — De Genes. ad lit. lib. imp. c. 4: Quocirca congruentius aquae
nomine appellaretur materies, cum subdita operi artificis insinuaretur propter
mobilitatem et conversionem in quaeque nascentia corpora.

[4] Conf. XII, 22: In principio fecit Deus coelum et terram, id est, in
Verbo suo sibi coaeterno fecit Deus informem materiam creaturae spiritalis
et corporalis.

der Zeit, wohl aber der Ursächlichkeit nach die gestaltlose, aber formbare Materie zuerst geworden, und zwar sowohl die spiritale als die körperliche Materie, aus der alles gestaltet wurde, was gestaltet werden sollte [1]. Somit lehrt Augustinus, daß man eine Materie, etwas Ungeformtes, aber Formbares für die Schöpfung und Gestaltung aller Stufen des creatürlichen Seins, des intelligibeln wie des sensibeln, des körperlichen und unkörperlichen, anzunehmen habe.

Wie verhält es sich nun aber in dieser Hinsicht im Besonderen mit der menschlichen Seele? Sie wurde jedenfalls nicht aus demselben stofflichen Substrat gebildet, wie die Dinge der sichtbaren Natur; sonst müßte sie selbst auch körperlich sein. Denn wenn etwas Materielles auch verändert oder verwandelt wird, so hört es doch nicht auf, materiell zu sein; daß etwas Materielles in Immaterielles, wie die Seele ist, verwandelt werden könne, das zu glauben, wäre absurd [2]. Ebenso wenig kann die Seele aus einer eigenthümlichen animalischen Substanz geformt worden sein. Denn was hätten wir uns unter einer solchen materies spiritalis zu denken? Eine vernünftige oder eine unvernünftige Substanz? Wenn sie erst vernünftig wurde, als aus ihr die menschliche Seele gebildet wurde, wenn sie also vorher unvernünftig war, was war dann für ein Unterschied zwischen ihr und der Thierseele? [3] Sodann fragt es sich weiter: woher wäre diese anima irrationalis selber? Etwa aus der körperlichen Materie? Allein dann wäre sie bloß die höchste Potenz dieser Materie und im Grunde selbst körperlich. Es müßte somit das Körperliche in die unvernünftige Seelensubstanz und diese in die vernünftige Seele übergegangen sein, so daß das Körperliche das eigentliche Substrat der vernünftigen Seele wäre, was doch niemand zu behaupten wagt, wenn er nicht auf dem Standpunkt des Materialismus steht. Auch würde uns die Annahme, daß in solcher Weise das Niedere in das Höhere übergehe, folgerichtig zwingen, daß wir noch einen Schritt

---

[1] De Genes. ad lit. V, 5: Non itaque temporali, sed causali ordine prius facta est informis formabilisque materies, et spiritalis et corporalis, de qua fieret, quod faciendum esset.

[2] Ibid. VII, 13: Quid est ergo, unde anima flatu Dei facta est? An corpus aliquod erat terrenum et humidum? Nullo modo; hinc enim potius caro facta est. Omne quippe corpus in omne corpus mutari posse, non defuerunt, qui assererent. Corpus autem aliquod, sive terrenum sive coeleste, converti in animam fierique naturam incorpoream, nec quemquam sensisse scio nec fides hoc habet.

[3] Ibid. c. 6—7.

weiter gehen, zur Annahme, daß das Höhere in das Niedere zurückkehre, zur Lehre von der aller gesunden Vernunft Hohn sprechenden Lehre von der Seelenwanderung. Also kann nicht eine unvernünftige animalische Substanz das Substrat der menschlichen Seele sein, sondern diese ist von Gott rein aus Nichts geschaffen worden [1].

Nun fragt es sich aber: wann wurde die Seele geschaffen? Wenn die Genesis erzählt, Gott habe dem menschlichen Leib eine Seele ein= gehaucht, so könnte man daraus schließen, letztere sei erst damals, als sie mit dem Leibe verbunden wurde, auch geschaffen worden. Allein der ewige Gott hat, wie wir bereits gesehen, alles zumal erschaffen; wie könnte also erst später noch etwas Neues geschaffen worden sein, was nicht in Folge der ewigen Schöpfungsidee vorher in irgend einer Weise da wär? [2] Man muß somit annehmen, daß in Folge der Schöpfungsidee (causaliter) schon im Anfang die Seele für sich mit allem Anderen ge= setzt wurde, wie der Leib in der allgemeinen Natursubstanz, und wie für alles Andere, so auch für den Leib und die Seele die betreffenden Ideen sich in der zeitlichen Wirklichkeit realisirten, daß also die Seele zugleich mit allem anderen Sein aus dem Nichtdasein in das Dasein gerufen wurde und in Folge des Schöpfungsaktes in latenter Existenzweise vor= handen war, bis sie, wie die Genesis erzählt, am sechsten Schöpfungs= tage dem Leibe eingehaucht, d. h. nicht erst erschaffen, sondern mit dem Leibe verbunden wurde. Diese Verbindung aber geschah selber auf

---

[1] Ibid. c. 9: Proinde quaelibet adhibeatur interpositio, si corpus est materies animae irrationalis et anima irrationalis est materies animae rationalis, procul dubio corpus est materies animae rationalis. Quod neminem unquam scio ausum sentire, nisi qui et ipsam animam nonnisi in genere alicujus corporis ponit. Deinde cavendum est, ne quaedam translatio animae fieri a pecore in hominem posse credatur, si concesserimus irrationalem animam veluti ma= teriem subjacere, unde rationalis anima fiat. Sic enim fiet, ut, si haec in melius commutata fuerit hominis, illa quoque in deterius commutata sit pe= coris. De quo ludibrio quorundam philosophorum etiam eorum posteri erubue= runt, nec eos hoc sensisse, sed non recte intellectos esse dixerunt. — Ibid. c. 28: Nunc tamen de anima nihil confirmo, nisi quia ex Deo sic est, ut non substantia Dei, et sic incorporea, ut non sit corpus, sed spiritus, non de sub= stantia Dei procedens, sed factus a Deo. Nec ita factus, ut in ejus naturam natura ulla corporis vel irrationalis animae verteretur, ac per hoc de nihilo.

[2] Ibid. c. 28: Tunc enim factum, cum exortum est, non antequam exo= riretur, quis non diceret, nisi scripturae verba revocarent? Meminerit enim scriptum esse: Qui vivit in aeternum, creavit omnia simul; et videat, quem= admodum creata dici possint, quorum creatio spatiis temporalibus distat, non horarum tantum, sed etiam dierum.

Grund der göttlichen Schöpfungsidee, in welcher der Mensch von Ewig=
keit her als die lebendige Synthese von Leib und Seele gedacht war,
und ist in Folge des Schöpfungsaktes in der zeitlichen Wirklichkeit
realisirt worden [1].

Bei dieser Annahme kommt einerseits das Creavit omnia simul
zu seinem Rechte und andererseits ist die Schöpfung der Seele aus nichts
gewahrt. Wie alles endliche Sein, ist auch die Seele und der Mensch
als Synthese von Leib und Seele von Ewigkeit her als Idee in Gott,
die in Folge des gleich ewigen Schöpfungsaktes in die zeitliche Wirklich=
keit gesetzt wurde und daher auch in der Form des zeitlichen Seins in
die Erscheinung getreten ist [2]. Augustinus unterläßt es nicht, hieraus
den wichtigen Schluß zu ziehen, daß der Seele von Natur aus ein
Streben nach Vereinigung mit dem Leibe innewohne, daß man also, die
Sache vom Standpunkt der göttlichen Schöpfungsidee aus betrachtet,
nicht annehmen könne, die Seele sei wider ihren Willen dem Leibe ein=
gesenkt worden [3].

Von der Lösung der Frage, wann die menschliche Seele geschaffen
wurde, hängt auch die Beantwortung der weiteren Frage über das fort=
dauernde Werden der einzelnen menschlichen Seelen ab. Letztere Frage

---

[1] Ibid. c. 24: Illud ergo videamus, utrum forsitan verum esse possit,
quod certe humanae opinioni tolerabilius mihi videtur, Deum in illis primis
operibus, quae simul omnia creavit, animam etiam humanam creasse, quam
suo tempore membris ex limo formati corporis inspiraret, cujus corporis in
illis simul conditis rebus rationem creasset causaliter, secundum quam fieret,
cum faciendum esset, corpus humanum. Credatur ergo, si nulla scripturarum
auctoritas seu veritatis ratio contradicit, hominem ita factum sexto die, ut
corporis quidem humani ratio causalis in elementis mundi, anima vero jam
ipsa crearetur, sicut primus conditus est dies et creata lateret in operibus
Dei, donec eam suo tempore sufflando, hoc est inspirando formato ex limo
corporis insereret.

[2] Ibid. VI, 11: Consummasse quippe ista intelligimus Deum, cum creavit
omnia simul ita perfecte, ut nihil ei adhuc in ordine temporum creandum
esset, quod non hic ab eo jam in ordine causarum creatum esset. Inchoasse
autem, ut, quod hic praefixerat causis, post impleret effectis. Proinde formavit Deus hominem pulverem terrae vel limum terrae, hoc est, de pulvere et
vel limo terrae, et inspiravit sive insufflavit in ejus faciem spiritum vitae, et
factus est homo in animam vivam. Non tunc praedestinatus: hoc enim ante
saeculum in praescientia creatoris; neque tunc causaliter vel consummate in-
choatus vel inchoate consummatus: hoc enim a saeculo in rationibus primor-
dialibus, cum simul omnia crearentur; sed creatus in tempore suo, visibiliter
in corpore, invisibiliter in anima, constans ex anima et corpore.

[3] Ibid. VII, 27.

aber war gerade zur Zeit des Augustinus mehr als je von allgemeinem Interesse und beherrschte gerade damals die christlichen Denker in vorherrschendem Maße, weil die Pelagianer, sich stützend auf die Creationslehre, die Erbsünde läugneten. Diejenigen, an welche sich die Gläubigen wandten, um Belehrung und Aufschluß zu erhalten, fühlten selber die große Schwierigkeit dieser Frage; sie sandten einander die Fragesteller zu, wie z. B. Hieronymus den Marcellinus und Anapsychias an Augustinus wies, gestanden sich einander selber, daß sie in dieser Frage keine entscheidende Antwort zu geben wissen, und baten sich gegenseitig um Mittheilung solcher Gedanken, welche geeignet wären, zur Lösung der Frage etwas beizutragen. Zwar wußte auch Augustinus keine entscheidende Antwort zu geben, aber er widmete dieser Frage eine sehr interessante und gründliche Untersuchung, indem er nicht bloß die beiden damals in Frage stehenden Ansichten des Creatianismus und des Generatianismus, sondern auch die aus älterer Zeit stammenden Lehren von der Präexistenz der Seelen in Betracht zog [1].

Diejenigen nämlich, welche den Schöpfungsbericht nicht festhielten, lehrten entweder, daß die menschlichen Seelen nur Ausflüsse aus Gott seien, oder daß sie gleich Gott von Ewigkeit her existiren. Dieß ist die emanatianistische und die dualistische Präexistenzlehre, mit der auch die Lehre von der Seelenwanderung in Verbindung gebracht wurde. Sie bildet in der einen wie in der anderen Form den Gegensatz zur Creationslehre. Auf Grund dieser selbst aber haben sich wieder verschiedene Meinungen gebildet. Ausgehend von dem Ausspruch der Schrift, daß Gott Alles zumal geschaffen und am siebenten Tage von allem Werke geruht habe, nahmen Einige an, die Seelen seien ursprünglich alle miteinander erschaffen worden und werden irgendwo aufbehalten, bis sie in den Leib gesandt werden (relative Präexistenzlehre). Andere meinten, daß der Mensch, wie die übrigen lebenden Wesen auf Erden, mit Leib und Seele, in der Totalität seines Wesens, durch die Zeugung fortgepflanzt werde (Generatianismus). Eine dritte Ansicht war, daß durch die Zeugung nur der Leib fortgepflanzt, die Seele aber von Gott neu eingeschaffen werde (Creatianismus).

Augustinus, der sich in seiner Lehre über das Wesen und den Ur-

---

[1] Ep. 28 ad Hieron.: Utrum ex illa una, quae primo homini data est, ceterae propagentur, an singulis quibusque novae etiam modo fiant an alicubi jam existentes vel mittantur divinitus vel sponte labantur in corpora, ex his quattuor opinionibus quaenam sit eligenda scire desidero.

sprung der Seele genau an seine Ideenlehre und an den Schöpfungs=
begriff hält, verwirft ganz entschieden jede Form der Präexistenzlehre
sammt der damit in Verbindung gebrachten Theorie von der Seelen=
wanderung und bekämpft von diesem Gesichtspunkt aus auch Plato, der
das Lernen auf Wiedererinnern zurückführte [1]. Die absolute Präexistenz=
lehre verwirft er, weil ja nach seiner Creationstheorie alles Sein außer
Gott nur durch Gott ist und zwar so, daß es nicht in der Weise der
Emanation aus Gottes Wesen hervorgegangen, sondern von Gott aus
Nichts geschaffen worden ist.   Aber auch die relative Präexistenzlehre
verwirft er und namentlich diejenige, welche behauptet, daß die Seele in
Folge eines früheren Abfalls von Gott zur Strafe in den Leib wie in
einen Körper wandern müsse. Er drückt seine Verwunderung darüber
aus, daß solche, die an Gott als den Schöpfer der Welt glauben, zu
einer derartigen Meinung kommen und an einen früheren Abfall der
Seelen sogar den Grund der Weltschöpfung knüpfen können, daß ins=
besondere der gelehrte Origenes nicht eingesehen habe, wie dann, wenn
diese Ansicht wahr wäre, die Kerkeranweisung sich hätte je nach dem
Grade der Schuld und Strafbarkeit der einzelnen Seelen richten müssen [2].
Diese Ansicht, sagt er, ist um so unannehmbarer, als damit die Lehre
von der Seelenwanderung in Verbindung gebracht wird, eine Lehre, die
so unbegründet und absurd ist, daß man wohl glauben kann, ihre Ur=
heber haben sie ursprünglich nicht in diesem Sinne aufgefaßt wissen
wollen, sondern sie seien unrichtig verstanden worden, sie haben mit der
Verwandlung von Menschen in Thiere nur die sittliche Verkommenheit
der Menschen bezeichnen wollen und diesen starken Ausdruck nur ge=
braucht, um die Menschen von der Lasterhaftigkeit abzuschrecken [3].

Wenn aber Augustinus vom Standpunkt der Creationstheorie aus
die Präexistenzlehre schlechthin verwirft, so ist sein Urtheil nicht so ent=
schieden bei der Wahl zwischen dem Generatianismus und dem Creatia=
nismus [4].   Er sagt selber in seinem Briefe an Optatus, daß er in seinen
so vielen Schriften es nie gewagt habe, sich in dieser Frage bestimmt zu

---

[1] De trinit. XII, 15.   [2] De civit. Dei XI, 23.

[3] De Genes. ad lit. VII, 10: Unde proclivius et ipse crediderim, quod
etiam eorum posteri sectatores illos homines, qui hoc primitus in suis libris
posuerunt, in hac vita potius intelligi voluisse, quadam perversitate morum
ac turpitudine homines pecorum fieri similes ac sic quodammodo in pecora
commutari, ut hoc dedecore objecto eos a cupiditatum pravitate revocarent.

[4] De lib. arb. III, 21.

entscheiden und etwas für gewiß auszugeben, was ihm selber nicht für
gewiß gelte[1]. Noch in seinen Retractationen gibt er die Erklärung ab,
daß er sich in dieser Sache eines sicheren Wissens nicht rühmen könne[2].
Es kann daher nicht nachgewiesen werden, daß er mit Entschiedenheit den
Creationismus zu seiner Ansicht gemacht, aber ebenso wenig, daß er sich
für den Generatianismus entschieden habe; man muß vielmehr behaupten,
daß sein Urtheil dahin geht, jede der beiden Ansichten habe, wie manches
gegen sich, so auch etwas für sich, bei beiden handle es sich also um
Gründe und Gegengründe.

Zunächst vom Standpunkt der Schöpfungslehre aus betrachtet, ist
die eine wie die andere Ansicht annehmbar, insofern jede Gott als den
Schöpfer der Seele anerkennt; denn auch für die Anhänger des Ge-
nerationismus ist Gott der Schöpfer der Seele, weil Gott im Anfang
durch seinen ewigen Schöpfungsakt die Seele so geschaffen hat, daß mittelst der Fortpflanzung die einzelnen Seelen nach einander in das Dasein
treten, ähnlich wie sich im Bereich der organischen Natur die Einzeldinge
durch ihre Principien mittelst der Samen aus sich wiederholen[3]. Allein
bei jeder der beiden Ansichten ergeben sich auch Schwierigkeiten. Gegen
den Creationismus kann man geltend machen, daß doch wohl schwerlich
Gott, der Alles zumal geschaffen (qui creavit omnia simul), im Laufe
der Zeit Neues schaffe; die Ewigkeit und Unveränderlichkeit der göttlichen
Thätigkeit schließt also ein Bedenken gegen den Creationismus in sich.

---

[1] Epist. 157 ad Opt.; de Genes. ad lit. X, 2—6. 17. 22.

[2] Retract. I, 1: Nam quod attinet ad ejus originem, qua fit, ut sit in
corpore, utrum de illo uno sit, qui primum creatus est, quando factus est
homo in animam vivam, an semper ita fiant singulis singulae, nec tunc sciebam
nec adhuc scio. — De anim. et ej. orig. IV, 2: De origine animarum, quae
post primum hominem datae sunt vel dantur hominibus, non sum ausus aliquid definire, quia fateor me nescire. — De peccat. mer. et remiss. III, 10:
Non enim ait: quia anima non est ex traduce, sed: si anima non est ex traduce, rectissime faciens de re tam obscura, de qua nulla in scripturis sanctis
certa et aperta testimonia possumus invenire aut difficillime possumus, cunc-
tanter loqui potius quam fidenter.

[3] Epist. 157 ad Opt.: Quis autem negat, non unius tantum, sed omnis
animae creatorem Deum atque factorem? Non itaque unum, quem facto ex
terra homini primo inspiravit, sed omnem flatum ipse fecit, ipse adhuc facit.
Quaeritur tamen, utrum omnem flatum ex illo uno flatu, sicut omne corpus
homini ex uno illo corpore, faciat, an vero nova quidem corpora faciat ex
uno, animas autem novas ex nihilo. Quis enim congrua suis originibus genera
rerum etiam de seminibus facit, nisi qui ipsa semina sine seminibus fecit? —
De anim. et ej. orig. I, 16: Ipse quidem dat, etiamsi de propagine dat.

Ferner läßt sich auf dem Standpunkt des Generatianismus das Dogma von der Erbsünde leicht erklären. Allein es erhebt sich hier die Frage, wie eine Fortpflanzung der menschlichen Seele möglich sei, ob etwa nach der Art und Weise, wie ein Licht am anderen angezündet wird ohne Verminderung des letzteren, oder auf welche andere Weise die Seele des Kindes aus der Seele des Vaters werde oder sich fortpflanze, namentlich wie die untheilbare Seele sich von einer anderen Seele solle abzweigen können, nach Art des theilbaren Körpers, der sich von einem anderen Körper ablösen kann, so daß die Seele aus der Seele, wie der Körper aus dem Körper hervorginge. Wie hat man sich diese Fortpflanzung zu denken, ohne dem Materialismus zu verfallen und die Seele für etwas Materielles zu halten, wie Tertullian, der den Trabucianismus unter der Voraussetzung lehrte, daß die Seele körperlich sei, und dessen Theorie gegenüber die Pelagianer eben den Vorwurf erhoben, daß aus dem Princip des Generatianismus die Körperlichkeit der Seele folge? Darf auch die Träumerei des Tertullian nicht befremden, da er sich Gott, den Schöpfer selbst, als ein materielles Wesen vorstellte, so bleibt doch immer die Frage, wie beim Festhalten der generatianistischen Theorie jede materialistische Folgerung beseitigt werden könne[1].

Umgekehrt bildet die Erklärung der Erbsünde die Hauptschwierigkeit für den Creatianismus. Die Seele, die von Gott neu geschaffen wird, kann nur als gut gedacht werden, weil Gott nur Gutes schafft und die geschaffene Seele noch nicht gesündigt hat; ist sie aber gut, woher hat sie es dann verdient, daß sie in das sündhafte Fleisch eingesenkt und dadurch selber von der Erbsünde befleckt und schuldbeladen wird? wie ist es mit der göttlichen Gerechtigkeit zu vereinbaren, daß auch die Kinder den Strafen der Erbsünde unterliegen, wenn sie, ehe sie sündigen können, ohne Taufe dahinsterben[2]. Gewissen anderen Einwürfen gegenüber kann

---

[1] Epist. 157 ad Opt.; de Genes. ad lit. X, 25.

[2] De anim. et ej. orig. I, 6 ff.; II, 9 ff. Epist. 28 ad Hieron.: Tot igitur animarum millia, quae in mortibus parvulorum sine indulgentia christiani sacramenti de corporibus exeunt, qua aequitate damnantur, si novae creatae nullo suo praecedente peccato, sed voluntate creatoris singulae singulis nascentibus adhaeserunt, quibus eas animandis ille creavit et dedit, qui utique noverat, quod unaquaeque earum nulla sua culpa sine baptismo Christi de corpore fuerat exitura? Quoniam igitur neque de Deo possumus dicere, quod vel cogat animas fieri peccatrices vel puniat innocentes, neque negare fas nobis est, eas, quae sine Christi sacramento de corporibus exierint, etiam parvulorum nonnisi in damnationem trahi: obsecro te, quomodo haec opinio de-

dagegen der Creatianismus wohl vertheidigt werden, z. B. gegen den Einwand, warum Gott solchen Kindern, die nach oder doch bald nach der Geburt sterben, Seelen einschaffe, oder warum er sogar den ehe=brecherisch Empfangenen (adulterinis conceptibus) Seelen gebe. Auch der Einwurf ist nicht stichhaltig, daß Gott, der Alles zumal geschaffen habe, nicht im Laufe der Zeit immer wieder Neues schaffe, da, wie wir gesehen, der Ausspruch der Schrift: Creavit omnia simul, sich mit dem anderen: Usque nunc operatur, wohl vereinbaren läßt, da die durch den ewigen göttlichen Willensakt geschaffenen Seelen in Folge der Welt=erhaltung und Weltregierung Gottes im Laufe der Zeit in's Dasein treten [1].

Als Theologe fand sonach Augustinus die größeren Schwierigkeiten auf Seiten des Creatianismus. Dessen ungeachtet aber war er weit entfernt, den Creatianismus zu bekämpfen; vielmehr konnte ihm in seinem Kampfe gegen den Pelagianismus nichts erwünschter sein, als daß die Wahrheit des Creatianismus nachgewiesen und gezeigt werden könnte, wie man auch auf dem Standpunkt dieser Theorie die Erbsünde erklären könne. Deßhalb sprach er ausdrücklich den Wunsch aus, es möchte ihm gelingen, die genannten Schwierigkeiten zu heben, um diese Ansicht zu der seinigen machen zu können, und wandte sich in dieser Frage mehr=fach an seine Freunde um Rath und Aufschluß [2]. Er wünschte geradezu, daß der Creatianismus wahr sein möchte, wenngleich, sagte er, man durch keinen Wunsch die Wahrheit einer Sache bewerkstelligen könne, und erklärte, daß er von der Falschheit desselben nichts weniger als überzeugt sei [3]. Er wollte zwar nicht, daß der Generatianismus ohne entscheidenden Grund verworfen werde [4], aber ebenso wenig wollte er dieß dem Creatianismus gegenüber gestatten [5]. Beide Ansichten ließ er neben einander bestehen, ohne sich für die eine mit Ausschluß der anderen zu entscheiden, und beschränkte sich darauf, die Vertreter derselben auf die

---

fenditur, qua creduntur animae non ex illa una primi hominis fieri omnes, sed sicut illa una uni, ita singulis singulae?

[1] Epist. 28 ad Hieron.: Hoc et nunc facit, non instituendo, quod non erat, sed multiplicando quod erat. Unde et illud verum est, quod a rebus, quae non erant, instituendis requievit. Et hoc verum est, quod non solum gubernando, quae fecit, verum etiam aliquid non quod nondum, sed quod jam creaverat, numerosius creando usque nunc operatur.

[2] Epist. 157 ad Opt.; epist. 28 ad Hieron.; epist. 260 ad Ocean.

[3] Epist. 28 ad Hieron.; de anim. et ej. orig. II, 6.

[4] De Genes. ad lit. X, 16.   [5] Ep. 28 ad Hieron.

offenbaren Irrthümer aufmerksam zu machen, vor denen sie sich zu hüten
haben, und sie zu mahnen, daß sie in einer Sache, in der sie kein sicheres
Wissen besitzen, sich ein solches auch nicht zuschreiben[1].

§ 25.
Die Unvollkommenheit und das Uebel in der Welt.

Da die ewigen Ideen des unendlich weisen, schönen und gütigen
Gottes die Formprincipien der creatürlichen Welt sind, so stellt sich diese
als ein durchweg tabelloses Abbild und Werk des Schöpfers dar, in
welchem Alles vernunftgemäß, objectiv vernünftig, gut und schön ist, das
trotz seiner Endlichkeit ein in sich vollständiges Ganzes bildet und in
welchem trotz der Vielheit und Verschiedenheit der Einzeldinge eine har=
monische Einheit, eine Ordnung herrscht, deren Schönheit gerade durch
die Gegensätze der Einzeldinge, also gleichsam durch eine in der Gegen=
sätzlichkeit der Dinge liegende Beredsamkeit bewirkt wird, da Gegensätze
der Rede Schönheit verleihen[2].

Jedes Geschöpf hat seine eigenthümliche Schönheit. Lächerlich
wäre es daher, die geringeren Wesen, welche naturgemäß eine niedrigere
Stufe der Schönheit einnehmen, im Vergleich mit den höheren zu tabeln.
Auch sie dürfen im Zusammenhang des Universums nicht fehlen; viel=
mehr zeigt die Gesammtheit des Alls, in welchem das Niedrigere mit
dem Höheren in schöner Stufenfolge und harmonischer Einheit verbunden
ist, die volle Offenbarung der alles Schöne in's Leben rufenden gött=
lichen Schönheit und Güte[3]. Die Schönheit der Weltordnung im Großen
und Ganzen verstehen wir Menschen nur deßhalb so wenig, weil wir
selbst als ein Theil in dieselbe eingefügt sind und das Ganze, dessen
einzelne Theile uns mißfallen, nicht so überschauen können, daß wir er=
kennen würden, wie alle einzelnen Theile mit ihm im schönsten Einklang

---

[1] De Genes. ad lit. X, 24; de anim. et ej. orig. I, 18—19.

[2] De civit. Dei XI, 18.

[3] De natur. bon. c. 8: Cetera vero, quae facta sunt de nihilo, quia pro
modo et specie sua etiam ipsa bona sunt, nec esse, quamvis minora et minima
bona, nisi a summo bono Deo potuerunt, sic ordinata sunt, ut cedant in-
firmiora firmioribus atque ita coelestibus terrena concordent tanquam prae-
cellentibus subdita. Fit autem decedentibus et succedentibus rebus temporalis
quaedam in suo genere pulchritudo, ut nec ipsa, quae moriuntur vel quod
erant, esse desinunt, turpent aut turbent modum et speciem et ordinem universae creaturae, sicut sermo bene compositus utique pulcher est, quamvis in
eo syllabae atque omnes soni tamquam nascendo et moriendo transcurrant.

stehen [1]. Nun dann wäre etwa Anlaß zum Tadel vorhanden, wenn die Schöpfung eines vollkommeneren Wesens, z. B. des Himmels, wegen der Schöpfung eines geringeren, wie der Erde, verhindert worden wäre. Nun ist aber mit der Erde auch der Himmel erschaffen worden. Es sind überhaupt alle Stufen und Grade des Daseins geworden und Niemand ist im Stande, irgend ein Geschöpf vollkommener zu denken, als dessen Idee im Geiste Gottes ist [2]. Ja, es ist vielleicht im All der Dinge wohl ein Geschöpf, an das der menschliche Verstand nicht denkt, aber was mit wahrem Grunde gedacht wird, das muß im All der Dinge existiren. Wäre z. B. der Himmel unsichtbar, so würde doch die nach wahrem Grund urtheilende Seele von der Nothwendigkeit seines Daseins überzeugt sein, auch wenn sie den wirklichen Himmel niemals mit eigenen Augen sehen könnte [3]. Wenn Jemand sagt, diese Dinge sollten nicht so beschaffen sein, oder auch nur: diese Dinge sollten so beschaffen sein, so ist, wenn er mit dieser Forderung ein Geschöpf haben will, wie das höher stehende ist, dieses auch schon da und zwar in solcher Weise, daß ihm nichts mehr hinzugefügt werden kann, weil es vollkommen ist. Wer

---

[1] Music. VI, 11: In quibus multa nobis videntur inordinata et perturbata, quia eorum ordini pro nostris mentibus assueti sumus, nescientes, quid de nobis divina providentia pulchrum gerat. Quoniam si quis verbi gratia in amplissimarum pulcherrimarumque aedium uno aliquo angulo tamquam statua collocetur, pulchritudinem illius fabricae sentire non poterit, cujus et ipse pars erit. Nec universi exercitus ordinem miles in acie valet intueri.

[2] Contr. adv. leg. et proph. c. 5: Quae non solum illi, a quo sunt condita, sed nec inter se esse oportebat aequalia; et ideo sunt omnia bona. Nam si essent aequalia, unum genus bonorum esset, non omnia. Nunc vero ideo sunt omnia bona, quia sunt aliis alia meliora et bonitas inferiorum additur laudibus meliorum. Et in rerum bonarum inaequalitate ipsa est jucunda gradatio, ubi minorum comparatio ampliorum est commendatio. — Ad Oros. contr. Prisc. c. 8: Factum esse mundum Dei bonitate, magnum bonum, a summo et non facto bono, in quo fierent omnia bona valde secundum naturam et aliis alia meliora, a summis creaturis usque ad infima distinctis gradibus ordinata, ut eo modo essent omnia, dum non essent sola potiora, et haberent ejus numeri terminum, quem constituendum apud se videt omnium naturarum creatarum conditor Deus.

[3] De lib. arb. III, 5: Quidquid enim tibi vera ratione melius occurrerit, scias fecisse Deum tanquam bonorum omnium conditorem. — Potest ergo esse aliquid in rerum natura, quod tua ratione non cogitas. Non esse autem, quod vera ratione cogitas, non potest. Neque enim tu potes aliquid melius in creatura cogitare, quod creaturae artificem fugerit. — Credat ergo Deum fecisse, quod vera ratione ab eo faciendum esse cognovit, etiam si hoc in rebus factis non videt.

demnach jagt: auch diese Dinge sollten so sein, will entweder unmäßig und ungerecht dem höheren Wesen noch etwas hinzufügen oder aus Bosheit und Neid das niedrigere Wesen zerstören. Wer aber sagt: diese Dinge sollten nicht sein, ist nicht minder boshaft und neidisch, weil er nicht will, daß ein Geschöpf sei, da er genöthigt ist, eine noch geringere Creatur zu loben. Wer z. B. jagt: der Mond sollte nicht sein, der wünscht sich denselben als Sonne und begeht damit einen doppelten Irr=thum, indem er einerseits der Vollkommenheit der Dinge noch etwas hin=zufügen will, da er eine zweite Sonne verlangt, andererseits ihre Voll=kommenheit vermindern will, weil er den Mond aus der Welt hinweg=wünscht [1].

Ferner sind alle Geschöpfe ihrer Natur nach gut, weil sie durch Gott sind und durch ihn ihr Maß, ihre Schönheit und so zu sagen ihren Frieden mit sich selber haben. In der Stufenfolge der Dinge ist das eine noch besser als das andere, aber so, daß die Welt in ihrer Totalität vollkommen ist [2]. Auch das Vergehen der einzelnen Dinge ist kein Mangel, der zu tadeln wäre. Verbleiben sie dort, wo sie nach der Ordnung der Natur sein sollen, so bewahren sie ihr Dasein, wie sie es empfingen. Jene, denen nicht gegeben wurde, immer zu sein, werden je nach dem Gebrauch und der Verwendung, denen sie nach dem Gesetz des Schöpfers unterworfen sind, in Anderes verwandelt, wobei sie zufolge der göttlichen Vorsehung ein solches Endziel anstreben, wie es der Plan der göttlichen Weltregierung erheischt, so daß aus ihrer Auflösung und ihrem Untergang andere Wesen entstehen [3]. Es zeigt sich demnach, daß Gott wegen keiner Mängel der Schöpfung zu tadeln, sondern in allen Wesen hoch zu preisen ist [4]; alles hat der gütige, neidlose Gott gut er=schaffen [5]. Weil wir in vielen Dingen nicht im Stande sind, die Vor=

---

[1] Ibid. III, 9.

[2] De Genes. contr. Manich. II, 29: Nos dicimus, nullum malum esse naturae, sed omnes naturas bonas esse et ipsum Deum summam esse naturam, ceteras ex ipso esse naturas et omnes bonas, in quantum sunt, quoniam fecit Deus omnia bona valde, sed distinctionis gradibus ordinata, ut sit aliud alio melius atque ita omni genere bonorum universitas ista compleatur; quae quibusdam perfectis, quibusdam imperfectis, tota perfecta est.

[3] De lib. arb. III, 15: In iis rebus, quae in eo deficiunt, quia non ultra esse acceperunt, ut suis temporibus omnia peragantur, nemo defectum recte vituperat, quia nemo potest dicere, debuit permanere, cum acceptas metas transire non posset.

[4] De civit. Dei XII, 5.

[5] Contr. ep. Manich. c. 19: Quodsi aliquod magnum bonum, quod tamen

sehung des allgütigen Gottes zu erkennen, wird uns mit Recht befohlen, an sie zu glauben, damit wir nicht in eitler Vermessenheit es wagen, das Werk eines so erhabenen Meisters in seinen einzelnen Theilen zu tadeln. Die Natur gibt in allen ihren Theilen ihrem Schöpfer die Ehre, allerdings nicht insofern sie bloß nach unserem Nutzen oder Schaden, sondern sofern sie an und für sich betrachtet wird[1]. Ja auch das, was thörichten Menschen böse dünkt, wie Feuer, Kälte, reißende Thiere u. s. w., ist an seiner Stelle wichtig, in schöner Ordnung dem Ganzen eingefügt, und trägt zu seiner Zierde und auch zu unserem Nutzen bei, wenn wir es auf gehörige und kluge Weise gebrauchen, wie denn Gifte nur dann schädlich werden, wenn man sie falsch verwendet, während sie bei vernünftigem Gebrauch sich in Heilmittel verwandeln, und umgekehrt jene Dinge, an welchen wir uns erfreuen, wie Speise, Trank und Licht, bei unmäßigem und verkehrtem Gebrauch schädlich werden können[2].

Auch die Sünde und ihre Strafe, also das, was man als das Böse bezeichnet, ist nicht im Stande, die wunderbare Ordnung des Kosmos zu stören, obgleich es seinen Ursprung nicht aus Gott hat.

Beängstigend drängt sich freilich der Gedanke auf, wie es möglich sei, die Sünde nicht auf Gott zurückzuführen, wenn doch Gott das Princip aller Dinge, der alleinige Urheber alles Lebens ist und das Böse nicht, wie die Manichäer behaupten, aus einem anderen Princip außer Gott, aus einem ewigen bösen Princip, abgeleitet werden kann. Aber unbedingt muß daran festgehalten werden, daß jeder Erklärungsversuch, der der absoluten Vollkommenheit Gottes widerstreitet, zu verwerfen ist. Die Sünde kann ihren Ursprung nicht in Gott haben, weil er der absolut Gute, der absolut Heilige ist.

Lange Zeit hatte die Frage nach dem Ursprung des Bösen den Augustinus beschäftigt und beunruhigt. Auch hierin führte ihn in philosophischer Hinsicht der Platonismus auf die rechte Fährte. In seinem Buch de libero arbitrio zeigt es sich bereits, wie er nach Anleitung des Platonismus das Böse nicht als eine dem Guten entgegengesetzte Substanz, sondern als den Gegensatz zur Substanz, als das Nichtsein

---

illo ipso esset inferius, Deus ex nihilo facere potuit, potuit etiam, quia bonus est et nulli bono invidet, facere alterum bonum, quod illo priore esset inferius, potuit et tertium, cui secundum praeponeretur et deinde usque ad infimum bonum naturarum factarum ordinem ducere, donec universitas carum, non numero indefinito incerta difflueret, sed certo terminata consisteret.

[1] De civit. Dei XII, 4.   [2] De civit. Dei XI, 22.

gegenüber dem Sein betrachtete und aus dieser Bestimmung einen Grund entnahm, um die Beunruhigungen wegen der Unbegreiflichkeit des Bösen niederzuschlagen. Denn nur das Seiende könne erkannt werden [1]. Das Böse war ihm nunmehr kein absoluter, sondern ein relativer Begriff, nur vorhanden in Rücksicht auf die Einzelwesen, deren Natur von demselben ergriffen wird, und auch in ihnen, wie die Krankheit im Organismus, am Boden des Seienden haftend. In diesem Sinne stellte er dann in seinem Buch de moribus Manichaeorum der manichäischen Frage: woher ist das Böse? die Frage entgegen: was ist das Böse? und zeigte, daß die Antwort der Manichäer, das Böse sei eine dem Wesen Gottes von Ewigkeit her entgegengesetzte Substanz, sich als unhaltbar darstelle und in die größten Widersprüche verwickle. Allerdings, sagte er, ist das Böse der Gegensatz gegen Gott; da nun aber das Wesen Gottes als das höchste Sein gedacht werden muß, so kann das Böse nicht als ein Sein, kann jede Erscheinung des Bösen nur als Wesensberaubung aufgefaßt werden. Zu dieser Auffassung wird denn auch jede nähere Erklärung des Bösen von Seiten der Manichäer hingedrängt. Dieß erörtert Augustinus im Einzelnen an den Begriffsbestimmungen: das Böse ist das, was gegen die Natur ist, das Böse ist das Schadenbringende, das Böse ist das Verderben. Wenn nämlich von den Manichäern behauptet wird, das Böse sei das, was gegen die Natur ist, so bedeutet das im Grund genommen nichts Anderes als: das Böse sei nicht ein Sein; denn Natur, Sein und Wesen sind nur verschiedene Namen für denselben Begriff. Was gegen die Natur ist, ist auch gegen das Sein oder gegen das Wesen, also selber wesenlos. Das Naturwidrige äußert sich in der Verringerung und Auflösung der Natur, zieht die Natur hin zum Nichtsein. Oder wenn die Manichäer sagen, das Böse sei das Schadenbringende, so ist das Schadenbringende insofern schädlich, als es dem, welchem es Schaden bringt, etwas Gutes entzieht; denn wo es nichts Gutes zu vernichten gibt, da gibt es auch nichts Schädliches. Abermals also äußert sich der Einfluß des Bösen darin, daß es die Substanz verringert und zum Nichtsein hinzieht. Aus demselben Grunde ist auch das Verderben gewiß keine an und für sich bestehende Substanz, sondern äußert sich nur an der Substanz, nämlich als Beraubung und Zerstörung derselben. Also stellt sich das Böse heraus nicht als eine Substanz, sondern als ein Gegensatz gegen die Substanz, von dem wohl

---

[1] De lib. arb. II, 20.

gesagt werden kann, woher es nicht ist, nämlich nicht von der göttlichen
Substanz, nicht von Gott, von dem aber nicht gesagt werden kann,
woher es sei [1].

In diesem negativen Begriff des Bösen liegt das Hauptargument
gegen die Manichäer, welche das Böse für gleich ursprünglich mit dem
Guten und für ein zweites Wesen neben jenem hielten. Alles, was ist,
sagt Augustinus, ist, insofern es ist, sowohl wahr als gut, weil alle
Natur aus Gott stammt und es keine Natur gibt, die nicht in Gott
ihren Ursprung hätte [2]. Das Böse aber existirt nie an sich, wie die
Negation nicht an sich existirt, sondern nur an einer Essenz. Es ist
demnach keine Natur, sondern wider die Natur [3] und kann nicht in
Gott seinen Ursprung haben, weil Gott der Schöpfer des Seins ist [4].
Es ist nichts Anderes als eine Verletzung, ein Verderbniß
(corruptio) sei es der Beschaffenheit oder der Form oder der natürlichen
Ordnung, ein Verderbniß des ideegemäßen Seins [5]. Es kann nur am
Guten sein, dessen Beraubung (privatio) es ist [6]. Auch die verderb=

---

[1] De morib. Manich. c. 2: Percunctamini me, unde sit malum, ac ego
vicissim percunctor vos, quid sit malum. Cujus est justior inquisitio?
Eorumne, qui quaerunt, unde sit, quod, quid sit, ignorant, an ejus, qui prius
putat esse quaerendum, quid sit, ut non ignotae rei, quod absurdissimum est,
origo quaeratur? Verissime dicitis: Quis enim ita est mente caecus, qui non
videat, id cuique generi malum esse, quod contra ejus naturam est? Sed hoc
constituto, evertitur haeresis vestra. Nulla enim natura malum, sed quod
contra naturam est, id erit malum. Ibid. c. 8: Quid enim aliud, cum quaero, quid
sit malum, responsuri estis, nisi aut quod contra naturam est aut quod noceat
aut corruptionem aut aliquid hujusmodi? At in his ostendi vestra naufragia.

[2] De civit. Dei XI, 9.

[3] De lib. arb. III, 13; de ver. rel. c. 23: Quoniam igitur vitium animae
non natura ejus, sed contra naturam ejus est nihilque aliud est, quam peccatum et poena peccati, inde intelligitur, nullam naturam vel si melius ita dicitur, nullam substantiam sive essentiam malum esse.

[4] De morib. Manich. c. 6: Cujus defectionis auctor non est, qui est
auctor essentiae.

[5] Contr. epist. Manich. c. 35: Quis enim dubitet, totum illud, quod
dicitur malum, nihil esse aliud, quam corruptionem? Possunt quidem aliis
atque aliis vocabulis alia atque alia mala nominari, sed quod omnium rerum
malum sit, in quibus mali aliquid animadverti potest, corruptio est. — De
nat. bon. c. 4: Omnis ergo natura bona est. Proinde cum quaeritur, unde
sit malum, prius quaerendum est, quid sit malum, quod nihil aliud est quam
corruptio vel modi vel speciei vel ordinis naturalis. Mala itaque natura dicitur, quae corrupta; nam incorrupta bona est.

[6] De civit. Dei XI, 9: Amissio boni mali nomen accepit. — Ibid.
XI, 22: Nomenque hoc nonnisi privatio boni.

ten Naturen sind nur insofern böse, als sie verderbt sind, aber insofern sie Naturen sind, sind sie gut; selbst ihre Fehler sind ein Zeugniß ihrer Güte; denn wären sie nicht gut, so könnten ihnen ja die Fehler nicht schaden, d. h. ihnen nichts Gutes nehmen[1]. Somit verhält es sich mit den Sünden und Fehlern der Seele ähnlich wie mit den Krankheiten des Leibes; diese sind nicht selbst Substanz, sondern Substanz ist der Leib und sie sind Verletzungen seiner inneren einheitlichen Verhältnisse, die Minderung oder Aufhebung jenes Gutes, das man Gesundheit nennt, und wenn sie durch Heilung gehoben werden, so existiren sie auch nicht mehr. Weil das Böse die Natur oder Wesenheit des ihr gebührenden Gutes beraubt, ist es ein Mangel (defectus) des Wesens, eine Negation des Guten, eine Verringerung desselben und involvirt in diesem Sinne ein Hinstreben zum Nichtsein, d. h. zum Nichtsein des Guten, weil jede Natur an sich gut ist[2] oder wie Augustinus auch sagt, einen Abfall vom Schöpfer, der alles gut geschaffen, und ein Hinstreben zu dem, aus dem alles geschaffen ist, d. h. zum Nichts[3]. Sofern aber die Corruption, welche das Böse in sich schließt, die Natur oder Substanz voraussetzt, so kann es nur eine Verminderung, nicht eine gänzliche Vernichtung des Guten oder der Wesenheit sein, weil sonst das Böse selbst, welches ohne Corruption einer ihm zu Grunde liegenden Natur nicht für sich bestehen kann, vernichtet werden müßte. Daher kann es auch kein Wesen geben, das schlechthin böse wäre, in dem sich gar nichts Gutes fände; so böse irgend ein Wesen auch sein mag, insofern es ist, d. h. ein Sein hat, ist und bleibt es immer gut. Ein schlechthin Böses, wie die Manichäer sich ein solches erträumten, wäre reine Negation, Nichtsein. Es kann nur ein unbedingt Gutes, aber kein unbedingt Böses geben[4]. Daher ergibt sich, sagt Augustinus, der

---

[1] Ibid. XII, 3.

[2] De mor. Manich. c. 6: Deficiunt autem omnia per corruptionem ab eo, quod erant, et non permanere coguntur, non esse coguntur. — Itaque quod summe et maxime esse dicitur, permanendo in se dicitur. Nam quod mutatur in pejus, non, quia manebat, mutatur, sed quia pervertebatur in pejus, id est, ab essentia deficiebat. — Mutantur ergo quaedam in meliora et propterea tendunt ad esse, — ad ordinem tendunt. Ibid. c. 2: Idipsum ergo malum est, — deficere ab essentia et ad id tendere, ut non sit.

[3] Enarr. in Ps. 7: Qui ergo defecerit eum, a quo factus est, et inclinat in id, unde factus est, id est, in nihilum, in hoc peccato tenebratur, et tamen non penitus perit, sed in infimis ordinatur.

[4] De nat. bon. c. 5; de civit. Dei XI, 22; Enchirid. c. 12: Ideo in eis (rebus) et minui bonum et augeri potest. Sed bonum minui malum est. —

merkwürdige Schluß, daß, weil jedes Wesen, insoweit es ein Wesen, etwas Gutes ist, der Satz: ein fehlerhaftes Wesen sei ein böses Wesen, nichts Anderes besagen kann als: Böse sei, was gut ist, und böse sei nur, was gut ist. Und so läßt uns beim Gegensatz zwischen gut und böse die Regel der Dialektiker im Stich, wonach sie behaupten, Entgegengesetztes könne sich bei keinem Ding gleichzeitig finden. Das Böse kann absolut nicht ohne das Gute und kann nur an dem Guten sein, während andererseits das Gute ohne das Böse sein kann. Aus dem Guten also hat das Böse seinen Ausgangspunkt genommen und nur an dem Guten kann es existiren. Es gab durchaus keinen Entstehungsgrund für eine Substanz des Bösen. Denn gäbe es eine solche, so wäre sie als Substanz gut [1].

Hieraus ergibt sich die Unhaltbarkeit des manichäischen Dualismus und der mit diesem Dualismus zusammenhängenden Lehre von der Weltbildung und Weltentwickelung. Augustinus weist nach, daß die Manichäer, wenn sie von einer Substanz des Bösen reden, nicht umhin können, gar manche Eigenschaften des Guten auf das Böse zu übertragen, daß ihre Lehre von der Weltbildung und Weltentwickelung, da sie verderbende Einwirkung des Guten auf das Böse und des Bösen auf das Gute annehme, nicht nur eine Widersinnigkeit, sondern auch eine Lästerung enthalte. Denn weder an dem vollkommenen Guten noch an dem vollkommenen Bösen sei etwas zu verderben. Gotteslästerung aber sei es, wenn man sage, daß die göttliche Natur dem Verderben ausgesetzt gewesen sei. Ebenso wenig könne man annehmen, daß eine böse Materie vorhanden war, woraus Gott schuf und die er nur bildete und ordnete und zwar so, daß er sie nicht vollständig in Gutes umwandelte. Denn dann konnte oder wollte er dieß nicht thun: jenes widerspricht aber seiner Allmacht, dieses seiner Heiligkeit. Diese Eigenschaften Gottes fordern vielmehr, daß er aus einer bösen Materie nichts machen wollte, dieselbe im Gegentheil mit seiner Allmacht vernichtete und eine gute Materie herstellte, um aus ihr die Dinge zu schaffen [2].

Gibt es demnach nichts, was seiner Natur nach böse wäre, so

Cum vero corrumpitur, ideo malum est ejus corruptio, quia eam qualicunque privat bono, nam si nullo bono privat, non nocet, nocet autem adimendo bonum. — Quae (natura) si corruptione consumitur, nec ipsa corruptio remanebit, ubi nulla esse possit subsistente natura. Ibid. c. 13: Ac per hoc nullum est, quod dicitur malum, si nullum sit bonum.

[1] Enchir. c. 13—14.   [2] Conf. VII, 5.

kann der Ursprung des Bösen nur dadurch erklärt werden, daß man mittelst des Schöpfungsbegriffes zwischen dem absoluten Wesen Gottes und dem creatürlichen Wesen oder zwischen dem Unguten und dem an dem Unguten theilhabenden Guten unterscheidet. Alle Geschöpfe sind ihrer Natur nach gut, weil die Ideen Gottes, des schlechthin Guten, die Form= principien der Dinge sind; aber weil sie nicht, wie ihr Schöpfer, auf die höchste, unwandelbare Weise gut sind, so kann das Gute in ihnen vermehrt oder vermindert werden und eben in der Verminderung des Guten besteht ja das Böse. Gott als der schlechthin Unveränder= liche ist dem Bösen nicht zugänglich, weil die Verminderung oder Berau= bung des Guten eine Veränderung involvirt, welcher das Unveränder= liche als solches nicht unterworfen sein kann, wohl aber können an sich die creatürlichen Wesen, da sie veränderlich sind, dem Bösen verfallen [1] und veränderlich sind sie ja, weil sie nicht aus und durch sich selbst sind, sondern aus nichts erschaffen sind. Darin also, daß die Dinge aus nichts geschaffen und darum veränderlich sind, liegt die Möglich= keit des Bösen und näherhin darin, daß die vernünftigen, freien Wesen veränderlich sind, liegt die Möglichkeit zu sündigen. Immer wieder finden wir in den Schriften des Augustinus den Satz: der end= liche Geist konnte sündigen, weil er aus nichts geschaffen wurde [2] und indem Augustinus in solcher Weise die Möglichkeit des Bösen aus dem Erschaffensein aus nichts ableitet, betont er den Manichäern gegenüber mit allem Nachdruck, daß er unter dem „nichts" nicht etwas Reales verstehe und ihm keine Kraft beilege, daß erschaffen sein aus nichts so viel bedeute als nicht aus dem Wesen, nicht gleicher Natur mit Gott sein und die creatürlichen Wesen dem Bösen verfallen können, obgleich sie von Gott gemacht sind, weil sie aus nichts geschaffen und nicht aus

---

[1] De civit. Dei XII, 1; enchir. c. 12: Naturae igitur omnes, quoniam naturarum prorsus omnium summe conditor bonus est, bonae sunt. Sed quia non sicut earum conditor summe atque incommutabiliter bonae sunt, ideo in eis et minui bonum et augeri potest. Sed bonum minui malum est. — De ver. relig. c. 19: Bona sunt ergo, quae vitiantur, sed ideo vitiantur, quia non summa bona sunt, non sunt Deus. Bonum ergo, quod vitiari non potest, Deus est.

[2] Contr. Jul. I, 8: Alioquin nec malam voluntatem habere posset, nisi mutabilis esset. Mutabilis porro natura non esset, si de Deo esset, non ab illo de nihilo facta esset. — De civit. Dei XII, 6: Inveniat voluntatem malam non ex eo esse incipere, quod natura est, sed ex eo, quod de nihilo natura facta est.

Gott sind und deßhalb veränderlich sind [1], sei es nun, daß die Ver=
änderungen aus dem Willen hervorgehen, wie bei den vernünftigen Wesen,
oder aus den eigenen Qualitäten der Dinge. Weil diese Veränderungen
einen verschiedenen Ursprung haben können, so ist allerdings Geschaffen=
sein nicht identisch mit Sündigenkönnen; nicht alles, was aus nichts
geschaffen ist, kann sündigen, wie denn die unvernünftigen und die leblosen
Geschöpfe nicht sündigen können; aber umgekehrt ist alles, was sündigen
kann, aus Nichts erschaffen, und bei den vernünftigen Wesen fällt die
Möglichkeit zu sündigen mit dem Erschaffensein aus nichts zusammen,
so daß sie nicht eine Möglichkeit ist, die auch nicht sein könnte, sondern
die, eben weil die Natur aller creatürlichen Wesen veränderlich ist, nicht
nicht sein kann.   Diese Nothwendigkeit des Sündigenkönnens ist aber
noch keine Nothwendigkeit, wirklich zu sündigen, und deßhalb fällt von
der der Creatur innewohnenden Möglichkeit zu sündigen noch keine Schuld
auf Gott [2].

Durch diese allgemeinen Bestimmungen, welche Augustinus über das
Wesen und den Ursprung des Bösen gibt und wonach dieses für etwas
nicht Substantielles erklärt wird, ist das Böse in negativer Weise definirt.
Von diesem negativen Moment im Begriff des Bösen schreitet Augustinus
weiter zum positiven Moment, wonach das Böse seine bewirkende Ur=
sache im menschlichen Willen hat [3]. Vermöge seiner veränderlichen
Natur kann der Mensch sündigen; wenn er aber wirklich sündigt,
so ist dieß eine Thätigkeit des Willens. Das Können zu bethätigen,
hängt vom Willen ab. Dieser kann sündigen, aber er muß nicht
sündigen; zwischen dem Sündigenkönnen, welches Natur ist, und dem
wirklichen Sündigen, das schuldbar ist, besteht ein großer Unterschied [4].

---

[1] Contr. Jul. I, 8: Quapropter bonorum auctor est Deus, dum auctor
est naturarum; quarum spontaneus defectus a bono non indicat, a quo factae
sunt, sed unde factae sunt. Et hoc non est aliquid, quoniam penitus
nihil est.

[2] Contr. Jul. op. imp. V, 62: Ac per hoc rectissime malum, quod his
naturis adscribitur, ei, a quo sunt conditae, non adscribitur, quia non eas ita
condidit, cum primum condidit, ut eis esset habendae malae voluntatis ulla
necessitas, sed tantummodo possibilitas.

[3] Enchir. c. 23: Nequaquam dubitare debemus, rerum, quae ad nos
pertinent, bonarum causam non esse nisi bonitatem Dei, malarum vero ab
immutabili bono deficientem boni mutabilis voluntatem, prius angeli, hominis
postea.

[4] Contr. Jul. op. imp. c. 60: Prorsus ita factus est homo, ut peccandi
possibilitatem haberet a necessario, peccatum vero a possibili. Non igitur

Liegt somit die Möglichkeit des Bösen in dem Erschaffensein des Menschen,
so ist die Wirklichkeit des Bösen ihrem Ursprung nach auf die freie
Selbstbestimmung des Menschen zurückzuführen. Die Sünde ist nicht
eine wirkliche Sache, sondern eine Handlung des freien Willens[1]. Wäre
sie eine Sache, so hätte sie ihren Ursprung in Gott, ist sie aber ein
Akt, so ist dieß der Akt einer vernünftigen Creatur[2]. Tiefer läßt sich
der Ursprung des Bösen nicht ergründen. Der Wille ist die bewirkende
Ursache seiner Handlungen, ein weiteres Forschen hätte also nur den
Sinn, die Ursache der Ursache finden zu wollen. Daher ist wohl der
Wille die bewirkende Ursache für sein Bösesein. „Denn was ist es,
das den Willen böse macht, da eben er das böse Werk vollbringt? Und
deßhalb bewirkt der böse Wille das böse Werk, eine bewirkende Ursache
des bösen Willens aber gibt es nicht."[3] Daß dem so ist, bezeugt jedem
Menschen der klare Ausspruch des Selbstbewußtseins. Jeder Menschengeist kann das durch göttliche Schrift ihm eingeschriebene Wort lesen,
daß keine Sünde ohne freie Zustimmung des Willens geschehe. Ebenso
zeugt hiefür das Lob, das der Tugend und Gerechtigkeit, und der Tadel,
welcher der Sünde und der Ungerechtigkeit zu Theil wird[4]. Auch die
Reue ist eine dem Menschen eingeprägte Schrift, welche bezeugt, daß die

---

ideo peccavit, sed ideo peccare potuit, quia de nihilo factus est. Inter peccavit et peccare potuit plurimum distat. — De ver. vel. c. 20: Vitium ergo
animae est, quod fecit et difficultas ex vitio poena est, quam patitur, et hoc
est totum malum; facere autem et pati non est substantia, quapropter substantia non est malum.

[1] De perf. just. c. 2: Quaerendum est, quid est peccatum, actus an res?
Respondendum est, peccatum quidem actum dici, non rem. — De lib. arb.
III, 1: Non enim quidquam tam firme atque intime sentio, quam me habere
voluntatem eaque me moveri ad aliquid fruendum. Quid autem meum dicam,
prorsus non invenio, si voluntas, qua volo et nolo, non est mea. Quapropter
cui tribuendum est, si quid per illam male facis, nisi mihi?

[2] Conf. XII, 1: Hoc solum a te non est, quod non est motusque voluntatis a te, qui es, ad id, quod minus est, quia talis motus delictum atque
peccatum est.

[3] De civit. Dei XII, 6; de lib. arb. III, 17: Sed quae tandem esse poterit ante voluntatem causa voluntatis? — Aut igitur ipsa voluntas est prima
causa peccandi aut nullum peccatum est prima causa peccandi.

[4] De duab. anim. c. 11: Exspecta, sine prius etiam peccatum definia-
mus, quod sine voluntate esse non posse omnis mens apud se divinitus scriptum legit. — Quodsi nemo vituperatione vel damnatione dignus est, aut non
contra vetitum justitia faciens aut, quod non potest, non faciens, omne autem
peccatum vel vituperandum est vel damnandum, quis dubitet tunc esse peccatum, cum et velle injustum est et liberum nolle.

Sünde eine That des freien Willens ist. Sie ist jene heilsame Gemüths=
stimmung, in welcher der Reumüthige fühlt, daß er Böses gethan habe,
während er hätte Gutes thun können [1].

Böse wird der Wille durch Abfall (deficere) vom höchsten und
Hingabe an geringeres Sein. Dieses geringere Sein aber ist weder
selbst als solches böse, weil ja alle Wesen von Natur aus gut sind,
noch macht es durch sich den Willen böse, da das Gute doch das Böse
nicht bewirken kann. Es ist z. B. Geld und Gut nicht Schuld an der
Habsucht, noch die Schönheit des Leibes an der sündhaften Lust, noch
der Ruhm an der Eitelkeit, noch die Macht an dem Stolze, sondern
was den Willen böse macht, ist die Verkehrtheit seiner Richtung, in der
er sich von Gott abkehrt und auf unrechtmäßige und ungeordnete Weise
nach dem Niederen begehrt [2]. Eben deßhalb gibt es keine bewirkende
(efficiens) Ursache des Böseseins des Willens, sondern nur eine er=
mangelnde (deficiens); denn man fängt ja an, einen bösen Willen zu
haben, wenn man von dem abfällt, was auf die höchste Weise ist, zu
dem, was weniger ist, so daß der Wille, wenn er böse wird, es durch
sich selbst wird, aber nicht naturgemäß, sondern durch Abfall von der
ideegemäßen Bestimmung seines Wesens, so daß er durch das Bösewerden
an sich selbst keine Seinsbeförderung, Seinsvervollkommnung (perfectio),
sondern eine Seinsverminderung (defectio) incurrirt. Die bewirkende
Ursache dieses Abfalls finden zu wollen, hieße gerade so viel, als die
Finsterniß sehen und das Schweigen hören wollen, die wir beide durch
die Augen, beziehungsweise durch die Ohren wahrnehmen, aber nicht in
einem Abbild, sondern durch Beraubung des Abbildes. Das leibliche
Auge sieht die körperlichen Formen und sieht nirgends Finsterniß, außer

---

[1] Ibid c. 14: Poenitendi enim affectio illa, quae prodit male fecisse
poenitentem, et bene facere potuisse testatur.

[2] De civit. Dei XII, 6: Cum enim se voluntas relicto superiore ad in-
feriora convertit, efficitur mala: non quia malum est, quo se convertit, sed
quia perversa est ipsa conversio. Idcirco non res inferior voluntatem malam
facit, sed rem inferiorem prave atque inordinate ipsa, quae facta est, appeti-
vit. — Ibid. c. 7: Deficere namque ab eo, quod summe est, ad id, quod
minus est, hoc est incipere habere voluntatem malam. — De lib. arb. I, 16:
Est ita, ut dicis, et assentior, omnia peccata hoc uno genere contineri, cum
quis avertitur a divinis vere manentibus et ad mutabilia atque incerta con-
vertitur. Quae, quamquam in ordine suo recte locata sint et suam quandam
pulchritudinem peragant, perversi tamen animi est et inordinati, eis sequendis
subjici.

wo es aufhört zu sehen. Ebenso wird das Schweigen gar nicht anders
wahrgenommen, als dadurch, daß nichts gehört wird [1].

Gott als das absolute, unwandelbare Sein, bei welchem Sein und
Gutsein identisch ist, kann sich nicht selbst verlassen, von sich abfallen,
sonst müßte er ja sein eigenes Sein negiren; auch hat er als das absolut
vollkommene Sein nichts Besseres über sich, an das er sich hinzugeben
hätte, kann also nicht durch Abfall von demselben sündigen [2]. Beim
endlichen Geiste dagegen ist das Sein nicht identisch mit dem Gutsein,
sein Sein ist nicht ein aus und durch sich Gutsein. Ferner hat er als
endliches Wesen sein Ziel und Ende nicht in sich, sondern in einem
Höheren über sich, von dem und durch das er ist; als nicht durch sich
gut, ist er nur gut durch Theilnahme an dem absoluten Guten. Er
muß deßwegen nothwendig in seinem Sein verlieren, wenn er von Gott,
dem höchsten Sein abfällt, mit dem vereinigt er seine Vollendung und
Seligkeit findet [3]. Daß ihm aber von Natur die Möglichkeit inhärirt,
sich auch anders zu bestimmen, als es in seiner objectiven Bestimmung
liegt, hat seinen Grund darin, daß er seiner Natur nach nicht nur in
Beziehung steht zu Gott, sondern auch zu sich selbst, zu Seinesgleichen
und zu den unter ihm stehenden Dingen der Natur. Daher ist es in
seiner Natur nothwendig gelegen, daß es ihm möglich ist, statt sich Gott
zuzuwenden, sich von Gott abzukehren und statt Gott sich selbst oder ein
anderes Geschöpf zum Mittelpunkt seines Strebens zu machen, wodurch
er aber nothwendig geringer wird und unglücklich, da er seine Vollen=
dung und Glückseligkeit nur in Gott, dem schlechthin höchsten Wesen
finden kann [4]. Und weil dieser Abfall von Gott eine Verringerung
seines Wesens in sich schließt, so ist er etwas, was nicht sein soll, was
seinem Sein Verderben bringt, also gegen seine Natur (contra naturam)
ist. Als Verringerung seines Wesens, sagt Augustinus, ist er eine
Strebung zum Nichts. Es wird nämlich nicht dasjenige geringer, zu
dem sich der Wille hinneigt, sondern er selber, der sich hinabneigt, wird
geringer und fängt an weniger zu sein, als er war, nicht als ob er

---

[1] De civit. Dei XII, 7.

[2] Contr. Jul. op. imp. I, 31: Et ideo ista natura non potest omnino
peccare, quia non potest se ipsum deserere nec meliorem habet, cui debeat
inhaerere et cujus possit desertione peccare. — Adv. Faust Manich. XXII, 22:
Deus omnino peccare non potest, sicut negare se ipsum non potest; homo
autem potest peccare et Deum negare.

[3] De mor. Manich. II, 4.

[4] De civit. Dei XII, 6; de lib. arb. II, 19.

etwa das würde, zu dem er sich hinneigt, sondern er wird nur in seiner
Art geringer; der Geist z. B. wird nicht Körper, wenn er sich zu ihm
hinneigt, aber wegen seines mangelhaften Strebens verkörpert er sich
gewissermaßen. Der Abfall vom höchsten Sein ist insofern nicht nichts,
aber ein Hinstreben zum Nichts, eine Bewegung des Willens, in der er
von dem Glücklichen und Ewigen sich ab= und dem, was nicht Gott ist,
dem Wandelbaren und Vergänglichen, sich selbst, dem Aeußeren und
Niederen, kurz demjenigen sich zukehrt, was geringer ist und ihn, wenn
er sich zu ihm hinneigt, geringer macht[1]. Diese Verringerung des
Wesens ist nämlich nicht in quantitativem, sondern in qualitativem Sinn
zu verstehen. Durch den Abfall von Gott, der auf die höchste und
v o l l k o m m e n s t e Weise ist, fällt der Mensch von seiner ideegemäßen
Bestimmung ab und fängt an in mangelhafter, unvollkommenerer Weise
zu sein; er strebt hin zum Nichts, weil alles Sein gut und um so wahrer
ist, auf je höhere und vollkommenere Weise es ist[2]; es ist ein Abfall
von der ewigen Idee, nach der der Mensch geschaffen ist, von dem ewigen
Formprincip, dem gemäß der Mensch in der Hingabe an Gott sich in
seiner Seinsweise vervollkommnen, Gott immer ähnlicher werden und die
Vollendung seines Seins in der ewigen Seligkeit finden soll[3]. Der

---

[1] De civit. Dei XIV, 13: Relicto itaque Deo esse in semetipso, hoc est,
sibi placere, non jam nihil esse est, sed nihilo propinquare. — Contr. Secund.
Manich. c. 11: Deficere autem non jam nihil est, sed ad nihilum tendit. Cum
enim ea, quae magis sunt, declinant ad ea, quae minus sunt, non illa, in quae
declinant, sed illa, quae declinant, deficiunt et minus esse incipiunt quam
erant: non quidem, ut ea sint, ad quae declinaverunt, sed pro suo genere
minus.

[2] De immortal. anim. c. 7: At enim aversio ipsa a ratione, per quam
stultitiam contingit animo, sine defectu ejus fieri non potest: si enim magis
est ad rationem conversus eique inhaerens, ideo quod inhaeret incommutabili
rei, quae est veritas, quae et maxime et primitus est, cum ab ea est aversus,
idipsum esse minus habet, quod est deficere   Omnis autem defectus tendit
ad nihilum.

[3] Ibid. c. 8: Tanto enim magis est corpus, quanto speciosius est atque
pulchrius, tantoque minus est, quanto foedius ac deformius, quae defectio
non praecisione molis, sed speciei putatione contingit: quaerendum de hac re
diligenter ac discutiendum est, ne quis affirmet animum tali defectu interire,
ut quoniam specie aliqua sua privatur, dum stultus est, credatur in tantum
augeri hanc privationem, ut omnimodo specie spoliet animum et ea labe ad
nihilum redigat cogatque interire. — De Genes. ad lit. I, 4: Non imitatur
imperfectio, cum dissimilis ab eo, quod summe ac primitus est, informitate
quadam tendit ad nihilum, sed tunc imitatur verbi formam, sed semper atque
incommutabiliter patri cohaerentem, cum et ipsa pro sui generis conversione

Mensch ist seiner Substanz nach gut, wird aber ein um so besseres Gut, je mehr er sich freiwillig an Gott hingibt, durch den er zur seligen Existenzweise, zur Theilnahme an der ewigen Seligkeit des göttlichen Wesens gelangen kann, während er umgekehrt durch den Abfall von Gott sein Sein verschlechtert und dem ewigen Verderben sich preisgibt[1].

Hienach ist der Ursprung der Sünde, obgleich Gott der Urgrund aller Dinge ist, nicht auf Gott, sondern auf den freien Willen des Menschen, auf den Mißbrauch dieses Willens zurückzuführen. Erhebt man nun den Einwand, es wäre besser gewesen, Gott hätte den freien Willen gar nicht gegeben, weil dann der Mensch denselben nicht hätte zum Bösen mißbrauchen können, so ist zu betonen, daß Gott ihn nicht zum Mißbrauch, sondern zum guten Gebrauch gegeben hat, damit der Mensch dadurch tugendhaft und selig werde. In dieser Eigenschaft als posse non peccare ist der Wille selbst schon ein hohes Gut und könnten ohne ihn die höchsten Güter, Tugend und Seligkeit, nicht erworben werden. Hätte er ihn aber wegen seines möglichen Mißbrauchs nicht geben sollen, so durfte er überhaupt gar keine Güter geben, welche miß= braucht werden können. Ohne freien Willen wäre die Belohnung des Guten wie die Bestrafung des Bösen völlig ungerecht[2].

---

ad id, quod vere ac semper est, id est ad creatorem suae substantiae formam capit, ut sit perfecta creatura. — Scriptum est, dixit Deus: fiat, ut per id, quod principium est, insinuet exordium creaturae existentis ab illo adhuc imperfectae, per id autem, quod verbum insinuet perfectionem creaturae revocatae ad eum, ut formaretur inhaerendo creatori et pro suo genere imitanda formam sempiterne atque incommutabiliter inhaerentem patri.

[1] De Genes. ad lit. VIII, 10: Quia Deus est incommutabile bonum, homo autem et secundum animam et secundum corpus mutabilis res est, nisi ad incommutabile bonum, quod est Deus, conversus substiterit, formari, ut justus beatusque sit, non potest. — Ibid. c. 14: Mutabile bonum melius bonum fit, cum bono incommutabili adhaeserit amando atque serviendo rationali et propria voluntate. — Quod si noluerit, bono se privat, et hoc ei malum est. — Contr. Secund. Manich. c. 17: Defectus ergo malus est. Omnis ergo defectus ab eo, quod est, tendit, ut non sit, sicut omnis profectus ab eo, quod minus est, tendit, ut magis sit. — Ibid. c. 19: Ecce unde est malum, a propria scilicet voluntate. Non autem ista natura, sed culpa est, ac per hoc etiam contraria naturae, cui utique nocet privando eam bono, quo beata esse possit, si peccare noluisset.

[2] De lib. arb. II, 1: Si homo aliquod bonum est et non posset, nisi cum vellet, recte facere, debuit habere liberam voluntatem, sine qua recte facere non posset. Non enim, quia per illam etiam peccatur, ad hoc eam Deum dedisse credendum est. Satis ergo causae est, cur Deus debuerit, quoniam sine illa homo recte non potest vivere.

Hiezu kommt aber noch ein weiterer Punkt. Im creatürlichen Geist liegt allerdings die Möglichkeit zu sündigen, aber diese Möglichkeit ist nicht in dem Sinne eine nothwendige, daß sie in der Natur des creatürlichen Geistes für immer verbleiben müßte, sondern nur eine mit der Natur desselben zwar nothwendig gegebene, aber für diese selbst vorübergehende, da der creatürliche Geist, für den das posse non peccare schon ein Gut ist, die Aufgabe hat und eben kraft seines freien Willens auch im Stande ist, durch fortgesetzte gute Willensbethätigung, durch fortgesetzten guten Gebrauch des Willens das posse peccare seiner Natur allmählich zu überwinden und zu negiren und sich das, was nur Gott, nicht aber der Creatur von Natur aus zukommt, nämlich das non posse peccare (von welchem in der Psychologie die Rede war), jene eigentliche, sittliche Freiheit zu erringen, welche zugleich in sich eine glückliche Nothwendigkeit ist, zu der er, unterstützt von der Gnade Gottes, von der natürlichen Nothwendigkeit der Möglichkeit zu sündigen fort=schreiten soll [1].

Sagt man aber, Gott hätte wenigstens jene, von denen er voraus=sah, daß sie sein Geschenk des freien Willens mißbrauchen und sündigen würden, nicht erschaffen sollen, so ist auch dieß eine thörichte Forderung. Denn mögen sie auch noch so befleckt sein durch die Sünde, so besitzen sie dennoch eine höhere Würde als z. B. das sinnliche Licht, dessen An=blick doch alle zum Preise des Schöpfers auffordert. Wenn ein durch=gehendes Pferd immer noch besser ist als ein Stein, der nicht durchgeht, weil es ihm an Bewegung mangelt, so ist auch ein Geschöpf, das mit freiem Willen sündigt, demjenigen noch weit vorzuziehen, das bloß deß=halb nicht sündigt, weil es keinen freien Willen hat [2]. Meint man aber, Gott hätte diejenigen, von denen er voraussah, daß sie sündigen werden, deßhalb nicht erschaffen sollen, weil die Sünde den Menschen unglücklich macht, so ist hervorzuheben, daß auch das Nichtsein keines=wegs besser ist als das Unglücklichsein und daß es nur eine Täuschung ist, wenn ein Unglücklicher das Nichtsein vorzieht. Denn wenn er auch

---

[1] Contr. Jul. op. imp. V, 56: Quis enim tam sit mente caecus, ut non videat, magnum bonum esse naturae, posse non peccare, quamvis majus sit, non posse peccare, atque ordinatissime constitutum, ut hoc prius esset, unde fieret hominis meritum, et illud esset postea bene meriti praemium. — De civit. Dei XXII, 30: Aliud est enim esse Deum, aliud participem Dei. Deus natura peccare non potest, particeps vero ab illo accipit, ut peccare non possit.

[2] De lib. arb. III, 5.

das Unglücklichsein verwünscht, so wünscht er doch das Sein. Als un=
zufrieden zeigt er sich undankbar, weil er noch ein Sein besitzt, das er
liebt, und wird daher mit Recht zu einem anderen Sein genöthigt, das
er nicht liebt. Allein eben weil er auch als Undankbarer noch besitzt,
was er wünscht, nämlich das Sein, muß die Güte des Schöpfers ge=
priesen werden [1]. Jeder zieht zuletzt auch ein unglückliches Dasein dem
Nichtsein vor, weil er selber vom höchsten Sein abstammt. Wenn er
nun das Unglücklichsein verschmäht, so möge er die ihm angeborene
Liebe zum Sein pflegen und je mehr er es lieben wird, desto ähnlicher
wird er dem höchsten Sein werden. Damit wird aber auch sein Ver=
langen nach der ewigen Glückseligkeit wachsen und der Wille in ihm
vorherrschend werden, sich so zu gestalten, daß sein Verlangen nicht mehr
auf zeitliche und vergängliche Dinge geht, sondern auf das ewige
Sein, womit er dann von selbst aufhört, unglücklich zu sein [2]. Und so
dient denn zeitliches Unglück vielfach zur Heilung und Besserung, be=
ziehungsweise zur Prüfung und Läuterung des Menschen. Es ist ganz
absurd, zu sagen, man wolle lieber nicht sein, als unglücklich sein. Denn
wenn jemand sagt: ich will lieber dieses als jenes, so wählt er etwas
aus. Das Nichtsein aber ist kein Etwas, sondern ist nichts und es kann
unmöglich auf vernünftige Weise gewählt werden, wo der Gegenstand,
den man wählt, nichts ist. Man wählt immer das Bessere; allein was
nichts ist, kann unmöglich das Bessere sein. Wer etwas Rechtes wünscht,
wird durch die Erfüllung seines Wunsches besser. Aber wer nicht ist,
kann offenbar auch nicht besser werden. Somit kann niemand vernünf=
tiger Weise das Nichtsein wünschen. Das Verlangen aller, welche sich
den Tod wünschen, zielt denn auch nicht auf ein eigentliches Nichtsein
ab, sondern auf Ruhe, die wiederum ein Sein und zwar ein vollkom=
menes Sein ist [3].

Wenn indessen das Unglücklichsein als Sein immer noch eine Offen=
barung der göttlichen Güte ist, so gibt sich in ihm noch weit mehr eine
andere intelligible Idee, eine andere Eigenschaft der intelligibeln
göttlichen Wesenheit kund, die Gerechtigkeit Gottes, die sich in der
Welt, als dem geschaffenen Abbild Gottes, ebenso gut kundgeben muß,
als seine Schönheit oder seine Weisheit oder seine Güte und deren Offen=
barung, nachdem einmal Sünder da sind, nur in der Bestrafung der
Sünden bestehen kann, wie umgekehrt im Werke der Erlösung sich die

---

[1] Ibid. III, 6.   [2] Ibid. III, 7.   [3] Ibid. III, 8.

Barmherzigkeit Gottes offenbarte[1]. Nach derselben von Gott ge=
setzten Weltordnung, in welcher wir die Weisheit und Güte Gottes
preisen, folgt nothwendig den guten Willenshandlungen ein glückliches,
seliges, den bösen ein unglückseliges Leben. Augustinus bleibt nicht bei
dem Gedanken stehen, daß nach nothwendigem natürlichem Gesetze aus
der Sünde Uebel folgen; vielmehr offenbart sich nach ihm in dieser
Ordnung die göttliche Gerechtigkeit, weil es nicht nur natürlich noth=
wendig, nicht nur Folge der Degradation unseres Wesens durch Priva=
tion ist, sondern weil es gerecht ist, daß Uebel mit der Sünde ver=
bunden sind. Zur Offenbarung der göttlichen Gerechtigkeit ist nothwendig,
daß der Schuld Strafe entspreche. Gott, sagt er, ist aller Dinge Ord=
ner und Schöpfer, der Sünde aber nur Ordner[2] und er ordnet gemäß
seiner Gerechtigkeit die Sünde so, daß sie die Harmonie und Ordnung
der Welt überhaupt nicht beeinträchtigen kann. Betont Augustinus im
Kampfe gegen den Manichäismus überhaupt in erster Linie die Ordnung
und Harmonie in der Welt als der Offenbarung der göttlichen Eigen=
schaften, so konnte er hoffen, dem Manichäismus am kräftigsten zu
begegnen mit dem Satze: es gibt nichts, was die göttliche Ordnung
stören kann; alles hat seine Harmonie in sich und wenn nicht in sich,
so doch im Ganzen; auch das Böse ist der allgemeinen Ordnung und
Harmonie unterworfen zur Offenbarung der göttlichen Gerechtigkeit.
Jedes vernünftige Geschöpf muß dieser Gerechtigkeit seine Schuld be=
zahlen, entweder durch guten Gebrauch dessen, was es empfing, oder
durch Verlust dessen, was es nicht gut gebrauchen wollte; entweder durch
Uebung der Gerechtigkeit oder durch Erduldung von Leiden. Auch sind
Schuld und Strafe nicht zeitlich von einander getrennt, sondern unmittel=
bar mit einander verbunden, damit keinen Augenblick die Schönheit des
Universums dadurch getrübt werde, daß in ihr die Häßlichkeit der Sünde
erscheint ohne die Zierde der gerechten Strafe[3], sondern immerbar jede
ungeordnete, sündige Seele sich selbst zur Strafe ist[4]. Hierin liegt die

---

[1] Ibid. III, 10.

[2] Conf. I, 10: Deus ordinator et creator omnium rerum naturalium,
peccatorum autem tantum ordinator.

[3] De lib. arb. III, 15; de doctr. christ. I, 31: Quia bonus est, sumus,
et in quantum sumus, boni sumus. Porro autem quia etiam justus est, non
impune sumus mali.

[4] Conf. I, 12: Jussisti enim et sic est, ut poena sua sibi sit omnis in-
ordinatus animus. — De ver. rel. c. 23: Neque de peccatis poenisque ejus
animae efficitur, ut universitas ulla deformitate turpetur. Quia rationalis sub-

gerechte Ordnung und Schönheit der Welt. Die Schönheit und
Ordnung der Welt ist nicht ohne die Gerechtigkeit und erweist sich eben
auch durch diese zugleich als Schönheit und Ordnung[1]. Ebenso ist die
Gerechtigkeit nicht ohne die Güte; denn alles, was gerecht ist, ist ja auch
gut[2] und darum ist auch die Strafe der Sünde, weil sie gerecht ist,
nach der von Gott gesetzten Ordnung geschieht, selber gut und trägt
demnach selber zur Vollkommenheit der Welt bei. Daher sind auch die
in Folge der Sünde unglückselig Gewordenen, die gerechter Weise unglückselig sind, selbst in ihrem Elend innerhalb der Ordnung[3]. Ohne
die Sünde würde die Schöpfung auf allen ihren Stufen Gott verherrlicht haben, aber mit der Sünde verherrlicht sie ihn nicht minder, insofern durch die Gerechtigkeit Gottes die Entwickelung der Sünde geordnet
und durch die gerechte Strafe für die Sünde die Schmach derselben aus-
geglichen wird. Somit gereicht die Klage, daß durch den Abfall des
menschlichen Willens von Gott so großes Elend und Verderben über die
menschliche Natur gekommen sei, nur zum Lobe der menschlichen Natur
und ihres gerechten Schöpfers; im Gehorsam gegen das von ihm geordnete ewige Gesetz und in Gemeinschaft mit ihm zu verharren, ist das
erste und höchste Gut des Menschen.

Deßhalb kann man auch nicht den Einwand erheben, Gott sei
allerdings nicht der Urheber des Bösen; allein wenn Gott es nicht zu-
gelassen hätte, könnte es sich in der Welt nicht vorfinden, da ohne den

---

stantia, quae ab omni peccato munda est Deo subjecta, subjectis sibi ceteris
dominatur. Ea vero, quae peccavit, ibi ordinata est, ubi esse tales decet,
ut Deo conditore atque rectore universitatis decora sint omnia. Et est pulchritudo universae creaturae per haec tria inculpabilis: damnatione peccatorum, exercitatione justorum, perfectione beatorum.

[1] De quant. anim. c. 36: Id enim judicavit esse pulcherrimum, ut esset,
quidquid est, quomodo est, et ita naturae gradibus ordinaretur, ut consideran-
tem universitatem nulla offenderet ex ulla parte deformitas omnisque animae
poena et omne praemium conferret semper aliquid proportioni justae pulchritudinis dispositionique rerum omnium. — De ver. rel. c. 15: Et est justitiae
pulchritudo cum benignitatis gratia concordans, ut, quoniam bonorum inferiorum
dulcedine decepti sumus, amaritudine poenarum erudiamur.

[2] Enchir. c. 96. 100. 102.

[3] De lib. arb. III, 6; de civit. Dei XIX, 13; music. VI, 11: Ita peccantem hominem ordinavit Deus turpem, non turpiter. Turpis enim factus est
voluntate universum amittendo, et ordinatus in parte est, ut, qui legem agere
noluit, a lege agatur. Quidquid autem legitime, utique juste, et quidquid
juste, non utique turpiter agitur, quia etiam in malis operibus nostris Dei
opera bona sunt.

Willen Gottes nichts sei; das Böse sei daher wohl g e g e n den göttlichen
Willen, insofern er es vermöge seiner Heiligkeit verabscheut, aber es sei
doch nicht in d e m Sinne gegen den göttlichen Willen, daß es ganz
wider Gottes Willen da wäre; hätte Gott es nicht zulassen wollen, so
wäre es auch nicht da. Hiegegen ist zu bemerken: wenn das Böse als
solches nicht gut ist, so muß es doch gut sein, daß das Böse ist, eben
weil es nicht ohne Gottes zulassenden Willen da ist. Es ist aber beß=
halb gut, daß das Böse sei, weil es selbst wiederum dem Guten dienen
muß. Es ist zwar g e g e n die Ordnung, sofern es dieselbe stören will;
aber es ist doch wiederum nicht a u ß e r der Ordnung, weil Gott das
Böse, weil es einmal da ist, der Ordnung unterwirft[1]. Ja so groß
ist Gottes Weisheit und Macht, daß er alles, was seinem Willen auch
noch so sehr entgegen zu sein scheint, zu dem guten und rechten Ziele
lenkt, das er vorhersah und festsetzte. Er hielt es für besser, aus dem
Bösen selbst Gutes zu bereiten, als gar kein Böses zuzulassen[2]. Und
wenn er dabei das Böse der Strafe unterzieht, so findet keine Aenderung
seines Willens statt, so daß er jetzt denjenigen zürnen würde, gegen die
er vorher gütig war; vielmehr verändern sich diese und finden Gott in
den Strafen, die sie erleiden, verändert, ähnlich wie sich die Sonne
ändert gegen kranke Augen und in gewisser Weise hart wird gegen die,
denen sie vorher freundlich war, obwohl sie in sich selbst immer dieselbe
bleibt[3].

In solcher Weise der Ordnung unterworfen, vermag das Böse so

---

[1] Adv. Faust. Man. XXVI, 3: Sed nec ipse homo contra naturam quidquam facit, nisi cum peccat, qui tamen supplicio redigitur ad naturam; ad
naturalem quippe justitiae ordinem pertinet, ut aut peccata non fiant aut im-
punita esse non valeant; quodlibet horum sit: naturalis ordo servatur, si non
ab anima, certe a Deo. — Music. VI, 14: Amor inferioris pulchritudinis
animam polluit, quae amisit ipsa ordinem suum, nec tamen excessit ordinem
rerum, quandoquidem ibi est et ita est, ubi esse et quomodo esse tales
ordinatissimum est. Aliud enim est tenere ordinem, aliud ordine teneri.

[2] De lib. arb. III, 12; enchir. c. 27; De Genes. ad lit. XI, 6: Cum
etiam per injustos justi ac per impios pii proficiunt, frustra dicitur: Non
crearet Deus, quos praesciebat malos futuros. Cur enim non crearet, quos
praesciebat bonis profuturos, ut et utiles eorum bonis voluntatibus exercen-
dis admonendisque nascantur et juste pro sua mala voluntate puniantur. —
Adv. Faust. Manich. XVI, 21: Ad aliquem usum sanctorum ordinatur omnis
caecitas impiorum a summo Deo, qui pro sui regiminis aequitate bene utitur
etiam malis, ut, qui pro suo arbitrio injuste vivunt, illius judicio juste dis-
ponantur.

[3] De civit. Dei XXII, 2.

wenig die Vollkommenheit der Welt zu trüben, daß es im Gegentheil
noch zur Erhöhung der Welt dienen muß. In die wunderbare Schön=
heit des Universums wohl eingeordnet, hebt das, was böse heißt, das
Gute zu dessen Empfehlung hervor, so daß dasselbe in höherem Maße
gefällt und als preiswürdiger sich darstellt, da es mit dem Bösen in
Vergleich kommt und dieses ihm dienstbar gemacht wird [1]. So hat Gott
die Ordnung der Welt gleichsam wie ein schönes Gedicht durch Antithesen
geschmückt und die Schönheit der Welt durch Gegenüberstellung wider=
streitender Dinge erhöht [2] und wie der Schatten, gehörig angebracht, nur
die Schönheit eines Gemäldes vermehrt, so ist das Universum der Dinge,
wenn jemand dasselbe überschauen könnte, auch mit den Sünden schön,
obwohl diese für sich betrachtet durch eigene Mißgestalt häßlich sind [3].

Endlich aber müssen wir uns überhaupt, wie schon bemerkt wurde,
die Welt ächt philosophisch als ein organisches Ganze denken, worin jedes
Glied mit Nothwendigkeit vorhanden ist, insofern es von der Idee des
Ganzen gefordert wird. Darum ist auch die Existenz willensfreier und
darum der Sünde fähiger Wesen nicht etwas Zufälliges und von Gott
willkürlich in der Welt Gesetztes, sondern mit der Idee der Welt noth=
wendig gegeben. Im Begriff der Welt liegt überhaupt schon eine Tota=
lität des Seins, so daß eine lückenhafte, unvollständige Welt nicht einmal
ein Universum, ein Kosmos wäre. In Hinsicht auf die Vollständigkeit
der Welt und auf die vollkommene Ordnung in der Verbindung aller
Wesen, sowohl im Raume als in der Zeit, kann daher die Schöpfung
keines einzigen Menschen, auch dessen nicht, der seinen freien Willen zur
Sünde mißbraucht, überflüssig sein, da ja nicht einmal das Blatt eines
Baumes zwecklos geschaffen wurde [4]. Damit ist nicht gesagt, daß die
Sünde und die aus ihr entspringende Unseligkeit zur Vollkommenheit
des Weltalls nothwendig sei. Nothwendig sind nur willensfreie Wesen,
welche sündigen können und, wenn sie gesündigt haben, nothwendig
unselig werden. Wenn nach Hinwegnahme der Sünde die Unseligkeit
noch fortdauerte oder wenn sie schon den Sünden vorausginge, so würde
dieß allerdings der Idee eines Kosmos nicht entsprechen. Wenn aber

---

[1] De lib. arb. III, 9; enchir. c. 10—11.   [2] De civit. Dei XI. 18.
[3] Ibid XI, 23.
[4] De lib. arb. III, 23: Quibus respondetur: ad universitatis complexum
et totius creaturae vel per locos vel per tempora ordinatissimam connectionem
non posse superfluo creari qualemcunque hominem, ubi folium arboris nullum
superfluo creatur.

Sünden geschehen würden, ohne daß sie die Unseligkeit mit sich brächten, so würde das Böse die Ordnung des Kosmos zerrütten. Bleiben alle, welche nicht sündigen, selig, so ist das Universum allerdings vollkommen, aber es ist es nicht minder, wenn alle, welche sündigen unselig werden. Denn durch die Strafe wird ja, wie gesagt, die Sünde mit der allgemeinen Ordnung in Uebereinstimmung gebracht und die Strafe, die ja auch heilt und bessert, hört auf schändlich zu sein, weil durch sie die Schmach der Sünde getilgt wird und sie insofern nothwendig zum Schmucke des Universums gehört [1].

Daher dient alles, Lob wie Tadel der Geschöpfe, nur zum Preise ihres Schöpfers. Werden sie gelobt, so wird in ihnen nothwendig der Schöpfer gelobt, von dem sie ihre Natur empfingen; werden sie aber getadelt, so trifft der Tadel nicht die Natur eines Wesens, die ja an sich gut ist, sondern den Fehler eines Wesens, der seiner Natur zuwider ist. Damit aber wird die Natur selbst gelobt, weil das, was ihr zuwider ist, der Fehler, getadelt wird. Auch dieses Lob geht dann wieder auf den Schöpfer zurück, der dadurch, daß seine Geschöpfe weder gelobt noch getadelt werden können, ohne daß er gepriesen würde, sich als ein großes, unbegreifliches und unaussprechliches Gut erweist [2].

Es erhebt sich jetzt nur noch die Frage, wie sich mit den bösen Handlungen, die aus dem freien Willen des Menschen hervorgehen, das göttliche Vorherwissen vereinigen lasse.

Wie Gott die Welt erschaffen und geordnet hat, so regiert er auch alles und führt alle Dinge durch seine Vorsehung zu dem ihnen vorgesteckten Ziele. Seine Vorsehung erstreckt sich auf das Einzelste in der Natur wie in der Menschenwelt. Sie ist insbesondere in Hinsicht auf den Zusammenhang der Geschöpfe der Grund der Ordnung und der Harmonie in der Welt. Man muß aber festhalten, daß durch diese Wirksamkeit des allwaltenden göttlichen Wesens die Freiheit des menschlichen Willens nicht aufgehoben wird, daß vielmehr beide mit einander wirken, ohne sich gegenseitig zu zerstören. Das Verhältniß der göttlichen Causalität zur Causalität des menschlichen Willens muß so gedacht werden, daß die Absolutheit der ersteren gewahrt wird, ohne die Wirklichkeit der letzteren zu negiren. Allein eben da fragt es sich, wie die menschliche Freiheit denkbar sei, wenn Gott alles, was geschieht, mit un-

---

[1] Ibid. III, 9; de civit. Dei XIV, 11.
[2] De lib. arb. III, 13. 15. 16.

fehlbarer Gewißheit vorausſieht. Denn da dieſes Vorherwiſſen unfehl=
bar iſt, ſo muß alles geſchehen, was er vorausſieht und muß ſo
geſchehen, wie er es vorausſieht, ſo daß es ſcheint, der menſchliche Wille
ſei in ſeiner Wirkſamkeit von der göttlichen Präſcienz abhängig und
ſeinerſeits nicht in dem Sinne frei, daß er auch anders wollen und han=
deln könnte, ſondern es beſtehe für ihn in ſeinen guten wie in ſeinen
böſen Handlungen eine unabweisbare Nothwendigkeit. Das göttliche
Vorherwiſſen und die creatürliche Freiheit ſcheinen daher völlig unverein=
bar zu ſein, ſo daß man entweder dieſes oder jenes aufgeben muß.
Dieſer Schein hat ſchon manche getäuſcht und zu den thörichteſten An=
nahmen verleitet, wie z. B. zur Lehre vom Fatum oder zum aſtrologiſchen
Aberglauben, oder, wie Cicero, zur Läugnung der göttlichen Präſcienz [1].
Nun kann aber weder die göttliche Präſcienz aufgegeben werden, weil
ſie im Begriff des Schöpfers liegt, noch die Willensfreiheit, von deren
Wirklichkeit uns unſer unmittelbares Selbſtbewußtſein überzeugt, eine
Ueberzeugung, bei der keine Täuſchung unterlaufen kann, da wir ja zum
Wollen doch nicht genöthigt werden können, da ein ſolcher Zwang das
Wollen ſelbſt aufheben würde [2]. Indeß, die Sache genauer betrachtet,
hebt das göttliche Vorherwiſſen die freie Willensthätigkeit nicht nur nicht
auf, ſondern ponirt ſie. Denn was Gott vorausſieht, iſt eben der Wille,
der dieſes oder jenes will oder auch nicht will und lediglich durch ſeine
Selbſtbeſtimmung will, der Wille, deſſen Begriff die Wahlfreiheit als
weſentliches Moment enthält. So wird durch die göttliche Präſcienz
die menſchliche Willensfreiheit nicht negirt, ſondern affirmirt. Der Wille
will ja, was er will, auf Grund der Selbſtbeſtimmung, nicht auf Grund
der göttlichen Präſcienz; er will nicht, weil Gott es vorausſieht, ſondern
umgekehrt, Gott ſieht es voraus, weil er will; Gott ſieht das Wollen
voraus. Es iſt daher gar nicht einzuſehen, wie aus der göttlichen
Präſcienz eine zwingende Nothwendigkeit für den Willen ſich ergeben
ſoll [3]. Wie ein menſchliches Vorherwiſſen der zukünftigen Handlung

---

[1] De lib. arb. III, 2; de civit. Dei V. 9.

[2] De lib. arb. III, 3: Non voluntate volumus, quis vel delirus audeat
dicere? Quam ob rem quamvis praesciat Deus nostras voluntates futuras,
non ex eo tamen conficitur, ut non voluntate aliquid velimus. Si necesse est,
non jam voluntate, sed necessitate id me velle fatendum est. — Si necesse est,
ut velit, unde volet, cum voluntas non erit? — Ita fit, ut et Deum non nege-
mus esse praescium omnium futurorum et nos tamen velimus, quod volumus.

[3] De civit. Dei V, 10; de lib. arb. III, 3: Cum enim sit praescius
voluntatis nostrae, cujus est praescius, ipsa erit. Voluntas ergo erit, quia

eines anderen Menschen dem Willen des letzteren keinen Zwang auf-
erlegt, so wird auch Gott voraussehen können, wie willensfreie Menschen
aus eigener Selbstbestimmung sündigen, ohne daß er sie deßwegen zum
Sündigen nöthigt. Das göttliche Vorherwissen steht also zum creatürlichen Wollen nicht in einem nöthigenden Verhältniß, sondern es verhält
sich vielmehr zum Zukünftigen wie das menschliche Gedächtniß zum Vergangenen. So wenig unser Gedächtniß die bewirkende Ursache ist, daß
das, was einst geschah, mit Nothwendigkeit geschehen ist, ebenso wenig
ist die göttliche Präscienz Ursache, daß das Böse geschehen m ü s s e, das
geschehen w i r d, und wie ich mich an manches erinnere, was ich gethan
habe, ohne deßhalb alles gethan zu haben, woran ich mich erinnere, so
weiß auch Gott alles voraus, was er selber thun wird, ohne deßhalb
alles zu bewirken, von dem er vorausweiß, daß es geschehen werde[1]. So
hat Gott den Unglauben der Juden vorausgesehen und durch die Propheten auch vorausgesagt; allein deßwegen ist ihr Unglaube nicht s e i n
Werk, sondern i h r Werk. Er hat nur vorausgesehen, was s i e wollten;
hätten sie statt des Bösen das Gute gewollt, so hätte er eben dieses
vorausgesehen[2].

Gott ist allerdings der Schöpfer und Lenker aller Dinge, aber er
leitet die Dinge, die er geschaffen hat, in solcher Weise, daß er ihnen
gestattet, die eigene Kraft zu bethätigen. So hat er auch den Menschen
mit der Willenskraft ausgestattet und welchen Gebrauch dieser davon
macht, hängt vom Menschen selbst ab, ist aber auch dem göttlichen Wissen
zum Voraus klar aufgedeckt[3]. Es ist ferner allerdings richtig, daß zum
Zweck der einheitlichen Weltregierung im göttlichen Denken alle bewirkenden Ursachen zum voraus geordnet sind; aber deßwegen darf man
nicht schließen: wenn alles Zukünftige vorausgewußt ist, so muß es in
der Ordnung eintreffen, in welcher es vorausgewußt ist; und wenn es
in dieser Ordnung eintrifft, so gibt es für den vorherwissenden Gott eine
bestimmte Ordnung der Dinge; gibt es eine bestimmte Ordnung der
Dinge, so gibt es auch eine bestimmte Ordnung der bewirkenden Ursachen; wenn es aber eine bestimmte Ordnung der bewirkenden Ursachen
gibt, der zufolge alles geschieht, was geschieht, so geschieht alles mit

---

voluntatis est praescius — Non igitur per ejus praescientiam mihi potestas
adimitur, quae propterea mihi certior aderit, quia ille, cujus praescientia non
fallitur, adfuturam mihi esse praescivit.

[1] De lib. arb. c. 4.   [2] Tract. 53 in evang. Joann. c. 4.
[3] De civit. Dei VII, 30.

Nothwendigkeit und eine freie Willensentscheidung ist unmöglich. Diese Schlußfolgerung, sagt Augustinus, ist unrichtig; denn der freie Wille selbst ist mit in die Ordnung der bewirkenden Ursachen aufgenommen, die vom göttlichen Vorherwissen umfaßt wird; also ist seine freie Selbst= bestimmung dadurch nicht gefährdet. Es gibt in dieser Hinsicht über= haupt nur freiwillige, also geistige Ursachen der Dinge, Gott und die vernünftigen Geister. Gott ist die Ursache, welche wirkt und nicht ge= wirkt wird, die letztern aber sind Ursachen, welche wirken und gewirkt werden. Die körperlichen Ursachen dagegen, welche mehr gewirkt werden als selbst wirken, dürfen nicht zu den wirkenden Ursachen gezählt werden, da sie nur Mittel für den Willen der Geister sind[1]. Weder von Gott also, noch von der Weltordnung, noch von der sichtbaren Natur droht eine Negation der menschlichen Freiheit und es bleibt der Satz bestehen: Gott hat den Willen als freien Willen erschaffen und dessen Akte finden nicht statt, weil Gott sie vorausweiß, sondern Gott weiß sie voraus, weil sie selbst stattfinden werden.

---

[1] Ibid. V, 9.

Sachregister.

A.

Akademische Skepsis 8. 31. 46; ihr ver=
borgener Zweck 14.
Anschauung, intellectuelle 69. 80; ihre
Stufen 81.
Auctorität 95.
Aufmerksamkeit 130.

B.

Böse, sein Wesen 238 ff.; keine Substanz
241; gegen die Weltordnung 253.

C.

Cicero 256; C.'s „Hortensius" 5.
Creatianismus 230 ff.

E.

Erfahrung, innere 12. 16. 39. 111; ihr
Verhältniß zur äußeren 38.
Einheit der Welt 254.

F.

Form der Dinge 172. 194. 201; ihr
Gutsein 202. 236.

G.

Geistigkeit Gottes 6. 178; der Seele 6.
Gefühle 136.
Generatianismus 230 ff.
Gerechtigkeit Gottes 250.
Glaube 85; seine Nothwendigkeit 86. 94;
natürlicher Glaube 91; Fortschritt vom
Glauben zum Wissen 97.
Gott, das höchste Sein 158. 185; Be=
weise für das Dasein Gottes 165;
Gottesbewußtsein 73; Gotteserkennt=
niß 69. 155; negative 178 ff., positive
Bestimmung des göttlichen Wesens
184 ff.; G. die Sonne, welche die
geistigen Wesen erleuchtet 63; seine
Unwandelbarkeit 160 ff.

J.

Ideen 48. 71; Idee der Wahrheit 48;
der Schönheit 53. 170; der Weis=
heit 55. 168; des Guten und Rechten
57. 110; der Einheit 51. 175; der
Zahl 51. 168; der Glückseligkeit 56;
des höchsten Gutes 36.
Ideen, die Urgründe der Dinge 193. 197.
200.
Intellectuelle Erkenntniß 12. 47.
Intelligibel 46. 49; das Unveränderliche
50; intelligible Wesenheit Gottes 71.
Irrthum, Quelle desselben 105. 157.

L.

Licht, das jeden Menschen erleuchtet 82. 94.
Logos Gottes 82; Theilnahme an dem=
selben 85; der Logos und die Welt=
idee. 199.

M.

Malebranche 65.
Manichäismus 5. 159. 161.
Materie 209. 220.
Mathematische Vorstellungen 50.
Meinen 42. 90. 106.
Menschlicher Geist, ein Ebenbild Gottes
73.
Möglichkeit des Guten und des Bösen
144. 242; Nothwendigkeit dieser Mög=
lichkeit 242.
Mystische Contemplation 77; ihre Stu=
fen 81.

N.

Nichtsein, das der Dinge 185.
Nikolaus von Cusa 3. 186. 199.

P.

Pantheismus 197.
Pelagius 140.
Phantasien und Phantasmen 131.

Philosophie, ihr Endziel 17. 19; Definition derselben 18; active und contemplative 93; Unzulänglichkeit 25 ff.
93; psychologische Richtung 24; theo-
logischer Charakter 18, religiös=prak-
tischer Standpunkt derselben 22.
Platonische und neuplatonische Philosophie 11. 15. 43. 60. 93. 157.
Plotin 93.
Präexistenzlehre 61. 229—230.
Pythagoras 13.

R.

Ratio und ratiocinatio 132.
Räumlichkeit des Körperlichen 110.
Religion, christliche 25 ff.; wahre 91.

S.

Schönheit der Dinge 234; des Leibes 124.
Schöpfung, ihr Grund 192; aus nichts
208; Schöpfungstage 221; Sch. und
Erhaltung 223; und Weltordnung 250.
Seele, ihre Einfachheit 118; ihre Actuali-
tät 119; ihr Sitz 122; ihr Central-
organ 122; ihre Wechselwirkung mit
dem Leib 123; ihre Gegenwart im Leibe
114; eine Substanz 113, 115; ein
Geist 129; ein Ebenbild Gottes 164.
Seelenvermögen, deren Einheit 116.
Selbstbewußtsein, seine Gewißheit 16. 31.
34; habituales und actuales 131.
Selbsterhaltungstrieb 135.
Selbsterkenntniß 23. 106. 155.
Sensibel 46; das S. eine Nachahmung
des Intelligibeln 51.
Sensualisten 46. 157.

Sinn, äußerer 40; innerer oder Gemein-
sinn 43. 135; innerster 60. 184.
Sinnestäuschungen 37. 41.
Sinneswahrnehmung 42. 45. 47; und
sinnliche Vorstellungen 112.
Sokrates 21. 93.
Spiritus, spiritalis 124.
Stufen des Seins 102.

V.

Veränderlichkeit 7.
Vernunft 12. 46. 133.
Verstand 44.
Visio corporalis, spiritalis und intellec-
tualis 132.
Vollkommenheit der Dinge 234.

W.

Wahrheit, die W. an sich 39. 63. 174.
Wahrscheinlichkeit 32.
Weg, der richtige W. der Forschung 34.
Weisheit = Frömmigkeit 26.
Welt, Abbild Gottes 71. 199; ihre Ein-
heit 203.
Wiedererinnerung 61.
Wilhelm von Paris 65.
Wille 138; seine Freiheit 139; seine for-
male und sittliche Freiheit 142. 249;
W. und Gnade 145; seine Handlungen
und die göttliche Präscienz 255 ff.
Wissen 30. 45.
Wissenstrieb 33. 47.

Z.

Zeit 215 ff.
Zeitlichkeit der Welt 214; der Seele 115.